译文纪实

CHAIN OF TITLE

David Dayen

[美]戴维·戴恩 著　　　叶硕 译

房奴

上海译文出版社

目 录

前言 …………………………………………………… 001

1　止赎来敲门 …………………………………………… 001
2　美国梦的暗面 ………………………………………… 018
3　证券化失败 …………………………………………… 039
4　贷款发起商 …………………………………………… 057
5　社区 …………………………………………………… 071
6　匿名先生 ……………………………………………… 088
7　当迈克尔与丽莎相遇 ………………………………… 104
8　欢乐时光聚会 ………………………………………… 115
9　人脉 …………………………………………………… 126
10　专家 ………………………………………………… 144
11　恶行 ………………………………………………… 160
12　博客上的革命 ……………………………………… 171
13　九楼 ………………………………………………… 185
14　塔拉集会 …………………………………………… 198
15　不择手段 …………………………………………… 210
16　垮台 ………………………………………………… 227

17	重要时刻	245
18	绳之以法	260
19	挣脱困境	275
20	最后的粉饰	291
21	丽莎最后的抵抗	310
	尾声	325

| 致谢 | 346 |
| 注释 | 349 |

前　言

　　一个令人不得安宁的待解谜团，正在不断腐蚀着我们民主的本质。它令人魂牵梦萦、耿耿于怀，在寒夜里苦苦寻觅答案。美国人迫切想知道，为什么从来没有一位华尔街高管，因其促成金融危机的行为而锒铛入狱。

　　这个问题是普遍的，最为古怪的一点，是所有人早已对答案心知肚明。他们认为，太多的政客、监管机构和执法官员都已被竞选献金或未来职位的承诺所收买——他们允许卑劣的银行家唯利是图，无视法律。然而，对于这个解释，他们想必并不那么中意；因为，他们一直在追问个中原因，似乎希望有人证明他们是错的，希望有人能给出另一种解释。

　　或许，他们并不喜欢这样一种政府形象——它让整个华尔街逍遥法外。这对他们头脑中带有理想色彩的"公平正义的国家"概念，造成了太大的冲击。这就是人们在面对被垄断操控的经济和政治体系时，会产生无力感的原因。在这样的体系下，人们所得到的对待，取决于他们的财富和权力。它导致了人们对核心制度信任感的丧失，令民主变成一场杂耍表演——真正的活动却发生在不为人知的台下。它令人们戴上三角帽，抗议权贵资本主义，或是在华尔街大楼底下搭起营帐，盘桓不去。它引发了人们深重的焦虑，因为，如果银行家可以将经济带到崩溃边缘，却无须承受任何惩罚，那要如何才能阻止他们再次作恶呢？它令我们的经济看上去极度脆弱，令我们的法律看上去极度无力。

或许人们只是希望了解细节，来确认他们的怀疑，因此可以指摘那些创造这种双重责任机制的人。一定存在大量的事实可以证明，我们生活在一个新的镀金时代，那些掌握巨额财富的人，就像操纵牵线木偶一样，玩弄着政府政策。确凿无疑的证据是一定存在的。

这些细节的确存在，但却不在大部分金融危机记录者关注之处。他们往往会从一万英尺的高空俯视，重现银行 CEO 们的狂妄自大和神气活现，却从未深入挖掘那些承担止血使命的人的故事。很少有人从数百万普通美国民众的角度讲述这件事——这些人从未走进华尔街的写字楼或是华盛顿的会议室，然而正是这些人，最大程度地承受着经济崩盘带来的苦痛。在底层，这场灾难并不是一个有关贪婪或冒险的警世寓言，而是一场悲剧，一场隐藏于公众视野之外的悲剧。

自 2009 年起——就是在那一年，灾难开始肆虐——这些普通美国民众当中的三个人，决定揭开这个谜团，查出那些细节，厘清华尔街犯下的罪行，并探究个中原因。由此，他们为揭露美国历史上最大的消费者欺诈事件，作出了重大贡献。

他们并未供职于政府机关或执法部门。他们不是房地产法律业界的专家。他们也从未参与过反企业的维权行动或社群组织。他们没有社会资源，也缺乏系统知识。他们是癌症护理护士、汽车销售员和保险欺诈方面的专家，他们都是止赎受害者。他们在承受止赎事件带来的耻辱、混乱和财务压力的同时，完成了一项非比寻常的工作：阅读抵押贷款文件。华尔街从未隐藏自己的诡计，而是将其清清楚楚地展示在几百万份证明文件中，要做一个揭秘者，你只要付出耐心。

所有的揭秘者，多少都有点儿疯狂。他们会对大部分人忽视的东西寻根究底。在其他人仅仅看到一片阴影的地方，他们却发现了惊天的阴谋。这些揭秘者拥有的武器，仅仅是几个网站，以及对真相的渴望。他们发现，整个抵押贷款行业从根本上破坏了有着几百年历史的美国不动产法律体系；那些使人们失去房屋赎回权的几百万份文件，统统都是假的；所有办理了抵押贷款的美国人，都在进行一场豪赌，他们极有可能被一无所有地赶出家门，即使他们遵规守法，每次都如期还款。实际上，所有听闻这一信息的人的反应都一模一样："这不可能。"直到有一天，银行亲口承认。

这三个人——丽莎·爱泼斯坦、迈克尔·雷德曼和琳恩·兹莫尼艾克——还挖出了秘密的另一层面。在他们揭露止赎欺诈，并迫使美国几家主要的抵押贷款公司停止收回住房后，他们目睹了政府对于善后处理的不情不愿。实际上，今天走进任何一间法庭，你都可以看到同样的用来取消房屋所有人赎回权的虚假文件，这些文件跟丽莎、迈克尔和琳恩揭发过的一模一样。

美国在金融危机的肆虐之中寻求理解，他们应该明白，还有一些意志坚定的人，远离权力殿堂，却努力试图改写掩盖欺诈行为的历史，将那些肇事者绳之以法。然而，让普通美国人齐心协力、组织并发起运动的民主，也让那些财力雄厚的对手们可以使用势大根深的权力工具来对抗。我们必须正视这一事实：在目前的司法体系下，"你是什么人"比"你做了什么"更加重要。

一天晚上，揭秘者迈克尔·雷德曼坐在我身边，向我讲述了他的故事。他一遍又一遍地说："我不敢相信你书里的那些故事。那是我的亲身经历，可我不敢相信。"我理解读者们的怀疑，因为就连故事的主人公都持有同样的怀疑态度。这个故事让人难以置信，但又千真万确。

1　止赎来敲门

如果说个人对其财产享有权利，那么也可以说，个人有权利享有财产。

——詹姆斯·麦迪逊，《国民公报》，1792年3月29日

2009年2月17日

近岸航道上，夕阳西下，航道将棕榈滩和西部的毗邻城市分隔开来。运用恰当的航海技巧，你可以从弗吉尼亚州的诺福克，穿过这条海岸相拥的水上高速路，进入公海，接着穿过迪斯默尔大沼泽，经过霍布肯大桥，穿过南卡罗来纳州和佐治亚州的沼泽低地，穿过蚊子湖水上保护区，驶入厄齐沃特市附近的印第安河。最终，你将抵达棕榈滩，这是一片十六英里长的障壁岛，处处是修剪整齐的草坪，奢华的豪宅，还有精心打理的细腻沙滩，这里是美国人用奇思妙想和大把金钱打造的大西洋上的天堂。海岸之上，几英里之外，在度假的游客和躲避北方冬日寒风的"雪鸟"之间，一辆汽车飞驰在80号公路上。车上的人是来通知丽莎·爱泼斯坦和艾伦·爱泼斯坦：银行要收走他们的房子！

佛罗里达州在大衰退中受创最深，那是一场波及全民的金融海啸，甚至身处乐园的人们也无法幸免。佛罗里达是所谓的"沙滩之州"，这类地区温暖宜人，经济发展大都严重依赖房地产。1998年至2006年，

佛罗里达州、亚利桑那州、加利福尼亚州和内华达州的房价飙升超过264%。2006年有官方记录的次级抵押贷款,过半数发放于这四个州。由于房价崩盘和泡沫相关行业的衰退,"沙滩之州"转而被用来描述这一市场的基础脆弱,真是再准确不过了。

实际上,佛罗里达经历了两次止赎浪潮。2004年、2005年和2006年的第一次浪潮,吞没了那些在泡沫顶峰购房或再融资的人。尽管这些房屋所有人被贴上"不负责任"的标签,但实际上遭殃的原因,在于他们选择了不恰当的购房时机,又很容易被掠夺性贷款所控制。房价下跌时,借款人变得"资不抵债"——抵押贷款的数额超出了房屋的市场价格。他们无法出售房屋或再融资,很多人甚至连初始月供都承担不起。这就导致了违约,即便在棕榈滩,情况也是一样。第二波浪潮紧随其后,房地产和建筑行业的失业带来了可怕的连锁反应,失业浪潮很快无情地席卷所有行业,吞没了那些数年来不遗余力还贷的人们。突然间,几十万佛罗里达人亟须救助,而救助总是姗姗来迟。

因此,一辆辆四门轿车从西棕榈滩的光鲜地段呼啸而过,成了这里稀松平常的风景。受雇于房屋止赎厂的律所传票送件人每天往来,面无笑容地将法律文书递给房屋所有人并告知,由于未及时还款,贷款方将取消他们的抵押品赎回权。之所以把这些律所称为"房屋止赎厂",是因为它们大批量流水止赎的方式,就像纺织厂织布一样。

截至2009年年初,每二十二位佛罗里达房屋所有人中,就有一位曾收到过类似的贷款违约通知、法院传票、拍卖通告或止赎判决文件——是历史平均水平的九倍。曾经有一段时间,由当地的辅警负责送达这些文书,但工作量实在太大,因此房屋止赎厂只好外包给私营公司。萧条时期,这是该州为数不多的增长行业之一。

对于这种事情,送件人和收件人都不会愉快。传票送件人面对的,是一双双噙满泪水的眼睛和一张张写满绝望的面孔。后萧条时代，对华尔街恶行和个人悲剧的所有愤怒，全都投射到他们身上。尽管业务蓬勃发展，但这种狗屁工作实在是一种痛苦的折磨。实际上，有些传票送件人借助"阴沟送达"来回避这种烦乱情绪的行为是很容易理解的——"阴沟送达"是传票送件人发明的一种花招，他们把信封扔在家门口，技术上履行了职责，同时又确保房主看不到诉状，也不知道要出庭。这种行为是违法的，但也有好处，因为比挨家挨户敲门的速度要快得多，也增加了投递量——还有利润。

一些传票送件人和房屋止赎厂，嗅到了发财的气味，他们甚至编造虚假的止赎文书收件人。帕斯科县的法官苏珊·加德纳发现，有大笔费用耗费于送达文件给"陌生的配偶"和"不明身份的住户"。迈阿密的一名传票送件人给一栋房子登记了四十六名被告，总共收费5 000美元。他说必须把文书送给全州所有叫这个名字的人，说不定其中哪个就是真正的被告。佛罗里达的每个行当都有独特的打法律擦边球的赚钱方法，这只是比较原始粗放的一种。

对房屋所有人来说，丧失赎回权的消息就像破碎球一样，撞开了他们的大门。夺走一个家庭的房子，相当于夺走他们的精神，就像一支蜡烛被掐灭了火焰，明亮的光芒瞬间消逝。几百万美国人，以为自己在中产阶层中获得了立足之地，面前是一条通往财富和经济安全的康庄大道，然而，华尔街一场毁灭性的失误，却给他们造成了致命的伤害。

这天傍晚，这位文书递送员的目的地，是格塞塔路607号。这里是西棕榈滩附近的一片独立区域，一处典型的后繁荣时代的住宅小区，房屋数量少，面积大。这座建于2006年的房子是一个单层住宅，有三间卧室和两个卫生间，屋顶是陶土瓦片，外墙板是黄色的，夹在一大片漆成一模一样的建筑物之间。建商们似乎认为，黄色是说服买家出手的最佳颜色。屋内，爱泼斯坦一家对即将到来的不速之客，丝毫没有察觉。

房奴

丽莎·爱泼斯坦坐在主卫的窗台上,往膝盖涂抹着护理磨砂膏,女儿詹娜在浴缸里,倚着一把倾斜的婴儿座椅保持直立。丽莎用一条品牌彩色头巾把棕色头发扎了起来,这种头巾在 1970 年代很常见,很可能曾在洛达或鲍勃·纽哈特的脱口秀中出现过。她眼睛是湛蓝色的,五官也很柔和,笑起来声音之大,能盖过房间里的所有杂音。每当兴奋起来的时候,她说话的声音就会变得十分响亮。此时此刻,她全神贯注在浴缸里的女儿身上。

金黄头发、大大眼睛的詹娜,生来就有轻微的脊柱裂。她的脊髓底部连接过于紧密,随着年龄慢慢增长,很可能会导致运动控制方面的问题。这孩子 3 月份就要满两岁了,4 月给她安排了一次手术。丽莎完全无暇顾及其他,所有清醒的时间都在照料詹娜。作为一名癌症护理护士,她在工作中会接触到那些面对压力的病童家庭。现在,她也经历着同样的感受:她满怀同样的渴望,希望能让女儿的身体舒服一些;她满心迷茫,不明白这样一个美丽的小家伙,怎么会遭受如此的痛苦折磨。

丽莎四十三岁,是一名护士,一个妻子,一位新手妈妈。她在这套房子里只住了两年。她的生活即将永远被改变。

"笃笃笃!"

她片刻都没有迟疑。"一定是关于房子的,艾伦!"她向丈夫喊道,"是银行的人来了,这可不是什么好消息!"

丽莎·爱泼斯坦的理想是像父亲(一名儿科医生)一样,献身于医学。1988 年,她获得了乔治-梅森大学的护理学学士学位,从那之后,她在大西洋中部地区不断地从一个单位跳槽到另一个单位:特区儿童医院的儿科重症监护室——特拉华州里霍博斯湾的手术室——美国国家卫生研究院的内分泌科。不久,她在马里兰的哥伦比亚成了自由职业者——为绝症病人提供家庭护理,同时也在华盛顿环城公路周边做护士。

丽莎选择从事的护理工作往往是长期的、与病人一对一相处的工作,这些人的生命濒临终结,他们往往也清楚自己的命运。她有责任也有技巧减轻病人的痛苦,让他们感觉更舒服一些。在这些病人眼中,她的能力非常过硬,她因此也很喜欢这份工作。对丽莎来说,这份工作的真正魅力来自其挑战性——她是这些病危者有生之年最后接触的陌生人,是他们悲伤中的密友。丽莎会让她的病人开怀大笑,会聆听他们的故事,跟他们一同祈祷,一同哭泣,在需要的时候给予他们力量。建立亲密的关系和信任,有助于让病人保持活力。

这份工作的一部分,是知道该何时以及如何给病人下口头病危通知单:"也许现在应该给你的孙子录一段睡前故事了。我的意思并不是说,你没机会亲自读给他们听了。但是根据最新的检查结果来看,还是给你的家人录一段留作纪念比较好。"连医生都很难说出这么赤裸裸的实话。医疗系统中的每个人,不管是患者还是医护人员,都会紧紧抓住哪怕是最微弱的治愈希望。如果治疗方案 ABCDEFG 都不起作用,那就再试试方案 H 好了。但是,必须有人向他们强调整理思绪、与挚爱告别的重要性。在这失去与忧郁的黑暗时刻,真相有时会是一种奇异的安慰。这件事需要的技巧丝毫不比静脉注射或解读心电图来得少。

丽莎在华盛顿特区住了九年多,在自由护理师的工作领域也算小有成就。她帮病人们在把握康复的希望与生命循环的现实之间,找到了一种平衡。她从孩提时代就一直住在这里。虽然她对政治了无兴趣,却早已习惯了风云变幻、充满政治气息的环境。同时,华盛顿还有着另一面:它是一个"专家库",几乎任何主题,都能找到众多学识渊博的专家。丽莎每次到特区时,都能碰上一些演讲,主题是她一无所知的陌生领域。她觉得远离护理工作的压力,放松一下,进入一个完全陌生的世界也很不错。

对丽莎来说，这也是一段忙碌的岁月。每年秋天树叶变黄、天高云白的时候，总会有一股强烈的悲伤袭上心头，她会毫无理由地嚎啕大哭。今天，人们称之为"季节性情绪失调综合征"，不过丽莎从来都不知道这意味着什么。她只是意识到，需要换换环境了。于是，1997 年，丽莎决定到佛罗里达过冬。这里有三种可再生资源：短吻鳄，蒲葵虫，以及老人——最后一项意味着，护士们永远不愁找不到工作。

写了几封求职信之后，丽莎得到了一份临时工作，地点位于西棕榈滩市中心的好撒玛利亚医疗中心的癌症中心。这份工作听起来很辛苦，但是丽莎的注意力都在佛罗里达这四个字上面。她收拾好行李，锁上马里兰的公寓大门，开车驶上了 95 号公路。

开始这份工作之后大约过了一个礼拜，有一天，丽莎在午休时散步走出了癌症中心。天空中万里无云，她坐在近岸航道前的一段海堤上。海边棕榈树成荫，仿佛绵延数里。丽莎感觉到阳光照耀在脸上，耳边是海水反复拍打堤岸的声音。她双腿垂下海堤，仰起头迎向阳光。

从此，她再也没有离开过佛罗里达。

第一年的几乎每一天，丽莎下班回到家（临时工作很快就变成了固定工作），都会换上泳衣，沿着海边漫步，大西洋的海浪拍打着她赤足的脚趾。她想念华盛顿快节奏的生活方式——她甚至订阅了每周日的《华盛顿邮报》，关注时事。但是阳光和沙滩给了她足够的补偿。

一开始，丽莎跟家人住在一起——她的外公外婆就住在这里。后来，在一位病人的推荐下，她租了一套房子。又过了几年，她产生了在此落地生根的想法，这是一个重大的决定。丽莎在花钱方面一直很保守。她把工资存起来，收集各种优惠券，从不奢侈浪费。她的爱好都是不太花钱的——比如读书和散步。这令她有着良好的信用记录，也有足够的积蓄支付房屋首付款。丽莎犹豫过是否就此购房定居。最终她决定,佛罗里达就是她想要居住的地方。

房产经纪们故意给她推荐高价房,这是他们惯常的伎俩。她给他们一个价格范围,他们会带她看价格高出25%的房子。于是丽莎将价格范围缩小了25%,这样带看的房子就在预算之内了。房子中有很多共管公寓和完全无法住人的破烂房。丽莎有两点要求不容妥协:阳台和水景。"我并不在乎屋里是什么样儿。"她告诉经纪人。他们面带微笑地带她看了一间时髦的有花岗岩台面的两居室,如果你站在阳台的角落,使劲向左探出身子,就有可能看到一丁点儿水景。购房的初次尝试就这样失败了。

后来,丽莎在报纸上看到一间700平方英尺(约65平方米)的一居室的售房广告,房主是一对退休的老夫妇。他们很喜欢那套房子,可又想从五楼搬到二楼,好生活得方便一点。丽莎去看了这栋1960年代的白色大楼,楼名叫"皇家撒克逊",位于棕榈滩的南端。建筑内部就像过了全盛时期的老酒店,那间公寓无疑也很小。但是阳台正对着近岸航道,棕榈树枝叶摇曳,一边是通往莱克沃斯的大桥,船只拴在桥下的小码头上。丽莎的眼前立刻浮现自己在那里生活的场景,尽管她可能是近三十年来这座建筑里最年轻的住户。

但有一个问题:这是一座纽约式的共管公寓。购房者无法申请抵押贷款,而是要通过借贷购买拥有整栋大楼所有权的那家公司的股份,从而可以占有其中的一间公寓。这种"股份贷款"包括了维修和翻新费用,更像是业主委员会的一种经费。即便住户们还完贷款,也并不拥有住房,而是拥有这栋楼的一笔股份,他们可以按市场价格将其出售。

股份贷款一般比传统的抵押贷款便宜,但是因为其不确定性——比方说,一位住户的违约,会不可避免地令其他人遭受损失——所以,贷款方会对这类贷款退避三舍,特别是在佛罗里达,这种形式的贷款并未得到广泛的推广。丽莎就遇到了这种情况,预期的融资方式行不通。

那对退休夫妇很喜欢丽莎。或许，他们希望大楼中能够住进一些年轻人。于是，他们自己完成了这份房产融资。1998年，丽莎先付了2.5万美元现金。至于剩下的5.6万美元，她跟她的邻居签了一份为期十五年的固定利率的按揭协议。每个月，她都会走下三层楼，将月供还款从门缝底下塞进去。她从来没跟按揭贷款公司打过交道，也不用单买一份房屋所有人保险——她的邻居们往往在按揭贷款的时候，被捆绑销售了这种保险。丽莎的当地"银行"就在她居住的大楼里，他们同意采用这种互惠的私人交易方式。没有隐藏费用，没有浮动的抵押贷款利率，没有过去四十年来的任何金融服务创新。在美国，像这样的抵押贷款方式，屈指可数。

丽莎过回了幸福的小日子：一份她喜欢的工作；病人们的尊重和赞赏，还有令人愉悦的海景。再后来，她在美国在线的聊天室里遇到了艾伦。艾伦和丽莎都在美国东北部的中产阶级犹太家庭中长大，之后到这个阳光明媚的地方开始新生活。丽莎将艾伦介绍给她的哥哥，后者经营着分销移动电话和器材的生意，艾伦开始跟他一起工作。没过多久，丽莎和艾伦就变得亲密无间，他们很快坠入了爱河。

恋爱初期，丽莎和艾伦就不再避孕，尽管这时他们还没有很明确地想要孩子。成为母亲令丽莎进入了人生的一个新阶段。2002年秋天，她怀孕了。两人沉浸在喜悦当中，计划结婚。然而，怀孕十二周的时候，一天上班，丽莎发现衣服上有一个粉红色的斑点。几个小时后，她住进了医院，医生发现孩子没有了心跳。丽莎的身体无法自然流产。医生通过手术取出了胎儿。

尽管悲痛万分，丽莎和艾伦还是结婚了。整整三年，三年中，他们满心悲痛，也怀抱着希望，接受了大量花费不菲的生育治疗，终于，丽莎再次怀孕。经历了那么多，能再次有一个小生命在体内成长，让丽莎欣喜若狂。她已经四十一岁了，她知道，这可能是她最后一次怀孕。每次胎儿踢她的时候，每次在声波检测图上看到胎儿的小胳膊小腿的时候，她都会微笑。

然后，艾伦试图说服丽莎搬家。

丽莎和艾伦住在她的一居室公寓里。这套房子就算是两个人住，也显得紧巴巴的，艾伦觉得，如果要三个人住就更不太可能了。他跟丽莎说，希望他们的女儿在一个典型的美国家庭中长大，能够有自己的房间。丽莎觉得，这并不只是为了舒适的生活，而是一种责任感，一种"白栅栏综合征"。结婚生子后，人们就搬进大房子里住。社会上都这样，每个人按部就班行事。

"对任何人来说，这里都是天堂。"丽莎争辩着。她说纽约有很多家庭住在一居室的公寓里，养两个孩子和一条狗。或许过两年，等孩子开始走路的时候，等家庭资产更丰厚的时候，可以搬家，但现在不行。丽莎不想放弃她的海景。然而艾伦特别执着。

2007年初，丽莎和艾伦开始寻找新的住所。此时的房地产市场，跟丽莎印象中购买公寓时的情形大相径庭。房地产热潮席卷佛罗里达。打开收音机或电视机，经过公交车站，各种信息都在轰炸着你："新家园！""大好机会！""现在就出手！"一天，丽莎开车经过一群人，发现他们住在一溜帐篷里，在空地上的拖车跟前排队。这些都是准备买房子的人，他们在这里露宿两三天，只为在一片建筑新址上挑到自己喜欢的位置。房地产泡沫时期，佛罗里达的每一天都是黑色星期五。

不过，等丽莎和艾伦开始找房子的时候，房地产热潮略有降温。曾经强调紧迫性的广告牌（"切莫错过！"），如今强调的是优惠（"原价40万，现价35万！"）。专业人士们宣称，这正是抄底的时候，"买房的大好时机！"丽莎怀疑，在他们眼里，到底有没有不好的时机。

事实上，房地产泡沫漫长的衰退已经开始。浏览商业杂志的封底，你会发现一些苗头。2006年中，亚美利奎特（Ameriquest）——美国最大的抵押贷款公司——突然关闭了所有的分支机构。同年夏天，另一家巨头"新世纪金融公司"，也开始面临巨大的现金短缺，并在次年春天破产。

房屋所有人也感受到了压力；三年内，止赎率翻了一番。不过，对于大多数普通美国人，甚至对于潜在的购房者来说，这些危险信号都是遥远的背景音。经济分析家中的乐观派，依然大有人在。2007年年初，美联储主席本·伯南克向联合经济委员会声称："次贷市场中的问题对更大的经济和金融市场影响有限。"换句话说，只会有一次止赎浪潮，将那些买了太多房子、贷了太多款的人冲刷出去，而不是两次。收入稳定的年轻家庭——如丽莎和艾伦——根本无需忧心。

然而，尽管本·伯南克并没有预见到危机，佛罗里达的房地产商们却知道，那架维持了几十年高额利润的机器，开始运转失灵了。他们必须在市场崩溃前将剩下的房子倾销掉。尚未建好的住宅小区突然将所有房屋列入出售清单。开发商们聘请设计师，迅速为街道铺上沥青。他们降低价格，吸引购买者，飞快地清空库存。那些购房者自以为机智地低价买进，殊不知他们其实是最后一批毫无戒心地被诱骗进房地产泡沫的人。丽莎没太留意。怀孕的她依然在全职工作，她的精力有限。

一天，艾伦让丽莎去看格塞塔路的一个小区，这是全美最大的开发商霍顿公司建造的一座崭新的封闭式小区。她去了那片开发区，位于南佛罗里达一条宽阔的无限蔓延的马路旁。小区门内的住宅楼高大林立，衬得新栽的棕榈树又矮又小。左边是佛罗里达住宅小区的标配：一个巨大的不知所谓的人工湖，一座喷泉向天空中喷着水花。丽莎给艾伦打电话，问他是否确定房子真的在格塞塔路。"这些房子就像大学宿舍，根本不像家！"艾伦向她确认，地点没错。

艾伦挑中的户型，是小区里最经济实惠的。可丽莎还没走进屋，就皱起了眉头。尽管已经相对保守——两边紧邻的住宅高耸屹立——但这套房子几乎有她的公寓三倍大。一进门就是有着高高天花板的巨大客厅，丽莎觉得，天花板高得简直毫无意义。通往卧室的过道像迷宫一样，卧室分别在房子的两头。想到晚上必须穿过异常巨大、毫无用处的客厅才能照看孩子，丽莎就一阵不快。厨房没有窗户，而卧室的窗户正朝邻居家，之间没有一点空隙。丽莎觉得，只要伸出手，就能实实在在地摸到邻居家的房子，前提是窗户能打得开。

出了房间，丽莎走入一个小小的后院天井，里面种了两棵小树苗，几英尺外是一条小沟，沟里有点水。这跟丽莎想象中的水景大相径庭。房子处处透露着仓促拼凑的痕迹。她对这个地方毫无兴趣。可是艾伦很有兴趣，他的父母也有兴趣，并且支持他们买房。丽莎寡不敌众，疲惫不堪，只好随他们去。

他们计划买下这套房子然后卖掉公寓。十五年的按揭，丽莎已经还了八年，因为有时候会多还一些本金，她此时只欠了大约2.5万美元。而且，那间公寓的价格早已飙升。他们算了算，公寓至少可以卖到25万美元，用这些钱来购买新房，就只剩下一小部分按揭贷款。这个想法并不冒失，几十年来，当家庭成员增加需要购买更大的房子时，人们都会采用这种策略。泡沫时代的价格增长，对于他们出售公寓来说，理论上还是很有利的。

然而，为了锁定房子，他们必须尽快签订协议。于是，2007年2月23日，丽莎和艾伦来到了DHI抵押贷款公司（霍顿公司的金融子公司）签署协议文件。为买下格塞塔路的这套房子，他们支付了1.7万美元的首付款，剩下的31.3万美元，则申请抵押贷款。因为艾伦的手机销售业务的收入不稳定，所以夫妇俩决定利用丽莎优秀的信用记录（当时是803分），将这笔贷款挂在她的名下。当时怀孕八个月的丽莎告诉贷款经办人，在签名前，她会阅读抵押贷款合同的每一页，这令经办人大为吃惊。

问题是,她得上厕所,频繁地上厕所。

于是,交易代理、地产销售以及艾伦不得不等丽莎一行行地仔细读完抵押贷款合同,还要等她不断地往返于厕所和签字桌之间。每次离席之前,她大约能看完五页。

丽莎唯一的抵押贷款经验,是跟邻居之间的私人贷款。那是一次简单的十五年固定利率的交易,而这次要复杂得多。尽管她的信用记录完美无瑕,DHI 抵押贷款公司给丽莎的却是次级贷款,而非给予优质借款人的贷款。为了确保首付较低,前十年的还款额都是由利息构成的。之后二十年里,不但本金和未摊销的月还款额会增加,贷款利率还会上调。每月要多还几百甚至几千美元。可以说这是一个十年后引爆的财务定时炸弹,到那时 DHI 将会大获其利。

5%的首付和还款只抵冲利息的条款意味着,十年内,这对夫妇无法积累资产净值。一旦将协议成本计算在内,只要房屋价值稍有下跌,可能只要 3%,他们就会遭殃。一旦他们遭遇任何财务危机,则会面临极其危险的局面。2001 年这种抵押贷款产品刚刚面市的时候,杰出的金融分析师乔什·罗斯纳指出:"没有资产净值的房子,只是一处负债的租房。"但是丽莎没有意识到这些不利方面。认真阅读抵押贷款协议更多只是一种形式,一种负责任的表现。她没有知识背景,读不懂全部内容,而且她觉得还有一条出路:丽莎计划卖掉公寓,用这些钱来支付大部分按揭。所以,不管这些文件上说的是什么,都不会生效。当翻到抵押贷款合同的最后一页时,她签下了名字。

直到后来,丽莎和艾伦才意识到自己的错误。他们根本卖不掉公寓,公寓的价格最终暴跌了 60%以上。丽莎每周都会给代理公司打电话,每周都会听到同样的回复:没人出价。每个月丽莎都会把按揭款塞到皇家撒克逊小区的邻居家的门缝底下,然后回来再写一张支票给新房子还贷。他们有足够的积蓄，对于两套房子的按揭款也能支撑一阵，但不是永远。

3月，詹娜出生了。丽莎觉得，有了这个孩子，她受的所有的苦都是值得的。当詹娜十八个月大的时候，新换的儿科医生在她的脊柱下部发现了一处先天缺陷，之前那位医生以为这无关紧要而忽略了。新医生让她做了核磁共振成像，诊断结果是脊柱裂。她的椎骨连在脊髓底部，像皮筋一样拉得紧紧的。如果不进行治疗，拉扯会随着时间而加重。频繁的检查和就诊，令丽莎不得不经常请假。詹娜的医生建议通过外科手术来治疗，为了手术和术后护理，丽莎和艾伦要筹集数千美元的医疗费。与此同时，随着房地产泡沫的破灭，佛罗里达各地的企业纷纷破产，也包括那家手机经销商。艾伦失业了。

财务危机和情绪压力，压垮了这对年轻的夫妇，夫妻关系也因堆积如山的债务饱受摧残。更可怕的是，丽莎和艾伦羞于告诉亲朋好友他们的财务困境。2007年的佛罗里达，只要稍加注意，谁都会发现一场止赎危机的来临——卡车行驶在车道上，路边堆满了打包好的箱子，上面贴着粗体的标志"免费"——但是几乎没人公开谈论。失去房屋的邻居令房屋价格下跌，带来更多的止赎和房价更严重的下跌。于是人们有足够的理由保守秘密，尝试自己解决问题，免得被认为是社区房价下跌的罪魁祸首。结果是，止赎浪潮无声无息地席卷了佛罗里达州。

2008年1月，丽莎算了一笔账，得出结论，她还能继续支付九个月的新房和公寓按揭。之后，就不得不需要财务支援了，这在她的人生中尚属首次。她打电话给抵押贷款公司，希望他们可以调整月供还款金额或是想一些办法。尽管丽莎的贷款来自DHI抵押贷款公司，但他们却一直让她向摩根大通家庭金融服务公司寄送月供还款，后者是美国最大的银行——摩根大通银行的一个分支。整件事看起来有点可疑。然而，摩根大通的地位让丽莎相信她能够得到帮助。该公司一直吹嘘自己

房奴　　013

的资产负债表"稳得很"。2008年3月，当投资银行贝尔斯登公司破产时，政府邀请摩根大通将其收购。丽莎在报纸上看到其他银行左一家右一家地破产，摩根大通却似乎坚若磐石。所以，那里肯定会有些聪明人，能够解决这个问题。

她跟摩根大通家庭金融服务公司的一名工作人员通了电话。"我有九个月的时间来解决这个问题，"她说，"我们有足够的时间，我有完美的信用记录，我的月供还款从来没有逾期过。我们能做些什么呢？"工作人员让她把财务文件传真过去，说稍后会回复她。丽莎照做了，却杳无回音。下周她又打电话过去。一周又一周，就这样过去了。

跟丽莎通话的人总是换来换去，丽莎不得不一遍又一遍地从头讲述她的故事。他们总是让她传真新的文件复印件过去，声称之前的找不到了。光是复印和传真，就花了丽莎一大笔钱。然而，她发出的文件总是如石沉大海。大通的工作人员之间似乎完全没有沟通。有的人告诉丽莎，要获得批准尚需不少时日，而下一个则说，根本没有她的申请记录，必须从头开始。这段痛苦的经历耗费了大量的时间和精力，简直成了她的第二份工作。

丽莎艰难地处理着自己的财务困境，与此同时，在癌症中心，丽莎越来越意识到，身边的病人们也在财务困境中泥足深陷。按照惯例，病人会要求医生在诊断书上签字，这样，他们就可以出示给债权人以获得财务资助。然而，病人们会屡屡来找丽莎，再要一份医生证明，一份又一份。抵押贷款公司似乎总会丢失文件。丽莎明白这是怎么回事，但她对自己财务困难的秘密守口如瓶。病人们甚至会请求丽莎给他们的抵押贷款公司打电话，证明他们的医疗状况。然而，这只会令她面对跟她本人所遭遇的同样差劲的机构。白天丽莎跟别人的抵押贷款公司交涉，晚上则是跟她自己的纠缠，这让她倍觉挫败。

有一次，摩根大通的工作人员对丽莎说："嗯，你现在给我们打电话,但这种贷款我们得听富国银行的,是他们不肯调整。"丽莎从来没去过富国银行,也没跟他们打过任何交道。她的抵押贷款跟他们又有什么关系?她给富国银行打电话,问他们为什么不肯调整她的贷款,可那里人说,没有丽莎·爱泼斯坦的记录。既然摩根大通的工作人员每天的说法都不一样,她认为富国银行的人很可能也一样。她将他们的名字添加到每周致电的清单里。然而,富国银行的人,甚至都没把她当作自家的客户。

这些推诿搪塞,耗尽了丽莎的全部积蓄。1月,她尚能谨慎地行动,可在浪费了几个月打电话、发传真和恳求后,9月时,她已深陷绝望。最终,摩根大通的一位工作人员给了她一个建议。银行处理那些违约的借款人已经够麻烦了,他们不会没事找事去关注一个仍在还款的借款人。虽然大通的人没有明说"只有当你好几次没还款时,银行才会关注你",但暗示已经很清楚了:丽莎应该停止还贷九十天,正式违约,银行才会打电话给她。只有到那时,摩根大通才会提供帮助。

在丽莎的一生中,从未有过逾期经历——不管是房屋抵押贷款,车贷,还是水电费,任何一切。她内心认为违约是可耻的,不对的,是对她所珍视的责任的背叛。"我是一个好人,因为我的信用记录良好。"她会这样告诉自己。但是,就像在崩盘的房地产市场中遭殃的千千万万美国人一样,她绝望了。她的婚姻濒临破裂,她的女儿需要治疗,她的积蓄消耗殆尽。如果不支付抵押月供就能走出这团混乱,哪怕违背了心中的所有信条,她也会义无反顾。

2008年10月,摩根大通等银行接受了政府数千亿美元的救援资金,就在同一个月底,丽莎·爱泼斯坦没有偿还她的月供。从这一天起,她成了一名逾期的房屋所有人。她开始呕吐。接下来的三个月里,几乎每天都是如此。丽莎每天都会翻看墙上的日历,三个月后,她的体重足足减轻了二十磅。并不是因为担心失去房子——说到底,她并

房奴　015

不喜欢那座庞然大物。更多的是因为失去了自我价值，失去了衡量她成就的价值，那一页纸上的数字，衡量着你对社会是一种贡献还是一个负担。

其间，丽莎做了一个梦。那是一个晚上，在一座大房子里，窗外大雨倾盆而下。喧嚣的雨声中，丽莎抱着女儿安抚。墙体里充满了水，水隐隐波动，冲撞着家具，不断膨胀、膨胀。最后，墙壁轰然爆开，大水喷涌而出，淹没了整个家。丽莎抓住女儿，冲出家门，跑到街上，离开了这个被淹没的家，离开了这所要吞噬她和她家人的房子。就算不去看心理医生，她也明白这个梦的含义。

九十天到了，丽莎给大通打电话。"好了，已经三个月了。"丽莎说。工作人员说，大通会给她寄些东西，等着就好，不用担心。

两个礼拜后，有人来敲门。她早就知道了。

"是银行的人，这可不是好消息！"

艾伦拿着一捆文件，步履艰难地走进卫生间，交到丽莎手上。她平复了一下自己，撕开信封。

在佛罗里达州，贷款方如果想要取消一名借款人的赎回权，必须提起诉讼。所以，这是来自佛罗里达逾期法务集团的一份起诉状副本，这是一家著名的房屋止赎厂，他们指控丽莎违反了抵押贷款条款，并附带了一份法院传票和一叠诉讼通知。她有二十天的时间做出书面回复。

在这些传票中，她有一个极为意外的发现。摩根大通家庭金融服务公司的名字并未出现其中。也没有富国银行。丽莎的手指划过写着原告名字的段落："美国银行——摩根大通抵押贷款信托 2007 - S2 的受托人。"

对于富国银行怎么会跟她的抵押贷款有关，丽莎已经摸不着头脑了。现在又冒出一个美国银行——听起来根本就不像是一家真的银行，而是像电影里的银行——成了这桩止赎案件的首席原告。还有，受托人是什么？信托又是什么？

这一切，到底意味着什么？

2 美国梦的暗面

丽莎·爱泼斯坦驾车行驶在近岸航道沿线的 A1A 高速路上，回棕榈滩的老式公寓去。詹娜坐在一旁的婴儿座椅里。仪表盘的上方，放着一个信封，里面是那套尚未售出的共管公寓的当月月供。尽管她的新房被贷款方取消了赎回权，可丽莎一直都按时归还公寓的月供，那套公寓，是她面临驱逐时的避风港。

丽莎凝视着窗外的水景。她从来不想拖欠月供。大通建议她那么做，并承诺之后会提供帮助，但紧接着就取消了她的赎回权。逾期导致了滞纳金、罚金并被上报国家信用机构。信用记录受损又使得抵押贷款公司不愿意给予贷款延期，雪上加霜。即使丽莎最终能够卖掉公寓，即使她能够偿还房子的贷款，这条"建议"引发的伤害也会持续数年之久。摩根大通家庭金融服务公司从来没有提醒过这些后果，只强调了给予帮助的可能性。往好了说，这条建议是错的，往坏了说，这是故意要夺走房子。对于金钱丽莎一辈子谨小慎微，防备着财务灾难。而现在，摩根大通家庭金融服务公司彻底毁了这份小心维护的声誉。她感觉被欺骗了。

美国人管不还月供的人叫"老赖"。2009 年 2 月 19 日 CNBC 的主持人里克·桑塔利在芝加哥商品交易所做直播时大声呼吁，如期还贷的负责任的纳税人不应该"补贴那些失败者的抵押贷款"，那天正好是丽莎收到止赎文件之后的两天。"这里是美国！你们中有多少人，愿意给住着有好几个卫生间的大房子但却无法支付账单的邻居还贷,请举手!"芝加哥商品交易所一层的大厅里,那些交易员一边不断地买进卖出,一边轻蔑不满地叫喊着。外界普遍认为,这场喧嚣代表了"茶党"的兴起。而且这代表了一种对待逾期房屋所有人的态度,这种态度秉持文化偏见,将不还月供等同于没有履行公民义务。这种愤怒的情绪并不是抵押贷款公司故意造成客户逾期的原因。然而,只要是能够羞辱老赖并使他们责备自己的东西,贷款方都十分欢迎。在大多数情况下,这招的确奏效:在止赎需要司法批准的二十三个州,大约95%的案件中房屋所有人都没有提出抗辩。

但是丽莎似乎具备一种打破砂锅问到底的精神。她不想稀里糊涂地默认,她想了解的是:为什么诉讼是由美国银行提起的,而在它成为原告前,她却从来没有见过这家机构。她有三个疑问:这家银行到底是谁?为什么它会跟她扯上关系?为什么它要夺走她的房子?

美国银行的确是存在的。它是美国的第五大银行,有三千多家分支机构,主要分布在中西部和太平洋海岸,但不在佛罗里达。丽莎从谷歌搜索获得了这些信息。美国银行有个免费的客服电话。但跟富国银行一样,美国银行的工作人员说他们的客户记录中没有一位叫丽莎·爱泼斯坦的。丽莎恳求说:"好好听着,你们现在正在起诉我。既然你们起诉了我,又怎么可能不知道我是谁呢?"她把她的社会保险号码、地址和所有的抵押贷款信息,都给了美国银行。但对方还是什么都没查到。

丽莎把自购房以来的所有文件都保存在一个旧帆布包里,那是从护理中心拿来的。她逐字逐句地阅读抵押贷款文件,和她怀孕八个月坐在DHI抵押贷款公司办公室时的情景一模一样。文件中没有提到美国银行和富国银行,甚至都没有提到摩根大通,而她这几年一直都把月供寄给摩根大通家庭金融服务公司。丽莎是跟DHI抵押贷款公司达成协议的。其他这些银行,为什么会出现在这里?

在谷歌上，丽莎输入了止赎文件上原告的名字"美国银行——摩根大通抵押贷款信托 2007 - S2 的受托人"，她碰巧搜到了一些东西。她点开搜索结果中显示的美国证券交易委员会网站，看到了一份摩根大通抵押贷款信托的投资者报告（8 - K 表格）。其中一个段落，包括了这几个月来她逐渐熟悉的各个参与方：

摩根大通债券承兑公司 I（以下简称"本公司"）于 2007 年 5 月 1 日发起一项联营及服务协议，本公司作为存托人，富国银行作为主服务商（以主服务商的身份）和证券管理人（以证券管理人的身份），美国银行作为受托人，为摩根大通抵押贷款信托 2007 - S2 的抵押证券提供发行服务。

对于大部分房屋所有人而言，解读这一概念的难度，就像美国人学习中文那样吃力。丽莎不具备不动产业、经济学和高等金融学的背景知识。她唯一接触过的华尔街相关事物就是开始一份新工作时需要选择的 401（K）基金。掌握护理知识需要花费数年时间；没有人给她上过联营及服务协议、抵押转手证券的课程。然而，所有改变抵押贷款市场的事物，所有加重风险、助长房产泡沫的事物，所有放大 2007 年购房风险的事物，都包含在这个看似无害的段落中。

在经济大萧条的顶峰时期，每天有一千个美国家庭失去住房。为应对这种残酷困境，富兰克林·罗斯福创建了世界上最为成功的住房融资系统，并成为美国政局稳定和经济强盛的关键因素。

为了阻止止赎浪潮，房主贷款公司（HOLC）从金融机构手中以折扣价买入逾期的抵押贷款，然后返售给原房屋所有人。自 1933 年以来，房主贷款公司收购了 100 多万份抵押贷款，占当时全国抵押贷款总量的五分之一。房主贷款公司 80% 的客户保住了住房，避免了失去家园的悲剧。等到所有抵押贷款还清，该项目结束时，房主贷款公司甚至还有一小部分盈利。

房主贷款公司给借款人一份二十年固定利率的抵押贷款，允许他们在贷款期限内逐渐还清本金，也就是所谓的分期付款。那时美国人很少能获得长期抵押贷款。最普遍的贷款产品期限是二到五年。借款人每月偿还利息，到期时还一笔大额本金，或者滚动生成一笔新的贷款。在经济大萧条时期，大额本金到期时，失业的房屋所有人根本不可能拿出现金。抵押贷款的所有人本身也融资困难，因此他们会拒绝与借款人重新商定贷款合同，而是直接夺走房屋。这样就会把更多的房子释放到业已没有潜在买家的市场上，只能加速房地产市场的崩盘。房主贷款公司的解决方案，旨在扭转这种恶性循环。大额本金的到期还款延长了经济困难周期，而房主贷款公司的做法可以消除这种影响。房主贷款公司对长期的、完全分期付款的抵押贷款很有信心，但之前人们普遍认为这种分期付款方式是推销员不惜任何手段骗取中低收入劳动者首付款的一种伎俩。

政府并不愿意持有房主贷款公司的抵押贷款，由于还款家庭之前有逾期记录，投资者也不愿购买。因此，1934 年罗斯福成立了联邦住宅管理局，专为房主贷款公司的贷款提供抵押贷款保险。借款人支付少量的保险费，之后在借款人归还的本金和利息中，投资者所占的份额就能得到保障。最终，联邦住宅管理局也为那些私营贷款方提供保险，只要他们发行的抵押贷款首付是 20% 且期限长于二十年。1938 年，联邦国民抵押贷款协会——人们对它的另一个名字"房利美"更为熟悉，大批量购买了政府承保的抵押贷款，为借贷行业注入了更多资本。

这一体系提供了安全性，这是最重要的。美国家庭在二十年或三十年间每月支付一个可负担的月供还款，然后就能享受坐拥房产的荣耀。

地产商支持人们的这种愿望,他们不断在市中心之外的郊区建立独立住宅的新开发区。州际高速公路体系,将郊区和城市中心紧密相连。面对不断涌现的住宅区,数以百万的美国人通过固定利率的长期贷款,以此安身立命。联邦住宅管理局放松了承保标准,对于三十年期的贷款,只要借款人能够支付5%的首付,他们就同意为新建房屋提供抵押贷款保险。为二战退伍士兵颁布的《退伍军人安置法案》进一步确保,通过退伍军人管理局的安排,退伍军人能够得到低息贷款。1940年,美国有1 500万家庭拥有自己的住房。到1960年,这个数字飙升到3 300万。在郊区购买一栋房产,成为人生成长轨迹的一部分,就像是大学毕业典礼或是婚礼,都寓意着成为中产阶级的希望,而中产阶级这个词正是美国独创的。这是一个由白色木栅栏、现代化厨房和修剪得整整齐齐的草坪所构建的乌托邦。

私营贷款方满足了这些贷款需求,特别是自1830年代开始出现的储蓄和贷款行业(那时叫"建房贷款")。对于发放长期贷款的公司来说,最大的问题是筹措资金:这个行当的确有钱可赚,但是贷款方需要大量廉价的前期资金。储蓄和贷款行业通过吸收储户存款,用来提供抵押贷款资金,成功找到了解决办法。政府提供的存款保险,也给了美国民众在银行存款的信心。国会准许储贷行业的利率可以优于其他银行,更多的储户涌入储贷行业,这为抵押贷款融资提供了更多的可用资金,由此储贷行业获益更多。

美国储贷行业一般会给储户3%—4%的利率,同时向抵押贷款收取5%—6%的利息。数以千亿美元贷款的微小利差累积起来,形成了一笔可观的利润。这一体系的好处是双向的,每个人都能获益。起初,各州法律限制储贷行业只能在其总部五十到一百英里范围内发行住宅抵押贷款。因此为了增加存款并相应增加贷款,储贷行业希望居民社区发展壮大。储贷行业的总裁,有很多通过赞助当地高尔夫锦标赛或小联盟棒球队，成了当地领袖般的人物。

当有些家庭遭遇失业、重疾、意外身故等困难无法继续还贷时，贷款方会和他们一起想办法，以防止他们失去抵押赎回权。因为这也符合贷款方的经济利益。让借款人继续待在自己家中，即便减少他们的月供还款额，贷款方能赚到的钱也会比折价出售止赎房屋要更多。这种动机维持了社区的稳定，并推动房价上涨。从1950年到1997年，年均止赎率从来没有超过1%，并常常远低于此。

截至1980年，抵押贷款市场上的热钱大概有1.5万亿美元，远高于股票市场的资金存量。华尔街投行对这些现金垂涎不已。他们迫不及待地想要有所行动。

1978年，刘易斯·拉涅利接管了所罗门兄弟公司的抵押资产交易部门。他肥胖而邋遢，日常标配四套化纤西服。迈克尔·刘易斯在他撰写的华尔街回忆录《说谎者的扑克牌》里，将拉涅利描述成"一个粗野的天才，一个从收发室升级至交易大厅的所罗门传奇人物，创造了美国的抵押债券市场"。但是发行第一份住房抵押贷款支持证券的人并不是他，而是联邦政府。

由于越战期间美国政府面临财政赤字，1968年林登·约翰逊将房利美拆分，以清除账面债务。美国政府国民抵押协会（吉利美）经由政府的重新设计，负责继续购买政府承保的抵押贷款。但新的房利美和它的同类机构联邦住宅贷款抵押公司（房地美），成为半公半私的公司（简称GSE），可以购买不经政府承保的传统抵押贷款，只要这些贷款达到一定标准，通常是三十年固定利率的抵押贷款，并由放款机构承保借款人会归还贷款。GSE将几百份抵押贷款合并成债券——这一过程被称为证券化。抵押贷款的月供形成了现金流，每位投资者都能获得一定份额。GSE会收取一小笔费用，从而向投资者担保，而且投资者相信GSE

不会失信，因此乐于购买这些债券。投资者的现金为抵押贷款融资提供了更多的资金，允许更多的人可以贷款买房。

1971年，投资银行帮房地美做了初始的证券化工作，但只收到很小的一笔费用。1977年，所罗门兄弟公司和美国银行试图绕开房利美和房地美，将美国银行发放的一些贷款打包进一支债券，以实现私营证券化。但是政府的监管条例禁止最大的投资者诸如养老基金等购买此类证券。考虑到此类证券承保的贷款存在无法偿还的可能性，其他投资者也因此退避三舍。另外三十五个州也明文禁止抵押贷款在私有市场上出售。除此之外，给美国银行做经纪人的所罗门交易员罗伯特·达尔认为，美国的住房抵押贷款已经成为世界上最大的市场，投资银行一定会从中获利。他们需要的只是一些创造力，以及政府监管的放松。

储贷行业受到高通胀率和高利率（美联储主席保罗·沃尔克给出的治疗方案）的双重打击，深陷水深火热之中，就在那时拉涅利临危受命，接手了所罗门兄弟公司。"双高"状况使得储贷行业大受其害，借贷利息高达20%，没有购房者会愿意负担如此高的利息，而高通胀随时可能导致下周或下个月的物价大幅上升，所以也没人愿意储蓄。当货币市场基金或短期国债的收益更高时，没人会愿意把钱放在利率上限固定的储贷公司里。

1981年，国会给予储贷行业一项大幅税收减免政策，允许他们隐藏经营损失，继续"在水面上喘气"。但他们需要将资产从账面上剥离，才能符合税收减免的条件。拉涅利钻了这个空子，在各家储贷公司之间来回倒卖抵押资产，赚取差价。这表明，华尔街是有可能从抵押贷款市场分一杯羹的，所罗门兄弟公司因此赚得盆满钵满。之后拉涅利得到房地美的帮助，完成了一笔债券交易，把华盛顿地区一家"永久储蓄公司"的旧有贷款，打包成债券产品。房地美的参与，清除了监管控制，从而使抵押贷款支持证券不再受限，得以在全国范围内销售。但是，为了吸引手持最大量资金的投资者，拉涅利将这种债券重新包装设计。

抵押贷款的不确定性，是大投资者不青睐此类债券的原因：房屋所有人随时可能会一次性还清房贷，所以这种贷款的期限和利息的预期利润难以估计。因此，1983年拉涅利和他第一波士顿的合作伙伴拉里·芬克创造了抵押担保债券（CMO）——房地产泡沫中的基础证券化结构。

不同于投资者购买抵押贷款支持证券从而在月供还款收益中占有一定份额，针对不同投资者的风险承受能力，抵押担保债券分为不同等级。比较典型的抵押担保债券有三个等级：优先级，中间级和权益级。当收到月供时，优先级首先获得偿付。剩下的金额会先支付给中间级，然后是权益级。此类债券的低级别会收到更高的利息，以此补偿所承担的更高风险。购买优先级债券的投资者有信心相信他们短时间内就会得到清偿，一般来说是五年。他们不需要担心，那些个体借款人能否清偿月供。这种债券组合包含了数以千计的抵押贷款，个别借款人的逾期，完全不会产生影响。高风险级别的债券周期则更长，从十二年到三十年不等，但收益更高。这一更复杂的证券化过程将极具地区性、特殊性和个体性的抵押贷款转变成了界定明确的证券，使得投资者可以放心买卖。

起初，抵押担保债券离不开房地美，因为这是此类债券能在全国范围内销售的唯一办法。但是拉涅利设计完证券化结构后，开始着手将其合法化。有一位交易员曾经这样向迈克尔·刘易斯描述拉涅利："如果刘易斯不喜欢一部法律，他就会去改变它。"1984年国会通过了《加强二级抵押贷款市场法案》，解除了私人银行如果没有政府保证，就不能出售抵押贷款支持证券的禁令。该法案也取消了各州对私营发行抵押贷款支持证券的限制：投资银行销售此类证券，无需再去各个州分别注册了。

《加强二级抵押贷款市场法案》最重要的内容包括评级机构，即评估不同种债券风险的公司。根据《法案》的规定，机构投资者可以购买抵押贷款支持证券，只要这些证券能够从一个全国认可的数据评级机构得到一个高评级。而在此之前，机构投资者是不允许进行风险投资的。投资者可以将尽职调查外包给评级机构；不过是为了购买借款人还款的利息而已，他们无需专程去阿尔布开克之类的地方，查验某位购房者的工资流水。10月里根总统签署了《法案》，拉涅利出席了签署仪式。

　　接着，拉涅利为抵押贷款联营池，争取到一项税收减免，这一特殊投资工具被称为不动产抵押贷款投资系统（REMIC）。REMIC类似一种信托产品，它能够获得抵押贷款并将收入转递给投资者，而不需要交税。投资者只需要就债券收益交税，购买时免税。1986年的《税收改革法案》使得REMIC的结构合法化，抵押贷款债券因此变得更受欢迎。

　　1986年抵押贷款支持证券的市值，达到了1 500亿美元。也许正是它加速了储贷行业的消亡——储贷行业最终在1980年代末烟消云散。现在，为抵押贷款提供资金的，不再是银行储户，而是来自世界各地的投资者。拉涅利和同伴坚称，其目标是为抵押贷款提供更多资金。他是一个天赋异禀的销售员，想让美国人居者有其屋，过上更好的生活。不过在旧体系下，从1940年代到1960年代，美国家庭住房拥有率上升了将近20%。在华尔街接管抵押贷款融资之后，从1970年至1990年，美国家庭住房拥有率仅仅上升了2%。

　　尽管华尔街擅长证券化，但它们无法取代GSE的市场主导地位。GSE具有一种潜在特色，那就是政府会为其兜底。投资者非常看重这一点，他们购买的大部分抵押贷款债券来自房利美和房地美。银行想要与GSE公平竞争，售卖打包的三十年固定利率的承保贷款，是不可能获胜的。

　　所罗门兄弟公司于1987年辞退了拉涅利。他的成功，害了他自己。

当抵押贷款业务形成标准化流程之后，华尔街投行招聘了很多原来受雇于拉涅利的交易员。长江后浪推前浪，新一代华尔街投行人解开了打败房利美和房地美的密码，并发明了一系列随意组合分割的抵押贷款产品。建立了自己公司的拉涅利从来没预料到会发生这一切。他在采访中告诉《财富》杂志："我没想要发明这个历史上最大的假骰子游戏，可实际上，它的确发生了。"

当丽莎·爱泼斯坦理解了这种证券化结构之后，在自己的抵押贷款中，她就能辨认出所有参与方以及各自的参与活动。给丽莎发放贷款的，是DHI抵押贷款公司。之后，DHI立即将其转卖给摩根大通，摩根大通就变成了行业术语所指的"存托人"。摩根大通购买了上千份像丽莎那样的贷款，集合起来打包成一份抵押贷款支持证券，然后出售给投资者。在证券化过程中，摩根大通将这些贷款包装进一个信托产品（摩根大通抵押贷款信托2007 - S2）中，使其符合REMIC的标准，并获得巨额的税收优惠。REMIC迫使摩根大通在证券化链条中额外加入一个环节，在此案中，就是信托产品的资产受托人美国银行。美国银行雇用了一家服务商（即摩根大通家庭金融服务公司）来收取月供并负责与借款人的日常接洽，以及将月供通过信托产品转递给投资者。因此在这根链条中，摩根大通是存托人，也是另外一个服务商，可以说是个应收账款部门。

这一信托的投资者可以按照投资份额得到抵押贷款的月供还款，但是根据法律规定，他们只是摩根大通信托2007 - S2转手证券的持有人，仅仅是债权人而已；将月供转递给投资者的机构即受托人才拥有贷款。这正是美国银行，而不是摩根大通来起诉丽莎的原因。摩根大通在卖出抵押贷款赚了一笔之后，立刻撒手不管了。美国银行负责管理这一信托并收取管理费用。服务商摩根大通家庭金融服务公司则负责贷款的日常运营,并可按照借款人尚未偿还本金余额的一定比例,来获得佣金以及送达费用。此证券化过程额外加入了一个精明筹划的环节:富国银行作为证券管理人参与进来,它的功能是计算应付给投资者的利息和本金。由于这需要仔细检查服务商的现金流,因此富国银行成了这一贷款的"主服务商"。摩根大通家庭金融服务公司之所以告诉丽莎,富国银行不同意修改抵押贷款条款,也许就与这一主服务商的角色有关。

丽莎从来都不知道,对于她寄给摩根大通家庭金融服务公司的月供,富国银行会有专人研究并拆分,然后告之摩根的人将钱经由美国银行寄送给投资者,投资者可能是挪威的一支皇室财富基金,也可能是印第安纳公共养老金。真是见了鬼,从来没有人告诉丽莎,DHI 抵押贷款公司在给她批完贷款之后,立刻就把贷款卖给了摩根大通的另一个子公司,而她这么多年的月供都还给了后者。她没想到,银行之间交易抵押贷款月供,就像买卖棒球卡一样。接下来的发现,让丽莎更为惊讶:摩根大通家庭金融服务公司建议她停止月供,而证券化链条显示,他们并不拥有这笔贷款。也许他们能够从滞纳金中得到收益,所以才会想把借款人推入止赎困境。

尽管丽莎获知了这些关键信息,但她还是没有得到答案,而且问题越来越多。她必须明白,为什么证券化导致很多房屋所有人深受其苦,特别是在她的社区附近。到 2009 年,每四位办理过抵押贷款的佛罗里达人中就有一位,要么抵押贷款逾期,要么被银行取消了赎回权。怎么会这样呢?这可不像是有人在迈阿密或奥兰多引爆一枚炸弹,来打击所有的商业活动。在美国广袤的土地上,没有任何瘟疫发生,庄稼却无缘无故地烂在地里。在丽莎眼里,佛罗里达正在经历一个经济萧条期,而这样的经济萧条并不是自动发生的。是谁拉开了这一序幕?又是谁能从伤痛中获益?

接到止赎通知后的一周,丽莎偶然发现了一个名为《谎言生活》的博客。尼尔·加菲尔德原来是劳德尔堡的一位诉讼律师,他在自传中还说自己同时是经济学家、会计师和证券化专家,一位前"华尔街内部人士"。他的特征让人过目不忘:眉宇夸张,浓黑的络腮胡修剪得整整齐齐。他就像1970年代警匪片里的角色。2007年10月,加菲尔德创建了《谎言生活》。此博客主要针对抵押贷款危机进行每日评论,其中有大量的法律资源,还有一份使命宣言:"我认为抵押贷款危机犯下了滔天罪恶,导致社会不公现象的产生……《谎言生活》是一个联合行动的传播媒介,旨在为房屋所有人提供充分的资源,使其能与收买了政界的那些得意忘形的银行作斗争。"

并不需要过多深挖,就能看出加菲尔德其实在经营一门生意。他出售一些手册,告诉律师和非专业人士如何在止赎案件中自我辩护。他在全国举办付费研讨会,还给一个"证券化审计"的项目做了广告。这一时期,很多人都在房屋所有人面前声称自己是律师,做一些过于乐观但又含糊其辞的承诺,声称他们知道怎样能够拯救房屋不被止赎。各州和联邦当局都提醒房屋所有人要小心提防"止赎援助"专家,特别是在白领骗局横行的佛罗里达,这是当地的特色,甚至是一个经济增长点。

但是加菲尔德成功吸引了很多追随者。2009年初在NBC新闻对他的采访中,他说,一年前网站的月点击量还是1 000人次,现在已经达到67 000人次。而且他的确整合了丽莎想要解读的所有模糊之处:证券化是如何把人们逼进止赎困境的,谁会从止赎结果中获益,以及这些金融诡计是否违法。在加菲尔德的博客上,运营着一个开放的评论区,因此那个小圈子里的任何人,都可以在网上讲述他们的止赎故事并交换信息。它就像同一个空间中存在着两个平行网站,加菲尔德在上层,失去家园的房屋所有人在下层。

安德鲁·德拉尼就是其中之一,他的网名叫艾斯,是马萨诸塞州阿什伯纳姆的一名注册木匠,由于脊柱健康问题失去了收入来源。阿琳娜·维拉尼是奥兰多的一位律师助理,她的贷款方说她不能再次融资,而当她打电话过去申诉时,发现那家公司倒闭了。清水湾的詹姆斯·钱伯斯(吉姆·C),因生意被急转直下的经济形势摧毁而面临破产。这些故事对丽莎来说非常熟悉:个人遭遇天灾人祸,又加上外界阴谋。詹姆斯·钱伯斯说他的贷款所有人是华盛顿互助银行,而起诉他的却是摩根大通。阿琳娜·维拉尼得到了俄亥俄州一位律师的帮助,这位律师发现她的贷款方违反了《消费者保护法案》。网友艾斯却从来没有弄明白,到底是谁才拥有他的抵押贷款。

没有人支持止赎受害者,甚至没有人愿意谈论这个话题。这让丽莎想起,大家都管癌症叫"大 C",甚至不敢说出癌症的名称,两个情形简直一模一样。但是,《谎言生活》里的评论者搅乱了这潭死水,所有人都聚焦于解决同一个问题。丽莎收藏了这个网址,每天都登录查看。社会上的所有人都认为,止赎受害者应该感到羞耻,但是那个网站上藏有一种截然不同的精神。这些人做好准备,要去战斗。随着阅读的深入,在丽莎看来,发生在他们身上的那些阴谋,越来越不像现代金融业的清晰流程,更像是一场犯罪盛宴。

2006 年的一天,迈克尔·温斯顿刚刚成为美国国家金融服务公司的总经理,当他把车开进停车场时,发现旁边一辆车的车牌空白处印着一行字:"尽管贷给他们。"温斯顿问从车里走出来的男人,那是什么意思。

"那是公司首席执行官安吉洛·莫兹罗的发展战略。只要有人贷款,我们就会放款。"

"如果借款人没有工作呢?"温斯顿问。

"尽管贷给他们就是了。"

"如果他们没有资产呢?"

"尽管贷给他们就是了。"

"没有收入呢?"

"只要他们有一口气在,我们就会给他们贷款。"

美国国家金融服务公司从零开始,发展成全国最大的抵押贷款发起商,它是抵押贷款融资新体系的一个组成部分,华尔街在住房市场上占主导地位的拉涅利的大师级计划,就是靠这种融资新体系实现的。这一产业走上了国会指明的道路,清除了路障,开始向信用不良的人群发放贷款。

1980年,《存款机构放松管制与货币控制法案》出台,抵消了各州规定的利息上限,这种规定旨在反对高利贷,限制了贷款方向借款人收取的利率。两年后,《加恩-圣杰曼存款机构法案》免除了对联邦特许银行抵押贷款首付款的要求。《加恩-圣杰曼存款机构法案》中内附《替代抵押贷款交易平行法案》。这也清除了各州对抵押贷款的限制,允许联邦和州立的所有贷款方,都能够发行浮动利率的抵押贷款,这种贷款的偿付期可以重新调整,初期用低利率引人上钩,之后利率会大幅上升。它允许借款人只还利息甚至对本金进行"负摊销",这种"负摊销"造成借款人连续还款时,贷款本金余额还会不断增加。

国会试图通过提高抵押贷款的利率来挽救储贷行业,一些金融机构对消费者的侵害行为,就此得以合法化。然而这并没有得到如期的效果:1980年代末期储贷行业消亡。美国佛蒙特法学院的詹妮弗·陶布在《别人的住房》一书中写到,要是那些反掠夺性借贷的法律没有被废止的话,次级贷款不可能这么繁多。

华尔街终于找到了突围房利美和房地美的方法,就是将替代贷款证券化,因为这些替代贷款达不到GSE的标准。投资银行对其信用提升,以保险或信用证的形式担保,吸引到投资者。得到信用提升后,哪怕是最次的抵押贷款,也能得到超级稳健的信用评级。对于华尔街来说,风险性越高的抵押贷款就越有利可图，因为这些次级贷款能在三十年内源源不断地带来更多的利息。换言之，次级贷款得到青睐，是因为能够从借款人身上榨取更多利息。而且只要投资者得到保证会获得无风险收益，他们就会购买这些债券。

投资银行开始给那些极少受到监管的非银抵押贷款发起商，大批量地提供授信额度，或是为其抵押贷款提供定额融资——这些非银抵押贷款发起商一般专注于穷人借贷市场。银行会代而购买这些抵押贷款发起商的贷款并将其打包成自有品牌证券，这种证券不同于房利美和房地美针对合规贷款设计的抵押贷款支持证券。这些抵押贷款发起商知道大银行想要什么：次级抵押贷款，而且要很多。经纪人每出售一份高利率的抵押贷款，就能得到一笔奖金。

贷款方坚称，那些异乎寻常的贷款是"供得起的产品"。在过了一两年低息期之后，月供数额会增加数千美元。如果借款人表示担忧（一般不会，因为实际上没有人能够读懂关于止赎的那些错综复杂的法律术语），经纪人就会告诉他们不要担心：他们永远都可以再次融资。借款人由于月供增加而不得不再次融资，而每次再融资又增加了交易费用（这是贷款方的收益），还增加了贷款的未还余额。在几年内，很多房屋所有人进行了五六次再融资，每次都背上了更多的贷款。

另外一个所谓的行业创新，是取现再融资，就是给予那些拥有房屋净值的借款人一笔新的贷款，开始时月供较低，借款人还能有一些现金来支付其他费用。这对低收入的有色人种家庭很具吸引力。自1930年代以来，非洲裔美国人和西班牙裔美国人一直被拒于房地产市场之外，因为政府划定了土地分配的"红线"（非白人购买者禁止进入），银行也对其退避三舍。而现在，居住在底特律内城或是克利夫兰的老年女士，会不断地遇到上门的推销员，承诺解决她们的融资困难。这是一种反向的红线。几十年来，黑人们无法获得贷款，而现在他们却可以。

非银抵押贷款发起商第一选项、新世纪、第一联盟创建于1990年代中期，再加上美国国家金融服务公司和长滩抵押贷款公司，长滩抵押贷款公司后来成为亚美利奎特抵押贷款公司。美联储的数据表明，从1994年到2000年，次级贷款放贷量增长了四倍，是所有抵押贷款总量的13.4%。经纪人压力巨大，他们需要大量销售高利率的次级贷款，不然就会失去大额授信额度。因此，放贷标准早已经名存实亡，实际上，没有任何一位贷款申请人会被拒绝。

没人会去担忧这些贷款的有害性。克林顿政府想要提高住房拥有率，由于储贷行业的消亡，这一比率有所下降。放贷行为如果有助于实现这一目标，即使看上去不那么负责任，政府也不会出手打击。毕竟美联储担负着保护抵押贷款消费者的责任，而艾伦·格林斯潘对于监管条例一贯慎之又慎。

投资银行也越来越熟稔于证券化操作。刚出校门的数学家——量化分析师——整天忙着把那些高风险的次级贷款，转化成能获得AAA评级的产品，以此确保在资本市场中顺利出售。比如说，银行能够顺利售出高评级的抵押贷款支持证券，但是中低评级的就不一定了。为了解决这一问题，他们创设了担保债务权证（CDO），用同样的分类机制从低评级证券中挑选出AAA评级。然后他们从未出售部分中再挑拣一些担保债务权证，称为"双层担保债务权证"，以此类推。投资者知道他们购买的是抵押贷款支持证券，但他们不知道买的是挑剩下的残次品。正是这些残次品，通过金融炼金术的神奇点化，摇身一变成了"安全"的投资产品。

2000年12月，克林顿总统发布了在职期间的最后一系列官方法案，其中包括《商品期货现代化法案》，该法案通过后，市场监管明显放松，担保债务权证的销售呈指数式增长。甚至你都不需要实际拥有抵押贷款就能赌其涨跌。"集成式"担保债务权证会追跟一些抵押贷款支持证券的价格，投资者下注它们会上涨还是下跌。这使得这一链条中的投资资金增长了若干倍，远远超过抵押贷款本身的价值，并把它变成一场彻头彻尾的投机游戏。

这台证券化机器，就像一颗烫手山芋。所有人都不再关心借款人能否归还贷款，因为每个人都把逾期的风险，顺着那根链条传递给了别人。贷款方不会关心，因为他们已经把贷款卖给了华尔街的银行；银行不会关心，因为他们把它传递给了投资者；投资者们也不会关心，因为华尔街的金融巫师们欺骗了他们。金融巫师们向投资者保证，这些贷款十分优质，即便其中有一小部分贷款逾期，债券包中的其他贷款，也会弥补逾期造成的损失并消除风险，毕竟这些贷款品种多样，来源于全国各地。债券的地理多样性能确保投资者不受区域市场崩溃的影响，所有人都知道抵押贷款市场具有区域性，你从未见过大范围的房价下跌。信用评级机构拿人钱财替人消灾，他们从银行收钱然后给证券化产品评级，要么是心理上无视了风险，要么是昧着良心谋求业务发展，从而庇佑了整个体系。

在 1990 年代末期的亚洲金融危机中，华尔街撤出了为非银抵押贷款发起商融资的业务阵地。次级贷款的放贷业务顷刻间中止了，很多贷款发起商破产。但这只是一个小小的打击。尽管这段时期关于掠夺性放贷的消费者诉讼呈爆炸式增长，美联储和其他监管机构却没有对此进行任何关注。亚洲金融危机过后，活下来的次级贷款发起商和他们的华尔街金主，重启了这一机器，也开启了次贷的第二波浪潮。与第二次浪潮相比，前者简直是小巫见大巫。

整个行业充满了欺诈，从与潜在购房者的第一次接触起，欺诈就开始了。经纪人故意将房屋价值估高，以增加贷款额度。有些经纪人告诉借款人，如果虚报收入，交易会更划算，从而将借款人逼入需要申请无收入、无资产、无工作的"三无贷款"的处境。另外，还有很多"骗子贷款"。由于贷款审批需要借款人的收入证明，经纪人就会自己开一份收入证明或是将其他人的 W-2 表格上的号码替换成借款人的，或是复印一些假的退税证明，以使借款人通过贷款审批。在迈克尔·W·哈德逊的《怪兽》一书中，他描述了一笔正在审批中的贷款显示，一位在墨西哥餐厅做舞蹈演出协调的男人，年收入竟然超过了 10 万美元。最终，这位演出协调员真的获批了贷款。

借款人很容易成为这种掠夺性极强的骗局套路的猎物。有些贷款方会故意给那些有资格获得优质贷款的借款人——那些像丽莎·爱泼斯坦一样有着完美信用评分的人——发放次级贷款。还有些贷款方会在披露表上伪造借款人签名，披露表上一般会写明借款人实际支付的利息和费用数额。有些经纪人会用打光板甚至是可乐自动贩卖机来获得借款人的签名，并以此来造假。还有些人，拿给借款人的贷款文件是没有完全打开的，前几页的内容看起来是固定利率贷款，而在下面几页被覆盖的内容里，包含着灾难性的抵押贷款政策。等借款人签署完所有文件后，经纪人再把头几页撕掉。

这种骗局也出现于此链条的其他环节。金融危机调查委员会曾经发现，一家名为克莱顿控股的第三方公司从二十家主流银行中抽取了一些次级抵押贷款支持证券的贷款文件审核，他们发现样本中有一半包含了各种各样的问题。克莱顿公司将它发现的问题呈报给银行，银行立刻就以这些问题与最开始的贷款发起商谈判，以此获得事后折扣。银行从折扣中得到了好处，但投资者却没有得到——他们仍然被蒙在鼓里，毫不知情。在这些案例中，证券化机构故意向投资者出售瑕疵产品，而且未对瑕疵做出任何披露。这些产品包含的问题越多，证券化机构能获得的额外利润就越多。这显然属于证券欺诈。

很多投资银行明知道这些贷款质量很差，却促使其愈演愈烈。针对摩根士丹利的一起诉讼声称，内部文件显示摩根要求他们购买的贷款中

85%是浮动利率贷款，而摩根正是次级贷款发起商新世纪抵押贷款公司的最大买家。曾有一位低级别的尽职调查人员，向上司报告了新世纪抵押贷款公司的众多问题，但上司的回答居然是："你很不错，能发现这些欺诈问题，但不幸的是我们不能再用你或其他第三方公司员工来做房屋评估了。"换句话说，他因发现了欺诈问题，而被解雇。

2004年9月，联邦调查局刑事司正式发出警告，告诫人们抵押贷款欺诈盛行，目前已有12 000多例可疑案例。"如果抵押贷款行业出现了系统化欺诈行为的话，"联邦调查局刑事司的副司长克里斯·斯威克说，"最终会给金融机构带来风险，并对股票市场产生很大的负面影响。"尽管他们觉察到了，却没有做出任何消灭欺诈行为的实质性努力。实际上，2002年佐治亚州曾试图出台一项反掠夺性放贷的强力法案以保护借款人，而抵押贷款行业的所有参与方，无论公私，都全力反对。亚美利奎特从佐治亚州撤出了所有业务。穆迪和标普两家评级机构声称，他们将不再给佐治亚州的抵押贷款支持证券评级，由此佐治亚州从主流抵押贷款融资模式中被孤立出来。管理全国所有银行的美国通货监理局发公告说，以上机构不受佐治亚州法律管辖。佐治亚州最终妥协并撤销了这些法规，在此行业沆瀣一气的联盟压迫下放弃了自己的话语权。

泡沫经济的顶峰时期，银行每年发行大约1万亿美元的非优先级抵押债券。2006年，全美次级抵押贷款占贷款总量的一半。从1999年到2007年，美国抵押贷款债务总量增长了一倍。抵押贷款的资金总量如此庞大，以至于刚毕业的贷款经纪人一年就能赚40万美元。华尔街的交易员则赚得更多。

五十年间，房价缓慢增长，但从2002年到2007年，房价几乎呈线性增长。在少数几个州，年增长率甚至达到了25%。由于这推高了房产价格，促进了经济发展，并进一步提高了房地产行业的利润率，鲜有政客或监管机构对此发出警告。就连过去一直只购买合规贷款进行证券化的房利美和房地美，由于被私营公司夺走了很多市场份额，也降低标准去购买次级贷款。行业口号宣称，市场的变化利于房屋所有人，有段时间的确是这样：尽管房价上涨，但住房拥有率达到了 69.2%，为历史最高水平。人们众口一词地呼喊着行业口号。音乐不停地响着，没有人想让这只旋转木马停下来。

2006 年末，音乐声戛然而止，过去可以通过再融资来解决财务困难的房屋所有人陷入了困境。其实早在之前，从借款人的贷款起始期逾期率突飞猛涨，我们就能发现危险信号了，起始期逾期是指贷款刚发放出去借款人就无力偿还月供。止赎开始大规模出现——2007 年几乎增加了一倍，2008 年又增加了一倍——抵押贷款支持证券的价值受损，即便是人们认为万无一失绝对可靠的优先级证券。投资者踩踏式地抛售这些证券，银行也开始停止发售新产品。贷款发起商突然间缺乏放贷资金。到了 2008 年，贷款发起商要么破产，要么就像美国国家金融服务公司一样，被美国银行收购。因房价上涨而繁荣发展的整个系统，在房价下跌时，全都崩溃了。另外，由于这一系统不断被复制，担保债务权证以及其他一些信用衍生工具的失败，就像多米诺骨牌一样传导至华尔街的投资体系，并导致了灾难性的金融危机。

丽莎阅读并消化了所有资料。经过几周的密集学习，她能够说出金融行业的很多花招，那是她之前完全不知道的。她开始在工作的时候做白日梦，脑子里塞满了关于抵押贷款支持证券的各种理论，以及导致金融危机的种种原因。不管工作还是在家，丽莎都很难在其他事情上集中精力。

在所有她浏览过的网站中，没有一个能像《谎言生活》那样，细致地剖析证券化和华尔街的不正当行为。尼尔·加菲尔德没有停留在次贷骗局的表层欺诈，而是挖掘了更多深层次的内容。他认为，那些贷款发起商只是掮客，因为他们立刻就将贷款转手出售，丝毫不关心贷款质量。加菲尔德认为，这违背了诸如《诚信贷款法案》等联邦抵押贷款法律。加菲尔德把这些贷款发起商叫作"假贷款方"，并认为根据他们让投资者为贷款买单的事实，完全可以对此提起法律诉讼。

加菲尔德关于本票、抵押贷款转让协议、联营及服务协议等观点，让丽莎觉得更有意思。"事实就是，几乎所有证券化的抵押贷款都没有任何价值，而且无法强制执行。"加菲尔德在一份公告中写道。在另一份公告中，他还说："执行止赎的唯一一方在贷款中并不拥有任何经济利益，也没有止赎、收款或调整贷款条款的权利。"他引用了密苏里州一位破产律师的话："民主并不是高效的，因为民权的安全和保障，正蕴含于互相牵制的低效率规则中。如果这是一台机器，那么法官并不是来清理齿轮中的沙子的，法官本身就是沙子。"一开始，丽莎没有完全明白加菲尔德的每一句话到底意味着什么，但是《谎言生活》中的很多评论者看上去激动不已。他们都在谈论文件欺诈和产权链条断裂，等等。这些讨论勾起了丽莎的记忆，她想起来在法院的传票中，好像夹着什么东西。

起诉状的证据二是"本票丢失证明"。丽莎需要更多信息才能明白这到底意味着什么。本票和抵押贷款的区别是什么？但是原告承认他们丢失了一份关键文件而且想用其他办法来证明，这事让她很惊讶。《谎言生活》里的其他人也遇到了本票丢失的问题，像安德鲁·"艾斯"·德拉尼，他的贷款方一直都拿不出支付凭证，尽管他每周都要求对方提供。为什么这些支付凭证集体丢失了？它们去哪儿了？那又会对止赎产生什么样的影响？

收到法院传票之后，二十天的答辩期限即将截止，丽莎很想尽快找出答案。

3 证券化失败

丽莎·爱泼斯坦有几种处理止赎的方法,但看起来都不太妙。她可以尝试住房可偿付调整计划,这一计划是 2009 年 2 月 18 日奥巴马总统在亚利桑那州的梅萨宣布的,也就是丽莎收到止赎通知之后的那一天。她在白宫网站上观看了奥巴马总统关于此项计划的演讲。主要内容是财政部给予抵押贷款服务商一些奖金,鼓励他们调整逾期贷款的还款条款。在演讲中,奥巴马总统一直在强调借款人的责任,而对欺诈性贷款方或证券化银行的责任轻描淡写。他是不是不了解危机是如何发生的?而且,住房可偿付调整计划,需要通过摩根大通家庭金融服务公司来申请,也就是丽莎的贷款服务商,这家公司在长达九个月的时间里,弄丢她的文件,忽视她的求助,之后还建议她不要还款,最终逼她走入止赎的困境。稍有常识的人就会知道,不管政府给了多少激励,在管理一个新项目上,他们的表现都不会好到哪里去。

丽莎可以去法庭诉讼,但是棕榈滩县为数不多的几位止赎律师都要收取高达 5 000 美元的聘任费,另外还有每小时 340 美元的咨询费。如果丽莎有这么多钱,也许一开始她就不会逾期,不会被银行取消赎回权。法律援助社团和提供无偿专业服务的律师们都在超负荷地工作,而且也无暇顾及像丽莎这样有着体面工作的人。银行知道,身陷困境的房屋所有人没有抗争止赎的资源;这就是大部分案件没有人抗辩的原因。除此之外,每当丽莎与律师见面——她见过几个律师,甚至有次驱车一小时来到布劳沃德县——她都要一遍又一遍地解释自己有关房地产市场崩盘的理论，那些律师会瞪大眼睛看着她，就像她头上长出了犄角一样不可思议。他们会说，如果她没还款，那就没什么可抗辩的。但是丽莎不断地恳求他们说："你没听明白。起诉我的银行说他们跟我没有任何关系。我怎么能够放弃呢？"

既没有最后和解的希望，也没有寻求法律代理的资金，丽莎还有第三个选择：作为诉讼当事人，自己与止赎抗争。这实在很疯狂。她没有法律背景知识，只是在深夜囫囵吞枣的学习中习得了一点皮毛。俗语常说，连律师都不能为自己辩护。但丽莎并不只是为了保住格塞塔路的那套房子，她的动机远高于此。

美国经济上层的有些部分已经严重扭曲，造成了近八十年来对民众财富最大规模的摧毁。为此，华尔街那些鲁莽的行为应该负主要责任，丽莎想要以微弱之力，发起抗争。也许她能发现一些新奇的策略，分享她的知识，并帮助其他美国人免受她所遭遇的那些痛苦。毫无疑问，这件事注定会异常艰难，也许根本不可能，甚至连尝试本身都显得十分荒谬。但是丽莎觉得，保持沉默并不能让她安心。这次危机波及如此之广；而有些人坚信，像她一样的止赎受害者就是老赖——这令她更加坚定，要去证明他们是错误的，她要寻求正义，哪怕再艰难都要继续搜寻。

与此同时，丽莎一直不断地翻看证据二"本票丢失证明"。

抵押贷款文件分为两个部分：本票和抵押证明。本票是贷款方给借款人发放贷款金的支付凭证；抵押证明则是为了防止借款人逾期，而将房屋留置权质押于贷款方。各州的止赎法律各不相同，同时也与各个法院的判决有关，但其基本条款都规定，金融机构要取消房屋所有人的赎回权，必须持有抵押证明，本票，或是两者全备。这就类似于，如果你指控某人偷了你的车，那么首先得证明你拥有那辆车，才能获得指控别人的起诉资格。

在证券化过程中，贷款发起商经过一系列的中介转手，最终将抵押贷款转让给受托人，由受托人来管理这份抵押贷款支持信托。丽莎的案例中总共包括了三家公司——DHI抵押贷款公司（贷款发起商），摩根大通（存托人）和美国银行（受托人）——在有些案例中涉及的公司会多达七八家。证券化过程中的中介交易主要是为了向投资者保证，即便贷款发起商破产，他们仍然能够得到偿付，而贷款发起商破产的情况的确时有发生。投资者"远离"破产的心理需求促使了证券化过程中转让行为的产生，而且这也没什么坏处，因为每一次转让，都能再产生一笔费用。

原则上，每个阶段都应该有备案的转让证据，就是一条链条上的各个环节。这是一条所有权之链，它清晰地显示了若干次不同的交易。你不能跳过任何一个环节：这根链条必须具备从贷款发起商到存托人再到受托人之间的转让证据，其中的每一方都必须有精确的定位。转让抵押贷款时，双方必须有书面的签名文件来证明此次交易。转让人必须对本票背书，背书方式与支票背书方式相同。理论上，贷款发起商可以在本票上留白，因此任何本票的所有人都可以进行背书。但是证券化协议的事实却与理论大相径庭。

丽莎最终找到了证券化的管理规定，名为联营及服务协议。几份文件关于贷款转让的描述语言几乎是相同的。下面这段文字来源于"桑德维尔住房贷款信托2006－OPT2"的说明书：

> 根据主协议规定，存托人于交割日起将其对于所有抵押贷款所拥有的权利、利息、相关本票、抵押证明、背书处空白或背书给受托人的抵押贷款转让协议以及其他从贷款发起商处收到的相关文件

转让给此信托（即"相关文件"）。

联营协议要求存托人在规定的时间内将以所有人名义背书给受托人的抵押本票和相关文件递交给受托人（或受托人的保管人）。

抵押证明和本票必须以纸质形式转让给该信托递交的文件保管人，其中抵押证明转让和本票背书的每一个步骤都必须有湿墨水的签名字迹，最后转让和背书给受托人。交易之后九十天内必须完成，没有延长期限。到那时意味着贷款发起商把贷款"真正出售"给了受托人。

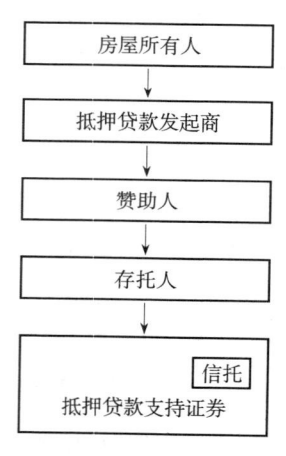

```
┌─────────────┐
│  房屋所有人  │
└──────┬──────┘
       ↓
┌─────────────┐
│ 抵押贷款发起商│
└──────┬──────┘
       ↓
┌─────────────┐
│    赞助人    │
└──────┬──────┘
       ↓
┌─────────────┐
│    存托人    │
└──────┬──────┘
       ↓
┌─────────────┐
│      信托    │
│抵押贷款支持证券│
└─────────────┘
```

迈克·康克泽尔帮忙画的流程图

大部分信托都是根据纽约州的法律设立的，规定极其清晰。法律规定联营及服务协议是管理性文件。所有不遵守联营及服务协议的交易是无效的。没有递交抵押证明和本票，将导致转让行为不合规。这意味着这支信托没有资金保障，并很快消失。所有权会沿着链条上溯，回到最后一个合法所有人手中。根据纽约法律规定，交割日期之后不可以转让抵押和贷款支付票据。

这同时伴随着相应的税收问题。所有证券化信托产品都是作为

REMIC而设立的。如果一支信托产品没有转交关键文件就完成交割，那这些资产就不具备REMIC的免税资格。之后它们不能进行合计，特别是在取消借款人的赎回权时，因为REMIC不能包括不良资产。因此，任何从这些资产中获得的收入都要交税——而且根据法律规定，这些收入需要全额征税。

这些规定，在管理性文件中写得清清楚楚，都是经过所有参与方同意通过的。《谎言生活》聊天室的人们认为，抵押贷款行业中没人遵守这些规则。如果真是这样，那么抵押贷款支持证券就成了非抵押贷款支持证券。受托人（在丽莎的案例中是美国银行）无权根据本票收取月供还款，也无权利用留置权取消借款人的赎回权。尼尔·加菲尔德说的很对："记录中的错误实在太多了，简直无药可救。"维权人士称之为"证券化失败"。

包括丽莎在内的本票丢失现象广泛存在，引起了越来越多人的怀疑。如果受托人的文件保管人将本票妥善保管的话，根本就不会丢失。一项研究表明，本票丢失现象可能是系统性存在的。艾奥瓦州立大学的法律教授凯瑟琳·波特于2007年11月份发表了一份报告，加菲尔德就是在读了这份报告之后，开始对证券化失败感兴趣的。波特仔细研究了2006年归档的1733件破产案件的公开庭审记录。她发现，所有的借款人和抵押贷款服务商，都对所欠款项的具体数额存在争议，对非法强加的费用诸如服务商因正常业务活动（像发传真、打印贷款结清证明等）而向房屋所有人收取的费用，持有不同态度。其中有一段特别吸引加菲尔德：在大多数案件中，服务商都缺少一份或更多份证明债权的文件。其中就包括本票，当时的丢失率超过了40%。

破产案件不同于止赎案件。但是在这份研究中，有五分之二的抵押贷款公司无法根据法律规定来证实自身的起诉资格。波特的文章中写道，即便关键性文件缺失，有一半的破产法庭也会继续审判。这个事实对于想抗争这一体系的人来说，并不是个好兆头。但是联想到整个产权链条中的环节之多，以及金融机构在泡沫经济中转让抵押贷款的速度之快，丽莎确信，这些公司没有遵守法律规定。对此，她绝不能保持沉默。

根据佛罗里达州法律的规定，庭审时原告不必出示原始本票。但是他们需要给出解释并出示所有权相关证据。这就是丽莎的被诉状中的"本票丢失证明"。而美国银行想要证明的则是，尽管丢失了本票，它实际上还是拥有止赎权利的。

因此，在收到止赎文件几周后的2009年3月9日，丽莎作为诉讼当事人进行了自我辩护，递交了一份要求法院驳回的动议，理由是原告缺乏起诉资格。她从《谎言生活》的几个法律文书模板中摘抄了一些语句，声称美国银行在她的贷款中没有利益关系，因此不能取消她的赎回权。这个动议是用来试探对方反应的，以迫使美国银行向法庭提交证据。而后美国银行递交了一份延期申请——他们压根儿还没做好实际起诉案件的准备。

动议提交之后不久，丽莎就进入了"无眠期"：一直忙到凌晨3点，然后小睡一下，6点钟起床。所有的夜晚她都用来读书、搜集资料和学习。她分析证券化产品列表，阅读止赎抗争策略，并贪婪地吸收理解《谎言生活》上的每一篇文章。每天早晨，她都会跑到电脑上查看，是不是错过了什么。这就像在大学学习高等金融学专业一样，课程密集，需要高度的自我管理。这种生活持续了三年多。

她和艾伦的关系因此更加紧张，他们的婚姻所承受的创痛，远多于大多数人。丽莎几乎不睡卧室的婚床，她整晚坐在空荡荡的大客厅里，不愿离开电脑屏幕，艾伦则在床上辗转反侧。这对夫妻很少交流。

丽莎已经记不清，她是什么时候从那个家里搬走的。有一天她开车行驶在路上,在西棕榈滩市中心郊外的一个红绿灯路口,本来应该向左转,但她却向右转,回到了近岸航道附近的公寓里。现在的生活如此混乱,她渴望坐在阳台上听海浪拍岸的那种简单的快乐。刚开始,她一天住家里,一天住公寓,幻想着自己在公寓中待的时间慢慢地越来越长,也许艾伦根本不会注意她的离开。这段婚姻自行瓦解了,没有争吵,甚至没有交谈。丽莎慢慢收拾好东西,一天收拾几件,直到把所有东西都从那个家中搬走。她并不关心艾伦是不是还住在那里——如果他们还拥有那套房子的话。想到几乎把大部分清醒的时间都用在止赎抗争上,但却压根儿不住在那套房子里,她忍不住笑了起来。

4月底,詹娜在迈阿密儿童医院做了手术,粘连的脊柱压力终于得到了舒缓。艾伦来到迈阿密,住在当地的麦当劳叔叔慈善之家。丽莎就睡在病房里,一直陪在詹娜身旁。手术进行得很顺利。术后,詹娜有几个星期不能活动,一直静静地卧床休息。丽莎就躺在她的旁边,给她喂奶或是放空地盯着天花板。医院把天花板当成投影屏幕,给卧床病人放映一些娱乐影像。丽莎时不时地指给詹娜看天花板上的物体或颜色,詹娜特别喜欢这样。医院每天都固定组织"儿童生活",狗狗、小丑和小伙伴们会来探望。有时候,护士会用推车推着詹娜在走廊里转悠。

由于打了很多止疼药,詹娜每天都会睡上很长时间,丽莎只能在旁边等她睡醒。好在儿童医院也有网络,丽莎带了华硕笔记本电脑,她坐在女儿床边日夜不停地研究。有时候,整个儿童医院里,只有丽莎一个人醒着,电脑屏幕的蓝光照亮了她的脸,她的目光快速移动,浏览着一篇又一篇的文章。

经过几个月的康复治疗之后,他们一家回到了棕榈滩,丽莎休了几周假,全天在家陪着詹娜。2009年6月3日,佛罗里达逾期法务集团(FDLG,代理美国银行提起止赎诉讼的律所)终于对丽莎递交的动议做出了回应。他们移除了证据二"本票丢失证明"。佛罗里达逾期法务集团说，它的客户现在找到了本票和抵押贷款转让协议。他们提交了那些材料，以及其他一些证据材料和文件。丽莎终于拿到了评估美国银行案件的原始材料。她立刻开始着手。

他们刚刚找到的这份本票，并不是空白背书的，而是 DHI 抵押贷款公司直接背书给摩根大通的。DHI 抵押贷款公司的助理秘书凯茜·哈尔曼签署了这份背书。根据联营及服务协议的规定，丽莎案例中的美国银行，必须收到背书过的本票才行。但这一所有权的链条，目前停在摩根大通这一环。而正在取消她赎回权的这家机构，并没有资格这样做。同时，转让人直接将抵押贷款转让协议递交给受托人美国银行，"抵押贷款电子注册系统作为 DHI 抵押贷款公司的名义持有人"。丽莎在谷歌网站上对"抵押贷款电子注册系统"进行了一次智能模糊搜索，但她的知识已经能够辨别出一个致命的错误。这次转让跳过了链条上的一个环节。本来应该是从 DHI 抵押贷款公司到摩根大通，然后从摩根大通到美国银行。但这份转让协议的内容显示并非如此。拼凑这份协议的人，看来并不清楚哪个机构应该在哪个位置。在其中一份证据资料中，所有美国银行出现的位置都被打上了星号，还有手写的注释，"作为摩根大通家庭金融服务公司的代理人"。

这份转让协议显示，美国银行的地址是俄亥俄州哥伦布市的美景大道。但谷歌搜索显示，那儿其实是摩根大通家庭金融服务公司（也就是她的抵押贷款服务商）的总部。两家银行的总部地址怎么会一样呢？转让协议的日期也有问题。"转让人于 2009 年 5 月 21 日签署并递交了此文件。"那是丽莎·爱泼斯坦收到止赎文件后的三个月。这一文件表明，美国银行起诉丽莎的时候，还没从转让人那里得到这份抵押贷款。

握在丽莎手里的，是证券化失败的确凿证据。这些证据表明，在她的贷款中，一连串的交易要么不恰当，要么压根不存在，而且连转让协议都是事后伪造的。丽莎再次查看了她那份信托的联营及服务协议；这份协议与其他协议并无二致，它规定在 2007 年，摩根大通有九十天的交割期，在此期限内需将抵押证明和本票递交给美国银行。这些文件显示美国银行并未按时收到抵押，这意味着建立在她那笔贷款之上的证券是无效的，而且是无法强制执行的。这份匆忙起草的文书只是为了掩人耳目，而它就这样被呈递给了法庭，进入到公共记录系统中。几个月以来，丽莎第一次笑出了声。

丽莎终于得知这些交易中一些参与人员的名字：其中有 DHI 抵押贷款公司的凯茜·哈尔曼，她在给摩根大通的本票背书处签了名。丽莎打给 DHI 抵押贷款公司，并问到了哈尔曼的电话。丽莎打给她："你好，凯茜，我叫丽莎·爱泼斯坦。几年前，我从你们公司申请了一笔抵押贷款，但是现在不知道怎么回事，我被一家银行起诉了。我甚至完全没听说过这家美国银行。"

"哦。"

"我刚刚收到了一份本票的复印件，上面有你的名字。我想知道这到底是怎么回事。你能不能给我寄一些你手头关于我的资料？"

大概凯茜·哈尔曼之前从来没有接到这种电话。刚开始她有点迷惑，但她同意把所有关于丽莎的抵押贷款的信息传真给她，包括一些电子资料的屏幕截图。凯茜说："希望这能帮到你。"

一张截图显示，丽莎签署了贷款协议后，DHI 抵押贷款公司立刻将其分类为"摩根大通准 A 批次"（准 A 批次是业内缩略词，指非优质贷款但又不是次级贷款的中间层贷款）。摩根大通为这笔贷款施行了"表供资"（table funding），之后自然拥有了这笔贷款和贷款支付票据。根据美国住房与城市发展部的监管条例规定，"表供资"必须公开披露；但丽莎从来没有得到任何披露信息。而且，在凯茜·哈尔曼给她的文件中，没有任何美国银行的信息，而美国银行的律师事务所却成功篡改了那份转让协议，但没有篡改本票，因为本票由另外一家机构持有。

房奴

在那份止赎诉讼提起后三个月才签署的抵押贷款转让协议上，有一大串人名。克里斯蒂娜·特罗布里奇是谜一般的抵押贷款电子注册系统的副总裁，惠特尼·库克是助理部长。这份转让协议有两位见证人，扎赫·乔治和弗拉基米尔·布什卡洛夫。他们的签名后面，是俄亥俄州富兰克林县的一位公证人声明。公证人的名字叫詹妮弗·雅各布，她证实克里斯蒂娜·特罗布里奇和惠特尼·库克确实在场，并"认为她们作为履职的权威人士，执行了上述内容"。下面还有一行小字："本记录由西里洛·科德灵顿发起、准备并审核。"

丽莎觉得，在所有出现在转让协议上的这些人当中，找到西里洛·科德灵顿会是最简单的，因为这个名字很不常见。而且他不是证人，而是这份事后虚假文件的制作人。也许他能提供一些事情缘由的线索。所以丽莎直接去 Facebook 上搜索这个人，现在几乎所有私人调查员在寻找失踪人员时，都是先从 Facebook 开始的。当她输入西里洛时，只搜到了一个人。个人简介显示地点是巴拿马的巴拿马城。丽莎给西里洛发送了好友请求，不知道这位巴拿马人士会不会注意到美国棕榈滩的一位陌生女士，也不知道如果他注意到了，她应该做些什么。西里洛·科德灵顿很快回复了，他给丽莎发了一条私信："你是谁？"

没来得及害怕，丽莎赶忙编了一个故事。她回复说："你的名字看起来好熟悉，我正在搜别人，然后看到了你的简介，我有些模糊的记忆。你去过佛罗里达或是华盛顿特区吗？"

丽莎很幸运，她的网撒得够宽。"我去过华盛顿特区。我爸原来住那儿，他叫布鲁斯·安东尼奥·科德灵顿。我住在巴拿马，我姑姑住在马里兰的蓝道佛山。"

"我原来住在华盛顿特区，"丽莎回复说，"弗吉尼亚州、马里兰州的肯辛顿和哥伦比亚。现在我住在佛罗里达。除了 Facebook，你还在其他什么地方用西里洛这个名字吗？"

丽莎并未立即得到对方的回复。过了几天，丽莎只好试着从这位巴拿马新朋友口中，像挤牙膏一样一点点获取零星的信息。"你好，西里洛，你会不会正好从事抵押贷款工作？我刚开始干这一行，然后就在一份文件上看到了你的名字，我怀疑签名人就是你。我觉得应该没有多少人跟你重名吧？世界好小！你最近在巴拿马过得怎么样？丽莎。"

十三分钟后，西里洛回复了。"我的确在巴拿马企业咨询公司上班，这家公司做止赎相关业务。我是一名培训经理。"

也许私人侦探（而不是护士）才是最适合丽莎的工作。她后来又告诉西里洛，当地一家报社正在招聘员工处理抵押贷款相关文件，她要去面试，想以此挑起西里洛的兴趣并套出更多话。西里洛说："我稍后回复你。"之后就没了下文。

不过有巴拿马企业咨询公司这条线索已经足够。在宣传海报上，这家公司宣称自己是"巴拿马首屈一指的法律和金融服务提供商"。他们貌似与房屋止赎厂直接合作，为房屋止赎厂制作和处理文件。和制造业的外包类似，显然律所也把文件制作工作外包了出去，这家巴拿马的文件工厂制作完成后，会直接发送到任何需要签署文件的地方。丽莎在Facebook上发现了一个佛罗里达逾期法务集团和巴拿马企业咨询公司的链接页面。

要不是一开始就没有这些文件，律所为什么要雇一家远在巴拿马的文件工厂呢？这些是任何抵押贷款转让都要求的基本资料。丽莎觉得这是一个小小的尝试，尝试掩盖他们在不断扩大的房地产泡沫中的鲁莽行为。在房地产泡沫顶峰那几年，抵押贷款发起商每分钟要发放高达1 900万美元的贷款；他们没时间，也不想去处理文书工作。这些伪造的文件掩盖了一项原罪：在几百万份抵押贷款上，没人去构建恰当的产权链条。

西里洛对丽莎的态度足够和善。丽莎猜测，在这架巨型止赎机器

房奴　049

上,他只是一颗螺丝钉,一个流水线上的工人,一名指导别人什么时间做什么事的培训人员。如果不是这样,那么事实只会更加荒诞:质朴的中美洲人,每天穿着休闲西装打上领带来上班,制作美国止赎案件中的原始材料,但对此漠不关心,完全没有意识到他们在这样的犯罪企业中担任的中心角色。巴拿马人做这些文件工作,也许只是为了养家糊口,但在美国,每天却有无数家庭因为这些文件流落街头无家可归。

丽莎还有一个问题:抵押贷款电子注册系统是什么?

丽莎的贷款与几家不同的机构有关:DHI 抵押贷款公司,摩根大通银行,摩根大通家庭金融服务公司,富国银行,美国银行。但是这家新的公司——抵押贷款电子注册系统——看起来在证券化链条中没有扮演任何角色。这份转让协议说它是 DHI 抵押贷款公司的名义持有人。但是本票显示 DHI 抵押贷款公司已经将贷款卖给了摩根大通。那为什么抵押贷款电子注册系统成了抵押证明的名义持有人,而没有成为本票的名义持有人呢?这是怎么同时实现的?

答案在全美几百家县政府办公室中。棕榈滩的县政府办公室主任叫"法院书记官",在其他地方则叫"县政府记录员"或"合同注册员"。不管职务名称是什么,在美国内战前,这些公职人员就一直在管理县政府办公室。他们跟踪并记录每一块土地的转让行为。你可以到县政府记录办公室中查找你的房产的现存交易历史。

美国财产登记制度的法律基础,是旧式的英国习惯法。经过了君主领地的封建时期之后,管理私有不动产的法令逐渐增多。在十字军东征期间,对于保护财产的成文法的出台,民众呼声渐高。当时土地所有人因征战而将地产留给信任的亲友保管。但往往这些亲友并不值得信任,等土地所有人归来时,他们经常拒绝归还地产。

1677 年,英国颁布了《防止欺诈与伪证法》,要求所有土地相关合同，包括租赁和转让等，都必须以书面形式进行记录，由交易各方签名并签注日期。之后，又加入了公证这种终极保障形式，以确保交易方和交易时间都恰当，并在特定位置签名。如果一份合同没有书面证词，那么它是无法被强制执行的。在《防止欺诈与伪证法》的序言中，阐明其宗旨在于"防止通常由伪证罪和伪证教唆罪所引起的欺诈行为"。这部法律出台后，法庭能够公正地裁决地产纠纷，土地价值也得到了精确评估，由此土地成为一项可交易有保障的工具。如果任何人都可以随意对不动产主张所有权，而不需要承担任何后果，那就没人会去买卖不动产。秘鲁经济学家埃尔南多·德·索托在《资本的秘密》中，认为准确的不动产交易记录将不发达国家与发达国家区分开来。德·索托写道："在混沌中即将诞生正规不动产体系的隐性过程，造就了资本。这种正规的不动产体系是资本的发电站，是资本的诞生地。"

尽管美国不存在世家的有产阶级，但殖民者频繁地买卖不动产，因此民众逐渐需要政府设计一套记录不动产转让的法律体系。1636年马萨诸塞州的普利茅斯湾殖民地创建了一部登记法，要求地方长官对所有房屋和土地出售公开确认。其他殖民地纷纷效仿，形成了不动产登记的法律体系，这一体系今天仍然适用。他们设立了"土地登记办公室"（一般由县级政府负责管理）以此记录不动产转让，并保存合法的所有权证据。登记办公室会规定，哪些内容需要登记并保存，如果交易方没有履行登记义务，将会受到处罚。所有信息会被编辑并向公众公开，抵押贷款的贷款方由此可以在发放贷款之前核查不动产的所有权情况，通过不动产链条来查找到原始所有人，以确保整条不动产转让的链条没有问题。公共登记办公室会对每次转让收取一笔象征性的费用，以此贴补日常管理费用开支。就像其他传统的书面登记体系一样，这一系统不是完美的，也可能出现一些人工错误。但是三百年来，这一系统一直运行得颇为顺畅。

1980年代，当银行开始大规模推行抵押贷款证券化的时候，登记办公室就成了他们的心头之患。每笔25美元到50美元的象征性费用，只是一份价值几十万美元的抵押贷款的九牛一毛。但如果银行要创建一支抵押贷款支持证券的信托，那么信托破产的可能性越小越好，因此，银行需要将抵押贷款转让若干次。根据现有登记系统的规定，每一次转让都要交纳登记费，并创建交易文件。当需要证券化的抵押贷款有几百万份时，登记费无疑会减损一部分利润。

抵押贷款银行协会于1993年10月份召开的年会上，发布了一份白皮书，建议建立一个私有的电子数据库，来记录抵押贷款的转让行为。其后安永的一份会计研究报告表明，规避登记费用能够节省几亿美元。1995年几家主要的金融机构和房利美及房地美共同出资，创立了抵押贷款电子注册系统。截至1990年代末期，几乎所有GSE的抵押贷款支持证券和自有品牌证券都有抵押贷款电子注册系统。尽管没有经过公开论证和立法批准，这一数据库已经成为全美抵押贷款的主流登记系统。

当银行利用这一系统时，它们并不需要在每次转让抵押贷款时，向县登记办公室备案并缴费。因而它们会将抵押贷款电子注册系统作为抵押贷款第一次转让时的承受抵押人。之后每次转让时，交易方只需要登录抵押贷款电子注册系统，将交易添加到电子数据表格上即可。在抵押贷款电子注册系统中，银行可以无限次交易，而县政府登记员只知道第一次转让交易。

抵押贷款电子注册系统虽然是借款人抵押物的法定所有权持有人——这在公共记录的转让协议中写得很清楚——但抵押贷款电子注册系统在抵押贷款中没有任何经济利益，它得不到借款人的还款，也得不到止赎出售的收益。他们从前端的抵押贷款发起商那里收费，由贷款发起商支付数据库使用费。其母公司MERSCORP，总部设于弗吉尼亚州的雷斯顿，在得克萨斯州还有一个数据中心。他们大约有六十位员工。

所有抵押贷款文件上的"抵押贷款电子注册系统有限公司",其实是一家没有员工的壳公司。然而在房地产泡沫的顶峰时期,美国大部分抵押贷款(超过六千万份)都将抵押贷款电子注册系统有限公司作为承受抵押人。

犹他大学的克里斯托弗·彼得森法学教授,指出了抵押贷款电子注册系统的几个主要问题。首先,它类似一个逃税机制,通过抵押贷款的内部转让,来逃避向地方政府缴纳登记费用。更大的问题是抵押贷款电子注册系统的数据库,它记录了从贷款发起商到受托人等所有转让信息。数以千计的人可以登录抵押贷款电子注册系统的数据库,这一数据库可能包含的人工错误,比传统纸质登记系统更多。在抵押贷款电子注册系统中,银行有时没有及时记录转让行为,有时则压根没有任何记录。没人负责纠错、审核。这个项目需要同时处理几百万份抵押贷款,即便大型团队来运营也很难,更何况是只有几个员工的抵押贷款电子注册系统的数据中心了。瓦尔帕莱索大学的法学教授阿艾伦·怀特做了一次抽样调查,抽取了一些抵押贷款电子注册系统的贷款,发现其中只有30%与公共登记系统中的所有权登记一致。尽管看上去这一系统记录了抵押贷款转让的每一个环节,但那只是假象而已。

如果借款人没有及时还款而服务商决定取消其赎回权的话,抵押贷款电子注册系统通常会有两种选择。在有些案件中,抵押贷款电子注册系统作为承受抵押人,以自身名义进行止赎,尽管其在贷款中没有任何经济利益。或者,像丽莎的案例中,该公司会迅速制作一份转让给受托人的事后转让协议,根据联营及服务协议的规定,受托人拥有这笔贷款的法定所有权。他们会做出哪一种选择,取决于止赎发生地的州法律规定,本票是否已背书给其他机构,以及当地法院是否已掌握了这些违法信息。

无论哪种方式,抵押贷款电子注册系统的法律基础,都是有待考证

房奴 053

的。抵押贷款电子注册系统的书面证词说，自己只是作为贷款方的名义持有人，但同时又说他们对抵押贷款拥有法定所有权。他们一直都会说自己是抵押贷款的所有人，但遇到质疑时，又会撇清责任。在2009年3月内华达州的霍金斯破产案中，抵押贷款电子注册系统以自身名义取消了借款人的赎回权，但同时又是其他机构的名义持有人。在霍金斯案的起诉书第9页，抵押贷款电子注册系统声称"其作为本票的持有人有强制执行的权利"；而在第8页，他们又声称"有权代表这笔贷款的现任受益所有人或服务机构"。抵押贷款电子注册系统看来连自己在干什么都不知道（很巧的是，那场官司他们败诉了）。正如彼得森在一篇法律评论文章中所写："认可抵押贷款电子注册系统建立在他人法定所有权之上的起诉资格，就是无视法定所有权的概念，在这里产权只是法庭上用来表达意愿的一种形式，它任由金融机构以最为便捷的方式，夺走他人的房子。"

在抵押贷款电子注册系统将贷款转让给受托人的案例中——丽莎的案例也是如此——那些法律问题并没有随之消失。首先，登记的转让协议产生于止赎开始之后。而且，转让发生于该信托产品交割后，而根据联营及服务协议的规定，交割之后，资产不能进行转让。联营及服务协议同时禁止受托人将逾期或不良贷款打包入信托中，而就在2009年5月（转让协议上的日期）之前，丽莎的贷款已经逾期了。

抵押贷款电子注册系统的员工花名册显示，该公司的员工数量不算太多。那么惠特尼·库克和克里斯蒂娜·特罗布里奇——丽莎抵押贷款文件上的抵押贷款电子注册系统的公司管理人——是怎么成为该公司的员工的呢？抵押贷款电子注册系统的总部在弗吉尼亚，数据中心在得克萨斯，但这份抵押贷款的转让协议是在俄亥俄州签署并公证的。丽莎在Facebook上更深入地搜索了一番，找到一个叫惠特尼·库克的人。她今年二十三岁，住在俄亥俄州的阿克伦城，离摩根大通家庭金融服务公司的办公楼很近。而且，库克还作为摩根大通的员工，名字出现在到期及所欠款项证明书上。

法学教授克里斯托弗·彼得森发现，抵押贷款电子注册系统在公司网站上出售其公章，每枚 25 美元。全美各地，众多抵押贷款服务商或是律所的低级别员工，都变成了抵押贷款电子注册系统的副总或助理部长，即便他们从来没在该公司工作或领过工资。有了公章，他们可以签署抵押贷款转让的相关文件。根据会员协议的规定，抵押贷款电子注册系统授权这些公司管理人，制作该系统贷款的任何相关必要文件。

丽莎简直不敢相信。存在了三百多年的美国土地所有权登记系统，就这样被外包给一家由大银行建立的壳公司，目的是省下一些手续费。银行利用这一登记系统规避了既定程序，并将人们赶出家门。整个过程中的所有环节，聚集着为数众多的公司，这些公司为攫取最大利益，无视法律。贷款发起商无视审批标准，任意发放掠夺性贷款。在证券化过程中，银行肆意拆分贷款，模糊了产权链条，而且显然没有恰当地转交本票。这些银行明知有些是不良贷款，还故意将它们转让给投资者以提高自身收益。房地产市场崩盘之后，服务商、房屋止赎厂以及受托人，继续无视法律规定，用假文件和第三方，通过抵押贷款电子注册系统快速进行止赎。实际上，在调查贷款发放欺诈和证券化欺诈之前，有必要先调查止赎欺诈。

产权链是合同法中由来已久的一个概念，而合同法建立在私下知悉的原则上，即非合同当事人是不能提起诉讼的。在所有其他类型的诉讼中，从盗窃到谋杀，如果证据链条缺失，法官会驳回指控。如果司法程序中的证据可以伪造而且没人指出的话，这一系统的合法性将会毁于一旦。如今，仅仅通过捏造一些文件和证词，你就可以将任何人逐出家门。

如果阅读抵押贷款文件是一种革命性的行为，那么丽莎就属于为数不多的激进人士,她被一股莫名的力量召唤着,去对抗美国最强大的势力,这是她之前从未想过的。尽管丽莎毫不知情,但她的很多认知构建于几乎由一人花费了二十年完成的关键性法务工作之上,地点也在佛罗里达——这个人叫奈伊·拉瓦利,他本来是一位体育经纪人。

4 贷款发起商

那是1989年,房地产泡沫还没有出现,自有品牌证券化还未流行,储贷行业仍未消亡。奈伊·拉瓦利的曾祖父曾任阿根廷总统(达科隆大剧院——世界上最有名的剧院之一——坐落在布宜诺斯艾利斯的拉瓦利广场,这座广场就是以他曾祖父的名字命名的),1970年代,他成了一位职业网球选手。奈伊的父亲雷蒙是一位外交官,他与肯尼迪家族和欧内斯特·海明威交往密切。二战期间,雷蒙离开阿根廷,在战争情报服务局工作,后来成为美国派德药厂的执行副总裁。奈伊在密歇根格罗斯普环境优美的郊区长大,他父亲经常带他去底特律和纽约内城的贫民窟,告诉他出身优越的人要有社会责任感,要多为穷人着想。

1980年代,奈伊成立了一家名为体育营销集团的咨询公司,主要刊发关于美国体育流行趋势和观众分析的研究报告。很多年来,他都是体育流行趋势分析的关键人物,全国的报纸都在引述他的评论。1990年代,由于他的呼吁,使得花样滑冰和纳斯卡赛车运动蓬勃兴起。广告商觊觎于其细节丰富翔实的分析,期望从他的分析中捕获一些利益空间。奈伊的商业成功与他极为突出的个人风格息息相关。他着装华丽,笑声爽朗,的确如他自述,是个"女性杀手"。他有位朋友开玩笑说,奈伊穿上斜纹西装,看上去就像一位船长,只是少了顶帽子而已。

1989年,奈伊·拉瓦利的事业如火如荼。他将在达拉斯为其父母(安东尼和玛蒂尔达·皮尤,他父亲雷蒙早逝,母亲再婚)购置的房子作为一处办公场所。美国储蓄银行发放了这笔购房贷款，它是当时全美最大的储贷公司，也是经济危机时期贷款方华盛顿互助银行的前身。皮尤夫妇曾告知美国储蓄银行，将月供对账单寄往他们在密歇根的住处，但该银行要么将对账单寄到达拉斯，要么压根没寄。奈伊选择直接把月供付给美国储蓄银行的一家支行。但美国储蓄银行会把支票寄到一个送达中心，再由送达中心寄送相关部门，到那时月供还款已经逾期。奈伊对此提出抗议，他手头的支票收据日期显示，远在到期日之前他就已经还款。但美国储蓄银行不由分说，一定要加收滞纳金。

奈伊与他的银行家客户们讨论了这些赚钱的小把戏，巴克莱银行和Visa国际组织都是他咨询公司的客户。贷款服务商基本都是自动化流程工作，他们有专门的软件来记录客户还款并计算费用。他们根据贷款本金余额的一定比例收取服务费；另外还有一些"浮动收益"，从收到月供还款到将款项寄给投资者的这段时间内，他们用月供还款进行投资，赚取一定的收益。最重要的是，所有贷款服务产生的费用都归他们所有。服务费才是唯一可以浮动的，因此他们有强大的动机促使客户逾期，以此获得服务费。对此，相关软件能够进一步设置，以此增加费用，获得最大收益。

美国储蓄银行对皮尤家的房屋采取的下一个抢钱把戏，就是强制保险，这在后来房地产泡沫经济中普遍流行开来。政府要求房屋所有人持有不动产保险，因此每当保险到期时，服务商会自动为他们续上一份高价保险，以此从保险商那里换取回扣。房屋所有人的月供还款中，突然会扣除一笔毫无实际意义但是金额巨大的保费。强制保险有两个作用，它可以增加保险商的收益，并导致房屋所有人当期没有还清贷款本息以导致逾期，由此产生更多的费用。在这个案例中，每当皮尤家的房屋所有人保险即将于三十日内到期时，美国储蓄银行的软件就会强行为其续保。这种情况发生了三次，美国储蓄银行在原有的保险上还增加了其他保险，每次都要额外收费，费用从当月的月供还款中扣除。这些强制保险的保险商与美国储蓄银行是由同一家母公司控制的。

奈伊以及家人们，终于忍无可忍。他告知美国储蓄银行准备结清这笔贷款，请银行出具一份贷款余额和还款记录的证明书，他打算立马给银行开一张支票。当奈伊最终拿到资料时，他发现美国储蓄银行向他多收了近1.8万美元，而且他们无法提供本票，奈伊认为这是欺诈，拒绝结清贷款余额。这场官司打了十多年，足足花了大约250万美元。

诉讼期间，奈伊和他父母还在持续还款。但是美国储蓄银行以无中生有的逾期为由，要求收取远超贷款余额的滞纳金和诉讼费。更令人沮丧的是，奈伊从来都没法得到一个确切的数字。他总共收到了二十份不同的还款历史证明，每一份都各不相同，这令他身心俱疲。还款证明中，有时没有月供还款，有时掺入了其他交易，甚至还有手工涂改的痕迹。

1991年，美国储蓄银行开始每月收取不动产检视费，他们并没有告知皮尤一家，就直接从月供还款中扣走了这笔钱。由于月供没有足额还款，从而导致了更多的滞纳金，但皮尤一家对这些扣款并不知情，银行甚至将这些款项隐藏在"其他预收款"中。奈伊的银行家朋友说，这就是所谓的"金字塔收费"策略，银行有意超额收取莫名其妙的费用，以此从每份贷款中榨取更多的现金。任何意图修正这些错误的人和措施，都会遭遇到银行的阻挠。美国储蓄银行大概认为没有人会去仔细阅读还款证明文件；也没有房屋所有人有能力或意愿与他们较量。大体上来说，他们是对的。可奈伊是个有原则、有财富、有脾气的人。后来他这么说："你可以侮辱我，但是侮辱我的家人、朋友和狗，一辈子都跟你没完！"

1993年9月，美国储蓄银行声明，已将皮尤家的贷款出售给EMC抵押贷款公司，而EMC隶属于投资银行贝尔斯登公司（有趣的是，所

房奴　059

有这些机构——美国储蓄银行，后续买家华盛顿互助银行，EMC和贝尔斯登——在金融危机后都被摩根大通收购了）。EMC迅速提交了止赎起诉，要求皮尤家赔偿将近100万美元的超额费、诉讼费和拖欠的月供还款。奈伊和他的父母从来没有漏掉一次月供还款，但却即将失去他们的房子。他们在达拉斯法院提起反诉，要求停止止赎，然而在得克萨斯地区，止赎是不需要走司法程序的。

奈伊将EMC比喻成"不良抵押贷款的垃圾站"，它会接收行业中那些不良贷款然后止赎，不管房屋所有人是否有能力还清逾期款项。奈伊认为这是一种敲诈行为。他要求EMC修正美国储蓄银行胡乱修改月供还款额以及金字塔收费等欺诈行为。但EMC的人坚称，他们没有义务改正之前的错误，并公然威胁他，如果他不能全额还款的话，就要毁掉他的商业名望和家族名望。EMC向达拉斯地区法院提交了贷款还款记录，这些记录由美国储蓄银行的还款记录拼凑而成，内容缺失并且有各种低级错误。但EMC却仍然宣誓，如果做伪证愿意受到处罚。

另外，这笔贷款出售交易本身也存在问题。EMC对这次与美国储蓄银行的交易进行了铺天盖地的宣传，声称其购买了总价值超过20亿美元的八千笔贷款，收购规模在当时数一数二。奈伊强烈要求EMC修正美国储蓄银行对其账户设定的欺诈性收费模式，EMC却声称所有的交易记录都已毁坏。奈伊要求EMC提供一系列的所有权证明，包括本票、转让协议和贷款的相关转让文件，但EMC要么不提供，要么就说文件已被毁坏。

奈伊在调查中得知，EMC的母公司贝尔斯登公司是美国储蓄银行的投资顾问。EMC成立了一家名为加州贷款合伙公司的壳公司，作为转付通道。美国储蓄银行将这八千笔贷款卖给加州贷款合伙公司，加州贷款合伙公司再于当天将其卖给EMC。通过这种交易安排，美国储蓄银行可以将损失隐藏于壳公司中，避免当下的账面资产减值。否则，美国储蓄银行会因无力偿付债务而破产，从而被美国重组信托公司接管。美国重组信托是由乔治·布什总统成立的，旨在解决正在消亡的储贷行业的遗留问题。因此，整个交易就是一场精心策划的游戏，意图从美国储蓄银行账面剥离不良资产，以规避政府接管。

EMC 为了避免露出马脚，隐藏了本票和贷款协议，但这导致他们缺乏证据证明自己具备止赎起诉资格。另外，EMC 一拿到这些贷款，就将其合并打包进抵押贷款支持证券，并出售给了投资者。所有的转让过程都不曾在得克萨斯州科林县的土地登记办公室登记过。奈伊怀疑，EMC 可能没有托管这些抵押贷款，或是把抵押贷款分别转让给了不同的投资者，而没有形成相应的产权链条。奈伊觉得 EMC 的人在法庭上做了伪证，尤其是关于还款历史的书面证词。在一份庭审卷宗中，奈伊质问 EMC："你们是这一本票或抵押贷款的实际所有人吗？因为你们在以自己的名义取消我的抵押品赎回权，而不是以受托人或投资者的名义。"几年后，丽莎及其网友们提出了同样的控诉。

1990 年代，司法系统的人并未预料到金融机构会伪造文件并在庭审中说谎。几年后，该案件的法官出人意料地要求自我回避，换成了一位退休又返聘的法官。银行的质疑毫无意义，甚至还扯到继父对奈伊的收养问题。奈伊的家族律师让他不要再为此纠缠，催促他及家人与对方达成一桩毫无划算的庭外和解。奈伊怀疑家族律师被收买了。最终，新法官判决 EMC 胜诉，2000 年 1 月 4 日，他们取消了皮尤家对那套房屋的赎回权。

不过达拉斯的那套房子，早已不再是斗争的焦点。

奈伊十分明白，他在不经意间步入了一个巨大的漩涡；不然，那么多金融机构怎么会花上几百万的诉讼费，来收回一套最多值 16 万美元的房子呢？一定是为了掩盖隐藏的大骗局，为了逃脱处罚，才会在精神上和经济上承受如此重压。如果奈伊案件中的骗局,在全美房地产市场上普遍存在的话,那将是历史上最大的消费者欺诈,也将对那些财力远逊于他的家庭产生深远影响。

奈伊花了很长一段时间调查研究,他搜索、分析了很多资料,其中包括纳税记录、公司简章、美国证券交易委员会文件、内部审计资料、保险文件,等等。他自费在全美各地飞来飞去,去佛罗里达、佐治亚、加利福尼亚和得克萨斯的法庭,逐字逐句阅读止赎案件的卷宗,认真做笔记,甚至把一些文档扫描进苹果笔记本电脑中。他发现,其他被取消赎回权的房屋所有人,似乎都有着类似的可怕故事。他请贝尔斯登、EMC和美国储蓄银行的员工为其作证,并拜访了很多抵押贷款银行家、行业专家、法律专业人士甚至是地方、各州和联邦的银行监管机构人员。有好多内部人士听闻他在调查,也匿名给他传递一些零星的信息。奈伊·拉瓦利的全职工作是体育经纪人和顾问,他的"兼职工作"则是抵押贷款侦探。

一天,奈伊在酒吧里偶遇一位女士,她是美国银行的注册资金经理。这位女士告诉他,董事会成员会为银行定下一个利润额,员工们必须竭尽所能达到目标。随着计算机技术的逐渐普及,他们只要在电子表格上改几个数字,就能实现。如果一个劫匪从银行抢了100万美元,肯定得去坐牢。但银行偷了客户100万美元,只不过是以今天5美元明天10美元的方式累积,审计师和监管机构却会毫不在意。

奈伊认为问题与抵押贷款服务商有关,因为他们有动机让借款人逾期,以此最大化地获取财务费用。因此,他们没有任何理由帮助需要援助的人,或是雇用更多的员工来处理问题。他们设计了很多方法,从抵押贷款的每个环节中自动获取利润,包括代管支付账户、房屋所有人保险、月供还款修正等。当服务商将抵押贷款转让给别的服务商时,计算机系统不会对这笔贷款重新分期或是修正之前的数额,服务商总是能够获益。奈伊发现，有很多借款人按时还款、服务商照样额外收费的花招，最多有四十四种。这并不是后台的计算失误，而是处心积虑的金融诡计。奈伊找到了一份 EMC 抵押贷款公司的政策说明手册，手册中将它的客户暗指为"呆瓜"，毫无尊重可言。"呆瓜们"没有选择服务商的权利，他们只好逆来顺受。

奈伊在接受《纽约时报》的采访时说："所有银行、贷款方、贷款服务商或律师说的写的，都不能相信。"1990 年代末期，随着抵押贷款证券化的普及，抵押贷款转让交易开始成倍增加，但其实都不是真实的销售，丽莎·爱泼斯坦等人最终都会明白这一点。在证券化过程中，本票和抵押贷款没有纳入信托，他们精心设计了一场游戏来掩盖这一事实，向县政府登记办公室、破产受托人和止赎案件审理法院提交伪造文件。

奈伊也识破了银行的小把戏，发现他们如何从并不具备所有权的抵押贷款中获取经济利益。银行会将抵押贷款二次抵押，放入贷款池中，并以其作为担保，从美联储获得更多的借款。这就像面包师将一个纸杯蛋糕卖给了两个人，然后让这两个人打架决胜谁能吃到蛋糕。

投资银行并没有记录每份抵押贷款转让的产权链条，也没有单独保存转让协议和本票，他们只是复印了原始文件，需要时就让房屋止赎厂在空白处填入必要的人名并签名。他们的确没有其他选择：如果止赎案件沿用其他诉讼的证据规则的话，诉讼费用将非常高昂。证券化链条中每一环节的原始本票和转让协议都必不可少，还需要每份文件的保管人的证词。但是没有人保存这些记录，也没有人核查、证实。有位业内人士告诉奈伊，这就像从证据存放室拿出某个嫌疑人的尿液标本瓶，然后让其他人向瓶中撒尿一样。从司法角度来看，几十万份甚至可能是几百万份贷款的保管链条，遭到了严重破坏。奈伊的家族信托通过互惠基金持股，投资了大量的抵押贷款支持证券。所以这种混乱局面，他自己也脱不了干系。

贷款服务商们通过随意篡改数据来使借款人逾期，因而任何身背贷款的人，都有可能沦落到被伪造文件驱逐出门的境地。然而这台巨型止赎机器并不缜密，你可以追踪到一些蛛丝马迹。奈伊并不只是想自己了解，他想曝光给全世界。

经常会有人说，奈伊在吸引媒体注意力方面轻车熟路，事实也的确如此。他以皮尤抵押贷款调查机构和全美反抵押贷款滥用机构（这两家都是奈伊·拉瓦利成立的非营利组织）的名义，发表了标题夺人眼球的长篇报告。第一篇报告《食人熊"贝尔斯登"正在攻击无知者、老人、穷人、少数种族人士、残疾人和弱势群体！》，极其详细地阐释了美国储蓄银行、EMC和贝尔斯登对其在达拉斯的房屋进行止赎的阴谋诡计。另一篇报告《大鲨鱼来了！警惕21世纪贷款公司》，阐明了其目的是"保护美国人及拥有住房的美国梦免受欺诈、犯罪、不道德和违法行为的损害"。在那份报告中，奈伊将现代金融业比喻成白领黑手党，只不过他们的武器不是刀枪，而是电脑软件和律师。奈伊写道："在佛罗里达，很多久负盛名的银行和抵押贷款公司在止赎案件中作伪证，提供虚假证词，并在法庭上强词夺理。"奈伊描述了其中一份虚假书面证词的内容，它是由佛罗里达止赎法务公司提交给法院的，声称对信托中从未收到的文件具有控制权，对该机构刚刚送达的本票拥有所有权，或是能提供"证人所不了解的情况"。

奈伊在翻看公共记录中的书面证词时，发现了一个新的问题，那就是止赎文件上的签字人对相关证据并不了解，却依然宣誓保证证据的真实性。有那么几个人的名字，不断地出现在文件上，间接证明了这些人对贷款文件没有仔细审视，只是飞速地签字了事。另外，他们还给出了好多份书面证词，说自己是几家银行的副总，而这几家银行分别位于美国的不同地区。往往在一份文件中，他们是证人，而在另一份文件中，又成了公司副总。还有一点就是,这些签名的字迹往往不一致。有时是名字的首字母缩写,有时是全名。有些签名看起来天壤之别,完全不像出自同一个人之手。

奈伊认为,这是刚入职的员工从房屋止赎厂或文件制作公司租了一个银行管理人的头衔,以此来签署文件,这些员工大概是美国历史上薪水最低的公司副总。他怀疑他们并不了解案件文档里的事实内容,而法律规定这是必要的。奈伊后来在2008年发表了一份完整的报告,报告讲述了在非银服务商奥克文公司工作的斯科特·安德逊的故事。奥克文是一家专门处理查封贷款的服务商。斯科特在该公司负责处理文件。奈伊在报告中论证说,斯科特·安德逊有很多家不同银行和贷款方的副总头衔,他签名时有时用首字母,有时字迹歪歪扭扭很难辨认,有几份文件中的签名字迹看起来差别很大,很可能是其他员工代为签署。奈伊看透了服务商计算机系统内的双向担保本票和私自销毁文件的把戏之后,在报告里得出了结论:这些签名是为了让非专业人士容易理解的一种手段。身价高昂的律师可以解释清复杂的证券化把戏,但他们解释不清那些管理不动产交易的纸质文件是怎么回事。

奈伊打算把这些文件呈递给尽可能多的人,从有止赎抗辩能力的房屋所有人到高层官员,以阻止这场阴谋。奈伊发出警告说,这种机构欺诈行为不仅会导致数以百万的房屋止赎案件、失业浪潮、住宅"鬼城化"以及人民的情感伤痛,还会引发抵押贷款衍生证券的大幅贬值、银行破产以及股票市场的抛盘。他提前八年预测了金融危机和经济大萧条。

那起止赎案件的审判法官向奈伊发出了禁言令,这令他受到很长一段时间的言论自由限制。2000年,禁言令解除之后,他将报告寄给了所有金融业的高管:第一银行、美国国家金融服务公司、美林、华盛顿互助银行。奈伊不但联系了贝尔斯登公司,还建了好几个网站,网站名

房奴　　065

称大都是 EMC 抵押贷款欺诈网、贝尔斯登公司罪行网站、贝尔斯登股东网站，等等。在这些网站上，他列举了贝尔斯登和 EMC 的众多关键罪行。贝尔斯登起诉了他，以误导消费者为由要求他关闭网站。法官要求他关闭其中几个网站，那些没有误导性关键词的网站得以保留了下来。

2000 年，在奈伊赞助下，科罗拉多州布鲁姆菲尔德的全国消费者法律中心举办了一场会议。在一群身着牛仔裤和 polo 衫的法律援助律师和家庭法律顾问中，一身意大利名品西装令他显得鹤立鸡群。奈伊向众人公布了他的发现。他告诉与会者："如果你认为这些是失误，那么就大错特错了。这是蓄谋已久的骗局，服务商们希望客户逾期，好增加他们的收益。"几乎所有律师都认为他是个疯子。也许是因为他们讨厌一个外行在这里班门弄斧，也许只是不喜欢他的时髦和自负。他们一般会这样想："我们来这里是学习法律知识的，为什么要让他来浪费我们的时间？"

同年，奈伊得到了和亚瑟·莱维特（克林顿执政后期美国证券交易委员会主席）十五分钟会谈的机会。亚瑟·莱维特在佛罗里达南部有一场演讲，奈伊想办法安排了和他会面。莱维特认真听取了他的报告，并几乎完全赞同他的观点。不过，莱维特听完奈伊的汇报，往座椅后背上一靠，然后说："美国证券交易委员会中的银行代理律师，加起来相当于一个律师事务所。"莱维特向他讲述了一场长达十年的揭发金融诈骗的故事。"十年时间，都不一定能把这个骗局揭发出来，银行们对此一清二楚。那个时候，他们早就鸟枪换炮，干别的诈骗勾当去了。"莱维特叹着气说。

奈伊是个执着而不畏权势的人，他坚持不懈地要将此事进行下去。他发表了很多有关抵押贷款行业的评论文章，有些登载在《盗窃报告》之类的消费者网站上，还有些发表在由另一位止赎受害者杰克·赖特所创建的止赎博客《抵押贷款欺诈》上。奈伊潜入抵押贷款电子注册系统的留言板,指控他们的欺诈行为(这家公司的首席执行官R·K·安诺德亲自回复了评论:"不论是我们的身份,还是行为,都没有任何不端之处。")。

另外,奈伊做了一个堪称绝妙的举动:对于所有想要对抗的公司,他都去购买一些股份。他购买了几家银行、抵押贷款服务公司,甚至是房利美和房地美的少量股票。然后,他去参加股东大会,在大会上发言指出当前抵押贷款市场上普遍存在的不当行为,构成了对金融体系的威胁,并对此表示不满。奈伊逐字逐句地研究公司股东章程,拟定好发声策略。

2001年,奈伊和他父母飞到西雅图参加华盛顿互助银行的年会。公司章程规定,在大会召开之前的两周内,所有股东都有权检查公司会计账簿和股东名单。但实际上,华盛顿互助银行并没有公开相关信息。奈伊找到负责投资者联络的那位女士,要求查看会计账簿。她回答说:"我在这里工作了十六年,从来没有人提过这个要求。"

奈伊回答说:"那今天你走运了,遇上了一个。"

"可我们根本就没有这种信息。"

奈伊微笑着说:"你最好给我找出来,不然明天你们那个小集会,可就开不成了。我会去国王县的高级法院告发你们,停开你们的股东大会!"

那位女士脸色苍白地离开了房间,过了几个小时,她带着华盛顿互助银行的董事会秘书威廉·林奇回到了房间,她把威廉·林奇从董事会会议中叫了出来。奈伊递给林奇一份他的研究报告,并重申他想看股东名单和会计账簿。林奇打开自己带来的文件夹,里面记载着皮尤一家和美国储蓄银行(华盛顿互助银行的前身)经年累月的诉讼信息。林奇讽刺他说:"你就是输了官司怄气罢了,还不是因为我们取消了你们的房屋赎回权吗。"

威廉·林奇装模作样的态度，让奈伊怒火中烧。他猛拍会议室的桌子，狠狠地说道："你再这么咧着嘴笑，我可就要揍你了！"

那位女士非常吃惊，她站起来说："你怎么能对董事会秘书这么说话？他可是专门抽时间过来处理你的问题的。"

奈伊回答说："因为他知道，我可以立刻停开你们的会议，他才来的。所以我说话的时候，你一定要仔细听着，还要认真处理。我可不是跟你开玩笑！"

奈伊的父母以为保安会过来把他们的儿子拖出去，但是并没有。威廉·林奇一直在那里待到晚上 8 点，他仔细阅读了奈伊的报告。第二天，奈伊与公司抵押贷款服务部门的管理层谈了好几个小时，在此期间，公司的股东大会就在马路对面举行。尽管奈伊迫使华盛顿互助银行对他表示尊重，但实际情况并没有真正改变。

事实上，尽管大银行、会计师事务所和抵押贷款服务商都认可奈伊的批评，并郑重承诺会着手解决这些问题，但是真正采取措施的只有一家，就是抵押贷款巨头房利美。房利美与众多贷款方、服务商和律师事务所有业务往来，因此他们的一些措施变化足以对全行业产生影响。奈伊与几位房利美的执行总裁交流了几次，其中包括 CEO 富兰克林·雷恩斯。最终房利美从公司外雇了一家律师事务所（贝克·霍斯泰特勒）来验证奈伊所说是否属实。在为期六个月的时间里，贝克·霍斯泰特勒律所对奈伊进行了十七次访谈。公司承诺，如果奈伊参与进来，他可以审评最终报告。但调查结束后，贝克·霍斯泰特勒律所以保密权规定为由，破坏了这份承诺。虽然他的报告是这份调查研究的基础，但最终奈伊没能读到这份研究报告。

几年后，《纽约时报》的编辑格莱金·摩根森发布了一篇 147 页的报告，报告写于房地产泡沫顶峰时期的 2006 年 5 月。尽管《房利美回应股东奈伊·拉瓦利先生诉求的报告》这一标题有些自作多情,但在报告中,贝克·霍斯泰特勒律所证明,奈伊的大部分声明属实。报告作者马克·辛若特特意声明与此保持距离,"拉瓦利先生爱用一些极端的类比,这削弱了他的可信度"。但他证实,房利美在佛罗里达的止赎律师例行提交"虚假证明"和书面证词,也证实抵押贷款电子注册系统在七个州的止赎案件中提交了"虚假答辩",并证实"拉瓦利先生发现了一个房利美亟须解决的问题"。

这份报告还加入了一条重要警示。"拉瓦利先生说,房利美因抵押贷款无法强制执行和集体诉讼将面临几百亿美元的损失,在我们看来,这实在是夸大其词。"辛若特解释了理由,他说借款人不可能强硬地对抗止赎。大部分房屋所有人没有相关资源。而且房利美是相对绝缘的,提交虚假文件的律师并不直接隶属于房利美。借款人要向房利美提起诉讼要跨过好几个环节,等到那一步时早就耗尽了资金。

这有点像臭名昭著的福特斑马车事件。1977 年,《琼斯夫人》杂志的一份报道声称,福特公司发现其斑马型号汽车的燃油箱有设计缺陷,这一缺陷使得汽车遭遇追尾时容易爆炸。但是福特公司拒绝进行修改,因为成本-收益分析数据显示,公司支付个人诉讼赔偿,远比重新设计流水线并召回修理汽车要划算。他们宁愿置公众于危险之中,也不愿意花这笔钱。

贝克·霍斯泰特勒律所针对房利美给出的报告并不像福特斑马车事件那样露骨,但也表示了同样的观点:理清止赎相关的所有问题,要比维持现状一个个处理借款人诉讼的花费更多。因此,房利美没有采取任何措施回应奈伊·拉瓦利的要求。当然,他们也没有公开欺诈的留存证据。

奈伊几乎执迷于这件事——他一定要曝光银行业的欺诈行为。数年来的挫折，并不能使他停下脚步。在职业生涯中，他一直志向远大，高瞻远瞩。现在他看见了未来海啸的滔天巨浪，他觉得自己有义务向人们发出警告。奈伊开始为一些支持他的止赎抗辩律师做咨询顾问和专业证人。奈伊认为，他可以通过参与案件诉讼和报告撰写来教导律师、法官和普通大众。想让人们倾听他的话非常难，甚至连朋友都在取笑他杞人忧天。但是等到天真的塌下来的时候，他们就不会再取笑他了。

　　奈伊留下了醒目的足迹，因而任何人都能看到他所说的"这辈子规模最大的诈骗"。当真相正如他预期的那样尽人皆知时，公司会计师、银行高管、法官和联邦监管机构员就不能说"没有人通知过他们"。奈伊觉得真正能够解决这一难题的，大概只有网络。人们缺乏沟通交流的方式，银行可以压制那些反对者。但如果受害人团结互助并主动曝光这些欺诈行为的话，真相就会因此大白。

5　社　区

　　如果丽莎·爱泼斯坦打算不请律师，而是自己辩护的话，她认为最好事先旁听一下止赎审判过程。丽莎在詹娜康复后就回去上班了，但是改成每周上四天班，这样周五就可以去法庭旁听。丽莎在兼职网站上找了一位日间保姆，她叫玛丽·迪尔阿谷尔拉，恰好也住在格塞塔路，就是丽莎被止赎的那套房子所在的街道。每个周五她打包午餐之后，开车把詹娜送到玛丽家，然后再到西棕榈滩的市中心去。

　　在毗邻近岸航道的西棕榈滩市中心，有多座摩登崭新的建筑物林立。仿佛是县长突然发了一笔横财，觉得在市中心建个大型电影外景基地，是这些意外之财的最佳用途。棕榈滩县法院是一座十一层的建筑物，整体属于1980年代的后现代主义风格，墙体是浅绿和粉色，外立面是花岗岩和玻璃幕墙，基本上符合主流审美。仅一街之隔的旧法院传统古典，新法院看来就像一座购物中心，缺乏庄严。

　　丽莎上一次走进法院还是领结婚证的时候。她通过安检上到四楼，全县的止赎案件都在此庭审。止赎法庭是4A室，房间中央有一张展开的白色折叠桌，走廊里西装革履的律师来回穿梭。公告板上用迷你字体密密麻麻地写着开庭时间，当天排满了100多起诉讼。丽莎走到4A室门口，手扶着门框，轻声说："好吧，让我们来看看能做些什么吧。"

　　木质装修的法庭狭小而拥挤，里面只有几张座椅，挤满了等待庭审的律师。丽莎根本找不到座位，只好挤到后墙角去。法官席的左右两边是原告席和被告席，各有一张小桌子和一个发言台。后方有一个类似舞台的准备区域，看上去像是下一个案件的准备区。房间里的人窃窃私语，丽莎不知道审判是不是还在进行。但即便她能听到什么，其实也搞不清楚。

现场出席的没有一个像是房屋所有人。看起来，这些晦涩难懂的策略，也没能满足他们的诉求。每天早上，法官都会听取动议并安排庭审时间；有时，她只是瞟几眼动议申请和相关证据就做出即决判决，不用开庭审理就判决原告胜诉。经验丰富的辩护律师后来告诉丽莎，他们在其他诉讼案件中，从未见过即决判决，法官一般会指出案件还需要哪些事实证据的支持。但是在止赎案件中，即决判决几乎是标准流程，把房屋所有人赶出家门就像买罐可乐那么简单。

下午一般会安排开庭审判，但实际上很少，因为几乎没有房屋所有人提出抗辩。即便有被告辩护律师出席，大多也少有出庭经验，任何庭外和解都能让他们心满意足。有律师出席的审判，最多也就持续几分钟，只要法官听到原告说"被告没有按时偿还抵押贷款"，就会做出判决，材料事实都不重要。自我辩护的当事人在法庭上则会更加难堪，他们的出现本身就已经惹恼了法官。即使被告辩护成功使案件撤回，因为偏见法官从来都不会驳回起诉，因此原告可以再次提起诉讼。贷款服务商只需要一次批准，就可以一次又一次地尝试止赎。在所有案件中，几乎都是房屋所有人败诉，并失去其住房。有人给佛罗里达止赎法庭取了个外号，叫"火箭诉讼庭"。

旁听庭审时，丽莎在作文练习本上做了些笔记，之后她来到三楼的文件室。狭长的房间里放了张桌子，后面坐着几位职员，身后的书架上依次排列着很多文书。丽莎需要查阅几个案件，不光是自己的，还有别人的。她刚在网上认识了一对夫妻，也住在棕榈滩县，有一起正在审理中的止赎案件。丽莎保姆公婆的房子也出了点问题。甚至是病人们，都来寻求她的建议。因为在网上、生活中公开谈论止赎问题，对于迫切搜寻信息的房屋所有人来说，丽莎已经成为一个极具价值的信息来源。

因为对自己的止赎案件文件做了足够的调查研究，丽莎轻而易举地知道，需要在别人的止赎文件中关注哪些信息。而且，在别人的案件中，同样存在很多明显的前后矛盾：转让协议的签署日期晚于止赎诉讼的提起日；文件是由特殊文件处理公司制作的；抵押贷款电子注册系统的反复出现。她刚才还从法庭拿了几份开庭时间表，准备把动议和审判时间结合起来。原告的起诉状中本应附有本票，但大多数情况下，在卷宗中找不到。

惠特尼·库克和克里斯蒂娜·特罗布里奇，也就是她的贷款转让协议上注明的抵押贷款电子注册系统的副总裁和助理部长，这两个名字不断出现在房屋所有人的各类文件上。有时这两人是抵押贷款电子注册系统的员工，有时又是摩根大通的员工，有时则是大通银行的员工，有时又变成摩根大通家庭金融服务公司的员工。

要复印这些卷宗，每页都得花上1美元。囊中羞涩的丽莎，尽量手抄，只复印绝对必要的文件。下一周，丽莎带了她的华硕电脑和一个移动扫描仪，开始扫描那些文件。一位文档管理员走过来阻止她，说这违法了法院规定。"那么具体规定是什么呢？"丽莎问。文档管理员说她会和主管商量，接下来的几个月，丽莎没再听到她说什么。于是，丽莎一直在那里偷偷地扫描文档。

2009年夏天，丽莎成了法庭的常客。周五她会穿上职业装，戴上一条标志性的围巾。其余的日子里，她会穿着医院的工作服过来。癌症中心位于距离此地一英里的大榭高速路边。丽莎估计，步行需要十二分钟，跑步需要七分钟。往返二十四分钟，她的午休时间是一个小时，这样她就只剩三十六分钟来扫描文件或旁听庭审。跑过去的话，她就能多出十分钟的时间。刚开始，丽莎一周只来一次；过了一段时间，她几乎每天中午都在。不断地有新理论需要检验,有新案件需要旁听,有新卷宗需要查看。渐渐地,她开始擅长搜索信息和识别欺诈模式。

法警和很多原告、被告的律师都认识她。有时在走廊里会遇到一些房屋所有人,她会停下来跟他们聊一会儿,告诉他们去旁听诉讼审判、与其他借款人交流、团结起来解决社区的危机。丽莎相信,只有互相依靠团结协作,才能与之对抗。

在 1930 年代的经济大萧条时期,各个社区特别是乡村地区的人们联合起来抗争止赎。T·H·沃特金在纪实作品《大萧条》中描述了农民们破坏邻居的止赎拍卖会的情景。他们会给出很低的竞标价格——最多也就几个美元。最强壮的农夫们,会去劝阻任何想要给出更高竞价的人,直到他把竞价撤回。胜出的竞标人,则会把农场以极低的价格返售给原主人。沃特金写道:"1932 年秋天,沃尔特·克洛泽位于艾奥瓦州哈斯金斯城外的农场,800 美元的抵押贷款,成交价仅仅为 1.9 美元。特瑞莎·冯·巴姆位于内布拉斯加州埃尔金附近农场上的牛、马、鸡最后都返售给了她,每只价格几美分,总共花了 5.35 美元。"流拍现象导致中西部地区出现了几起银行延期收回抵押贷款赎回权的现象。农民们只是不愿看到他们的邻居,被肆虐的投机活动所引发的副作用逼得流离失所。

但 2006 年年末止赎危机开始出现时,公众却没有表现出同样的凝聚力和有组织的对抗能力。近几十年来,对于市民公共生活的忽视,导致传统的政治行动主义力量大为削弱。社会上把逾期的房屋所有人,称为不负责任的老赖,这也迫使很多人保持沉默,内心深感羞耻并不断质问自己到底错在哪里,以至于沦落到被止赎的下场。因此发起援助活动,也就变得非常艰难。1930 年代,银行还打着与社区友好联盟的招牌;而现在房屋所有人要抗争的,不再是贝德福德的储贷银行,而是贷款服务商、存托人和受托人,后者全都依附于不讲人情、权势滔天的华尔街巨头。

有极少数群体进行了夺回房屋的抗争,其中就包括社区改革组织协会(ACORN)。2009年年初,该协会组织了一场"保卫房屋运动",抗议者为表示公民不服从,守在被止赎的房屋外拒绝离开;遭遇止赎的家庭,则把自己反锁在家中。他们也模仿大萧条时期的农民,干扰止赎拍卖。社区改革组织协会的成员曾经闯入巴尔的摩的一套房屋中,并换了锁,为唐娜·汉克斯夺回了她的房产。另外一家叫美国邻里互助协会的组织发起示威游行,他们主要通过在银行以及美国国家金融服务公司等贷款方的高管办公室甚至家门口示威的方式,要求他们同意修改贷款条款。他们还在一些大城市郊外发起露营示威,唤起人们的危机意识。类似于1930年代的胡佛村,他们将这些露营地称为"布什村"。

然而政客们并没有听到这些求救的呼声,并且容易听信金融行业人士的游说。旨在缓解止赎危机的白宫住房可偿付调整计划是自愿性质的,它并不强制要求贷款服务商减免本金,而减免本金才是有实质性缓和作用的措施。据报道,财政部部长蒂姆·盖特纳并不认为住房可偿付调整计划是一种危机缓和手段,相反他认为这能给银行提供缓冲跑道,银行由此可以慢慢消化一些不可避免的止赎案件。奥巴马的经济智囊团也反对强制批准破产减债政策,该政策允许破产法院的法官有权修正房屋抵押贷款的条款,之前在其他债务诉讼中,法官一直都有这种权力。立法者认为该政策会使房屋所有人获得筹码,以此协商贷款减免。尽管在2008年竞选时,时任参议员的奥巴马签署了强制批准破产减债政策,银行甚至专门召开会议商讨潜在不良后果的对策,但金融行业的监管机构给国会施压,反对将其囊括进刺激经济的一系列必要法案之中。因此作为一条单独法案出台之后,很多国会议员纷纷表示反对,加入了金融行业的反对阵营,该法案的提案人参议员迪克·德宾评价国会说:"坦

房奴　075

白来说，银行控制着国会。"看起来除了国会，银行还控制着白宫。游说团体甚至抱怨说，他们刚就强制批准破产减债政策跟参议员见过面，财政部的官员就来找参议员表示反对。权贵们更关心银行脆弱的资产负债表，而不是房屋所有人。

《强制批准破产减债法案》的斗争失败后，维权人士着重于反对银行拒绝修改贷款条款的行为。抵押贷款服务商几次三番弄丢文书，前后回答不一，而且没有表现出任何给予抵押贷款减免的意图。银行将其归咎于房屋所有人的财务文件不完整，其实这些都是银行精心设计的骗局。贷款服务商把住房可偿付调整计划变成了另一个掠夺借款人钱财的工具，以此榨干借款人的所有现金，等他们再也无力偿还月供之后，就取消他们的赎回权。服务商会给借款人一年期的贷款条款修改试行期，之后会突然拒绝提供永久减免，然后要求借款人补交试行期月供和原始月供间的差额，并威胁要将借款人逐出家门。美国银行的员工后来证实，他们公司有业务指标，如果员工向房屋所有人撒谎，拒绝住房可偿付调整计划或强制取消借款人的抵押赎回权，就能得到公司作为奖金发放的百思买礼品卡。

维权人士仅仅是质疑修改贷款条款方案的草率，从来没有人更深一步去思考，所有权转移和抵押贷款文件记录链条的断裂问题，也没人考虑止赎过程中贷款方的造假问题。面对止赎欺诈，需要那些在网上互相诉苦的受害者参与进来，他们在网络空间，大声斥责银行用虚假证据夺走他们房子的罪行。

在经济危机之前，创建止赎欺诈博客的作者一般都有亲身经历。《抵押贷款欺诈》博客的作者罗伯特·"杰克"·赖特从来没有忘记还款，却失去了他价值 20 万美元的房子。因费尔班克斯资本公司未提供合格的贷款服务，克莱格·肯尼与该公司产生纠纷，之后建立了"恶劣的费尔班克斯资本"网站；2003年，费尔班克斯资本公司最终就不公平和欺诈性的服务行为与联邦贸易局达成了4 000万美元的和解方案，之后该公司改名为甄选投资服务公司。麦克·迪龙是新罕布什尔州的一位舞台技师，他跟费尔班克斯资本公司打了九年官司，也创建了自己的网站。房地产泡沫的崩盘将数以百万的家庭推入了止赎困境，民众对欺诈的警觉程度逐渐超过了这些博主，之前一直隐藏的模式开始浮出水面。

《谎言生活》的访问者彼此几乎都不认识（《谎言生活》是至2009年之前最大的反止赎网站），但他们成功地建立了一个知识性社区，而没有把博客变成常见的疯狂和愤怒的宣泄地。这里有很多人，迪昂多，SF·丹，等等。丽莎用自己的真名作为网名。奈伊·拉瓦利时不时会做些评论。评论区的很多留言者都是寻求帮助的新手："银行在2008年8月提起止赎诉讼，但是从来没把止赎文书交给我。我要不要在一百二十天内，提交一个驳回动议呢？""在佛罗里达，没有转让协议只有原始本票，还能止赎吗？"

尼尔·加菲尔德会定期查看评论区并进行解答。这个网站提供一些法律资源——动议申请的范文，法律条款的定义解释以及一些房屋所有人胜诉的案例。但是最强大的资源，也许就是其他的评论者。他们会回复新手一些信息，推荐不同地区的律师，或是告知止赎文件中需要留意的细节。最为重要的是，他们能增强房屋所有人的信心，在与强权机构日复一日的斗争中，这些人倍感孤独和绝望。这个网站成为他们战胜羞耻感的良药。这是极具挑战性的，因为止赎天生具有召集负能量的魔力。一天晚上，一位女士登录上来说，她和她丈夫除了自杀，看不到别的出路。安德鲁·"艾斯"·德拉尼回复了她："这不是你们的错。我也不觉得我有什么错。"他努力让这位女士相信，她的生命是有意义的，还有人在支持她。《谎言生活》里的所有人都不是特许治疗师。他们对抗沮丧的唯一武器就是诚实和他人的宽慰。

《谎言生活》的用户们积极传阅正面的法院判决，以此重燃黑暗生活中的希望，在 2009 年，相关的正面判决层出不穷，这意味着保护银行的铜墙铁壁出现了裂缝。2 月 11 日（丽莎收到止赎文件前的几天），迈阿密的安娜·费尔南德兹的止赎出售被取消，因为切维大通银行无法证明它拥有原始本票。加州的联邦破产案法官萨缪尔·巴弗德在证券化贷款的相关案件中，要求提供合法有效的记录文档。佛罗里达皮内拉斯县的法官沃尔特·洛根拒绝受理抵押贷款电子注册系统提起的止赎诉讼。纽约州高级法院布鲁克林地区的亚瑟·沙克法官中止了为数众多的止赎案件，这些案件存在各种问题，有的是同一个人代表两家不同的银行签署文件，有的是银行在获得贷款所有权之前就发起了止赎（这是证券化失败的特征）。两年内沙克法官审理了 102 起止赎案件，被他驳回的有 46 起。沙克法官接受《纽约时报》采访时说："夺取他人住房的一切程序，都必须是合理合法的。"

但是，《谎言生活》的评论者们，还是会被漫天的恐怖故事所激怒。有些人遵纪守法从不逾矩，但仍然遭遇悲剧。8 月的一天，迈阿密的安娜·拉米雷兹回到家中，发现她的私人物品全被扔到了草坪上，有个陌生人警告她，不许她进入自己家中。华盛顿互助银行没有给她发过任何警告，就在拍卖会上卖掉了她的房子。她一直都按时还款，从来没有逾期。迈阿密戴德县的警察把这家人逐出了家门，他们只好收拾东西，在朋友家暂住几天。拉米雷兹提起诉讼，向法官解释了这一情况。后来华盛顿互助银行表示那是个"错误"。在城市的另一头，按摩师托尼·洛萨多正在与两家不同的律所打官司，因为两家律所代理的两家银行就同一张本票提起了诉讼。

这本来是一件根本不可能发生的事情。借款人在办理抵押贷款手续时，会签署很多证明产权链条的文件，文件中会详细写明借款人的月还款额以及逾期还款会导致的后果等。抵押贷款协议和本票会保存在县政府登记办公室里。借款人得到不动产的所有权，有时还会买一份保险来防止可能出现的所有权问题。原本，贷款的所有人、抵押的购买人以及每一个步骤，都应该清清楚楚在合同中写明。

如果有好几个贷款方对同一份本票提起止赎，或是借款人从来没有逾期但银行却要拍卖其房屋，这说明房产登记体系已经烂到根了。要是丽莎·爱泼斯坦无缘无故地说别人的房子是她的，法官肯定会处罚她。但是银行拿不出证据，为什么却能任意占有别人的房屋，而不用受到任何惩罚呢？

暴躁易怒、爱唱反调的人经常抱怨说，止赎受害者们想要天上掉馅饼，耍花招免费得到一套房子。评论区也会出现一些"钓鱼人士"，高声反对给逾期房屋所有人发放补贴的行为，要求房屋所有人"要么还清贷款，要么滚出去"。但《谎言生活》的用户觉得，他们不是想要免费的房子，而是想要阻止一场混乱、毫无秩序可言的闹剧。无规矩不成方圆，长此以往，任何人都可能会被逐出家门，甚至是那些老爱唱反调的人。说到底，这个世界还是讲法律规则的。认为只要房屋所有人没有偿付抵押贷款，相关文件是否准确就不重要的论调，跟只要谋杀案嫌疑人有罪，警察是否有持枪威胁的行为并不重要的论调毫无二致。

那年夏季的一天，名为"止赎欺诈"的用户评论了关于抵押贷款电子注册系统的一份报告："最近，我正在阻止服务商华盛顿互助银行提起止赎，但他们现在转交给佛罗里达逾期法务集团，抵押贷款电子注册系统将我的抵押贷款转让给摩根大通来发起止赎程序。问题是，签署转让协议的抵押贷款电子注册系统的管理人员，实际上是摩根大通的员工。"初始贷款方安纳特抵押贷款公司2009年4月20日将这笔抵押贷款转让给了摩根大通——这一行为值得注意，因为那时安纳特已经破

房奴　079

产。这位评论人士说，他发现在文件上签字的摩根大通雇员，假冒抵押贷款电子注册系统的副总裁，而该电子注册系统同时代表了该县数据库中的其他几家贷款方。这位用户说："我认为这其中存在重大欺诈。"

丽莎在两分钟内就回复了他。"我的故事和你如此相似。"她指的是抵押贷款电子注册系统和佛罗里达逾期法务集团。"你是怎么查询抵押贷款的法庭记录的？"

阿琳娜·维拉尼是一位专职律师助手，经常登录网站评论各种文章。她突然插话进来告诉丽莎，"你可以搜索县政府书记官网站"，提议她去保管公共文件的登记办公室搜索。这意味着，她可以在任何能联网的地方搜索。丽莎立刻登录了棕榈县法庭书记官网站，发现她可以查看所有的开庭时间表和官方记录，包括抵押贷款的转让协议和信托契约。她无法查到案件中所有的归档文件，比如书面证词等。但这已经能够节省大量的时间和金钱了。

"止赎欺诈"第二天回复了她："看来阿琳娜已经回答了你的问题。如果你想交换信息的话，随时找我。知识就是力量……迈克尔。"丽莎在回复中告之自己的电子邮箱，她和迈克尔之间的通信开始了。

同时，佛罗里达媒体开始揭露止赎问题。《圣彼得堡时报》的苏珊·马丁发表了一篇揭发全国所有权清算公司的文章，这家文件处理公司某种程度上隶属于山达基教教会。马丁从布莱恩·布林那里挖到了很多文件，他是全国所有权清算公司的员工，同时还是第一优选抵押贷款公司、德意志银行和花旗住房贷款公司的副总裁。马丁跟踪布林来到清水湾的一个拖车停车场。布林和同事克里丝塔·穆尔在坦帕港地区签署了很多抵押贷款转让协议，每家公司都曾授权他们为不同的贷款方签署文件并代为"修复"文件中的问题。全国所有权清算公司的发言人杰里美·波梅兰茨承认："他们会整周都坐在那里签署文件。"

迈克尔——网名是"止赎欺诈"的那位评论用户，在苏珊·马丁的文章下面留言。他说，就他的个人经验来讲，这种行为是非常普遍的，绝不仅仅是全国所有权清算公司这一家在这么做。苏珊·马丁回复了他，甚至还在《谎言生活》里搜索了他，并向他询问了更多信息。

整个夏天，丽莎都在和佛罗里达逾期法务集团来来回回地提起动议，她想找到更多文件。她也试过根据惠特尼·库克在书面证词中代表摩根大通，而在抵押贷款转让协议中又代表抵押贷款电子注册系统的事实，来质疑惠特尼·库克的书面证词中到期数额和欠款数额的真实性。佛罗里达逾期法务集团撤回了那份书面证词，又提交了一份一模一样的，只不过签名换成了贝斯·科特雷尔。科特雷尔的领英（LinkedIn）页面显示，她是摩根大通的员工，但她是作为独立法人摩根大通家庭金融服务公司的副总裁在文件上签字的。因此，丽莎又发现了一个同时兼几份差的人，她为几家不同的公司高强度地工作着。她把贝斯·科特雷尔加入了搜索名单。

丽莎的每一天都始于上床三个小时之后的清晨 6 点。她会快速来到电脑前查看新闻，期待着能看到一个大新闻——"止赎欺诈被揭穿"。然后，她会叫詹娜起床，收拾一下准备去日间保姆那里。期间她断断续续地查看一些标题新闻和博客。她开车把詹娜送到保姆那儿，再回到癌症中心。有时她会登录那些止赎网站看一看，或是在不需要照看病人的间隙里，胡思乱想一大通法律策略。之后她会花七分钟去法院，在那里待上四十六分钟，再花七分钟回来，重新查看一遍博客，下班，检索公共记录，接詹娜，快速地吃完晚餐，让詹娜独自看电视以便搜索证券化的相关内容。詹娜一遍又一遍地喊"妈妈，过来一下"，她每次都回答说"先等一下，詹娜"，一直到詹娜上床睡觉。之后她更加拼命地阅读、写作、研究，直到凌晨 3 点。止赎新闻和信息就像侵入人体的病毒，消耗着丽莎的生命。

在詹娜的童年时期，丽莎没能尽心陪伴，这让她深感遗憾。她无法集中全部精力照看病人，自身的同情心和机敏度已经达不到工作的要求。因为被新事物转移了注意力，那种护士与病人间心照不宣、互相了解的沟通，对她来说变得更难。电脑在召唤她，知识在召唤她；她的心底有个声音在告诉她，让她学习、战斗并招募其他人共同阻止这一悲剧。这个声音响彻心间，从未停歇。

7月4日国庆日之后，丽莎收到了一位名叫罗宾·鲍威尔的病人的语音邮件。2006年，罗宾因车祸入院接受治疗，之后医生在她的大脑中发现了肿瘤。随后的疾病、婚姻破裂以及漫长的康复期，让她的泳池清洗生意毁于一旦，抵押贷款也出现了多次逾期。罗宾告诉丽莎，她收到了服务商撒克逊抵押贷款公司的通知，告知她即将召开一次听证会。罗宾说："我打电话是想问你，你是否知道一些可以让无家可归者避难的收容所，因为下周我可能就会失去房子。"由于正处在肿瘤康复期，罗宾的话听上去含糊不清。除了残疾补贴，罗宾没有其他收入，她和十几岁的儿子无处可去。

丽莎去法庭查看了卷宗。代理那个服务商的夏皮罗·菲什曼律所提交了即决判决的动议，即决判决将会使罗宾失去所有可能挽救房子的手段。但是就像其他案件一样，这个案件看起来也是莫名其妙。撒克逊提交了一份本票丢失证明书，而且看样子也没有书面证据来证明他们拥有那份抵押。丽莎认为，由于案件存在一些问题加上罗宾身体状况不佳，她至少可以得到延期。她告诉罗宾："这可能会让你害怕，但如果我们出庭并提出质疑的话，就能推迟止赎。"丽莎无法为罗宾辩护，所以她写了封信，让罗宾在法庭上宣读。她俩反复练习了好几个小时，最终，罗宾含混的表达总算有了些改进。罗宾非常紧张。但是她说，只要丽莎陪着一起，她就同意出庭。

2009年7月15日，刚从医院下班脱下隔离服的丽莎，陪着一瘸一拐的罗宾走进了编号为4A的庭审房间。法官米努·萨瑟审理了这一案件，丽莎一直站在罗宾旁边。罗宾小心翼翼地登上讲台，拿出丽莎的信，此时丽莎紧张地等在一旁，神情中混合着骄傲和恐惧。正式开庭之前，法官米努·萨瑟问："原告在哪儿？"佛罗里达州各地都有夏皮罗·菲什曼律所的分支机构，而当地分支的律师却无人现身。法官萨瑟问罗宾，是否有代理律师，罗宾看了一眼丽莎，回答"没有"。但是罗宾追加了一句，说她想要做一份声明。她向法官逐字逐句地复述了丽莎的信。

丽莎让罗宾向法官申诉了她的悲惨遭遇，然后根据《美国残疾人法案》申请止赎延期。如果不能延期，丽莎就在信中抗议即决判决的动议并质疑大部分材料的真实性。"我对我拖欠原告贷款的事实提出质疑……我对原告动议中的第7段（声称这是一项购买财产抵押的行为）提出质疑，显然这是一次再融资行为……我对原告在起诉状中提交原始本票的事实提出质疑，而这是佛罗里达州法令所要求的。"罗宾慢慢地读着。丽莎在信中主张，根据标准合同法的规定，这一付款义务无法强制执行也无法担保；服务商没有提起止赎起诉的资格；原告也不持有本票；另外由于原告没有记录抵押贷款的转让协议也没有背书本票，导致产权链条断裂。她要求"原告提交本票、证明他们是实际所有人的证据、完整未破裂的转让链条的记录证据以及所有已还贷款的记录；自原告提交以上资料的当天起，申请法院给出一个九十天至一百二十天的延长期限"。这份声明就像一颗核弹，水平远远超出那些非法律专业的自我辩护当事人所写的声明。很多人写的材料，甚至连声明都算不上。往常庭审室里持续不断的聊天声渐渐消失了，所有人都在侧耳倾听。

萨瑟法官稍微停顿了一下，然后平静地解释说，由于原告律师缺席，她会驳回即决判决。她又补充了一句，说她会帮罗宾安排一位法律援助律师来代理这个案件。现阶段，罗宾仍然可以住在自己家里。在回癌症中心的路上，丽莎高兴得不能自已。

对于《谎言生活》这个网站，丽莎逐渐感到失望。网站上信息量太大，即便是老用户也很难在海量资源中精确查找，话题列表也是随机安排的。用户的评论要隔几天才能显示出来，有时显示的网页位置也不对。用户很难完全参与到快节奏的讨论中去。

对于朋友、熟人及陌生人的止赎援助请求，丽莎难以应对。她接二连三地收到一些短信、电子邮件和书信。一位房屋所有人还按县法院的地址给丽莎寄了封信，询问一些贷款文件的问题，档案室的职员把那封信转交给丽莎。丽莎没有时间一一回复；即便是一家律所，也不可能接手每一个案件，何况是一个有全职护士工作的单身母亲。但是丽莎认为，数以百万处于止赎困境的人需要指导，来帮助他们发现他们需要什么。她想到了一个信息交流平台，那里的资源简单易懂，并且有知识渊博的人负责解答问题。而《谎言生活》并不是那样一个地方。

阿琳娜·维拉尼建立了一个邮件群组，群组的成员基本是律师、律师助理、房屋所有人受害者，以及一些做自我辩护的当事人。丽莎和迈克尔（就是那位"止赎欺诈"）收到了邀请。阿琳娜是一位具备房地产相关知识的律师助理，她在日常工作中经常会看到一些止赎起诉状，这些诉状有的缺少关键文件，有的书面证词前后自相矛盾，她认为这完全不合标准。在邮件群组中，成员们可以分享媒体文章、研究以及案例，给想要代理房屋所有人的律师提供恰当的帮助。

不过，阿琳娜坚持不将这个群组公开化。首先，她不想让全世界都知道他们的诉讼策略。其次，大部分群组成员并不是律师，阿琳娜害怕因为给予诉讼建议而违反相关的执业法律，最终被判为不合法。最后，有很多骗子紧盯着止赎网站，声称他们是止赎救助专家，并向房屋所有人承诺，只要预交 1 000 美元就能帮助他们解决所有问题。阿琳娜不想让她的资源中心被这些邪恶的律师入侵。所以她选择不开放这个群组。

丽莎认为，邮件群组只解决了其中一个问题。由此，她可以与其他研究人员交流并共同合作，但是她不能与那些新近被止赎的、感到困惑的孤独的人交流。如果没有人激励，他们就只能听到社会主流管他们叫"老赖"的声音，并越来越怯懦而不敢抗争。那些人需要一线生机。丽莎唯一的顾虑，就是她不愿意进入公众的视线。她不想成为美国止赎的代表人物；除了家人、朋友和病人之外，她从来都不想让其他人认识。但情势需要她站出来，挑起这项重担。

丽莎的计算机水平有限，她并不会建网站。她在网上以 50 美元的价格雇了一位网站开发人员。她想建一个有聊天室的网站，人们能在聊天室里讨论止赎案例。这位网站开发人员向她推荐了一个名为 Ning 的软件平台。《谎言生活》的用户戴夫·李尔也是一位止赎受害者，他有一些网站开发经验，同意做这个网站的管理员和技术支持。丽莎将网站命名为《止赎村落》(*Foreclosure Hamlet*)，第二个单词有两层意思，一个是指村庄或社区，另一个是指莎士比亚的悲剧主人公哈姆雷特（在最初的几篇文章中，她引用了这部戏剧，包括第一幕第一场的台词"于是它就像罪犯听到可怕的招降一样大吃一惊"）。

《止赎村落》正式建于 2009 年 9 月底，它的宣传语是"支持、告知并联合身陷止赎困境的人"。它相当简陋：没有图片，没有广告，只有一片纯白的背景和简单的文本。丽莎在网站上填报了免责声明："本博客内容不代表专业律师意见……我们不是律师。"用户在该网站上有自己的页面，必须有用户名，并建一个头像。他们可以在页面上黏贴博客链接，提出问题或是做出评论。聊天室是网站的主体，是所有止赎受害者互相联系、寻求帮助的聚集地。用户头像就相当于人们的面孔。丽莎整天都在后台运行网站，同意申请人的加入。有些人提到了自己的止赎问题；有些人还没到那一步，他们只是偶然通过谷歌搜到了这个网站，想找个人说说话。

很快，丽莎发现她需要一些管理员。人们熟悉的各种牛鬼蛇神都来了：无从考察服务真假的推销员，无处不在的网络钓鱼者（他们散布各种无关紧要的帖子，内容从黑色直升机到性爱无所不包）；还有网络霸凌者，他们专门欺辱止赎受害者。因此丽莎找了些志愿者负责浏览网站并删除一些杂帖。戴夫是管理员。此外，丽莎还招了安德鲁·德拉尼，他曾在《谎言生活》网站上劝阻了那位想自杀的女士。

丽莎建好《止赎村落》后，立刻写了几篇博客，以引导访问者写出自己的故事。案件动议的书写是有固定格式的，而博客的书写却更加随心所欲，这样，丽莎得以发掘之前一直被荒废的写作天赋。"也许是半路出家，但这是我在得到全部背景信息之前，所能做到的极致。"在2009年10月6日的首篇文章中，丽莎这样写道：

> 当我收到佛罗里达逾期法务集团寄来的白色大信封时，一种虚弱无力的感觉就像水银般迅速倾注了全身；它像金属般沉重，危险而有毒。我开始怀疑人生，我到底是谁？我只是一个普通母亲，上班族，却要站在司法系统高耸的大厅里，与那些律师对抗。
>
> 二十四小时后，我重新理清了自己的立场，也定下了自我辩护的决心。兵来将挡，水来土掩，我大量地阅读、检索、思考并研究，让自己专注于此。然后我写了一份诉讼材料。

这篇文章有二十一次浏览量。算得上是一个开始。

细心的人也许会留意到，2009年9月是止赎欺诈故事的一个转折点。堪萨斯州高级法院对博伊德·凯斯勒案件做出裁决。博伊德·凯斯勒因破产而将房屋卖给初始贷款方——地标银行。这座房屋的第二留置权，由另一个贷款方和名义持有人抵押贷款电子注册系统所有，然而在县政府登记办公室查不到任何转让协议。法院裁决，由于抵押贷款电子注册系统的贷款没有记录，因此贷款方不能从破产拍卖中获得任何收益。换句话说，抵押贷款电子注册系统与这份房产没有任何利害关系。这同时意味着，抵押贷款电子注册系统不能取消凯斯勒抵押贷款的赎回权，也就是说，堪萨斯州高级法院认为这一留置权等同于不存在。阿肯色州高级法院做出了一个相似的裁决。如果全国都如法炮制的话，数以百万份抵押贷款的真正所有权都将成为一个谜题。

在胜利的凯歌中，常伴着悲剧。9月29日，凤凰城一位愤怒的房屋所有人拒绝离开被止赎的家中，并持枪威胁新房主。警察出动了，经过一段时间的对峙，警方枪杀了房屋所有人。这个男人名叫科特·阿霍，据媒体报道，他当天早些时候与邻居一起喝了一瓶啤酒，说他失去房子之后，就想死。

"愿上帝保佑他的家人。"丽莎在评论里写道。迈克尔搜索了这位房屋所有人的文件资料，并且写道："我在网上和公共档案中搜索了一年多。你们不会相信这些人到底有多少个身份。我见过几百份文件，都出自少数几个人之手，他们利用抵押贷款电子注册系统的身份作为掩护，将抵押贷款转让给贷款方，而实际上他们就在这些贷款公司工作。"

丽莎一直与迈克尔有邮件往来，她立刻给他发了一条消息，问他是怎么找到亚利桑那州的抵押贷款文件的。迈克尔回复了搜索方法以及需要在文件中查找的内容。

丽莎回复了他，问道："你愿不愿意把这些整理出来作为一份指导手册呢？这些信息非常重要，很多人都想要。如果你整理一下写出来的话，就会方便很多人。"她说会把整理好的指导手册贴到她的网站上。

几年之后，迈克尔肯定会埋怨，是丽莎让他蹚进了这摊浑水。

6　匿名先生

迈克尔·雷德曼从来都不想让别人认识他。他一直喜欢与世隔绝的生活。

像很多人一样,他来佛罗里达是为了告别过去,拥抱全新的未来。迈克尔在泽西海岸的汤姆斯里弗和锡赛德海茨长大。《史努基》和《战火迷情》都属于观光客对这里的印象;长期生活在真人秀镜头外的那一大片沙滩上,是比较艰难的。迈克尔的父母在他很小的时候就分开了。他从一个家庭流落到另一个家庭,几乎是在街道上长大成人。他的很多朋友最后要么进了监狱,要么死了。

高中时期,迈克尔的一些同伴去佛罗里达度春假,他因为要打工没法同行。那些朋友回来后说玩得非常尽兴。1993 年夏天,迈克尔年满十八岁,他开始考虑逃离新泽西,或是找一个没人认识他的地方。迈克尔、女友和女友的一位朋友,三人带着 1 500 美元,沿着 95 号公路一直开了整整两天,车上塞满了衣服和唱片。他们来到了博因顿沙滩大道的出口,觉得或许可以在这个地方留下来,尽管这里与其他什么地方并无二致。

迈克尔对佛罗里达的第一印象,是色彩斑斓。泽西海岸是灰色的、土褐色的,而佛罗里达是明黄的、粉色的,充满了活力。除了夏天,在锡赛德海茨很少能看见车辆;佛罗里达却是如此充满生机。

在寻找公寓的过程中,迈克尔和女友暂住在一个朋友那里。他们没有存款，也没有工作。尽管佛罗里达每年都欢迎年轻新人的到来，但房东和雇主对过路客并不亲善。仅仅是租房押金，就花光了迈克尔和女友身上所有的现金。他在附近一家餐馆上班，尝试融入新环境。没过多久，他就和女朋友分手了。迈克尔觉得非常孤独，不是在餐厅端盘子，就是晚上边喝啤酒边看球赛。迈克尔等了很长一段时间，才等到幸运的来临。

手机和寻呼机生产商摩托罗拉的全球总部位于博因顿沙滩，与迈克尔打工的餐馆仅一街之隔。有一天迈克尔走进摩托罗拉公司的大厅问："你们招人吗？我就在街对面工作，在那儿工作一点都不好。"这家公司在下周的确有一场招聘会。于是，迈克尔开始在工厂上夜班制作寻呼机。尽管没有大学学历，但他学东西很快。用了七年时间他调到软件开发部门，负责公司千年虫策略的一个小部门，过上了大公司白领的生活。这份工作甚至给了他去俄罗斯出差的机会，他在中俄边界的军事要塞——严寒的符拉迪沃斯托克工作过一个月。迈克尔很喜欢在摩托罗拉的生活。他有停车卡，年终奖和医保，有所有公司白领的标配。这就是一个从门卫升为公司高层的励志故事。

2001年，公司开始裁员。迈克尔丢掉了工作；随着黑莓和更加智能的手机出现，没人需要寻呼机了。公司先是关闭了制造中心，接着是工程部门，然后是研发部门。最终三千五百名员工全被裁掉了，2004年公司彻底关闭了博因顿沙滩的基地。后来工厂旧址被改造成一个巨大的零售和住宅区，名为文艺复兴公地，而在经济危机之后，这里陷入了止赎困境。

迈克尔从来就没期待过自己能在大公司工作。现在，他却因为失去这份工作而倍受折磨。当时他年轻又觉得前途渺茫，只好假装放了个长假。每晚，他用公司的遣散费来狂欢、痛饮，过着今朝有酒今朝醉的生活。吃喝玩乐的一天晚上，他遇到了詹妮弗。詹妮弗祖辈都是佛罗里达人,她身上那种稳定、扎实和舒适的东西,迈克尔一辈子都不曾尝过。这令他着迷。于是,他们开始约会。

遣散费花完,社交聚会也就结束了。迈克尔必须考虑,下一步该做点什么。他觉得自己能在一家大公司中脱颖而出,那么在一家相对小一点的公司里,应该很快就能崭露头角。迈克尔回忆起不久前买车的奇遇。这也许能帮上忙。他联络了互联网上最大的汽车经销商卡迈什。几年间,迈克尔一直负责这家公司的网络运营。尽管是在后台,但他精通销售诀窍。2003年博因顿沙滩的一支棒球队获得了小联盟世界棒球联赛的冠军,迈克尔让卡迈什赞助了一场庆祝游行,让队员们坐进三十辆二手车绕市中心鸣笛呐喊。在那次游行中,迈克尔车上的喇叭都被摁坏了。

后来,迈克尔成了厄尔·斯图尔特·丰田公司的网络经理。这间家族公司位于北棕榈海滩,是美国最知名的本地汽车经销商。厄尔和他的三个儿子是这家公司的所有人,非常平易近人。办公室里到处都有红色座机,用这些电话能直接打给厄尔;全天的任何时间他都愿意回答任何问题。他们很罕见地不收取经销费用,因而价格远低于同行业的其他竞争对手。

迈克尔带领六个人的团队,从零起步,建立网络销售和市场运营。最终,网络业务的销量比线下门店的销量还多。迈克尔喜欢网络的力量,在网上,事物变得极富传染性并被无限放大,你的个人历史或信用状况并不重要。有句话说得好,在网上,就算你是条狗,也没人知道。这对迈克尔来说实在太有吸引力了。

在丰田公司工作的时候,迈克尔和詹妮弗一起买了一套房,木质结构的房子位于莱克沃斯,总面积1 200平方英尺(约111平方米)。这对未婚夫妻将房子登记在詹妮弗名下。迈克尔会一起还贷款但并不打算在合同上按手印。尽管他戴着婚戒,也把詹妮弗看成自己的妻子,但他们还没领过结婚证,在佛罗里达人看来,他们就是没有结婚的"伴侣"关系。在这方面,迈克尔一直都很小心。

2004年,房地产泡沫加速膨胀。迈克尔和詹妮弗从房地产中介那里收到了很多手写的询问条——那些人想要买他们的房子。就连迈克尔的岳父岳母也在炒楼。他们用所有的积蓄在马纳拉潘岛建造了一座价值400万美元的临水公馆,马纳拉潘是棕榈滩南面一个奢华的海滨度假胜地。《体热》的一部分场景,就是在马纳拉潘拍摄的,那里炎热潮湿,弥漫着暴发户的气息。唐金和雅尼曾经住在马纳拉潘。迈克尔的岳父岳母计划在公馆中住一段时间,然后卖掉它,用出售房产的盈利来养老。这一计划成功实现了,但所花的时间比预期要长。当他的岳父岳母将房产脱手时,已经是2005年年底了。

詹妮弗的父母从马纳拉潘搬到了北边的威罗海岸,距离一个半小时车程。就在那时,詹妮弗怀孕了,她想要一个比莱克沃斯大一些的家。她看中了位于莱克沃斯和威罗海岸中间的圣露西港。迈克尔可以继续去丰田汽车销售公司上班,孩子也可以离外公外婆近一些。

圣露西港和威罗海岸都位于"珍宝海岸"。有潜水员曾在一艘18世纪的西班牙沉船中发现了珍宝,海岸就此闻名。在房地产泡沫经济年代,这片海岸上的确遍地珍宝:圣露西港可能是美国最大的房地产新兴城市。迈克尔很享受这种掌控感——这座城市有大片空地,他和詹妮弗可以买一块地,亲手设计自己的梦想之家。他们可以随心意安装电灯开关,可以选择户型、窗户样式、房顶的卵石以及内嵌的壁架。他们可以为未来投资。

几年前,圣露西港的地价大约是半英亩5 000美元。到2005年,地价涨到了5万美元,并且还在持续上涨。迈克尔和詹妮弗最终以7.5万美元的价格选了一块地,但在签约时能否贷款尚不确定。一个星期后,他们最终购买了相隔不远的另一块地,多付了1.5万美元。他们申请了一笔 28 万美元的建房贷款，房子建成后的预估市价大概是 14 万美元。风险不小，但迈克尔总觉得车到山前必有路。这次又是詹妮弗签署贷款文件。迈克尔把汽车贷款、信用卡等所有别的东西划到自己名下。如果形势不妙，他可以壮士断腕，舍弃其他债务尽力维持房贷月供。

他们在圣露西港的梦想之家开工后，迈克尔和詹妮弗就把莱克沃斯的房子挂牌出售了。但是 2006 年初的佛罗里达房地产市场，早已不是之前买家疯狂竞价抢购的时期了，鱼儿不再容易上钩。过了三个月，房子无人问津，迈克尔变得越来越焦虑。有一天，他和他妻子躺在沙发上，面对着空荡荡的房间，迈克尔不停地抱怨着："事情很不妙，我们要完蛋了。"就在那时，一位身形高大的孕妇从门前拿了一张售房传单。第二天她和她丈夫一起过来商量价格。迈克尔和詹妮弗花 14 万美元买的房子，三年后以 26 万美元的价格卖给了那对夫妻。迈克尔猜想，按如今的市价，大概也就值 6 万美元吧。

他想了很多，想到那对夫妻买下人生中的第一套房子一定非常开心，当天晚上甚至还可能出去庆祝了。他们大概不知道自己会迅速陷于四面楚歌的噩梦中。之后，迈克尔从未与那对夫妻联系过，但他猜想他们大概已经陷入止赎困境，他觉得自己对此也有一些责任，可是无能为力。他们可以去买别人的房子，但偏偏买了迈克尔的。仅仅听到他们的名字，就让他感到难过。

2006 年 6 月，就在女儿尼可出生的前五天，迈克尔和詹妮弗搬进了圣露西港的新家。詹妮弗的一位朋友把他们的建房贷款转成了抵押贷款；做房地产中介之前，他是一位消防员。在佛罗里达的房地产泡沫经济年代，卖房子比一份有退休金的公职工作的吸引力大多了。

这种贷款转换，类似于再融资。这位前消防员给迈克尔和詹妮弗办理了一份 80/20 贷款，第一留置权是抵押物价格的 80%，第二留置权是剩下的20%。迈克尔和詹妮弗需要支付两次月供。总贷款方安纳特发售了这份抵押贷款，但立刻就转卖给了华盛顿互助银行；而华盛顿互助银行又把它卖给了房地美。所以对迈克尔的贷款证券化的并不是私营的华尔街银行。也就在那一时期，房地美进入了次级和准A级贷款市场，想重新夺回在住房市场的压倒性份额。他们购买了该贷款的第一留置权；华盛顿互助银行仍是该贷款的服务商。

几年内，他们一直过着四平八稳的日子。孩子开始学步，詹妮弗休完产假后，又找了一份兼职工作，迈克尔的汽车销售量比之前的经济繁荣时期还要多。他们家的草坪一直修剪得整整齐齐，家具锃亮，一家人生活得其乐融融。2008年1月，他们突然收到华盛顿互助银行寄来的一封信："我们很遗憾通知您，在过去的两年内，我们算错了您的贷款支付金额。"

在贷款合同中安纳特抵押贷款公司只是根据房屋建造前的土地价值计算了房地产税。但是两年后，服务商重新评估，在计算房地产税时加入了房屋价值，因此对所欠金额进行了追溯计算。这是詹妮弗和迈克尔第一次遇到这种追溯计算，原来每月1 600美元的月供增加了600美元。如果他们当时知道这种情况，也许会拒绝这笔抵押贷款。

如果房价没有崩盘，他们可以卖掉房子来还清这笔贷款。但是他们买在了房地产泡沫的顶点，现在资不抵债。他们要养孩子，还有杂七杂八的费用。同时，迈克尔的汽车销售事业，也因为佛罗里达的萧条经济而景气不再。他们家所有的存款都花在这套房子上，实在无法负担高出原本月供35%的还款。

迈克尔联系了华盛顿互助银行，要求他们把月供恢复到签约时的原始金额。华盛顿互助银行拒绝了，他们没有兴趣做慈善。迈克尔和詹妮弗用退税的钱维持了一段时间，但是他们清楚再过九个月，就会陷入财务危机。詹妮弗坚持继续还款，但迈克尔认为除了断供，别无他法。他们没法持续负担更大数额的月供，而且求助银行也没什么作用。迈克尔知道"断供"对他来说是很容易的，因为这与他的信用无关。结果是詹妮弗不得不舍弃尊严，向现实妥协。迈克尔设定了一个计划，他每月都会拿出 1 600 美元（这是他们原本能够负担得起的月供额）放进保险箱内。他是用现金来偿还月供。当他们和华盛顿互助银行之间的纷争得以解决后，就会用保险箱里的存款支付之前所欠的月供。

迈克尔夫妇自 2008 年 9 月起停止向银行偿还月供。就在同一时期，美国经济步履蹒跚，全国信用体系开始吃紧。当月美国出现了史无前例的银行破产潮，华盛顿互助银行也倒闭了。联邦政府从中斡旋，摩根大通做成了一笔极其划算的交易，以 19 亿美元的价格购买了资产 3 100 亿美元的华盛顿互助银行。

几周之后，摩根大通给迈克尔和詹妮弗寄发了违约并责令限期改正通知。信中指出，迈克尔夫妇由于没有按时还款，违反了贷款合同条款，如果三十日内没有改正，银行将会提前收回贷款，其中包括本金余额、未还月供欠款以及滞纳金，同时不排除取消他们抵押赎回权的可能。一般来说，借款人会在逾期三个月后收到类似通知。迈克尔认为，这是由于华盛顿互助银行正在清算，所以提前寄出了通知。

信中说，现在的债权人是摩根大通，他们因接管华盛顿互助银行而拥有了这笔贷款。但最初的所有人是房地美，华盛顿互助银行只是贷款服务商。除非在过去几周内，房地美把它卖给了摩根大通——这种可能性很小——否则摩根大通不可能成为这笔贷款的所有人。

迈克尔开始在网上搜索，寻找答案，但只是偶然搜到了一些奈伊·拉瓦利的报告。他了解到掠夺性放贷、证券化失败以及巨型止赎机器的建构，也读到了奈伊·拉瓦利关于奥克文公司的员工斯科特·安德逊的报告——安德逊作为多家银行的副总裁在文件上签名。迈克尔在其中一份报告上找到奈伊的电话号码，给他打了电话。奈伊非常有礼貌地听他说完，但最后敷衍着结束了通话；他每周都会接到很多电话，这是金融危机时代勇敢抨击非法止赎行为所带来的副作用。

但是奈伊·拉瓦利十年前留下的踪迹帮助迈克尔在止赎迷宫中找到了一条路，他忍不住继续去发掘、追踪——感觉就像是花了好几天通关游戏，最终打到大 boss 的游戏玩家。渐渐地迈克尔不再像原来一样看球赛了。工作时，他的思绪不知不觉就飘到止赎事务上；夜晚，他在网上四处搜索信息，激励他的除了米勒清啤，还有一种简单的求知欲。到底是谁拥有他的贷款？

在三十天的答辩期截止前，迈克尔和詹妮弗决定提起抗辩，他们认为这笔债务的债权人不应该是摩根大通。起初摩根大通没有回应。也许是因为他们忙于处理华盛顿互助银行倒闭后引起的混乱，将近一年迈克尔没有得到任何消息。太多的止赎案例不断涌现，有时连服务商和律所都无暇顾及。利用这段缓冲期，迈克尔成了一位止赎欺诈方面的专家。

当迈克尔发现能在网上查到佛罗里达所有的官方公开记录时，整个事件迎来了转折点。他在圣露西县政府书记官网站上，找到了他那套房子的抵押贷款转让协议：作为贷款发起商安纳特的名义持有人，抵押贷款电子注册系统将它转卖给华盛顿互助银行，而当时华盛顿互助银行正处于被摩根大通收购的过程中。文件的签署人是抵押贷款电子注册系统的两位副总裁芭芭拉·亨德曼和雪莉·塞尔文。

迈克尔用谷歌搜索了这两个名字。领英上的个人简历显示，芭芭拉·亨德曼和雪莉·塞尔文都是摩根大通的员工。显然摩根大通在华盛顿互助银行的倒闭过程中将抵押贷款转让给了自己，尽管他们既没有相关利益，也没有为这笔贷款提供资金。很容易就能看出，摩根大通是在事后签署转让协议的：就在迈克尔和詹妮弗从安纳特抵押贷款公司申请贷款后不久，安纳特倒闭了，并于 2005 年底被美联银行收购。这份转让协议的签署日期是 2009 年 4 月 20 日，也就是安纳特被收购的三年后。一想到有不计其数的抵押贷款协议遗失，迈克尔就觉得"塞尔文"这个姓氏特别刺眼。

在这份抵押贷款转让协议上，华盛顿互助银行的地址是杰克逊维尔，迈克尔打开了杜瓦尔县的公共记录网页搜索芭芭拉和雪莉的抵押贷款，以便确认她们的签名。结果还真找到了。迈克尔甚至找到了芭芭拉·亨德曼的办公室电话并打给了她。他一直没有打通，但是在语音信箱中，她介绍自己是一名"文件处理员"。

迈克尔的大脑飞速地运转。他为什么要每个月付给摩根大通几千美元？仅仅因为这是他们规定的？到底是谁拥有这笔贷款？有多少人在这样的阴谋中失去了自己的房子？最重要的是，明明会留下一个所有人都能查询得到的公共记录痕迹，摩根大通之类的银行为什么还要持续作假呢？难道他们以为没有人察觉得到吗？

下一个问题，摩根大通是不是大批量地把抵押贷款转让给了自己？在接下来的几个月里，迈克尔搜索了佛罗里达每个县的公共记录，还有纽约、俄亥俄等有绝佳公共记录查询网站的地区，以及伊利诺伊的一些县。迈克尔看到芭芭拉·亨德曼和雪莉·塞尔文签署的摩根大通的很多文件，这些文件的公证人和证人相同，都来源于杰克逊维尔的同一间办公室，这间办公室应该是一家文件处理公司。即便签署转让协议的贷款方地址是其他州，那些转让协议上仍然写着杰克逊维尔的地址。有些转让协议的处理方式更加聪明，写着更早的日期，以使协议看起来像是在恰当的日期签署的。但是签署人的名字和公证章却暴露了真相：迈克尔确定签署日期是假的，因为那时该公证处还没有成立。

迈克尔发现了文件中的套路。几份不同的文件中如果签名一样，那么错误也一样。而且不只摩根大通有问题：美国银行、富国银行等所有大银行都存在着同样的证据问题，包括本公司员工代表不同银行签署文件,签名和文书不具备可信度,等等。

迈克尔和妻子讨论他的发现时,她认为压力让迈克尔精神错乱了。尽管没有经验,但他废寝忘食地搜索公共记录,掌握了大量危害公众的罪行材料。这些银行不仅提前收回了现金,还在政府的紧急援助中得以清偿所有贷款,甚至变得比其他同行更加富有。他认为这是世界上史无前例的财富转移。

几个月后,迈克尔发现了《谎言生活》,并开始用网名评论发言。迈克尔将他抗争止赎欺诈的角色从日常生活中隔离出来。为此他专门申请了一个电子邮箱,通过谷歌语音申请了一个电话号码(号码结尾是5437,用九键打字就是 LIES/谎言)。他建立了明确的分界线,工作日忙于这些事务,但周末留给家人。他觉得,他完全能将丈夫和父亲的角色,与止赎斗士的角色分开。

2009年6月,服务商终于将止赎文件递送给迈克尔和詹妮弗,原告是摩根大通,由佛罗里达逾期法务集团(在丽莎的案件中也出现的一家房屋止赎厂)代理。迈克尔与止赎辩护律师聊过,但他感觉律师对于现状的认识,还没有他多。因此在收到止赎文件前,迈克尔计划让妻子自我辩护(因为抵押贷款文件上没有迈克尔的名字,所以只能由詹妮弗来做自我辩护)。他收集了佛罗里达各县的几百份抵押贷款文件,这些文件都与他的文件签署人相同,他把这些文件递交给法院。他迫不及待地想会会那些银行律师,看看他们脸上的表情。詹妮弗提交了一份驳回动议,漫长的诉讼持久战由此拉开了序幕。

几乎同时,迈克尔设好了谷歌阅读器来追踪有关房屋、抵押贷款和止赎的每一条新闻。他一整天都在浏览那些标题文章,任何稍微特别的都不放过。他利用 Facebook、Digg、FriendFeed 和推特等网站来传播他发现的内容。通过在推特上推送一些媒体报道和发表文章,迈克尔有了一千多位热切关注止赎新闻的粉丝。

读完谷歌阅读器筛选的文章后，迈克尔有时会到评论区，指出文章中存在的止赎欺诈，并鼓励人们找出真相。传播信息的这几分钟，是一天当中为数不多的冒险时刻，是一种激进的、试探性的冒险时刻。但主流媒体的评论区早已作为互联网的阴暗角落而臭名昭著，它容不下任何形式的理想主义，简直就像在教堂中举行无神论者的集会。大部分评论者的回应都是"老赖！"或是"快还贷款！"

迈克尔因为评论与苏珊·马丁取得了联系，后者就是那位《圣彼得堡时报》的记者，她撰写了全国所有权清算公司的签署人布莱恩·布林和克里丝塔·穆尔的报道。迈克尔在评论里写道："在我所在的县政府登记办公室里，我研究了好几个月，每个月都有几百份这种文件。在大部分我所见到的案件中，签署抵押贷款协议的副总裁，都是接受该贷款转让的公司员工。"苏珊·马丁请迈克尔给出证据。他给她发了一堆希尔斯伯勒县（位于坦帕地区，马丁的家乡）的转让协议。迈克尔说："希望你能由此开始调查。"

马丁非常赞赏迈克尔的这些研究，但是她提出了一个问题："与我之前写的全国所有权清算公司的报道相比，这个故事有什么不同呢？不都是员工作为很多不同公司的副总来签署文件吗？"迈克尔回答说，全国所有权清算公司相当于一个清算公司，但是摩根大通是让自己的员工在公司内部做这些事。"他们实际上是为了自身利益而窃取别人的房子，"他写道。苏珊明白了他的意思，但是她手头还有别的报道要写。她跟迈克尔说，以后保持联系。

迈克尔几乎立刻喜欢上了丽莎。除了被佛罗里达逾期法务集团起诉之外，他们还有很多共同之处。他们都是初次面对这种危机的普通人，不知道应该怪谁。他们都有着强烈的内心驱动力，要将这种不公公之于众，以至于变得有些着迷，甚至到了疯狂的程度。

所以，当丽莎请迈克尔写一份如何搜索公共记录的指南时，他觉得这主意不错。从在摩托罗拉工作时开始，他就会制作一些正式的报告，而且搜索止赎文件也将近一年了。只用了一周，他就整理出来一份指导资料。题目简单质朴，"如何查询公共记录"，封面图画很有使命意味：一支放大镜聚焦在一栋房子上，下方是"欺诈"这一词汇的字典释义。开头如下：

> 本文将指导你在面临止赎时，如何在网上查询公共记录，以发现可能存在的伪造、捏造和欺诈。
>
> 房价飞涨时，贷款方随随便便地将抵押贷款转让出去，简单得就像在兄弟会聚会中传递一瓶威士忌。很多本票丢失、损毁、被出售给好几个证券联营池。抵押贷款没有在公共记录中登记，高额费用被华尔街的大公司收取。
>
> 现在房地产市场泡沫破灭，贷款方正在收取他们并不拥有的贷款，大部分案件中的贷款方并没有提供过一分钱的资金……他们在法院所向披靡是因为几乎没有人对止赎提出异议。
>
> 因此我开始在网络上深挖，想看看这个爱丽丝仙境中的兔子洞，究竟会通向何方。

这份资料以佛罗里达为例，细致周到、图文并茂地讲述了如何在网上搜索官方公共记录，其中附了很多屏幕截图。迈克尔展示了一份抵押贷款的转让协议，并在旁边做了一些注解，提出了一些问题。迈克尔在一份签名旁写道："抵押贷款电子注册系统作为亚利桑那第一国民银行的名义持有人，由芭芭拉·亨德曼代表该公司将抵押贷款转让给摩根大通，但为什么芭芭拉·亨德曼同时还是摩根大通的员工呢？"他从领英上复制了芭芭拉·亨德曼和搭档雪莉·塞尔文的工作履历,以证明她们的确在摩根大通工作。这份指导解释说,只要输入止赎机构的关键词,就可以通过简单地逆向搜索记录,在众多文件中找到亨德曼和塞尔文。除了芭芭拉·亨德曼和雪莉·塞尔文,这份指导资料还罗列了贝斯·科特雷尔、惠特尼·库克和克里斯蒂娜·特罗布里奇签署的转让协议,所有这些人名,全都出现在丽莎的抵押贷款文件上。

迈克尔称其中一份文件为"三杀",在这份文件中,抵押贷款电子注册系统是顶峰金融公司的名义持有人,由比尔·科赫代表抵押贷款电子注册系统签署了抵押贷款转让协议,转让给甄选投资服务公司的比尔·科赫。迈克尔设想了法庭上的一组对话,对话中,房屋所有人的律师会如此质问:

> 被告:法官,他将这份抵押贷款转让给受托人公司,而他就在受让方公司工作。这不是利益冲突吗,或者可以说是欺诈?
>
> 原告:他也许是在抵押贷款转让的受托人工作,但在签署转让协议时,他代表了抵押贷款电子注册系统。

迈克尔写道:"还有一些案例,看起来就是明目张胆的伪造,他们都没时间核对签名。"为了说明这个问题,迈克尔对比了不同文件上同一签字人的不同字迹,差别特别明显,却说是出自同一人之手。迈克尔阐述了如何查看转让协议上的日期,以核实它们是否提交于提起诉讼之后,如果是,那么这就是一份伪造的证据。他教人们如何查找公证处的地址,并将其与止赎机构的地址放到一起比对。"我发现,一些公证处就位于冒充贷款方进行止赎的机构隔壁。"他在暗示,公证处丝毫不受监管,任意公证了一大堆文件,很可能与止赎机构狼狈为奸。

在这份指导材料中,列举了很多可疑的签名,日期错误的文件和遮遮掩掩的贷款转让。迈克尔说:"这样的文件,有成千上百份!"然后把"千"标出来划掉,替换成"也许是上百万"。迈克尔在总结中鼓励读者自己搜索,并向众人汇报他们发现的内容。"利用这些方法,我们可以研究得更深入一些,并能同他人合作⋯⋯让我们运用网络,充分发挥它的作用,在研究者之间互通有无。所有信息都毫无隐藏地摆在那里,我们只需要把它们拼凑起来。"

10月11日,迈克尔将这份指导材料放到Scribd网站上(这个网站可以上传大文件)。丽莎立刻将其转贴在《止赎村落》的首页上。迈克尔卖力地推广这份指导材料——在推特上,在Facebook上,以及在《谎言生活》的评论区里。"欢迎任何人给我反馈,无论好坏⋯⋯如果需要帮助寻找一些签署文件的"副总裁"或"助理部长"的信息,可以随时找我。"

迈克尔把材料公布之后,仅仅过了两天,那位备受欢迎的(或者说略显夸张的)自由主义金融博主卡尔·登宁格,在自己的网站《市场收报机》上转载了这篇文章,并加上了标题"预警鸣起:止赎欺诈可能存在"。登宁格还加入导语:"当前事态甚嚣尘上,如果联邦政府的执法部门(比如联邦调查局)不立刻介入,人们或许会认为官商勾结,沆瀣一气。各州的总检察署也应该行动起来。"

网页的点击量开始攀升:2 000,4 000,6 000,12 000。上班时,迈克尔每半个小时就会查看一次,尽管他没有告诉同事和妻子,但还是抑制不住地兴奋。

迈克尔开始收到全国各地的邮件和电话(指导手册上有他的谷歌语音号码),有的是感谢他,有的是向他寻求止赎相关的帮助。很多邮件都以"亲爱的先生或女士"开头,在网上,就算你是一条狗,也没人知道。得克萨斯的一位油气租地人给他发来邮件,说他在费耶特维尔页岩区租赁了20万公顷土地。"毫无相关经验的人能做到这种程度,是值得奖励的，"他在信里写道。他建议迈克尔成立一家公司，帮助人们向贷款方提起欺诈起诉以获得赔偿。这位租地人想让迈克尔来运营得克萨斯的能源租赁，这导致他收到了很多电话。迈克尔非常感动，却不知道该对那些人说什么。不久前他曾向奈伊·拉瓦利求助，却被对方冷冰冰地挂了电话，而现在，他成了电话这一头的接听者。

西棕榈滩 NBC 附属机构的记者，想要就迈克尔的发现来采访他。站在摄像机前接受采访，是迈克尔最不愿意做的事。他给丽莎和其他几个人写了邮件，问他们是否愿意接受采访，但没人愿意成为出头鸟，拿自己的止赎案件冒险。这是止赎欺诈维权人士经常遭遇的困境：急切想要公之于众，又怕暴露自己的身份。

不久，迈克尔觉得，与其持续访问《谎言生活》网站或是登宁格的博客，不如建立自己的网站。迈克尔从 WordPress 上下载了一个博客模板，于 2009 年 10 月 18 日建立了自己的博客网站，《止赎欺诈》（4closurefraud.wordpress.com）。博客的第一篇文章就是那份如何在公共记录中搜索止赎欺诈的指导材料。

丽莎创建了一个可以讨论止赎问题的安全空间，迈克尔则专注于搜集某个地区的丑闻。他会在博客里转贴止赎新闻、法院意见、一些评论和资源的链接。早期的几篇文章中，有一篇是奈伊·拉瓦利写的关于斯科特·安德逊和奥克文的报告（迈克尔的公共记录搜索指导材料里，也提到了斯科特·安德逊百变的签名）。该网站的格言是"分享知识，抗争止赎欺诈"。

创建博客后的一个星期，尼尔·加菲尔德联系了迈克尔。在过去一年里，尼尔·加菲尔德的网站占据了他生活的绝大部分。《谎言生活》将于 11 月 1 日和 2 日在清水湾举办一个房屋所有人和律师参加的研讨会。他问迈克尔愿不愿意做一个关于如何搜索公共记录的演讲。

迈克尔之前从来没有在会议上演讲的经历。甚至，都没有在五人以上的场合发过言。这不是他擅长的领域。迈克尔看了下日历：11月1日是周日。参加这个会议意味着打破周末陪伴家人的规矩。清水湾位于佛罗里达州的另一端，也许他需要前一天晚上就到，没法在家过感恩节。而且夫妻俩正考虑尼可的第一次万圣节装扮该怎么搞。他是不可能同意参加的……

"当然可以。"

7　当迈克尔与丽莎相遇

2009 年 11 月 1 日

星期日一大早，迈克尔·雷德曼悄悄地起了床，他不想吵醒身边的妻子。他穿上衬衫，系好领带，前往清水湾的希尔顿酒店。詹妮弗睁开眼睛时，刚好瞄到迈克尔走出房间。她在床上翻了个身。

阳光打在迈克尔的墨镜上，他只顾着开车疾驰过佛罗里达的乡间，马路两边牛羊成群，还有沼泽地里高高的芦苇。星期六晚上他还在家中，护送女儿挨家挨户要糖；今天他准备长途跋涉三小时，给众人做一次演讲，讲讲他们想听的房地产交易，以及文件记录之中的奥秘。

清水湾的希尔顿沙地之匙度假酒店，位于墨西哥湾的一条狭长地带上，出门就是白色的沙滩。站在高层，你可以眺望两侧深蓝的海水。迈克尔抵达后，在酒店大堂找了一个安静的位置坐下，然后打开笔记本电脑，最后复习了一遍即将用于演讲的 PPT。幻灯片里大致讲解了几星期前他整理的那篇指导材料。另外，还有一个独立的文件夹，里面写着每张幻灯片放映时，他应该说些什么。有段时间他很想让尼尔·加菲尔德来念稿子，这样人们就不会注意他了。但现在，他改变了主意。

迈克尔拿到了会议安排表，发现他是名单上的最后一个人，也是本次会议的主发言人。一整天，他都可以用来思考准备。他走进预定举办研讨会的大会议室。观众数量比预想的要多，大部分看起来像是律师，只有少数几个穿着休闲,感觉是房屋所有人。在人群中,迈克尔发现了唯一一个戴着1970年代复古风格的亮色头巾的人。迈克尔走过去,向她做了自我介绍。

丽莎·爱泼斯坦微笑着说:"见到你很高兴。"她穿着高跟鞋,因此看起来比迈克尔略高。迈克尔的面庞天生红润,看起来像是经过长时间的阳光暴晒。丽莎问他是从哪里开车过来的。迈克尔回答说:"圣露西港。"

"我住在棕榈滩。我们只有一个小时车程的距离。"

迈克尔说:"我在北棕榈滩的丰田汽车经销公司工作。"

他们相伴四处转了转,一边喝着晨间咖啡,一边跟其他参会者交谈。迈克尔坦白说,要发表演讲,他非常紧张。丽莎告诉他不要担心,她说:"不管怎么样,演讲结束后,我们一起出去吃个晚餐。"他同意了。

《谎言生活》的研讨会遍布美国东西海岸,而且模式一致。为期两天的会议,每天侧重点不同,一天以房屋所有人为主,一天以律师为主。尽管有些律师考虑到费用已经支付,会选择两天都出席。尼尔·加菲尔德和商业伙伴布拉德·凯瑟对参会者表示欢迎,加菲尔德还会发表演讲。根据所在州法律是否规定止赎必须经过庭审程序,以及地方法官的态度和判决,他会适当地对发言进行修改。但演讲基本都很顺畅。"今天我们并不是让你变成律师,"他说话声音细碎,举止谨慎,"我们并不是要让你变成证券专家、贷款证券化专家。我们要教给你的,是重要的基本语言和概念,如果你去出庭,就能在短时间内知道,律师或法官是否听懂了你的发言。"

加菲尔德也给出了一种方法,帮助人们对抗止赎受害者普遍具有的羞耻感。"另一方的律师也许会说,你没有按时还贷,所以你逾期了,"加菲尔德说,"其实在很多案例中,甚至是所有案例中,原告已经通过联邦的紧急援助或保险得到了全部或部分的贷款补偿……这就像是给你的房子上了全额的火灾保险,而且你还能再买一份保险。这类投资组合,他们知道多半会失败,所以他们买了保险。他们给这些联营组合买了三十多份保险。如果你有一笔 30 万美元的抵押贷款,由于美国政府和美国国际集团(AIG)为此承保,他们可以得到 900 万的赔偿。"

换言之,银行还从他们的证券化阴谋中得到了奖赏,比起那些住在他们买卖标的物里的可怜虫们所受到的待遇,真是天壤之别。让银行对产权链条负起责任,并不是歪门邪道,而是结束这种偷窃行径的唯一方法。银行并不占据道德高地,尤其是因为他们忽略了到底是谁拥有这些抵押和本票,正是这一问题威胁到美国房屋所有人的利益,更不用说他们将普世的"责任感"抛到九霄云外的冷漠态度。

止赎辩护之所以成为一个难题,原因在于每个州——甚至每个巡回法庭——都有特殊的程序规定。一种辩护方法也许对一个法官奏效,但是如果到隔壁法庭,也许丝毫没有获胜的机会。但是,银行家的游戏策略却只有一个,不管是在加利福尼亚还是佛罗里达还是蒙大拿——隐藏欺诈。"他们会把你逼到死角,尽可能地避免召开证据听证会,"加菲尔德解释说,"他们会尽可能地避免上诉……他们会穷尽一切手段威胁你、愚弄你。"

尽管加菲尔德提醒人们要警惕抵押贷款救援专家和低劣律师,但他的研讨会也是要付费参加的,而且不止一次地邀请人们前来。加菲尔德还会推广"证券化审计",这是一种诉讼分析,能追踪包含特定抵押贷款的信托。加菲尔德的对手在法庭上质疑了这些审计的重要性:信托在哪里并不重要,重要的是转让协议和本票。有时止赎救援专家之间的互相攻击,比银行的对峙还要严重。在一大堆许诺收取一定费用就能让止赎延缓的专家中,易受侵害的房屋所有人要与专家们商讨各种事宜,而且他们并不知道究竟谁值得信赖。结果证实,加菲尔德"我与你同在"

的策略很有说服力。他会说:"我本来并不需要做这些,但我因使命而来。"

加菲尔德圆满完成演说之后,其他几位演讲者就证券化、佛罗里达止赎程序和其他一些话题进行了演讲。丽莎在等待迈克尔登台演讲时,手机响了,是一个陌生的号码。她走到大厅,接了电话。

"你好,这里是佛罗里达检察院经济犯罪部。你是丽莎·爱泼斯坦吗?"

天呐,丽莎心想,还真有用。

迈克尔向丽莎解释如何查看公共记录和辨认全国止赎欺诈案件时,她觉得有义务告知所有人。惠特尼·库克不可能同时在十个不同的银行工作,但她却声称如此,对此人们有知情权。丽莎立下一个规矩。每晚她都会给全国的执法部门、监管部门、政客和媒体名人寄五封信,告知她的发现并督促他们对这一巨型止赎机器展开调查。他们所在的机构和职位高低并不重要。人选嘛,从奥巴马开始。

这次行动源于丽莎过去的一个习惯。她曾经坚持给帮助过她的人写感谢信,从干洗店职员到餐厅服务员,都是些无名小卒。五年后当丽莎再次走进一家百货商店或是一家饭店时,还能够得到热情款待,这就是简单感恩行动能得到的善意。现在她不打算感谢佛罗里达的那些平头百姓了,她要为他们战斗。

她的第一封信寄给了佛罗里达最高法院,并成为之后邮件的模板。"请允许我先做一下自我介绍,我是一位职业母亲,也是一位住宅止赎案件的自我辩护人,目前住在受打击最严重的佛罗里达,"信的开头这样写道,"您能不能抽出一些时间,读一下这封篇幅冗长、要求繁多的信?我希望讲一讲一件关乎全国数百万人利益的事情。"

丽莎大致讲述了案件中的细节问题:她从未与美国银行打过交道,

却接到了美国银行送达的起诉文书；尽管没有法律背景知识，她还是认真努力地做了很多研究；佛罗里达逾期法务集团提交的欺诈性书面证词，未经记录的抵押贷款转让协议，篡改过的本票和伪造的答辩状。她解释了本票是如何背书给第三方的，而第三方并不是提起止赎的银行。她展示了一个案件，其中位于俄亥俄的公证人声称，亲眼目睹一家得克萨斯的公司签署了这份文件。她描述了其他的一些书面证词，签署人声称基于个人所知而给出证词，实际上，事情直到文件签署之后又过了几个月才发生。她展示了一份文件，惠特尼·库克代表抵押贷款电子注册系统签字，而在另一份文件上，她又代表摩根大通签字。她列举了案件中包括的全部金融机构（"美国银行，摩根大通抵押贷款信托，摩根大通家庭金融服务公司，抵押贷款电子注册系统，DHI抵押贷款公司……另一张组织结构图能够讲清楚"）以及他们制作文件时发生的大量错误。"我天真地认为普罗大众无法接受伪造证据，因为那将受到入狱惩罚。"她在总结里写道。

丽莎附上了她收到的文件，以及同一签署人签字的其他案件文件，这些签署人声称是不同银行的管理人员。她写道："我可以向您保证，我的案件并不独特，我每周都能在当地看到数以百例的类似案件。"丽莎认为，这种欺诈与经济大萧条有关，并对法官不尊重既定程序、不尊重缺少法律资源的被告而快速裁决止赎案件的行为表示震惊。"那些名义上的贷款方正千方百计地为自己谋取不义之财，赌他们利用贪婪的法律止赎作坊能轻而易举地收获果实——那些无论多么不合法、不公平，都不会抗争、容易被陷害的人——这样的人远远超过那些会奋起反抗的人。"

每晚丽莎都会把信贴上邮票，寄给五个人。如果哪家报纸刊登了报道止赎事件的文章，那位作者就会被加进丽莎的收件人名单。如果报道中的某位律师、政客或是监管机构人员发表了看法，丽莎也会把这些人加入名单。名单中包括联邦的银行监管机构、问题资产救助计划的国会监管小组成员，司法部门、美联储、参加金融服务委员会的国会议员，以及任何头衔光鲜、职位高端的人士。每晚她都要写五封信，从不间断。

9月底的一天早晨，丽莎上网浏览信息时，看到了《萨拉索塔先驱论坛报》上一篇简短的专栏文章，作者是汤姆·里昂。文章名为"提交假文件来获得占有别人房屋的权利？律师的职业道德何在？"

哈雷·赫尔曼是奥兰多的一位律师，也是佛罗里达律师协会的成员，他告诉里昂，他对佛罗里达律师协会施加压力，要求他们在止赎案件中开展律师道德特别审核。赫尔曼审核了很多佛罗里达中心区的止赎案件。律师对既定公正原则的漫不经心，令他为自己的职业感到羞愧。从他的自身经验来说，法官和律师甚至不会刻意去审核这些文件的真实性。"如果法院在一定程度上不能依赖律师，那么整个司法体系将会瓦解。"赫尔曼告诉里昂。

丽莎立刻给赫尔曼寄了一封信，说自己"一直在恳求公众人物采取行动改变佛罗里达法院的可怕现状"。大约一周左右，赫尔曼给丽莎回了电话，感谢她的来信。他说丽莎的来信表明，她对现状有一个清楚的把握。他告诉她："我们需要你这样的公民向佛罗里达最高法院提交意见，最高法院正在调查此事。"佛罗里达最高法院成立了一个止赎案件专门调查小组，最高法院考虑将根据专门调查小组给出的建议，对本州民事诉讼的规定进行一些修改。赫尔曼说，之前所有的公共评论基本来自银行律师，他们弱化了问题的严重性，并且对任何和解要求，一概拒绝。赫尔曼想要发起反击，他需要普通民众联系最高法院进行反馈，特别是身处止赎中、有着亲身经历的个体。

第二天，丽莎打电话给佛罗里达最高法院，询问如何才能提交止赎评论。接电话的工作人员让她等了一分钟，然后回来告诉她说："爱泼

房奴　109

斯坦女士，这里显示您已经做出了评论。"原来最高法院将她的第一封信，作为一份正式评论，罗列在官方记录中。

丽莎回答说："之前提交的那份事出偶然，我想再提交一份精心准备过的评论。"那位工作人员说，法院可以再接受一份更加正式的评论。丽莎将她的信件改写成一份合乎情理的诉讼案情摘要，敦促专门调查小组要求原告律师在提交案件之前核实客户文件的来源，并真正对核实失职行为进行处罚。她甚至援引了佛罗里达州法律来证明，向法院提交虚假文件的行为构成了重罪。当她将正式评论发给哈雷·赫尔曼时，赫尔曼认为这篇评论读来就像出自优秀的法律专业大二学生之手。

尽管受到了赫尔曼的褒奖，但丽莎寄出的信大部分石沉大海，有时还会引起反感。棕榈滩县的法院院长给她回复了一封怒气冲冲的信，说他不能掺和到诉讼之中。如果丽莎有问题的话，应该报告给执法部门。丽莎觉得，一位法院院长，居然拒绝与诉讼发生关联，实在是太荒谬了。罗伯特·沃克斯勒（丽莎选区的国会议员）让她把信寄给通货监理局，之后毫无音讯。但这次，州总检察长办公室给她回了电话。

经济犯罪部门的这位女士说，她们办公室查出了房屋止赎厂的一些线索，但只是冰山一角。之前丽莎读过这一调查的媒体发布文章，有所了解，之后她每天都打电话过去，试图提交证据，但完全行不通。不过现在，他们想和她谈谈。丽莎约好了下周与一位检察官详谈。丽莎说："感谢您对这些可怕罪行的关注。"挂掉电话之后，她情不自禁地挥拳，做了个"加油"的手势。

丽莎返回会议室时，迈克尔刚刚开始演讲，她迅速地找到自己的座位。迈克尔走向会议室的前方。在等待上场的几个小时里，他想到了一个主意。他将灯光调得非常暗，表面上是为了让大家专注看幻灯片，实际上是为了确保在发言时没有人能看到他。尽管走入了公众的视线，他还是想确保聚光灯没有投在他身上。

这一举动让迈克尔的神经放松下来，顺利完成了整场演讲。他几乎花了一年时间搜索公共记录，因此完全可以脱稿演讲。那份指导资料阐述了整个框架：银行将抵押贷款转让给自己，一些人名不断作为不同金融机构的管理人出现在文件上，公证造假，伪造行为遍地都是。迈克尔想向观众传达一个观点：这只是追踪过程的开始，而不是结束。聚集在会议室里的人，有足够的智慧力量来发现足够多的不合规之处，那一定能够吸引到公众的注意力，并将整个阴谋公之于众。网络使他们能够团结合作，利用可公开获得的证据追查到传统媒体和司法体系拒绝踏入的领域。

迈克尔说："好了，到此结束。"他示意后面的工作人员调亮灯光。对于接下来的一幕，迈克尔完全没有心理准备，整个房间挤满了人，所有人都站立起来向他鼓掌。一大波参会者向迈克尔涌来，感谢他的辛勤工作，并提出了一连串的问题。棕榈滩地区的卡罗尔·阿斯伯里律师走上前来，递上名片，她说："将来我们也许能够合作。"拥挤的人群让迈克尔稍感不适，但他硬是挺过来了。

与会者散去后，迈克尔再次遇到了丽莎。他们离开会场，坐进迈克尔的车。希尔顿酒店附近没什么可去的地方，他们沿着街道向前开，找到了一家不错的餐馆。

"骨鱼烧烤"是一家遍布佛罗里达的连锁餐厅，它家的 LOGO 是一幅卡通的海洋生物骨架。丽莎和迈克尔在餐厅里挑了张桌子坐下，开始忘我地交谈，接下来的几个小时，他们感觉好像餐厅里的其他顾客和工作人员都消失了，只有他们两个而已。可是，他们俩在网上认识的几个月前还是陌生人。

丽莎和迈克尔了解了彼此，并介绍了各自的止赎案件。迈克尔叙述了他的例行仪式：每月往保险柜里存 1 600 美元，每天阅读所有的止赎新闻。丽莎也有自己的惯例，每晚写五封信，每天午休时间都要去法庭。她讲述了原告银行是怎样制作"失而复得的"本票，怎样及时迅速地提交即决判决动议。在丽莎的案件中，佛罗里达逾期法务集团提交了两份本票，他们声称这两份都是原件的"真实准确的复印件"，但两份内容却不一样。不管是谁想要了解哪一份是真的，或是在证券化过程中抵押流转到了哪个环节，都只能得到一个答复，"被告的问题涉及机密、专有信息及交易秘密"。

他们聊了一些可怕的案例，都是关于止赎欺诈和贷款救助阴谋的。由于他们最近声名鹊起，处在深渊中的借款人会直接联系迈克尔和丽莎，告知一些文书丢失、银行引诱转换贷款以及其他普遍存在的套路。抵押贷款服务商与借款人协商修改贷款还款条款，同时又把他们推入止赎困境，这被称作"双重追击"。他们利用住房可偿付调整计划，向房屋所有人做出虚假承诺，使其在债务中越陷越深。两位博主简要地罗列一些案件研究，互相询问："你听说过这个吗？""你见过这个吗？"

其中有一个案件，让丽莎极其痛心。两岁的以撒·迪厄多内是海地移民，2009年10月11日他们一家搬进了位于佛罗里达米拉马雷的新家。他在前门玩耍时跳了下去，几分钟后父母找到他时，他溺死在隔壁的泳池里。隔壁的房子被止赎了，因为无人管理，泳池里的水都臭了。止赎不仅损害房产价值，也把整个社区变成了一片无人死地，蚊虫滋生，鼠患肆虐，不知引发了多少危险和悲剧。迪厄多内一家想要起诉止赎房屋的所有人，但却没法从公共记录中查到，到底是谁才拥有这套房子的所有权。

迈克尔告诉了丽莎很多隐私（对他而言）：他如何白手起家买到房子，他的妻子如何不情愿贷款逾期，他刚刚出生的孩子，等等。迈克尔和丽莎发现，他们的孩子仅仅相差一岁。迈克尔提到，在房地产泡沫破灭之前，他卖出了莱克沃斯的房子。丽莎告诉迈克尔，莱克沃斯深受房地产崩盘打击,破坏程度堪比安德鲁飓风过境。卖出莱克沃斯的那套房子,之所以令人沮丧,不是因为买家是止赎受害者中占比最高的有色人种,而是因为那套房子与丽莎的共管公寓正好相邻。很多中低收入的非裔美国人,恰好在房地产泡沫的顶峰时期买下了自己的房子。不断地再融资,耗光了积蓄,使他们的抗风险能力变得极弱。金融危机中,有色人种家庭失去房子、财富和机会的比例更高。丽莎时不时会开车经过莱克沃斯,尤其是那条"字母街",到处是资不抵债的房屋,房门上的封条和丛生的杂草默默讲述着悲伤的故事。银行无法再次出售这些房产,闲置的房屋变成了现在的鬼城,简直就是止赎欺诈恶果活生生的视觉呈现。迈克尔家所在的位置——圣露西港的部分地区,看起来就像刚刚遭受过空袭。

当银行伪造文件以及并不具备止赎起诉资格成为定论后,丽莎开始关切土地交易系统濒于瘫痪的问题。如果买家可以从没有出售权的卖家手中购买房屋,那么我们将永远无法确定房屋的所有权。房产会成为房地产泡沫的遗迹,被永远封在琥珀中。佛罗里达是推翻这些阴谋胜算最大的地方,原因只有一个:银行必须出庭面见法官,并向法官证明他们能够进行止赎。在其他深受重创的阳光海岸之州——加利福尼亚、亚利桑那和内华达——止赎不需要走法律程序。只有在佛罗里达,止赎必须经过法院。

接着,迈克尔一边吃着盘子里的海鲜,一边吐露了肺腑之言。

"咱俩认识并不是通过别人介绍,很明显,我们不约而同地认为,这项工作非做不可。这项工作非常艰巨,咱俩都知道。"

丽莎回答说:"是的。"

"我打算为此付出时间和精力,看来你也有同样的想法。我想我们可以合作。但是必须非常专注。我们必须致力于向外界传播这些故事,不夸大,不捏造,我们一定能够做到。"

房奴　113

一生中，迈克尔从未如此坦率。他知道一个优秀团队中哪些因素是必不可少的。他有迅速传播信息的计算机技能和搜索技能。丽莎平易近人、擅长沟通，能为他们的行动代言。他无法说清具体原因，但他觉得他们能够联手，教育公众并使真相得到传播。

"太好了，我也希望是这样。"丽莎脱口而出。

直到几年之后，丽莎仍然无法形容那个瞬间有多么古怪，比她从一个旁观者到维权人士的转变更难以解释。这与她的性格一点都不符。她根本不认识坐在对面的这位男士；就在几个月前，她还没有对抵押贷款支持证券、民事诉讼规则或是长达四百页的联营及服务协议表露过一丝一毫的兴趣。但是她强烈地相信，这是命运的召唤，是她人生意义的所在，是今生唯一应该去做的事情。

8 欢乐时光聚会

约定向银行开战，关键在于你要知道做什么。丽莎和迈克尔手头有一大堆东西：网站，与政府和媒体的联系，与其他受害人和维权人士的联络，资料研究和法庭到访等。他们的时间表安排得满满当当，除此之外，还能做些什么呢？

另外，迈克尔的激进行为，使得他和詹妮弗的关系鸣起警报。詹妮弗不满迈克尔独自离家两天，他试着向詹妮弗解释，曝光止赎诈骗能使他们重回财务稳定。但詹妮弗坚持要迈克尔答应，不会再次丢下她和孩子。迈克尔决定再次向詹妮弗保证：原来周末陪伴家人的不成文规矩将成为正式规定，周末他不会安排任何其他活动。

丽莎的关注点一直在她与州总检察长办公室的那次通话上，她第一次获得跟真正有影响力的人见面的机会。但是不经意的一次研究，让她又陷入了混乱。在丽莎的案件文书中，有一份律师费书面证明，看起来相当敷衍。名为丽莎·库劳洛的证人签署了这份证明，伊琳·库劳洛是公证人。但签名看起来出自同一个人之手。丽莎觉得如果她们互相有联系的话，就解释得通了。实际上，关于这份书面证明，她并没有考虑过多，因此看起来不可能存在问题。律所怎么会弄错一份律师费的证明文件呢？这不应该是他们唯一不会弄错的文件吗？因为只有这样才能确保对方付款。

有天晚上，丽莎上完网还不想睡，就顺手搜索了伊琳·库劳洛，网页上却跳出佛罗里达总检察长办公室的链接。有位叫伊琳·库劳洛的助理检察官就职于经济犯罪部门，也就是丽莎即将前去面谈的那个部门。实际上，丽莎正打算告诉他们佛罗里达逾期法务集团的欺诈性止赎程序，但显然，库劳洛为该集团兼职做公证人。这肯定是同一个人。佛罗里达的法律圈子里，还能有几个伊琳·库劳洛？

律师费的证明文件在网上搜索不到，只能到法庭去查。所以她在网上疯狂地搜索库劳洛的相关信息，以尽可能发掘更多。其中一个网页的内容，让她确定自己的怀疑是正确的。那就是《美国止赎网络》，这家名称颇具诙谐意味的网站集合了大量资源，以提供给抵押贷款服务行业。伊琳·库劳洛写了一篇关于"赎回权"（被告是否能够在止赎房产出售之后通过还清欠款来赎回房产的问题）的文章，她的头衔是房屋止赎厂的"USFN-FL成员"。房屋止赎厂是佛罗里达逾期法务集团之前的名字。这条链接的日期是2006年。因此库劳洛至少在佛罗里达逾期法务集团工作了好几年，同时，她还在佛罗里达总检察长办公室工作。

通话那天，迈克尔在邮件里给丽莎提了一些建议："也许你可以直截了当地问问伊琳·库劳洛是否在那儿工作。"3点刚过，丽莎当天的病人都已经回家，她的电话响了。电话中，那位女士说她名叫琼·克拉克森，不久前刚从私营企业转任检察官。琼加入执法部门是因为她想要抓住那些窃取她们客户财产的公司。丽莎掌握了很多这方面的信息。她们讨论了大概九十分钟，内容涉及文件造假、公共登记系统的破坏和佛罗里达的法院现状。丽莎谈及某个内容，琼随后就能问到一些相关问题，丽莎真切地感觉到，她的确想要帮忙。她把伊琳·库劳洛的事情忘到了九霄云外。琼提议丽莎前往总检察长办公室，录制一段作证视频，丽莎毫不犹豫地答应了。

后来丽莎打电话回去预约视频录制时间，但整个办公室的人都不认识一位名叫琼·克拉克森的人。丽莎在电话里留了言，但是从未得到回音。

希望稍一闪现，便消失了。她告诉迈克尔："他们觉得我是个疯子。虽然我的确有些与众不同，但我不是疯子。"迈克尔提出此次调查已被库劳洛压制的可能性，并说丽莎现在可能已经被人盯上了。他说："我们必须得小心行事。"

同时，迈克尔再次联系了《圣彼得堡时报》的苏珊·马丁，验证他最近远扬的声名。他把个人网站链接，卡尔·登宁格博客和其他一些网站的节选，《谎言生活》研讨会上的发言资料等发给了她。迈克尔写道："这些信息正在逐渐被人们所认知、接受，也许对你会更加有用。毕竟作为一位真正的调查记者，你发表过谴责止赎诈骗的文章。"

苏珊·马丁回了信，感谢迈克尔的链接内容。但自从夏季以来，她的语调明显产生了变化。她回复说："我的疑问是，太多房屋所有人争相运用这些止赎辩护策略，以为这样做能够挽救他们的房子。实际上，止赎早晚都无法避免，他们只是在拖延时间。"她批评那些向房屋所有人高额收费的律师，以及那些语无伦次、逻辑不通甚至提出荒谬动议的自我辩护当事人。她的观点其实很贴近实际——房屋所有人向律师支付费用，原本，他们可以用钱来还债——但迈克尔觉得，这一观点忽视了马丁本人曾记述过的普遍存在的欺诈现象。

尽管如此，马丁的说法还是触动了迈克尔。"坦白说，在发行量一般的日报上，很难报道这种内容。"她的意思是说，读者太笨难以理解止赎欺诈，而且这种内容也不值得他们去努力理解。

丽莎在邮件回复中大怒："止赎欺诈内容太难，无法报道出来？这一事件'太过复杂'？'9·11'太复杂了吗？HIV传染病的早期阶段太复杂了吗？'水门事件'太复杂了吗？"

迈克尔耸了耸肩："我们再去找另一个PK台吧。"

丽莎认为，问题并不在于民众的蠢笨，而在于民众的忽视。她认为这种忽视可以得到逆转。连续几个月旁听庭审之后，她确信法官没有注意到这一诈骗行为。丽莎接触不到法官，但是检察官们有学历、有耀眼的头衔，能够得到法官的尊重。如果丽莎能够将这一诈骗的内幕告诉检察官，再让他们去告诉那些法官，也许他们就能在听证中受益更多。所有问题就会迎刃而解。

这听起来实在是太简单，以至于不像是真的，现实的确布满荆棘。丽莎和迈克尔都缺乏政治和社会运动经验，这导致他们有一种盲目的天真。华尔街的止赎欺诈行为，简直就是新世纪的一场圈地运动，使几百万人的基本需求得不到满足，并从这种经济混乱中获益颇丰。他们对此感到愤慨。他们觉得要修正这一问题，只要多找几个盟友就行。这种想法本身没什么问题。他们相信，如果有权威人士站出来阻止银行，禁止他们使用欺诈性文件，那么银行富有智慧的管理人会立刻设计出一个合理的解决方案，允许人们设法挽救自己的房屋。然后，迈克尔和丽莎的生活就能重回正轨。

在棕榈滩县的法院里，丽莎见过很多检察官。这些检察官之前大都从事房地产法务工作，没有正式接受过出庭律师的培训，对止赎欺诈的普遍现象毫无概念，也完全不知道应该怎样向法院提起诉讼。她把伪造的公证书拿给检察官看时，他们全都非常震惊。丽莎想把他们召集到一块集体培训，而不是一对一教授。她想组织一次非正式聚会，止赎受害者可以和律师们一起喝喝啤酒，讨论问题，也许能够激发出更多灵感，而避免授课时的那种拘泥感。深感羞愧和耻辱的止赎受害者需要安全的空间，他们尽一切可能向邻居隐瞒自己的财务危机。在这里这些受害人能够感到舒服、放松，能够毫无负担地讲述他们的故事。她想要一个线下版的《止赎村落》聊天室：关于止赎诈骗的欢乐时光聚会。

丽莎开始在法庭上主动接近熟识的律师，说："我们准备组织个聚会。"律师大都是男性，他们一般会问："聚会上有女士吗？"

丽莎回答说:"我是个护士,我能邀请到很多女士。"

于是,这场曝光美国史上最大的消费者欺诈的运动,开始的第一步类似于年轻职场人士的联谊会。丽莎询问单身的护士朋友,她们都很乐意得到这种接触成功潜力股人士的机会。这就是"反对无家可归者护士联盟"的缘起,该联盟是止赎诈骗欢乐时光聚会活动的官方赞助者。

丽莎打电话告诉迈克尔:"我有个疯狂的想法。"唯一的问题是她不知道去哪里可以喝酒。"我这一辈子从来没有单独去过酒吧。"幸运的是,迈克尔关于他俩互补的直觉是正确的——很长一段时间他都在酒吧寻欢作乐。

他立刻想到一个绝佳的地方:ER 布拉德利沙龙。它位于棕榈滩市中心,正对近岸航道和码头游艇,建筑物是一排高大的海滩式平房,上方覆着明绿色的天篷。户外露天的桌椅边,支着棕榈树做成的遮阳伞,要是吉米·巴菲特看见这个场景,大概会为此写一首歌。这里的所有人都知道布拉德利沙龙,特别是法律界人士。因为它离法院不远。丽莎和迈克尔与经理交谈了一番,他同意给这次活动提供半价的前菜。酒水价格有点高,但是迈克尔觉得布拉德利的名头应该能够吸引到很多人,也就不再介意。

丽莎和迈克尔用一种纯草根的方式,宣传欢乐时光聚会活动:在星巴克发传单。吉姆·钱伯斯——他是《止赎村落》的活跃用户——制作了这些传单。实际上,丽莎和迈克尔网站上的所有用户都成了无偿志愿者,他们给当地律所发送传真,宣传欢乐时光聚会活动。第一次活动预定于 2009 年 11 月 18 日举办。

聚会举办的前几天,有位房屋所有人给丽莎发了封邮件,说在她的案件中,银行将近一年都没再采取任何行动,她问丽莎怎样才能将案件从法院系统撤出。这个问题很普遍——很多人都经历过漫长的诉讼拖延期,银行对推动止赎进程不采取任何行动。这给房屋所有人带来了巨大的压力，因为他们不知道什么时候需要另觅住处或是储备租房押金等。银行声称，法院里堆满了各种"不当"的辩护动议，其实这跟他们的不作为关系更大。

丽莎认为，这位房屋所有人提出了一个非常有趣的问题，所以她去县法庭寻找答案。在往四楼的扶梯上，她主动向一位衣着打扮貌似律师的男人打了招呼，她问："你是律师吗？"那位男士的眼睛几乎要瞪出来，他大概以为丽莎要向他诉苦。

"不要担心，我不是向你寻求法律建议，"丽莎说，"我只是想问个问题。"那位男士放松下来，丽莎继续说："如果银行提起了止赎诉讼，但后续没有任何动作，有没有什么办法可以把这个案件撤出？"

那位律师看着丽莎说："跟我来。"

他们下了两层楼，来到法律图书馆，里面塞满了佛罗里达州的法规和案例资料。这位律师抽出一本书，翻了起来，然后停下说："这就是你刚才所说的情况。"

根据佛罗里达民事诉讼法条例1.420（e）的规定，如果一个案件期限超过十个月，后期没有任何诉讼活动，"任何利害相关人"，不管是不是案件当事人，都可以提起一份起诉不充分的通知书。这位律师说："你需要将这一通知的复印件寄给所有的案件当事人，如果六十日内他们没有提交任何资料，你就可以开始筹备一场驳回诉讼的听证会，而且法官必须驳回。这里就是这样规定的，应该驳回此次诉讼。"

丽莎找到了最新的研究项目。

她做了一些研究，找到了佛罗里达第一地区法院对洛克化工和坦帕电力公司案件给出的上诉意见。坦帕电力公司根据条例1.420（e）的规定，提交了一个起诉不充分的驳回动议。在六十日内，洛克化工提交了反对意见，但该地区法院支持坦帕电力公司，并驳回了这一案件。上诉法院的判决是，当事人在六十日宽限期内的任何起诉，其实质必须有助于推动结案，而不是重启审判时效的无效动议。所有的事情都搞清楚了：法律规定和案例实践对此都是支持的。

丽莎给迈克尔打了个电话，说她想浏览全州所有十个月内没有任何预定诉讼活动的案件报告，然后提交集体驳回动议。也许他们可以让当地法律学院的学生帮忙，告诉他们有出庭实践的好机会，能够亲自站在法官面前，申请驳回一起案件。丽莎特别兴奋："就这么定了。我们需要先拿一个案件练练手，看看结果如何。"

几天后，迈克尔告诉丽莎，他找到可以用来"练手"的案件了。丰田汽车经销公司的接待员有个女儿，名叫塔米·萨瓦，她在棕榈滩南部的格林埃克斯城有一套房子，被银行取消了赎回权。2007年塔米和她丈夫放弃了那套房子，搬到北卡罗来纳，但是由美国银行（作为第一富兰克林抵押贷款公司抵押贷款支持证券的受托人，序列号2005－FF7）提起诉讼的这一案件，至今仍被冻结在法院系统中。迈克尔问那位接待员是否愿意尝试一下，她就递来了房屋钥匙。当月丽莎提交了动议。

> 提请注意：根据记录显示，在本通知发送之前的十个月内，当事人没有提交答辩状、安排开庭和其他事宜，法院也没有发布或批准案件停止。根据1.420（e）法规的要求，如果本通知送达后的六十日内，没有任何有记录可查的活动发生，案件当事人或其他任何利害相关人可以发起驳回动议，法院将会驳回这一诉讼……
>
> 丽莎·爱泼斯坦，利害相关人

丽莎在公寓地址上加注了508号房间，显得更加正式一些。在寄出这些通知后，她在日历上标注了六十天的日期，等待回复。

2009年11月18日，在一场经典的佛罗里达式日落之后，一轮满月爬上来，照亮了布拉德利沙龙，丽莎和迈克尔率先来布拉德利招徕宾客。活动进行得很顺利，律师和护士都来了，到场的还有几位止赎受害者。这些都是网上认识的网友。尽管在理智上，他们知道还有同样处境的其他人，但是实地见面，让他们确信自己还有战斗盟友。

詹姆斯·埃尔德在《止赎村落》上的网名是"爵士"。他在法庭上遇见了丽莎。2005年的威尔玛飓风卷走了他的修车行生意，后来他妻子病了，家庭财务负担进一步加重。PNC银行一边和他协商修改贷款条款，一边对他发起止赎。房屋止赎厂戴维·J·斯坦恩律所在抵押贷款转让协议上倒填了日期；止赎起诉是在2005年提起的，而转让文件的日期是2009年，他们为了掩盖止赎发起后制作文件的拙劣行径，欲盖弥彰。摩根大通家庭金融服务公司给格蕾丝·鲁奇儿子的建议，跟丽莎的一模一样：如果你停止还贷三个月的话，我们会让你修改贷款条款。他照做了，接着摩根大通就对他发起了止赎。格蕾丝是一位医护工作者，深受丽莎网站内容的激励。《止赎村落》网站的技术支持戴夫·李尔也来了。来参加活动的人总共三十人，丽莎和迈克尔认为这个数字算是回馈近两周努力宣传的一种成功，半个月来，他们不断给佛罗里达的止赎辩护律师和破产律师发了一封又一封传真，还往路边的电线杆上贴传单，辛苦总算有了回报。

当晚的话题主要围绕贷款行业对佛罗里达最高法院止赎特别调查小组的评论展开。佛罗里达银行家协会曾直言不讳道："实际上，在贷款放款之后，所有本票和抵押贷款纸质文件都已经转换成电子文件。很多公司在起诉状中提交了本票丢失证明，主要是因为一旦文件被转换成电子格式后，为避免混淆，原始纸质文件都已经被销毁了。"

这太令人惊讶了，简直就相当于承认，他们根本没有本票和抵押贷款文件。首先，证券化信托的联营及服务协议明确规定，交易中的本票和抵押贷款文件只有用湿墨水签字才能生效（也就是原始文件）。佛罗里达银行家协会不经意间承认了他们从来没有转交这些原始文件。其次，这几个月以来，丽莎注意到，每当有人要求原告出示本票时，他们总是能够神奇地制作出相应文件来。丽莎的案件也是同样的情况，银行在对她发起止赎之后几个月，用魔法神奇地将本票召唤出来。如果原始文件已经被销毁，银行又怎么能够找出来呢？要么佛罗里达银行家协会在说谎，要么本票是伪造的。

罗伯特·博斯特罗姆是抵押贷款巨头房地美的执行副总裁，他的评论更加直白："一般来说，发起止赎的原告并不拥有本票或由被止赎房产担保的贷款。"迈克尔发现了这一评论，这完全就是迈克尔花了大半年时间试图证明的真相！这一信息的本质，就是宣告商店行窃者无罪。如果无法建立证据保管链条，起诉律师又不能制作出被盗走的物品的话，案件就会败诉。这可不是一瓶指甲油，而是花费普通人绝大多数财产的房子。

迈克尔和丽莎鼓励辩护律师在自己代理的案件中，利用这些评论。他们想证明不管银行多么强大、多么权威，与银行的对抗是有胜利可能的。所以他们格外卖力宣传近期一些房屋所有人胜利的案件。最近马萨诸塞州的房屋所有人安东尼奥·依班纳在他的止赎案件中获得了大反转，因为美国银行在出售止赎房屋之后，才签署了抵押贷款转让协议。联邦破产案法官罗伯特·迪安为纽约怀特普莱恩斯的一位借款人免除了46万美元的抵押贷款债务，因为PHH抵押贷款公司无法证实其主张。爱达荷州甚至有位破产案法官，反对由抵押贷款电子注册系统路径形成的不完整的产权链条。辩护律师就读于法律学院，并不是为了给止赎事业添砖加瓦的，他们热切地希望能够采取新策略加以反击。

来访者们逐渐形成了一个个小团体，丽莎和迈克尔确保与每个人都聊上几句。欢乐时光聚会持续了一整晚，在这短短的几个小时内，律师和房屋所有人携手探讨解决办法。尽管由于节日原因，丽莎和迈克尔决定 12 月不举办欢乐时光聚会，但是他们希望 1 月份重新开始举办时，这一活动的发展能够形成势头。

几天后，迈克尔接到了奈伊·拉瓦利的电话，这实在是出乎意料。几个月前，他草草地打发了迈克尔，而现在居然要求和迈克尔合作。一天晚上他们在德尔雷比奇见了面，一边喝东西，一边互相比较研究记录。迈克尔感谢他引路人一般的贡献，奈伊则对迈克尔那份如何查询诈骗的指导材料大加赞赏。奈伊告诉他："我开始研究的时候，还没有网上记录。我必须到法院一个个去查。"迈克尔将欢乐时光聚会的情况告诉了奈伊，他答应下次过来时尽量赶来参加。那晚开车返回圣露西港时，迈克尔一直在想，感觉就像有人在领他进入社会名流俱乐部。

同时，《止赎村落》的技术支持戴夫·李尔决定在家中召开一场维权人士的聚会，他称之为"牧场"。迈克尔、丽莎，还有其他几个人参加了聚会。聚会中，他们讨论了一会儿止赎和文件，大多数时间是在谈论自己，以及是什么导致了他们如今的处境。丽莎坦白说："大概有一半的时间，我不知道自己在干什么。"但是她被迫前行，她说，曾经引导她成为护士的那种冲动，现在又重新在内心燃起。然后她讲述了一个从未对人提起的故事，甚至连迈克尔也不知道。2001 年 9 月 11 日那天，丽莎恰好在纽约旅游。当飞机撞进双子塔的消息传开之后，她跑去帮忙。几个小时后，丽莎来到曼哈顿下城的一家医疗中心，她在那里待了几天，照顾受害者。她说，这也是她现在做的事情，她正在照顾那些深受止赎之苦的受害者。

当晚散场时，所有人都觉得自己与同伴的距离，进一步拉近了。但是有一件事，他们想错了。他们一直将目标定位在教育律师，告诉他们公共记录的糟糕状态，就像律师们对此一无所知一样。某种程度上，他们知道自己是错的；如果没有律师为此辩护的话，不可能会有正面进展。但是迈克尔和丽莎并不知道,有些律师组织成了强有力的联合体,来对抗贷款方。其中有些律师,已经坚持了几十年。需要接受教育的,不是律师,而是这些维权人士。

9 人　脉

　　1992 年，埃普丽尔·查尼最先着手。她是土生土长的迈阿密人，留着长长的黑色头发，因律师职业的缘故往来于佛罗里达州和阿肯色州，她那时刚刚开始在萨拉索塔县的非营利组织湾岸法律服务机构上班。她为人谦逊，这点从她的职业选择就能判断。阿肯色州的客户们，会从靴子里掏出钱来支付律师费，而这些钱很可能是他们刚从后院里掏出来的，后院就是他们的"银行"。埃普丽尔在萨拉索塔县代理了很多被不当驱逐的租客。但这一次，她接手的是一个住房抵押贷款案件。

　　所有抵押贷款都明文赋予了房屋所有人在止赎前收到逾期特别通知的权利。如果借款人有一次没有还款，贷款服务商必须向他们送达逾期信，告知借款人应还金额并且改正。通知信必须在月供还款失败后的四十五日内送达。服务商必须接受部分还款，并且在借款人改正逾期行为的窗口期结束前，不能发起止赎。这一送达服务由借款人买单，通过借款人月供还款中的一部分支付。退伍军人管理局或联邦住房管理委员会的特别送达规定则更加严格。

　　在埃普丽尔接手案件时，上述任何一条要求都没有达到。她认真研读了对逾期通知做出规定的联邦法令，12USC1701x(c)(5)。这是 1934 年《全国住房法》中的一部分。早期介入是有意义的：如果经济困难的借款人在第一次没有还款时得到特殊援助，也许就有机会避免止赎。然而，很多贷款服务商并没有意识到自己所担负的这一义务。

在 1992 年，意识到这一问题的律师，大概只有一位。幸运的是，这位律师正是埃普丽尔·查尼。她开始以未完全送达为由进行止赎辩护，最初是在送达规定非常严格的退伍军人管理局或联邦住房管理委员会的贷款案件中。她向法官质证的主要观点是，消费者已经为送达服务付费，却没有得到应有的送达服务，就像是你到修车店买了备用轮胎，他们却忘了把轮胎拿给你一样。

埃普丽尔开始为萨拉索塔县律师协会的律师们进行止赎辩护培训，向他们解释服务商一般是如何侵害消费者权益的。她就像一位高中数学老师，擅长将复杂的诉讼案件分解成易于理解的小节。若干年中，埃普丽尔和同事一直能发现不合规的送达行为。服务商一般利润率很低，他们没法遵守联邦法律雇用足够的人员来通知逾期借款人。大概有十万分之五的案件，借款人会提起诉讼，因此他们宁愿接受诉讼处罚，而不是改正行为。

随着证券化的兴起，不合规的逾期送达行为看起来越来越古怪。2004 年，她作为消费者律师加入杰克逊维尔地区的法律援助协会，之后不久，该机构接手了众多的止赎案件。几乎所有原告都提交了本票丢失证明，声称他们拥有贷款，只是没有相应的证明文件。原告一般是在贷款中没有相关经济利益的抵押贷款电子注册系统，但该公司坚称其拥有起诉资格。没有人在法律学院中学习过止赎相关知识，埃普丽尔则乐于谈论，在证券化时代，她的这一个人特质更是体现得淋漓尽致。埃普丽尔自学了产权链条中各家机构的相关知识，夜晚还潜心研读复杂的联营及服务协议以及艰深晦涩的税法。在杰克逊维尔的办公室里，文件堆积如山，她不得不在大厅里面见客户。

尽管内容艰深晦涩，案件复杂难懂，但整个事件的核心，连法学院的学生都能看懂。首先，埃普丽尔认为美国印钱的速度没能满足抵押贷款债券的需求。因此，承诺支付规定没法履行。然而，为抵押贷款支持

房奴　127

证券设立的免税信托即 REMIC 不能投资次级贷款，只能投资安全的资产。出售这些证券的华尔街银行不想让国内收入署注意到他们一直在违反 REMIC 的规定。因此，他们无视联营及服务协议的明文规定，故意不留下文件记录。埃普丽尔说，这就像你买房时不在交易文件上签字，而是十年后再签字，但是你又想让所有人相信，从十年前开始，这套房子就一直属于你。

更糟的是，证券化信托中集合的抵押贷款，没有设定的流程表，即使有，受托人也极不愿意提供。有时，本金还款会进入一支信托，利息还款则会进入另一支信托。埃普丽尔见过好几个同一笔贷款被拆散进好几支信托中的案例，因此当贷款逾期时，会有几家机构试图就同一张本票进行止赎。埃普丽尔管泡沫时代的抵押贷款支持证券叫"无支持证券"。

有一次她在明尼阿波利斯市参加一场消费者律师会议，在讲到出庭时的证券化失败辩护内容时，在场有位律师得出的抵押贷款行业结论，与她非常相似，而且他打赢了好几场这种官司。他的名字是马克斯·加德纳。

马克斯的祖父，曾经担任北卡罗来纳州的州长。因此，他本人也继承了家族的政治血统。有位朋友说，听马克斯讲话，就像是听有着清脆的卡罗来纳口音的以利亚先知讲话。法学院毕业后，他回到南方阿巴拉契亚地区的谢尔比，在自己的出生地开了家公司，做一名小镇律师，后来专做消费者破产业务。他的很多客户都面临抵押贷款还款困难的问题，这使他不得不与贷款服务商打交道。从 1980 年代中期起，他开始留意到贷款服务商的不合理收费、还款的错误计算以及其他非法活动。他那些符合个人破产法规定的客户，每月都会被收取财产清查费，但贷款服务商从未进行过财产清查。贷款服务商同样无视了暂缓追收欠款的破产中止规定。他们想在资产出售中再次收费。马克斯结交了一位名为凯文·拜尔斯的法务会计，凯文发现服务商的软件设定实际上违反了破产中止规定，因而能获得一笔意外之财。只需要敲击几次键盘，服务商就能将不可收回费用变为可收回，并将其添列进还清结算单中。

与其他破产律师不同，马克斯具备一定的庭审经验，而且他相信他能够在法庭上抗争这些不合理的收费。破产案法官们起初都非常愤怒，他们问："马克斯，你是想要这些银行进行改革吗？"马克斯表现得礼貌又平静，他耐心地向法官解释，他的客户们如期支付了法院规定的还款，而那些服务商是在利用软件伎俩增加收费名目。法官们先入为主地认为，该行业不会做此类勾当，不过马克斯也取得了一定的成绩，因为贷款商宁愿付钱给他，也不愿意改正他们的系统。

2000年，马克斯参加了在科罗拉多举行的全国消费者法律中心会议，奈伊·拉瓦利在那次会议中做了演讲。马克斯一开始以为奈伊是那种打高尔夫也要穿西装打领带的高调人士。但是马克斯没有像会场里的其他人一样嘲笑奈伊提出的理论，因为他在一些案件中见过同样的线索：合法性存在争议的书面证明，转让协议和背书。没有其他律师整合这些东西，但奈伊做到了。马克斯将奈伊拉到一边，两人在酒店的酒水吧里谈了好几个小时。他们讨论了新奇的证券化模式及其运营基础。他俩因为孤独、受人排挤、无人倾听而抱团取暖。

之后几年，马克斯在全国各地的法庭中发现了本票丢失证明，漏洞百出的抵押贷款转让协议，无迹可寻的转让行为以及字迹可疑的签名。他认为，将权威的公证过的文件，严格遵守规定按照证券化链条的环节，最后转让给信托，对于见利忘义的贷款发起商来说花费太大，其他参与方也这样认为。因此，他们没有遵守规定。

当借款人逾期后，受托人需要证明他们拥有止赎资格，就会去特定的公司解决问题。马克斯就富达国民产权集团的季刊《顶峰》中的文章提出了意见。主流贷款服务商使用的自动计算增加利润的软件平台，实际上是由富达研发的。富达还有一家子公司，名为富达国民止赎咨询公司。《顶峰》描述了富达国民止赎咨询公司的文件制作团队，如何事后制作任何所需的转让协议和本票。团队经理多瑞·格贝尔解释说，富达国民止赎咨询公司有权代表多家客户签字，原告律师可以请该公司制作任何种类的抵押贷款文件，并能在二十四小时内收到。他说："文件制作团队流水作业，平均每天能够制作一千份文件。"文章中的一幅流程图展示了从接到文件订单到伪造到返回房屋止赎厂的整个路径。2008年，富达公司将其抵押贷款部门剥离，转让给贷款方程序服务公司。在止赎案件爆炸性增长的那段时间，贷款方程序服务公司获得了服务商软件和第三方文件伪造的绝大多数市场份额。

马克斯开始在一些全国研讨会上讨论这些问题。在他的破产客户的案件中，他会质问那些向他客户追讨欠款的机构，是否有索赔证据。他会将这些质疑作为筹码，以此获得更好的条件：减免本金，减少逾期应还金额，等等。他逐渐提高了胜率。一位旁听者说："马克斯的战绩比罗伯特对杜兰特的战绩还要好，是 103 比 0。"见惯了银行索赔证据的那些破产案法官，也慢慢理解了马克斯的观点。当大型止赎案件逐渐出现时，破产案法官的理解程度，远远领先于州法院和联邦法院。

2004 年，马克斯的妻子维多利亚因为养了几只查理士王小猎犬，想要更大的居住空间来建造一座狗舍。因此，他们带上家里的所有动物（七只比利牛斯山犬，三只狗，两头驴和五匹马）搬进山里，住到距离谢尔比西北部二十五英里的一座农场上，只有一条沙砾小路与外界连通。维多利亚提议，今后马克斯不再飞往全国各地讲授针对不当抵押贷款索赔的抗辩课程，而是让其他人到农场来学习。马克斯·加德纳的破产案课程训练营由此开始，这是美国最不寻常的法律培训课程之一。律师们参加为期四天的课程，需要支付 7 775 美元，包含食宿在内，由维多利亚负责餐饮。在这里参加者无处可去，只好专注于美食、家酿威士忌以及如何在法庭上打败银行。埃普丽尔·查尼参加了早期的奖学金课程。

课程的策略讨论会能持续上一整天，马克斯往往会提出一些简明扼要的庭审策略。由于原告只有虚假文件可以利用，因此他建议让原告先行展示证据，用他的话说就是"让他们挖坑自己跳"。教室的一整面墙上，贴满了马克斯代理的案件中庭外和解得到的支票，以佐证他的成功。最后马克斯还邀请了专家嘉宾，包括撒克逊抵押贷款公司的前总法律顾问迪克·薛帕德，曾在抵押贷款服务商奥克文公司和另外两家产权保险公司工作过的止赎辩护律师玛格丽·格兰特，以及他的朋友法务会计凯文·拜尔斯。听取了曾在对方阵营工作数年的专业人士的分享之后，辩护律师们学会了如何预判对方律师的论点。

马克斯还向每位参加者发放了一个U盘，里面有一些资料，包括一个名为"虚假抵押贷款文件显著特征"的文件夹。截至2010年，其中罗列了虚假文件的六十六个特征，包括全国两百九十五位虚假文件签署人的名单。参加者从破产案课程训练营毕业后，能够获得马克斯·加德纳的私人邮件列表服务，可以获得马克斯储存并分类好的诉讼卷宗。同一领域的律师很少像他们这样协作，训练营的毕业生们形成了一张关系网，利用邮件列表沟通信息、思考策略、进行止赎辩护。2005年至2010年间，来自四十七个州的六百位律师参加了训练营，并形成了新的支援系统。他们毕业时，做好了向抵押贷款行业开战的十足准备。其中一位，就是埃普丽尔·查尼。

埃普丽尔打算阻止手头的所有止赎，因为原告没有任何能够证明他们拥有贷款并有权强制执行止赎的合法证据。泡沫经济年代，她见过的所有贷款几乎都被置入证券化信托，或是在二级市场上出售。如果贷款发起商想要接手并声称拥有止赎权利，就相当于承认他们从未将这些抵押贷款转让给信托——这是严重违反证券法的。因此受托人原告难以证明其所有权。埃普丽尔的答辩得到了广泛赞誉,人们将它称为"秀出本票"辩护法。

在所有的案件中,人们免不了担心,法官会让某些人白得一套房子。对于这一点,埃普丽尔直截了当地提出了质疑。法律不容侵犯,即便这有可能让罪犯得以逃脱。警察不能强迫嫌疑人认罪然后递交法庭,也不能伪造证据。甚至如果警察没有向犯罪嫌疑人宣读他们拥有的权利,都有可能导致法院驳回起诉。然而,一旦发现伪造证据就会毫不犹豫驳回犯罪案件的法官,却出于担心房屋所有人不劳而获的道德考量和心理暗示,变得难以抉择。所有人都必须遵纪守法,但银行是个特例,他们只要出示一份文件就能得到止赎批准。埃普丽尔认为,阻止止赎对于维护公正有着重要的意义。

埃普丽尔认为抵押贷款市场即将崩溃,并将带来悲剧性后果,律师们需要做好保护客户的准备。她去俄亥俄、加利福尼亚、明尼苏达、密苏里和南卡罗来纳等地,哪里需要她,她就去哪里。她的研讨会不以营利为目的,只收取少量费用以支付场地费用。她要求所有参加课程的人,之后提供二十小时的无偿专业服务。

2004年到2008年间,由于止赎案件不断增长,大概有五百位律师参加了埃普丽尔的研讨会课程。就像马克斯·加德纳一样,她与培训学员保持着长久联系,并邀请佛罗里达和全国各地的律师加入两个邮件列表服务群,以此来分享答辩内容和发展策略。在埃普丽尔和马克斯邮件列表服务群中的律师只需点一下鼠标,就能获得前人累积的止赎辩护知识。

埃普丽尔捷报频传——尽管也有一些案件无解。由于原告没有所有权的合法证据,她巧妙地冻结了很多案件。另外一些案件中,服务商同意修改还款条款,她的客户因而能够负担得起月供还款。2005年,她让沃尔特·罗根法官驳回了二十四起佛罗里达案件,在这些案件中,抵押贷款电子注册系统没有本票却试图发起止赎。两年后,上诉法院又否定了判决;银行有的是办法不断尝试,直到有人批准。事件的反复惹怒了埃普丽尔,她认为任何批准无资格原告进行止赎的法官都未能履行宪法义务。她得到了很多人的热捧,《纽约邮报》称她为"贷款骑警"。

在佛罗里达那些处于职业生涯初期寻求指导的年轻律师中,有一位来自圣彼得堡的高高瘦瘦的小伙子,名叫马特·韦德纳。他家一直有从政的传统。他的父亲加入了空军,一位叔叔是州共和党的执行理事,另一位叔叔喜欢穿着本杰明·富兰克林的服装逛来逛去。从佛罗里达州立大学毕业后,马特一开始从事竞选工作,但发现竞选与腐败有着千丝万缕的联系,因此转而从事律师职业。在法律学院读书时,他就查询公共记录要求被否决事宜,提起了人生的第一起诉讼。尽管由于他没有向送达员提交足够的资料复印件,导致案件最后不了了之,但是他认真诚挚的原则,绝不放弃的精神,从未衰减。

马特曾以为止赎辩护是律师职业领域的清水衙门:他收取的 500 美元聘用定金仅够覆盖费用支出,客户也无力承担更高的费用。当他意识到可以让银行支付律师费时,他的整个生活都随之改变了。有几个关键时刻让他记忆犹新。有一次他坐在法官办公室里,一边翻阅抵押贷款文件,一边等待听证会开始。法官指着一个看起来不可思议的到期金额数字,原告律师立刻说:"我们可以马上改,改完再交给您。"马特怀疑,如果连律师都可以随意更改的话,这份文件到底在多大程度上是合法的。

后来,他雇了一位法律学院的职员,后者在一部法规中偶然读到一条要求止赎案件的原告为借款人附上内部记录的条款。马特一开始不相信,在亲自查看后终于认可。马特把条款拿给当地的一位法官看,他立

房奴　　133

刻说："韦德纳，你到底在搞什么？"

"请您看一下这条法规。"

法官看完后说："天啊，你是对的！"即便是审理了大量止赎案件的法官，也不清楚夺走他人房产时必须的法律步骤。在危机发生之前，他们并不需要知道，因为大部分案件没有经过审判。实际上，在马特参加埃普丽尔的研讨会时，尽管埃普丽尔坚称证券化的抵押贷款构成了人类历史上最大规模的阴谋犯罪，在场的大部分律师都觉得法官会认为这样的辩护琐屑无聊。律师一般都想和法官建立良好关系，他们不想让法官认为他们在浪费庭审的时间。如果他们觉得自己会败诉而且让法官觉得荒谬的话，他们就干脆不提起诉讼。

马特并不这样认为。埃普丽尔让他相信，美国的法治危机重重。他密切留意了埃普丽尔 2005 年的案件，罗根法官驳回了抵押贷款电子注册系统试图以自身名义发起的所有止赎诉讼，他认为这是抵押贷款行业崩溃的先兆。如果法官们留心注意，止赎危机也许能够避免。如果因为担忧职业前景而保持沉默，他会良心不安。

埃普丽尔坚持认为，律师们应当团结协作。马特深受这一影响。他结识了清水湾的一位产权律师格雷·克拉克，克拉克担心产权链条的断裂会让存量房屋无法出售，制造缺乏重新出售潜力的鬼城。格雷告诉马特："法官们可以做他们想做的，但我是个产权律师，无能为力。"

圣彼得堡召集了一群当地律师，马特也加入了。他们称自己是"维护产权正义的法理学家"，简称 JEDTI。整个事件与绝地武士有着说不清道不明的关系，也许是因为成员们看多了《星球大战》。他们买了一把腰刀，刻上 JEDTI 几个字，还举行圆桌会议，只有拥有腰刀的律师，才能在圆桌会议上发言。他们在坦帕中心的县政府办公楼的 26 层找到了一间会议室，需要换乘两次电梯才能到达这里。甚至还有 JEDTI 的座右铭："真理之光，辩护力量，激情之心，引领正义。"

马特为业务宣传创建了一个网站,同行们建议他在网站中加入博客。实际上,在丽莎和迈克尔发表博客文章之前的2009年7月,马特就开始写博客了。马特的博客中写满了无法在法庭上大声喊出的慷慨陈词:他鄙视这架巨型的止赎机器,他鄙视法官平静接受银行律师说谎的态度。

起初,法官只把马特和他在JEDTI的那些朋友,当成要求交通票价平等的小丑。但是在司法体系内,那些每天接触大量抵押贷款文件的书记官们知道大事不妙。房屋止赎厂的行为让他们惴惴不安,这些律所每星期提交几百份案件,其中充斥着各种粗心大意引起的错误。随着危机进一步加剧,本票的丢失数量和虚假文件逐渐增加,坦帕和圣彼得堡地区的法官开始倾听辩护律师的观点。

整个佛罗里达州的人们,都注意到圣彼得堡的变化,因而不断有新面孔出现在JEDTI的会议上。有一次,一位律师站起来介绍说,他是专程赶到佛罗里达西海岸来见JEDTI的。他从棕榈滩驱车四个小时赶来,棕榈滩县是当地知名的"腐败县",在那里处理止赎的法官不会听取任何辩护,他在当地寸步难行。法官甚至还会惩罚越界的律师。

这位棕榈滩县的律师一开口谈论诉讼策略,马特立刻意识到他才华卓著、经验丰富,水平远在JEDTI这群"疯子"之上。这位律师名叫汤姆·艾斯。

汤姆·艾斯起初是一名公司法务,从事了二十年的公司事故辩护,后来成为霍兰德&奈特国际律所的合伙人。但是他激情不减,并在2008年初决定自主创业,尽管当时正处于经济萧条期。他在皇家棕榈滩奥基乔比路的一家商业中心开设了艾斯律师事务所,奥基乔比路是佛罗里达六条遍布汽车经销商和连锁店的商业大道之一。他妻子阿瑞安娜之前是一家非营利机构的执行理事,作为专职助手、研究员和顾问加入了律所。汤姆经常开玩笑说,阿瑞安娜掌握的法律知识,比任何律师都多。

起初,汤姆几乎专做消费者破产案件,他的兄弟也是如此。但是第一个来他律所的人,是一个无法宣布破产的卡车司机——如果宣布破产,他就会失去卡车,从此无以为生。他想要进行止赎辩护,来挽救他的房子,但汤姆·艾斯认为,并不存在什么止赎辩护,如果他没有按时还款,就只能被银行止赎。他把卡车司机打发走了,向他道歉说没有办法帮他。这个司机的遭遇,一直萦绕在他心头。

下一个客户也想提起止赎辩护,再下一个、下下一个也是。由于破产原始抵押贷款条款无法修改,而几乎所有的佛罗里达房屋所有人都已经资不抵债,大部分客户通过宣布个人破产不可能清偿欠款。汤姆意识到,他应该去研究止赎问题。他研读了英国判例法,比如1677年的《防止欺诈与伪证法》,并潜心研究银行收回抵押财产的各项要求。阿瑞安娜从一开始就提醒汤姆注意,抵押贷款服务商加收的诸如财产清查费等名目奇怪的费用。汤姆要求债权人出示收费的证明文件,债权人就会立刻放弃索赔,汤姆仅仅打了个电话,就给他的客户省了5 000到1万美元不等。艾斯律所由此意识到,他们不能再相信银行给出的数字。

艾斯律所迅速将工作重心从破产领域,转移到止赎辩护领域。棕榈滩县止赎部门的主法官杰弗里·考巴斯私下让汤姆接手一些案件,告诉他那些房屋所有人需要律师。汤姆看到的证据都十分可疑:签名字迹潦草,一位副总代表不同的银行签名,等等。和其他律师、受害人与维权人士一样,他和阿瑞安娜也掉进了那个爱丽丝漫游仙境里的兔子洞。通过查询公共记录,他们了解到这些美国大型机构系统性的违法行为,深感震惊。尽管缺乏这一领域的经验,但汤姆深信,法官会判决对方败诉。结果事实恰恰相反,法官们的认知水平和几个月前的汤姆一样:如果房屋所有人没有按时还款,那么就应该发起止赎,不存在辩护。

汤姆旁听了全州的案件,并决定抗争的最好办法就是诉讼。他决定先尝试程序送达辩护策略。被告收到传票时，送达员必须在文件上写明他们的姓名缩写、ID编号、日期和时间这四个项目内容。阿瑞安娜负责接收文件，几乎所有的文件上都找不到这些信息。汤姆一开始对这个策略并不满意，他说："我不觉得法院会认真对待。"

阿瑞安娜说："别这样。给我一个不起诉的理由吧。"

汤姆经过进一步研究了解到，被告并没有收到这些文书。四个项目内容的意义就是证明送达员是否履行了送达职责。通常情况下，程序服务商的母公司一般是房屋止赎厂，因此如果没有通知被告相关的开庭信息，房屋止赎厂就能获得相关利益，被告未出庭意味着对止赎没有异议，这给律所带来了纯收益。抵押贷款支持证券的投资者已为程序送达支付了费用，而且他们没有办法获知这些收费是否合法。

阿瑞安娜说服汤姆，让他提起了一项诉讼，即"威代尔 VS 太阳信托银行案"。审理这一案件的棕榈滩县法官戴安娜·刘易斯愤怒地抓起送达文件，标记了信息，说："现在有信息了，满意了吗？别再诡辩了。"刘易斯法官认为这是诡辩，但汤姆和阿瑞安娜认为，这是一种永远不能为了方便而藐视的法律程序。汤姆就威代尔 VS 太阳信托银行案一路上诉到复审法院，艾斯律所打赢了这场官司。

汤姆发现，有些送达员声称找不到被告，并以此来"清理"文件。很多书面证明都是一样，送达员找几个月没见到被告的邻居聊一聊，就确认无法找到被告。这是在弄虚作假。还有些公司的经理伪造送达员的签名，不管他们是否送达了文书，一概都在文件上签名。艾斯律所得到了利兹房屋止赎厂开出的一份书面证明，在这份证明中的送达员的名字出现在李县的数百份文件中。她发誓她本人从未去过李县。艾斯律所对多起这类案件提起了诉讼，最终迫使程序送达公司正确合规地送达了文件。

此外还有一些其他的辩护策略。标准抵押贷款合同第 22 段规定，借款人应该收到逾期书面通知，并被告知止赎前的改正方法。自1992年起埃普丽尔·查尼就在使用这一逾期通知辩护策略，但是即便到了2008年，服务商还是无法提供完全合规的通知。艾斯律所与佛罗里达州的其他律师联手，进行了多次逾期通知辩护。

原告律师纷纷攻击汤姆，认为这些动议阻碍了庭审进程，只是在单纯拖延。但仅仅通过这些简单重复性的工作，汤姆就成功冲破了银行律师对止赎程序的钳制。2008年和2009年的大部分时间，艾斯律所都在挖掘资料，提交动议要求证人宣誓作证。他们想与那些签署抵押贷款转让协议和其他文件的员工交谈，看看他们所述是否属实。汤姆和同事在佛罗里达各地飞来飞去，以寻找愿意召集证人作证的法官。艾斯律所的律师随时能够去到任何地方质证员工。即使法官问："你真的愿意为了这个案件飞到密歇根去吗？"他们的回答也毫不犹豫。汤姆和阿瑞安娜雇用了几位专职助手，负责回复律所发起的近四百起质证请求的相关邮件。所有人都在办公室加班到很晚。努力逐渐有了回报。

第一起质证是针对第一西部银行（OneWest Bank，前身是次级贷款方印地迈）的"止赎与破产专务副总裁"埃莉卡·约翰逊·塞克。印地迈向汤姆的客户以色列·马查多提起止赎诉讼，在抵押贷款转让协议、到期金额及欠款金额证明和辩护动议答辩书上都出现了约翰逊·塞克的名字，她还作为抵押贷款电子注册系统的副总裁签署了抵押贷款转让协议。布鲁克林的亚瑟·沙克法官曾经驳回了一起约翰逊·塞克牵涉的案件，因为在该案件中，约翰逊·塞克将抵押贷款转让给了德意志银行，同时又代表德意志银行出具了一份书面证明。无独有偶，约翰逊·塞克在这个案件中也扮演了不同单位的管理人员。但是据汤姆所知，没有人质证过她。

约翰逊·塞克住在得克萨斯，2009年7月9日她专程为此来到棕榈滩。约翰逊·塞克说尽管她并不受雇于抵押贷款电子注册系统,但她有权代表该公司签署文件。实际上,约翰逊·塞克有权代表抵押贷款电子注册系统、第一西部银行、印地迈、印地迈的托管人联邦储蓄保险公司、德意志银行、纽约银行以及美国银行签字。"一时间,我只能想起这么多。"她补充说。汤姆·艾斯问她每周签署多少份止赎相关文件,她估计有七百五十份。

汤姆问:"签署每份文件,要花费多长时间?"

约翰逊·塞克骄傲地说:"我有意调整了签名,现在只要签个大写的 E 就可以了。一般不超过三十秒。"

约翰逊·塞克曾宣誓在服务商公司亲眼见证了整个过程,这些宣誓陈述书、文件中的相关信息以及重要事实将导致一些人失去家园。而她只给每个案件三十秒的时间。

汤姆继续问道:"你是不是签字之前没有阅读所有文件?"约翰逊·塞克回答说:"是的。"她并不知道这份文件中的数字是谁输入的,相关的记录文件是如何制作的。贷款方程序服务公司有网络专员负责质量检控,他会抽取 10% 的样本进行检查。约翰逊·塞克依赖于网络专员的质量审查,她自己并不复核。她承认签署文件时公证人并不在场。

约翰逊·塞克漫不经心的态度,令汤姆感到震惊。但是约翰逊·塞克只是个小兵,盲目地签署文件,只是在完成上司交代的工作。汤姆并不怪她,约翰逊·塞克揭示了以色列·马查多案件中存在的犯罪行为:原告印地迈从未拥有过本票和抵押单据,因而并不拥有代表受托人的起诉资格,却试图发起止赎。提起止赎诉讼后,印地迈想要瞒天过海,试图将抵押单据转让给自己以掩盖缺乏起诉资格的问题。汤姆立刻提交了一份驳回此案的动议。佛罗里达逾期法务集团和印地迈的律师质疑了约翰逊·塞克书面证明的真实性,试图掩盖欺诈证据。但是法官支持艾斯律所,驳回了止赎申请,并做出判决:由佛罗里达逾期法务集团支付艾斯律所 30 000 美元律师费。尽管在本案中艾斯律所胜诉，但在其他很多案件中法官批准了止赎，对不端行为视而不见。这些止赎案件进展缓慢，汤姆和阿瑞安娜一边忙于其他案件，一边准备上诉。

2009 年 11 月初的一天，汤姆偶然读到丽莎·爱泼斯坦写给佛罗里达最高法院的信。跟其他律师一样，他一直关注着止赎程序特别调查小组的工作，实际上，埃普丽尔已经是特别调查小组的成员之一。丽莎的信让汤姆大为震惊。她在信中说自己是一名护士，也是一位母亲，但汤姆觉得她写作能力非常优秀，应该受过一定的法律培训。他和阿瑞安娜认为，丽莎也许能够帮助他们提起上诉。他们联系到丽莎，问她是否愿意加入。丽莎接到电话时，正在一家农产品站购物，她立刻同意与他们见面。她和迈克尔一起过来了。

汤姆和阿瑞安娜感到非常震惊，不仅因为丽莎和迈克尔都不是职业律师，还因为他们居然在全职工作的情况下，掌握了如此多的知识，做了那么多的工作。阿瑞安娜问："你们是什么时候完成这些工作的？"丽莎和迈克尔耸了耸肩——他们选择了牺牲睡眠。

汤姆给他们看了几份早期的质证记录，包括埃莉卡·约翰逊·塞克那份。迈克尔和丽莎早就知道存在这种行为，但是从未见过员工同意作证。诈骗行为由此被坐实。迈克尔说："我把这个放到网站上，给大家看看。"汤姆公布过这些质证，但是艾斯律所的网站没有大众读者。在此前的一次动议中，他们公开了这一质证内容，因此不觉得会侵犯任何权利。

汤姆又谈论了其他几个案件。其中一个，与佛罗里达逾期法务集团有关，他们出具的合理律师费证明非常可疑。签署人是丽莎·库劳洛，公证人是伊琳·库劳洛。在这份特殊文件上，她们俩一个是签署人，一个是公证人。有时丽莎·库劳洛又成了公证人。伊琳的公证书签名有很多不同的版本，有的是全名，有的只有一个大写的 E，还有其他各种形式。阿瑞安娜把所有签名都放到一张长条纸上，以便比较；即便是简写的签名，看起来也不像出自同一个人之手。丽莎·库劳洛的签名也是一样。艾斯律所最近提出了质证库劳洛姑嫂的申请。

丽莎说："我的文件上也有她俩的名字！你知道伊琳在总检察长办公室工作吗？"

"什么？"阿瑞安娜回答。

丽莎给他们看了谷歌搜索出的链接。伊琳之前在佛罗里达逾期法务集团的工作履历也非常可疑：合理律师费的评估本应是独立的，不应该来自前雇主。但在总检察长办公室就职使得整个事件上升了一个层次，艾斯律所转变了质证的想法。汤姆想知道，伊琳在经济犯罪部门的工作是否与止赎有关。阿瑞安娜怀疑总检察长办公室已经知道库劳洛在兼职做公证人。他们可以申请查询公共记录来查找她签署的文件，只要那些文件确实存在。他们还想得到她的出差记录。如果在她声称为佛罗里达逾期法务集团公证文件时，她恰好出差不在本州，那么就能判定这是严重的伪造证据行为。

迈克尔更关心库劳洛姑嫂每份文件能得到多少报酬。"签个名能赚两三美元，一星期好几千？而且她还有助理检察官的全职工作？那可真是一大笔钱啊。"

会面之后过了几天，汤姆·艾斯把约翰逊·塞克的质证记录发给了迈克尔。11月15日，迈克尔在《止赎欺诈》网站上将其公布，标题为"质证大公开：埃莉卡臭名远扬"。他加入了艾斯律所要求对其处罚的诉求，因为她提交了"完全不尊重事实"的文件。

当该州的马特·韦德纳读到这份质证后，他也产生了同样的怀疑。此前，马特的博客基本上都是一些简短评论以及标题夺人眼球的文章，诸如"抵押贷款条款修改、圣诞老人和其他童话""股市就是一个庞氏

房奴　141

骗局"等。他之前在博客上转贴过法院判决，但从未贴过质证记录。通过该州的律师人脉以及埃普丽尔的邮件列表服务，马特能够得到很多类似的质证记录。大家可以通过他的博客读到这些质证记录，而不只是阅读那些慷慨激昂的演说。马特主张司法透明——所有法庭上发生的事情，都应当公开。如果披露这些信息能给银行施加压力的话，那就更好了。马特也在他的网站上转贴了约翰逊·塞克的质证。1月，他与汤姆·艾斯针对这次质证做了一番讨论，并根据讨论内容写了一篇大作。马特告诉汤姆："天啊，他们简直就像机器人一样。"在这里，马特指的是那些签署人。马特在文章中作了总结：

> 在绝大多数用到这些文件的案件中，签署人没有法律依据能够保证文件中所述为真。从这些"机器签署人"的质证中，我们能够知道他们并没有阅读文件，本应目睹文件签署的公证人和证人也并不在场。
> 一些律师不喜欢"机器签署人"这个专有名词——这个词淡化了犯罪程度，听起来像是一个自动化省力装置而非不当的法律程序——但它逐渐流行起来。

与此同时，在库劳洛案件中，佛罗里达逾期法务集团玩起了和埃莉卡·约翰逊·塞克同样的把戏。首先，佛罗里达逾期法务集团拒绝了提供律所和库劳洛两人联系记录的要求，说那些记录属于"特许和机要内容"。他们反对库劳洛姑嫂接受询问，认为这是"审前盘问"。阿瑞安娜给佛罗里达逾期法务集团的相关负责人发了一封邮件，问他们是否是库劳洛的代理律师；他们回复说是。但是库劳洛姑嫂本应是独立专家。汤姆指出这样不合适，佛罗里达逾期法务集团又回答说"根据进一步调查，公司决定不代理库劳洛姑嫂"。之后他们撤回了所有库劳洛姑嫂签署的证明文件，辩解说现在没有必要质证库劳洛姑嫂了。

作为一些公司不法行为的事实证人，艾斯律所传唤了丽莎和伊琳·库劳洛，佛罗里达逾期法务集团也牵涉其中。库劳洛姑嫂雇了库劳洛律所的约翰·库劳洛（伊琳的丈夫，丽莎的哥哥）作为代理律师。艾斯律所安排了听证会迫使伊琳和丽莎作证，同时提出查看公共记录的申请，要求查看总检察长办公室有关伊琳受雇于佛罗里达逾期法务集团的任何交流信息。这条鱼正在奋力摆脱钩子，但是汤姆和阿瑞安娜十分耐心地收回鱼线。当然，他们一直将这些最新进展告知新同事迈克尔和丽莎。

在北卡罗来纳州，马克斯·加德纳正站在法庭外与一家大型抵押贷款公司的副总热烈交谈。"你知道接下来会发生什么吗？"那位副总怒喝道，"整个国家会被你摧毁。如果你不停手，我们就让国会修改法律。"

马克斯仔细思考了一下，回答说："我们也想修改一些法律呢！"

10　专　家

2009 年 12 月

随着经济的快速复苏,来棕榈滩过冬的北方老人已经多于前年。不过,相比经济危机之前的光景,还是无法同日而语。丽莎驾车行驶于市中心地段时,必须注意躲开那些随意变道的老年人,他们急着要去附近的熟食店抢一个午餐时段的好座位。离开繁华的街区,丽莎时常回到莱克沃斯的字母街上,看看那些被废弃的房子。几年前,还有好多人家在客厅里修剪圣诞树。孩子们打开礼物,拥抱所爱的人。现在谁又知道他们身在何处,那些美好的回忆与烂掉的家具一起遗留在后院里。

整个冬天,这架巨型止赎机器如同黑暗中胡乱出拳的拳击手,倾斜前行。12 月,拉斯维加斯的妮莉·莫克女士回到家中,发现公寓被清理得一干二净,所有的个人物品都被扔了出去。她的房间是 1156,隔壁的 1157 被银行取消了赎回权,显然是银行雇来"清理"被收回房产的分包商弄错了房间号码。几天后,一位男士向报道该事件的电视台诉说了同样的遭遇。妮莉联系了清理队,他们只愿意给予 5 000 美元的赔偿。

纽约东帕乔格地区的赫络斯基斯一家在对印地迈公司的案件中获得胜诉,法官判决免除他们的抵押贷款。两周后,印地迈给这对夫妻寄了一封信,要求他们偿还 474 936.78 美元。在萨拉索塔县,富国银行对一位公共公寓的房屋所有人提起了诉讼,他们起诉了少数留置权所有人,因此就出现了这样一个奇观:富国银行(第一份抵押权的所有人)起诉富国银行(第二份抵押权的所有人)。在这起案件中,富国银行雇了一家律所代理作为被告方的富国银行。

圣诞节前,花旗集团宣布了一项重大决定:在全国范围内暂停止赎活动三十天。所有人都很兴奋,直到马特在博客上解释说,得到暂缓的只有花旗在投资组合产品中完全拥有并且没有证券化的四千份贷款。难怪英国有一家公司开发了一款新的打地鼠游戏,躲开木槌的不是地鼠,而是银行管理人。

整个圣诞节假期,丽莎都在试着寻求资助以便全职投入止赎抗争活动。除了给政府官员写信,她又写了很多信给慈善基金,信中描述了她想要建立非营利组织的计划。丽莎写道:"我每天都在孩子上床睡觉后,工作到半夜,然后早早起床去上班,我非常劳累,但我决心做出一些积极正面的影响并力所能及地帮助别人。还有维权人士也在不知疲倦地辛勤工作,目前面临巨大工作量的环境之下,如果他们能够全职带薪工作,相信一定能够带来正面的影响。"

阿瑞安娜·艾斯就是这样一位放弃睡眠的维权人士。她的工作需要经常翻阅公共记录。有时她夜里很晚给丽莎打电话,讨论刚刚发现的一个卷宗,或是就某个文件寻求帮助。凌晨2点她们还在电话里畅谈不休,劳累却也快乐,不断搜索该行业犯罪留下的蛛丝马迹。

在2009年的最后一天,丽莎写了一篇网络日记,身旁坐着女儿詹娜。"每天越来越多的时间里,我坐在那里放空、发呆,眼里却溢满泪水。我无法理解人们为什么以及打算如何让这种行为持续下去。"迈克尔的公告却展示了完全不同的心境。"新年快乐,银行歹徒们!"他插入了一首金·伯内特的死亡主题歌曲,歌曲讲述了居于办公楼第50层的西装革履的金融高管们的故事,歌中叫嚷着"快跳下去,你这个烂人"。

多愁善感也好，目中无人也好，丽莎和迈克尔都怀抱着一种不切实际的希望，那就是在 2010 年能够彻底曝光华尔街的大阴谋。

新年之后的几周，迈克尔查看信息时，发现了一篇非常有趣的文章，题目叫"一人多职：一个人担任多家银行的管理职位"。这篇文章引述了法官因签字人在同一份起诉状中代表多家银行签字而驳回止赎的案例。"抵押贷款服务公司的员工可能假装成银行管理人员，在几千件止赎案件中伪造了关键文件……2010 年，监管机构、法院、律师和痛苦的房屋所有人很可能要对转让协议的有效性问题进行核查。"文章内容迈克尔并不陌生，但他还是在网站上转载了这篇文章。

这篇文章的作者是琳恩·E·兹莫尼艾克。

她出生在纽约水牛城，一个月后就离开了。他们在夏威夷和加州的海军基地住过，之后在伊利诺伊州的安提阿定居下来。琳恩的父亲是一位参加过二战（关岛）并派驻过韩国的狙击手，他被派驻日本之后，将家人留在了美国，回家探亲也往往是来去匆匆。琳恩的母亲是州立银行安提阿支行的秘书，她还要操持家务，琳恩周末会帮母亲处理得来速柜台出纳的工作。

安提阿是位于伊利诺伊州和威斯康星州边界上的一个农业社区，在地图上几乎看不见。周末时他们甚至需要打开汽车尾灯照明。琳恩的童年过着一种与世隔绝的小镇生活，之后去了一家天主教中学并以优异的成绩毕业。她每天早晨都去做弥撒领圣餐，然后穿着制服上课。琳恩获得了布林茅尔学院的全额奖学金，布林茅尔学院位于费城郊区，是七所"女校常春藤"中的一员。那是 1960 年代末期的 1967 年，却是 60 年代运动兴起前的黎明。一个天主教女孩第一次尝到了自由的滋味。

不久，在满校园自由主义灵魂的影响下，琳恩变得非常激进。她参加女权主义作家凯特·米利特的讲座，还选修了美国共产党党委会成员赫伯特·阿普特克的课程。有一天阿普特克让学生们在给安杰拉·戴维斯准备的生日贺卡上签名,以使监狱中憔悴度日的她振作起来。阿普特克是戴维斯的教父。琳恩反对越战,组织游行示威和占领教学楼运动,反对种族歧视和贫富差距,几乎不去上课。在她后来称为"种族身份危机"的那段时期,暑假她在堪萨斯城为美国黑豹党的一个免费社区早餐项目做志愿者。她在布林茅尔学院最好的朋友戴安娜最后又回到了堪萨斯城,并嫁给了埃尔德里奇·克利弗的堂兄,国会议员伊曼纽尔·克利弗。

1971年3月8日,反战激进主义组织"公民调查联邦调查局委员会"闯入宾夕法尼亚梅迪亚的外地办事处,翻出了联邦调查局探员潜入并调查学生运动组织者和反叛者的资料。其中一个文件夹就是琳恩的调查资料。组织这次行动的是附近哈弗福德学院的教授威廉姆·戴维登,他是琳恩的朋友。他在几天后的一次反战集会中问琳恩,是否想看看她自己的调查资料。琳恩说她只想毁掉它。

那年春天,有辆黑色轿车一直停在琳恩家旁的主路上,里面坐着两位穿西装的男士,不过他们似乎毫无掩饰之意。这两个男人跟踪琳恩去学校上课,兼职做服务员。布林茅尔学院的院长凯瑟琳把琳恩叫出课堂,告诉她,联邦调查局认为她是夜闯行动的嫌疑犯。对此琳恩无法接受。一天夜里,她剪短了金发并染成黑色,从后窗爬了出去,与一位朋友一起开车逃走。她们买了一张汽车票,逃到纽约上城的一个公社。

几个月后,琳恩回到了安提阿,在她母亲工作的社区银行做一名柜员。三天内,那两位联邦调查局探员就来办公室找她了。他们告诉琳恩,他们掌握了琳恩参与夜闯行动的确凿证据,并指责琳恩烧毁了印第安纳的一个征兵局。他们在银行会议室里对她审讯了好几个小时,琳恩一开始拒绝回答,其中一位探员驳斥她:"要是我们把这件事情告诉你父亲,你觉得对你父亲的康复会有什么影响?"那时,琳恩的父亲正在一家精神病医院住院治疗，以治疗因军人生涯所造成的一系列精神失常。最后琳恩妥协了，她详细讲述了自己的激进行为和性生活，这令这两位好色的探员大喜过望。但她从未吐露戴维登教授的秘密。2014年1月，夜闯行动的罪犯最终曝光。这导致了联邦调查局国内监控史上的第一次改革。

琳恩以为，那是她激进主义生涯的最后时光。

为了换一种生活方式，琳恩离开安提阿回到费城，参加了布林茅尔信托公司的一个管理培训项目。几年后，她发现她是这个项目中的唯一的女员工，也是唯一没有得到提拔的员工。她将这件事上报银行，银行给了她一笔封口费，让她保持沉默并离开项目。

琳恩拿着这笔封口费进入维拉诺瓦法律学院学习，她所在的班级是该学院最早招收女生的班级之一。她在那里遇见了她未来孩子的父亲——马克·库伦。1976年毕业后，琳恩和马克先后在几家法律援助协会工作，处理一些穷人和民权的法律事务工作。宾夕法尼亚梅里恩受暴力迫害女性收容所限定了收容人数，他们为此抗争。他们还曾在东俄克拉何马代理过乔克托印第安人。他们喜欢任何能够引发社会变革的事情。马克和琳恩有路见不平时的义愤填膺和迅疾行动力，会立刻制订抗争计划。

为了发展事业，1980年琳恩和马克来到位于棕榈滩县的佛罗里达乡村法律服务公司。在该县的西部边缘贝尔格莱德捡甘蔗的移民工人，长期忍受着艰苦的工作环境。农民们在准备耕种时，会喷洒落叶剂并焚烧秸秆。琳恩驾车经过双向车道公路时，两边的农田一片火海，琳恩忙不迭打开雨刷来刷落挡风玻璃上的灰尘。她为罹患肺结核和肺病的工人们提起了危险工作环境诉讼。曾经有一段时间，琳恩和马克致力于让贝尔格莱德发起一个农场劳动人员训练营，以此迫使农场主将工作环境提高到满足最低标准的程度。

一年内佛罗里达乡村法律服务公司失去了资金支持，琳恩和马克一起开了一家贫穷救济律师事务所，之后琳恩离开律所，生下了三个孩子——扎克、马克·埃利奥特和莫莉——她不再那么热心公益，而是更多地关注自己的孩子。她在学术界和业界公司中，来来回回换了几份工作。每三年就会换一份工作的她，生活一直处于变动之中。最后琳恩成为全国劳工保险委员会的高级法律顾问，她的工作主要是曝光诈骗保险公司和劳工保险基金几百万美元的大公司行径。尽管是为大保险公司谋利益，但清除企业欺诈也算跟社会正义有所关联。在参加全国注册舞弊鉴定师协会的培训时，琳恩在由联邦调查局探员教授的一堂课程上，喜欢上了打击白领犯罪的工作。她喜欢面对索赔文件时需要进行的文件分析，与私人调查员合作等后台工作。她学会了如何发现欺诈，并逐渐精于此道。

　　白领犯罪案件让琳恩与很多联邦调查局探员和联邦检察官建立了紧密联系，特别是与佛罗里达中部地区杰克逊维尔的几位检察官。她甚至还在匡提科的联邦调查局学院教授了一堂保险欺诈的课程。她和诈骗调查员们一起出去喝酒，分享故事。联邦调查局的探员提到自由主义者时，会开玩笑说他们是"琳恩的小弟"——她的心简直在流血——但是他们并不改口。更换了几份工作之后，琳恩和马克在伯克莱屯开了自己的律所，员工数量逐渐增长到二十五人。

　　截至1998年，琳恩的事业收获了巨大的成功，她在市中心西北部棕榈滩花园的一个封闭式社区买下了一套四室的房子。这套坐落于战舰路的房子，房间开阔，屋顶挑高，带有封闭的露台和泳池，占地足有一英亩，院子里栽满了棕榈树。待在这里过日子肯定是非常惬意的。但自从买下这套房子后，琳恩的生活就遭遇了一系列挫折。

　　1999年，琳恩被诊断患有乳腺癌，两年间她经历了若干次手术和九个月的化疗，终于成功击退了病魔。医疗费用很快花光了她的大部分积蓄。几乎在同一时间，她和马克分手了。他们还是好朋友——分手后，他们仍然合伙开律所——但她得到了孩子的监护权。同时，琳恩的母亲从安提阿搬过来和他们一起住，之后很快病倒。2006 年，她被诊断为迟发性帕金森症，八十八岁时被诊断患有阿兹海默症，琳恩成了她的看护人。她无法继续诉讼工作，急需其他的收入来源。

当时有很多佛罗里达人靠倒卖房产为生。琳恩把她的房子当成 ATM 机，两次还清贷款并再次借到更多的贷款。她用其中一部分资金参与了全国的炒房热潮，转手交易过若干次房产，并购买了位于西棕榈滩市中心一座办公楼八层的一间公寓，顶楼带有按摩浴缸和游泳池。当律所缩减规模时，她把公寓作为办公室。通过在杰克逊维尔的保险诈骗调查员的关系，琳恩发现了另一条赚钱渠道，联邦检察官需要一位专家证人向陪审团解释劳工赔偿金的相关内容。2008 年初，琳恩为案件出庭作证。专家证人的圈子很小，各种信息很容易传播，不久之后琳恩就飞到纽约、南卡罗来纳和其他地方出庭作证了。

不过这一切都没能完全减轻她的财务压力。保险公司因 2008 年金融危机的重创，缩减了法务开支。同时，琳恩母亲的病情还在恶化，有时她会忘了用拐杖而跌倒在地。琳恩上大学但住在家里的儿子扎克会睡在靠近卧室的沙发上，以备外婆晚上突然醒来。小区保安有时会发现她在院子里逛来逛去，不知道该怎么回家。

琳恩想过卖掉这套大房子，然后把办公室复原成公寓搬进去住。在童年和整个职业生涯中，她经常搬家。但琳恩答应过她母亲，绝不会把她送到"逼仄的护理院"里，但如果搬到公寓，他们就别无他法。让她妈妈学会坐电梯并且一起生活在小房子里看起来很不现实。在目前这套房子里，她妈妈生活得不错，有自己的房间和独立的卫生间。医生也都在附近。琳恩不愿看到抚养自己长大、每天帮她解填字游戏的这个女人受苦。琳恩觉得，如果在母亲的有生之年，不能兑现诺言一直陪在她身边，那么一切都将毫无意义。于是她下定决心，节衣缩食来偿还月供。

琳恩的最后一次再融资，是一种叫 2-28 的贷款，贷款方是一家名为第一优选的公司，这种贷款的利率在两年后会调高。根据合同规定，第一优选可以在 2008 年 3 月 1 日作出利率调整。不然，就要等到 9 月。他们错过了 3 月 1 日的调整日期，但却在月底调整了这笔贷款的利率，于是，月供还款增加了将近 1 000 美元。这将导致琳恩多付将近 6 000 美元的利息，在一个坚持原则的律师看来，这种行为违反了合同规定。琳恩觉得，如果逆来顺受，那么第一优选可以随时以任何方式改变她的月供还款额。琳恩对这次利率调整提出了抗议，但是贷款方没有听取她的意见。因此，琳恩停止偿还以新利率计算的月供还款额，试图获得谈判筹码。

2008 年 7 月，琳恩被"桑德维住房贷款信托 2006 OPT－2 的受托人德意志银行国民信托公司"提起了止赎起诉。德意志银行提交了本票丢失证明，但声称他们有止赎资格。琳恩聘用了前夫马克·库伦作为代理律师，他们以德意志银行的起诉状中没有附抵押证明和本票为由，请法官驳回此次诉讼。和其他案件类似，银行在被告提出异议后的很长一段时间内，没有任何动作。琳恩是一位"天生的"调查员——她开始深入挖掘此事。她找到了很多类似的案例：在不恰当的时间调整抵押贷款，原告则是之前从未露面的机构。琳恩经历了和丽莎、迈克尔以及其他受害人一样艰难的网上搜索过程，学习了抵押贷款支持信托、证券化失败和华尔街巨型止赎机器的相关知识。

2009 年年中她母亲去世了——老人家在棕榈滩花园的家中度过了余生，去世那天，正是她的生日。之后琳恩将房子挂牌出售，但那时房地产危机已经蔓延开来，房子卖不出去了。在自己的小区中，琳恩开始察觉灾难迹象：拖车停在路边，洗衣机丢在门前草坪上，房屋被废弃，死气沉沉。她觉得自己很快就会成为那些倒霉蛋中的一员。她希望离开这里时,能够无债一身轻。

终于,在 2009 年圣诞节后的一天,孩子回到家中过节,有人来到琳恩家门前,叩响了大门。德意志银行奇迹般地找到了本票。他们还找到了抵押贷款转让文件,证实美国住房抵押贷款服务公司——又是一个之前没见过的公司——将贷款合法转让给了德意志银行。琳恩从未向这两家公司偿还过月供,他们却可以把她的抵押贷款倒来倒去。起诉通知书上,美国住房抵押贷款服务公司是她的贷款方第一优选公司的继任者。但是,转让协议的生效日期 2008 年 10 月 7 日引起了琳恩的注意。这一日期距离德意志银行提起止赎起诉已经过去了三个月。同丽莎的案件一样,德意志银行起诉她时,并不拥有这笔贷款。琳恩想,这可不行。她给马克·库伦打了电话,电话里库伦打招呼的声音带着笑意:"圣诞快乐。"

琳恩上气不接下气地告诉他:"他们给我送了起诉通知,但是不太对劲,转让协议的日期说明,德意志银行是在对我提起诉讼三个月后才得到这笔贷款的。"

"哦,真的吗?"马克淡淡地回应。马克只代理过几起止赎案件,尽管他了解虚假文件的相关情况,但是法官认为逾期借款人是老赖,没有对这些人表露出丝毫同情。马克的平淡反应,其实是想让过度兴奋的委托人平静下来。他告诉琳恩等他回到办公室时,想看看那些文书。琳恩说:"我知道你觉得我疯了,我会再给你打电话的。"然后挂断了手机。从她的声音里,马克听到了熟悉的紧张感。

琳恩回到厨房倒了一杯咖啡。她要在这儿静一静。

她拿出笔记本电脑放在餐桌上,经过搜索,琳恩确定,在她停止还贷后,美国住房抵押贷款服务公司于 2008 年年中收购了第一优选公司;这大概就是她从未向该公司寄送过月供还款的原因,她完全不了解这家公司。由于工作原因,她有 Accurint 数据库的查询权限,这一数据库可以看成是 LexisNexis 的一个高级版本。抵押贷款转让协议的公证人印章是佐治亚州富顿县的,于是琳恩在佐治亚州搜索了美国住房抵押贷款服务公司。不管是在富顿县还是其他地方,都没有搜到任何内容。美国住房抵押贷款服务公司制定了这份转让协议,但是他们没有在公证文件的该州设立办公场所。

琳达·格林作为美国住房抵押贷款服务公司的副总裁签署了这份转让协议。琳恩觉得这个名字过于常见,难以查证。但文件中的证人科雷尔·哈普,大概能够作为调查对象。他只是一名签署抵押贷款文件的普通的办公室工作人员,对他进行背景调查,算不算侵犯个人隐私?也许是吧。作为房屋所有人的琳恩逐渐消失,作为调查员的琳恩现在获得了掌控权,二十年的专业训练教会她深入挖掘,跟着链条追溯并解析事实。她并不打算停手。

琳恩在 Accurint 数据库中输入了科雷尔·哈普的名字,蹦出来的是一个曾住在佐治亚州巴恩斯维尔的人。他的住址和工作履历中都没有提及美国住房抵押贷款服务公司。但是科雷尔有一项联邦犯罪逮捕记录。琳恩又打开了能够查询联邦法律辩护记录的 PACER 数据库。因为职业缘故,琳恩经常在 PACER 中搜索人名以查询他们是否有未决诉讼或犯罪记录。她发现科雷尔被指控于 2009 年 1 月在俄克拉何马州犯身份盗用罪。那是科雷尔签署抵押贷款文件之后的三个月。

琳恩又在其他几个数据库中搜了一些科雷尔的信息。如果 12 月提起指控,他应该早在这个时间前就已经被逮捕。最后琳恩登录了犯罪嫌疑人照片网站,她输入了科雷尔的名字,找到了他的犯罪嫌疑人照片和身份号码。就在 2008 年 10 月他宣称目睹抵押贷款转让协议签署的当天,科雷尔身处俄克拉何马的州立监狱之中。

科雷尔·哈普也许确实犯了身份盗用罪,但同时,别人也盗用了他

房奴

的身份，并用来签署抵押贷款文件作为止赎证据提交给法院。琳恩的案件也是如此。在文件公证地佐治亚州，所有的参与公司都未在此设立办公场所。所有日期都对不上。

琳恩的本票复印件还包括一张附笺，这是一张写明近期背书情况的长条。一般来说，只有原始本票两边的空白处无法再写什么时，才会使用附笺。但是金融危机时期，附笺的使用非常普遍，因为附笺更容易造假。附笺应该永久附于本票上，但是这张附笺的边角上既没有订书孔，也没有其他粘贴痕迹。实际上，这张附笺看起来一点都不正式，只在顶部的一条横线上注明了棕榈滩县"卷宗号及页码"。这意味着在棕榈滩县法院的卷宗里，也有一张与之相对应的附笺。编录在第 19933 本的第 1827 页。

琳恩二十三岁的儿子马克·埃利奥特·库伦懒洋洋地走进客厅，边走边伸着懒腰活动筋骨。

琳恩催促她儿子："快点，我们要去法庭了。"

"圣诞节才刚过一天。"

"这才好呢，这样法庭里就没多少人。"

他们来到法庭的档案室，琳恩向档案管理员询问第 19933 本卷宗的位置。这位管理员走到后头，拿来一大本活页夹。

琳恩快速地翻到第 1827 页。她没有找到附笺，但找到了和第一优选抵押贷款公司签订的原始抵押贷款合同的首页。她掏出德意志银行寄给她的文件，同第 1827 页的文件做了对比。我原来怎么就没想到呢？她想。附笺的顶部和底部都有一条细线，最下面还有几个字被裁掉了。琳恩之前在伪造退税的案件中见过这种手法。德意志银行或是外包公司的人为了使附笺看起来合法，复制了抵押贷款的首页，然后进行了复制粘贴。这是一种真正意义上的复制粘贴：剪掉这一页的顶部，然后把它粘贴到另外一张纸上，背书签名，再将其复印。但是粗糙的伪造过程，在页面顶部和底部留下了两条细线，正是这两条线露了马脚。琳恩把第1827页和附笺放到一起时，发现它们能够完美地对接起来。

德意志银行和美国住房抵押贷款服务公司都没有在本票上粘贴附笺，这是一份事后伪造的背书。填上卷宗号和页码只是为了看起来正式而已。琳恩猜想他们只准备了一张便笺，当处理过的本票需要背书时，他们就去复印那张便笺。除了琳恩，谁会专门检查这些背书呢？

琳恩把活页夹还给那位管理员。她说："我需要您帮我出一份证明，证明这是此卷宗此页码的内容。"

"没问题，但其实你不需要专程过来查看，你知道的吧？"

琳恩问："这是什么意思呢？"

"你可以在网上搜索公共记录。"

琳恩非常开心，她对她儿子说："马克，快来——我们要回家去！"

回到家后，琳恩告诉马克，从现在开始不许进餐厅。她有事要做。

对于诈骗调查员来说，发现一个可以网上搜索的抵押贷款文件公共记录数据库，就像发现了一罐黄金。琳恩开始在棕榈滩县政府网站上查找2008年10月的、所有与她贷款协议日期相近的、由美国住房抵押贷款服务公司签署的转让协议。2008年10月。她搜到了很多文件，其中一些是由琳达·格林作为美国住房抵押贷款服务公司的副总裁签署的。但其中一份文件显示琳达·格林是抵押贷款电子注册系统的副总。琳恩甚至都不知道什么是抵押贷款电子注册系统，但她感到奇怪，为什么琳达·格林可以同时是两家不同公司的副总呢？

她开始查找所有包含琳达·格林这个名字的抵押贷款。琳恩之前调查保险欺诈时用过类似的方式，即找出同一个人在同一时间段内处理的文件中的相同模式。结果显示琳恩搞错了——琳达不只是两家金融机构的副总。根据棕榈滩县官方记录中的签名显示,她至少是十几家机构的副总。科雷尔的名字也不断出现,工作头衔不尽相同,有时是证人,有时是副总裁,虽然这段时间他一直身处俄克拉何马州的监狱中。其他一些熟悉的名字也不断出现,工作头衔根据抵押贷款签署公司的变化而变化。

在琳达·格林签署的文件顶端,注明由佐治亚州阿尔法利塔的DocX公司制作。公证章同样出自佐治亚州。如果琳达·格林不是为这些银行工作,而是为DocX工作呢?DocX与这些银行和抵押贷款公司有什么联系呢?抵押贷款电子注册系统又是什么呢?

琳恩认为,让律师和其他人相信她的唯一办法是让他们亲眼看到这些文件。

她打电话告诉家人说:"我要去迈克斯办公用品商店。"

琳恩从迈克斯办公用品商店买回几个墨盒和一大堆打印纸。她计划打印出她发现的所有DocX文件,并比较其中出现的固定模式。琳恩在餐厅里打印,接下来的三十六个小时,打印的嗡嗡声在房间内响个不停,吵得楼上的三个孩子睡不好觉。圣诞节整整一周,琳恩一直都没睡好觉。

马克·库伦在办公室看到起诉通知时,发现了伪造的附笺。他试着在复印机上重制一张附笺,但没有成功。迈克尔手里有德意志银行申请即决判决的动议,但里面的那张附笺与起诉通知里的附笺不同,而且顶部和底部没有细线。尽管德意志银行的伪造技巧有所提高,但是呈递证据的技巧却没有提高:在同一个案件中,他们向法院递交了两份不同的附笺。在他的职业生涯中,马克从来没见过当事人如此伤害证据的真实性。

自2004年以来,琳恩一直在写一个名为《欺诈文摘》的博客,她通过这种方式保存历史案件中的一些细节。起初她只给朋友们阅读权限，后来为了宣传律师和专家证人业务，将博客公开。其中主要包括一些保险公司、信用证或劳工赔偿诈骗的信息。2009年的最后一周，她在《欺诈文摘》中发表了几篇文章，诸如"DocX向棕榈滩县法院提交的抵押贷款转让文件FL（A–H）"。网站访问用户可以按照字母顺序查找棕榈滩县的DocX抵押贷款转让协议中包含的所有人员，另外也可以按照日期交叉查找。这其中包含了几百个人名。琳恩把打印出来的三孔纸整理好，放进活页夹。

为期三十六小时的工作接近尾声时，琳恩发现琳达·格林在2009年的一个月里，就作为二十多家抵押贷款服务公司的副总签署了文件。她在《欺诈文摘》上单独发表了一篇文章，列出了所有的公司名称。她重点标出一些频繁出现的签名者，像蒂瓦纳·托马斯和克里斯蒂娜·黄等人。几天前对琳恩来说毫无意义的这些名字，现在成了她生活中最重要的人。

琳恩开始专注于研究这些签名。琳达·格林（Linda Green）在其中一份转让协议上的签名非常模糊，在L的起始笔画上有个大大的圈，D的竖线非常锋利，姓氏的书写则非常潦草。而另外一份签名，Linda这几个字母签得非常清楚，姓氏以简写G代替，略微潦草。第三份签名是最难辨认的，只有一个G能看清（见下图）。

文件中出现的其他签名字迹，也都天差地别。看来，他们不仅捏造文件，还伪造了签名。作为向抵押贷款服务商和律所提供证明止赎起诉资格的转让协议和书面证明的供应商，DocX 提供的是重罪证据。

马克·库伦几乎每隔三小时就会接到琳恩的电话，告诉他调查的最新进展。琳恩说："真是胡来！"马克继续跟她打趣，但是现在他也无法否认事实的荒谬。伪造文件看来远远多于合法文件。

琳恩的调查从美国住房抵押贷款服务公司和棕榈滩县扩展到更多的公司和地区。她发现了北卡罗来纳和马萨诸塞州的网上搜索数据库。她不仅发现 DocX 公司制造的虚假转让协议，还发现其母公司贷款方程序服务公司制造的伪造协议，马克斯·加德纳曾在一篇简报中追查过该公司的文件制作团队。贷款方程序服务公司制作这些文件的地点是佛罗里达杰克逊维尔和明尼苏达达科他的办公室。琳恩还发现了由服务商和房屋止赎厂员工制作的转让协议，协议中声称他们是银行的管理人员。

巨型止赎机器包含很多要素，但琳恩看到的转让协议，不管由谁制作，都显示出明显的欺诈痕迹。据她推测，90%的文件都有错误。又有多少无辜的人，被人利用伪造的文件取消了房屋的赎回权呢？

为了买更多的纸张和墨盒，她又去了迈克斯办公用品商店三次。打印机的嗡嗡声，在她家中不停响起。餐厅的地板上堆满了活页夹。根据公司名称的不同，琳恩把它们分成几组，垒起了一座隔离外部世界的墙，墙内是她和她的文件夹。

琳恩还没有搞懂这些公司伪造转让协议和本票的原因。但是，她确信已经获得了足够的原始犯罪证据，可以给佛罗里达的联邦检察长办公室写一份正式的欺诈报告。DocX 的母公司贷款方程序服务公司的总部位于杰克逊维尔，联邦检察长办公室因而对此案具有司法管辖权。之前琳恩在白领犯罪案件中与那里的几位公诉人合作过，因而认识他们。她把欺诈报告发给了一位朋友，联邦助理检察官马克·德弗罗，他负责处理该办公室所有的抵押贷款诈骗案件。德弗罗回复说，他需要与主管的联邦调查局探员道格·马修斯确认，但道格正在执行别的任务。琳恩必须等待。同时，她还有几千份抵押贷款转让协议需要调查。显然银行的止赎找错了对象。

1月，琳恩除了不断催促她在杰克逊维尔的联系人开展犯罪调查之外（每天给德弗罗打三次电话），也尝试将她的发现告知当地律师，以引起他们的兴趣。她开车来到律所，亲手把装在马尼拉纸信封里的欺诈文章递给面带不解的秘书。她甚至带了一份文章来到艾斯律所。琳恩也像丽莎一样，给州政府和联邦政府官员写信。信中会附上她的发现。联邦储蓄保险公司的总裁希拉·贝尔回信说，她对抵押贷款服务商和受托人没有司法管辖权。但至少，她回信了。

她在《欺诈文摘》上发表的文章，吸引了很多人。全国各地的止赎受害者给琳恩发送了他们抵押贷款文件的复印件，这些文件显示，同一个签署人的签名字迹可以完全不同。迈克尔·雷德曼也读到了琳恩的文章，并转载在《止赎欺诈》上。这个圈子如此之小，小到几个星期的研究和几篇文章就让琳恩成了全国有名的止赎欺诈研究者。

1月底，琳恩注意到一份2010年2月在西棕榈滩布拉德利沙龙举办"止赎诈骗欢乐时光聚会"的通知。布拉德利沙龙是退伍海军经常光顾的地方，她在那里喝过几杯啤酒。她不喜欢这次聚会的名称，她觉得，如果身处止赎困境，至少应该感到悔恨，但也许会有其他的房屋所有人和律师参加聚会。她可以在那儿发表演讲，展示她所发现的内容。

在欢乐时光的宣传传单上，印着一个电话号码。琳恩打了过去，然后同丽莎·爱泼斯坦有了第一次对话。

11　恶　行

自丽莎提交了塔米·萨瓦案件的起诉不充分通知以来，已经过了六十天，美国银行及其律所戴维·J·斯坦恩，没有任何回应。丽莎向棕榈滩县法院提起了驳回案件动议。一周后，她得到通知，预定 2010 年 2 月 8 日开庭，审判法官是米努·萨瑟。通知写道："利害相关人丽莎·爱泼斯坦将出庭。"听证会安排在周一，当天丽莎必须得请假。由于棕榈滩县法院不提供民事案件的庭审记录，她不得不以 100 美元的价格雇了一位庭审记录员。但丽莎一直在快乐地计划着。那将是繁忙的一周；当月的欢乐时光聚会就在听证会的后一天，2 月 9 日。丽莎希望能有好事值得庆祝。

同时，琳恩·兹莫尼艾克打来电话，询问会有哪些人参加欢乐时光聚会，以及她能否有七分钟的演讲时间展示研究发现。丽莎回答说："我们欢迎你的到来。"迈克尔并没有认出琳恩的名字，尽管这时他在自己的网站上转载了多篇《欺诈文摘》上的文章。这些文章大都包括能够用来刑事立案的原始数据和证据。琳恩比较了琳达·格林、科雷尔·哈普以及克里斯蒂娜·黄和杰西卡·罗德等 DocX 员工的签名，所有人的签名字迹看起来都不尽相同。琳恩在另一篇文章中列举了琳达·格林和同事们的一大串职务头衔。

琳恩对联邦助理检察官马克·德弗罗进行了电话和电子邮件轰炸，并附寄了所有的证明文件。联邦调查局探员道格·马修斯——杰克逊维尔总检察长办公室调查白领诈骗的关键人物终于回来了,琳恩感觉德弗罗一下轻松了许多。马修斯给琳恩打电话说:"我知道你想让我负责调查此事,但是我们已经把它转交给另一位探员。"

琳恩说:"那你就把它要回来!"

马修斯发现,那份报告静静地躺在探员的桌子上,丝毫未动。他拿起来翻了一下,几天后,联邦调查局立案了。琳恩得知调查员去了DocX在佐治亚州阿尔法利塔的办公室,询问公司员工为何作为几家不同银行的副总以不同的字迹签署文件。联邦调查局不能正式向琳恩公开调查内容——能发现他们去了阿尔法利塔,琳恩已经非常走运了——但是她想知道发生了什么。她给亨利·克拉克打了个电话,他是佛罗里达保险诈骗部的一位专家,经常和道格合作调查一些案件。亨利是一位善良、聪明、寡言的传统南方人。包括琳恩在内,大家都叫他"汤米"。

琳恩问:"汤米,我现在的方法对吗?"

他回答说:"不对。实际情况比你想象得坏上十倍。不管你之前想得多么严重。"

琳恩知道联邦调查局的调查花了多长时间,她还想施加一些额外的压力。她想到了一个办法,就是组织抵押贷款文件中有DocX伪造文件的房屋所有人提起集体诉讼。之前她参与过很多起集体诉讼,从寿险歧视案件到农场工人工作环境案件,等等。但是琳恩的代理律师、前合作人马克·库伦不想这样做。他之前尝试过多起集体诉讼案件但同时还有其他案件在手,而且也并不太了解抵押贷款。另外作为一个独立律所,他无法承担此类案件所需的25万美元左右的费用。琳恩只好重新找代理律师,但真的很难。她见了很多律师,这些人往往只谈了五分钟,就开始频频看手表。大家本能地不愿意相信,银行伪造了止赎用的几乎所有的抵押贷款文件。

在琳恩演讲时,有一位律师非常活跃。他告诉琳恩说,他的哥哥在摩根大通担任高管:"他告诉我,银行家们一直在担心这一天的到来。"即便这样,这位律师的律所还是拒绝了代理琳恩。

几周后,琳恩想起了南卡罗来纳的迪克·哈珀提安。哈珀提安担任该州民主党领袖多年,他去华盛顿时,通常会在白宫西厢的办公室吃午餐。在一起与美国国际集团(金融危机时期美国政府紧急援助的保险巨头)有关的案件中,他请琳恩做了专家证人。美国国际集团篡改保险索赔单,抹掉了一支劳工赔偿基金的零头,而这场集体诉讼成功地为投保人多赢得400万美元。琳恩在南卡罗来纳的朋友告诉她,作为前地区检察官,迪克不怕起诉任何人。

琳恩请求迪克给她半个小时的时间陈诉案情,迪克同意了。她驱车八个小时来到南卡罗来纳的哥伦比亚,面见迪克及其中学好友、前美国庭审律师协会会长肯·萨格斯。后者的律所也提起过集体诉讼,迪克和肯可以联手提供前期费用。迪克听了她的阐述,翻阅了那些文件,他们觉得这个想法相当不错。他起诉过欺诈银行的人,他们因虚报收入骗贷而获罪,不管他们有没有如期还款。这看起来是同一件事——只不过这一次,换成了银行欺诈个人。如果抵押贷款公司伪造文件进行止赎,那么房屋所有人是否如期还款就不重要了。但是迪克想找一位不是律师的人作为主原告,而不是琳恩。琳恩说:"我现在没有原告人选。"

迪克回答说:"你肯定能找到这样的人。"

肯当即提出几个问题。根据《正当收债行为法》的规定,每位原告最高可获得1 000美元的赔偿。他估计前期费用大概是50万美元,这就需要多名原告才能合理分摊费用。《正当收债行为法》规定了律师费用的最高限额,而且根据《诈骗影响和腐败组织法》的规定,提起一项诉讼以证明德意志银行涉及DocX活动,无异于黑帮老大因手下而被牵连,此法案不适用其居住地。第十一巡回审判庭的判例不支持《诈骗影响和腐败组织法》的集体诉讼。但最终琳恩还是说服了哈珀提安和萨格斯为案件提供资金援助，以期在全国展开此类集体诉讼。她想第一个提起诉讼，以便在其他案件抱团的情况下，不会被边缘化。哈珀提安在一些深受重创的州投放了报纸广告，寻找遭受止赎侵害的人。回复蜂拥而来，琳恩一一回复了这些受害者。他们诉说了悲伤的、无家可归的故事，确信自己是失败者。琳恩安慰他们，他们的人生价值，要远远高于系统打分。并不是每一位房屋所有人的抵押贷款中都有 DocX 的伪造文件，但琳恩知道这不重要。不出所料，她果然发现了同样的文件捏造，同样的签名伪造。她将发现的内容写成两份报告，一份给集体诉讼的民事律师，一份给杰克逊维尔刑事调查的联邦检察官。

在琳恩脑海中有一项发现始终盘桓不去。她当时想搜索纽约纳索县的公共记录，因为该州法官刚刚宣布了一起有利于房屋所有人的判决。但最后却登录了佛罗里达纳索县的政府网站，这让她偶然发现了一份极其重要的抵押贷款转让协议。转让协议的开头是标准文本，除了最后一句：

> 美国住房抵押贷款承兑公司，地址是纽约梅尔维尔巴德哈罗路 538 号，根据本文件在此将以下抵押贷款授予、协定、转让、转移、让与、移交并交付给"介入转让协议的假受托人"，地址为××××××……

文件上写明了房产在佛罗里达费南迪纳比奇的地址。文件上也写明了原始借款人（安·巴顿）的名字，贷款金额（150 430 美元）和转让日期（2008 年 10 月 31 日）。但是，DocX 登记的是"介入转让协议的假受托人"，而不是受托抵押贷款的公司名称。琳达·格林作为美国住房抵押贷款承兑公司的副总裁签署了公证文件，但是将其转让给一家假公司。一家的的确确的"假公司"。

由于 DocX 公司只负责制作抵押贷款转让文件，以此证实受托人在止赎案件中的起诉资格，最终这一文件——假受托人之类的文件——将会提交给纳索县法院的档案管理员归档，之后作为证据呈递给法庭。显然，"假受托人"只是 DocX 公司没有更改的占位符名称，他们本应将其更改为转让中的实际受托方公司名称。DocX 公司制作抵押贷款转让文件模板的人对公司以制作虚假文件为生的行为略有不满，并表示了含蓄的批判。模板制作人也许从未料到会有人发现这个小小的玩笑。

2月8日，欢乐时光聚会的前一天，丽莎·爱泼斯坦在法庭 4A 室外面的走廊里，找到了庭审记录员。丽莎将要第一次站在法官面前。她非常非常紧张。她的止赎案件已经一年没有任何进展。不幸的是，当天她也没能得到机会。因为有其他案件需要处理，萨瑟法官没有召开那次听证会，她让丽莎周五再来。丽莎不得不付给庭审记录员 100 美元——不管是否工作，他们都要求支付薪水——并计划几天之后再来。那意味着她需要付给庭审记录员更多的钱，付给詹娜的看护保姆更多的钱，还要等上三天。

周二早上，天气凉爽晴朗。琳恩·兹莫尼艾克把车停在距离布拉德利沙龙一个街区的地方。她想早点到，好在房屋所有人来时仔细研究一下他们；她需要很多集体诉讼成员，而这里将满是她的目标人群。琳恩与丽莎和迈克尔简短地打了个招呼，之后在沙龙的窗台和高脚凳边放置了很多海报板，她四处忙活的身影，就像布置大型案件法庭的诉讼律师。迈克尔跟丽莎说先离开一会儿，他想去看看那些证据。

海报板上贴着一些放大了的抵押贷款转让协议和其他文件，迈克尔一个个地浏览，看到琳恩对琳达·格林的描述，他轻轻地笑了起来。对于那份"假受托人"的文件，他盯了很长时间。

奈伊·拉瓦利从门口走了进来，他身穿一件蓝色西装，胸前的口袋上别着一枚巨大的徽章。其他律师和房屋所有人聚在一起，嘉宾莱恩·霍克开始发表演讲，他曾任职于几家大型抵押贷款银行，还是知名的证券化专家。

丽莎和琳恩正聊得起劲，迈克尔走到她们身旁，把丽莎拉到一边："你刚刚和她聊了，感觉这个人怎么样？"

丽莎说："我觉得不错。为什么这么问？"

"我觉得她是个疯子。"

迈克尔一直非常警惕游走于社会运动边缘的疯子、行为艺术家之类的人物。他并没有类似于银行信用体系一样的东西来评价他们。他让丽莎过来看那份"假受托人"文件。"她一定是疯了。这份文件不可能是真的。"尽管迈克尔对抵押贷款行业评价较低，但他还是觉得他们不可能这么愚蠢。"假受托人？得了吧！"

莱恩演讲完毕后，琳恩和奈伊展开了讨论。奈伊问："你觉得那些原始本票和转让协议是怎么回事？"琳恩说不知道，奈伊说起在蒂华纳有个秘密仓库，一直有卡车往返装载文件。琳恩只是微笑地听着。

迈克尔打断了他们的对话，琳恩以为轮到自己演讲了。她问："我应该站在哪里？"

"那边那份文件，"迈克尔指着那份"假受托人"文件说，"你是从哪里得到的？"

琳恩听出了迈克尔语调中的质疑；她之前从律师、孩子那里听过这种语调，几乎所有人都倾向于不相信她的陈述。"哦，那个假文件。纳索县。你可以自己去查。"

"有卷宗号和页码吗？"

"应该有。"

他们走了过去，看到文件上写着"第1952本，第444页"。迈克尔随身携带笔记本电脑，他打开电脑，登录纳索县政府网站，输入了卷宗

房奴 165

号和页码。网站上赫然显示出同一份转让协议。"天呐，这是真的！"

不仅 DocX 提交了"假受托人"的抵押贷款转让协议，甚至是档案管理员也在系统中将受托人姓名录入为"假受托人"。换句话说，县政府办公室有人看了这份转让协议，知道受托人是"假受托人"，但没有提出任何异议，只是照原样输入了系统。不仅如此，法院记录显示，房屋所有人安·巴顿因此失去了房子的赎回权。根据佛罗里达法律规定，这意味着中间至少经过了一次审判或听证会，由宣誓维护法律正义的法官做出了止赎判决。尽管这份转让协议显示，房屋的受益人是一家名为"假受托人"的公司，但没有人提出异议。

迈克尔走到房间前，让大家安静下来。他说："感谢大家的光临。我想向各位介绍一个人。刚进来时，我以为她是个疯子，但现在我觉得我们必须向她学习。大家欢迎琳恩·兹莫尼艾克。"

琳恩发表了她的演讲，简短地阐述了这些文件的发掘过程——之前她已经讲述了很多遍，因此在简述时可以毫不费力。琳恩强调她正在提请一起受虚假文件侵害的集体诉讼，需要原告。琳恩指向满屋的海报板，包括了"假受托人"那份文件。人们立刻开始议论那份文件。她的整个发言不超过五分钟，却受到了热烈的反响。

欢乐时光的聚会者们分散成几组。丽莎、琳恩和一位年轻男士坐在一桌，他戴着黑色棒球帽，帽檐压得很低。他叫戴米安·菲格罗阿，从劳德尔堡驾车过来参加这次聚会。戴维·J·斯坦恩的房屋止赎厂即将对他的房子提起止赎，他在家中养了很多狗和一只宠物猴米莎。他告诉丽莎和琳恩他不能被赶出去，因为没有房东会允许他在家里养猴子。

戴米安的专长，是制作网上视频，过去的一周他制作了五集关于自己抵押贷款的系列视频。他的抵押贷款由印地迈银行发放，由《止赎欺诈》博客上臭名昭著的埃莉卡·约翰逊·塞克签署了转让协议。在他的案件中，代表印地迈签字的那几位银行管理人员也代表抵押贷款电子注册系统签署了文件。圣彼得堡的律师、博主马特·韦德纳在他的网站上转载了那些视频。琳恩也看过那些视频,并发邮件给戴米安赞扬他"杰出的作品"。琳恩做完演讲后很快就离开了沙龙,但她和戴米安以及其他一些人交换了名片,承诺之后会继续告知集体诉讼的一些机会。那晚的欢乐时光聚会一直持续到很晚。

迈克尔一回到家就再次打开电脑。他从纳索县的公共记录库中抓取了一份"假受托人"的文件。第二天早晨7点,他将其发布在《止赎欺诈》博客上。"看起来像是DocX的美工部门忘了在诉讼之前更改抵押贷款转让协议模板。"

当天下午4点,迈克尔从那篇文章的评论中看到了一个熟悉的名字,DinSFLA。DinSFLA说:"还有更多。难以置信。"然后贴了一个YouTube的视频链接。DinSFLA是戴米安·菲格罗阿的网名。和迈克尔一样,他也在思考前一晚欢乐时光聚会上的"假受托人"文件。他在自己所在的布劳沃德县搜索了一次,还真的发现了一个。

戴米安的视频开头说:"我要展示一些让人非常愤怒的东西。"他把原始的"假受托人"文件粘贴到另一份同样由DocX制作的抵押贷款转让协议旁,这份转让协议跟佛罗里达彭布罗克派恩斯的一套房子有关。转让协议中的语句与原始文件一致:"在此将以下抵押贷款授予、协定、转让、转移、让与、移交并交付给'介入转让协议的假受托人'"。戴米安还展示了卷宗号和页码,观众们可以自己查阅这个文件。科雷尔·哈普,就是监狱中的那个身份诈骗犯,作为抵押贷款服务商限定金融公司的副总裁签署了这份转让协议。视频的最后,戴米安说出了普通观众可能有的反应:"严肃地说,这不可能是真的,肯定是在开玩笑。"

根据迈克尔搜索公共记录的经验,同一类型中只要能找到一两个,那么稍微坚持一下,就能再找到成千上万个。因此他开始深入挖掘,当天结束时，他找到了七份"假受托人"文件。其中有几个还多了份瑕疵：制作公司心不在焉，把模板上的字替换成了"坏蛋受益人"。文件签署人一般也是转移这份抵押贷款的公司员工（至少理论上如此），因此在这份转让协议上，科雷尔·哈普变成了"坏蛋受益人"公司的副总裁。显然制作 DocX 这份模板的人拥有一种邪恶的幽默感。

迈克尔发布了一篇新文章，标题是"介入公共记录中的抵押贷款转让协议的假受托人"。他强调有些银行提交虚假文件以发起止赎诉讼，却获得了法官的准许。卡尔·登宁格转载了这篇文章。

丽莎和迈克尔整天都在讨论这些转让协议，它们公然造假，令媒体无法忽视。如果他们能查到更多的资料，就能让报道更加完整。因此他们把戴米安和琳恩拉了进来，并决定把整个国家划分成不同区域，每人负责查找一块。在接下来的七十二小时之内，这四位研究人员分担了全美所有可进行网络搜索的公共记录数据库。由于他们没钱支付搜索费，因此搜索范围局限于亚利桑那州、加利福尼亚州、佛罗里达州、佐治亚州、肯塔基州、伊利诺伊州、密歇根州和内华达州。搜索范围包括了全部四个"沙滩之州"，即受房地产泡沫崩盘打击最重的地区。将会有几十万，甚至是上百万的记录需要搜索。丽莎称这次行动为"假项目"。

当天戴米安给丽莎发了邮件："哇！琳达·格林居然有二十种不同的签名！"丽莎回复说："只有二十个？继续搜搜看吧！"

那一周就像堤坝决口似的。周二琳恩将"假"转让协议带至欢乐时光聚会。周三，他们就找到了更多"假"文件。周四那天，丽莎、迈克尔、琳恩和戴米安忙着搜索更多文件，而佛罗里达最高法院修改了其民事诉讼程序的规定。他们接受了止赎案件特别调查小组的建议，要求原告在止赎前对起诉状中本票的所有权归属和文件的准确性进行核实，正如丽莎在信中提出的建议那样。法院修订程序是为了防止因本票丢失和无止赎起诉资格的诉讼而"浪费司法资源",并"赋予审判法院更多的权威以处罚提供虚假陈述的原告"。法院还特别致谢丽莎,说她的陈词"有理有据"。

周五,预定为丽莎提交的驳回起诉动议召开听证会。这一次,上午11点05分,萨瑟法官要求即刻召开听证会。丽莎极其紧张地登上了发言台,但是戴维·J·斯坦恩律所却无人出庭。萨瑟法官告诉丽莎,她要给斯坦恩律所的办公室打个电话,短暂休庭后,法官决定缺席审判。

萨瑟法官询问了丽莎的名字以便书记官进行庭审记录。几个月来,丽莎一直默不作声地站在那里观察这位法官,即便房屋所有人因为止赎失去了房子,她也不会多看一眼证据。丽莎满面笑容,没泄露一丝内心的挫折感。"我叫丽莎·爱泼斯坦,作为利害相关人出庭,不是案件当事人。"法官问丽莎是否送达了起诉不充分的通知,距离通知送达是否已经过了六十天,丽莎回答说,她用传真和邮递的方式给原告寄送了通知。在证实这点之后,萨瑟法官直视着丽莎说:"我看完了整本卷宗和你的动议申请,我将批准你的动议申请。"

丽莎沉寂了一会儿。"您批准了驳回动议?"

"我批准了驳回动议。"

丽莎忍不住红了眼眶。她听见自己的心脏扑通扑通直跳。萨瑟法官问她:"你没事吧?爱泼斯坦女生,需要纸巾吗?"

"不需要,谢谢您,夫人。"

萨瑟法官无偏见驳回了动议,因此美国银行可以不断地重新提起诉讼。但在这一时刻,丽莎的努力还是奏效了。作为一位没有任何法律专业知识的"利害相关人",丽莎从棕榈滩县法院撤回了一件止赎案件。萨瑟法官告诉丽莎,她可以拆掉房门上的锁箱。塔米和文森特·萨瓦如果愿意,可以搬回来住。

回家前,丽莎去酒吧里坐了一会儿,喝了杯红酒,心满意足。回家后，她扫描了批准动议的命令，发布在《止赎村落》博客上。标题是"致美国，情人节快乐！"

截至周日晚上，研究小组——丽莎、迈克尔、琳恩和戴米安已经下载了三十六份"假受托人"文件，确保核查的八个州中至少每州一份。他们不相信"假"文件只有这些；几天时间内，他们就搜索出了这么多。《止赎欺诈》周日早上发表了一篇博客，题为"整个国家都是'假'的"。迈克尔写道："一开始我以为这是开玩笑，好吧，真的是个玩笑，而且开了我们所有人的玩笑。提交之前，到底有没有人看过这些文件呢？法院是否在意他们允许银行用'假'文件夺走人们的房子呢？"

丽莎在《止赎村落》里不断更新着"假"项目的进展情况，她引用了英国剧作家约翰·韦伯斯特的台词：

> 让这些有罪的人铭记，他们邪恶的行径
> 像细长的芦苇制成的拐杖，一碰即断。

一周之后，《萨拉索塔先驱论坛报》的汤姆·里昂写了一篇关于"假"文件的报道。4月，《华尔街日报》根据琳恩的一项建议，写了一篇关于 DocX 及其母公司贷款方程序服务公司的报道。文章报道了几个声称贷款所有人是"假受托人"的抵押贷款转让协议的案例。贷款方程序服务公司的一位发言人告诉记者，"假"字只是文件中的一个占位符。

12　博客上的革命

2010 年 2 月

年轻的 JEDTI 战士马特·韦德纳坐在圣彼得堡镜湖大道一座历史建筑二楼的办公室里,温暖的阳光洒在湖面上,看上去波光粼粼。马特不出庭的时候,通常会在办公室里发博客。他的秘书告诉他有电话。

电话那一头的声音说:"你好,我一直在关注你的博客,我想要告诉你发生了什么。"

"您是哪位?"

"我是迈克尔·雷德曼。你知道联邦调查局、中央情报局和司法部正冲着你的网站来了吗?"

马特从《止赎欺诈》上得知了迈克尔的名字,他也曾像其他律师一样接到陌生来电。但这次似乎有点荒唐。然而,安装完迈克尔的跟踪软件检查网站访问者时,他看到了同样的 IP 地址:联邦调查局,美国司法部,州政府和地区法院,而且登录时间非常不可思议——凌晨 3 点到 4 点。

迈克尔利用一个名为 Stat Counter 的程序来追踪访问者,在运营网站的工作中,他大概最喜欢这部分。它可以提供实时监控,因此他可以看到人们上线下线,点击不同的链接,等等。这就是迈克尔:他喜欢在暗处观察那些浏览他网站的人。2010 年 2 月的某一周,《止赎欺诈》网

房奴　171

站记录了来自乔治城大学、抵押贷款电子注册系统、贷款方程序服务公司（DocX 的母公司）和洛杉矶县的访问痕迹，还有一些奇怪的来自 DQ 冰激凌公司的访问。2 月 22 日，DocX 的某人对该博客进行了长达四小时的浏览，访问了几十个不同的页面。实际上每家抵押贷款服务商、房屋止赎厂、主要银行、监管机构和执法部门，都浏览过迈克尔的网站。他能看到他们的访问记录。

迈克尔通过优化的谷歌阅读器，为《止赎欺诈》设计了一个简单而费力的系统。他搜索了所有主要新闻网站的头条新闻，并将网页上带有几个关键词（如"止赎"和"驱逐"）的事件链接摘录下来。这使迈克尔能找出其他人可能会错过的相关报道。2 月 13 日，迈尔斯堡的 WINK 新闻简述了匿名房主"马克"的故事，由于美国银行计算失误，他给银行的还款少付了 40 美分。正是因为美国银行的失误，马克被取消了房屋的赎回权。一周后，俄亥俄州莫斯科的 NBC 分社报道，一名面临止赎的男子宁愿推倒自己的房子，也不愿把它交给银行。只有迈克尔在挖掘来自当地新闻分社或小镇报纸的这些只言片语，从最个人化的视角来揭示危机。

但是这耗费了大量的精力。总之，他的谷歌阅读器每天会收录约三万条新标题。迈克尔不得不一整天浏览新闻标题，将它们标记为已读，直到未读数从三万下降至零。如果当天没有完成，第二天的未读新闻标题将升至五万。每天博主都像农民清理杂草一样，清查谷歌阅读器里的新闻标题。你必须不断地砍掉野葛，否则就会长出更多。这份工作极其耗时，比迈克尔在丰田公司的工作量还要大，比他对家庭的付出还要大——大过了一切。他日思夜想，所有行动都会受此影响。在每天的三万个新闻标题中，迈克尔可能只会推送三条。

博客网站不断发展，迈克尔会为帖子配上图片注释，尽管他的平面设计技巧相当不专业。有个叫霍华德·戴维森的人联系了迈克尔，提出可以帮忙制作图像，不管是仿造银行标志还是高超的PS，他都能搞定（他还将一个待售标志改成了"房主不出售——因产权不清"）。迈克尔后来在纽约面见了霍华德，才发现霍华德居然是位女士。她身陷止赎，不愿意透露身份，即便是对迈克尔，但她通过图片制作为抗争止赎做了贡献。

迈克尔不仅仅搜集地方的止赎事件，他也发布伪造文件事件、近来的法庭意见和自己的研究。他制作了"《止赎欺诈》一周要闻"，随机抽取了十个棕榈滩县的止赎事件，并挑选一个最具欺诈性的案件（第一周最具欺诈性的事件是一张明显PS过的背书附笺，签名中有一个带钩的"y"原本在一条线下，但却消失了）。他会追踪发表了激情演讲或有趣观点的专栏作者，并征得他们的同意进行转载。其中一位是疯狂艾迪股份有限公司的前首席财务官萨姆·安塔尔，曾因诈骗罪坐牢，他讲述了如何欺诈公众的内幕故事。另一个则是马特·韦德纳。

马特和迈克尔保持着良好的竞争关系，第一时间推送重要质证或判决。他们的信息资源有很多重合，所以竞争也包括了是否在恰当的时间和地点推送内容。马特不在电脑前时，办公室的一位员工会负责管理博客。有一次马特正在度假，媒体曝光了一则有料的新闻，他一边开车一边疯狂地给办公室打电话，让博客负责人把新闻放到网站上。丽莎有时会转发她找到的信息，并抄送给迈克尔和马特。迈克尔会打电话给丽莎说："这样的东西，你就不能先发给我吗？"

顶峰时期，《止赎欺诈》曾获得五十万独立访客的单月浏览量，虽然与《纽约时报》相比稍显逊色，但这个成绩对于一个小网站来说，非常难得。而且不只是一两个站点，而是关于止赎的联合网络。迈克尔运营《止赎欺诈》博客，丽莎运营《止赎村落》，琳恩运营《欺诈文摘》。还有诸如马特·韦德纳和马克·斯托帕（《留住家园》）等律师的博客。另外还有一些存在多年的博客，诸如马丁·安德尔曼的《安德尔曼参考消息》，杰克·赖特的《抵押贷款欺诈》，麦克·迪龙的《守护家园》，以及丹尼斯·理查森的《归还我的信用评分》。还有一些新人博主，如戴米安·菲格罗阿，他在完成"假"项目之后创立了《抵制止赎欺诈》博客，再比如弗吉尼亚·帕森斯的《致命清理》。还有一些致力于发布大新闻的博客，如金融博主卡尔·登宁格的《市场收报机》或《零和对冲》或《裸眼看资本主义》。这些博主互相转载，扩大了发布文章的影响力，网站的覆盖面并不局限于各自的读者，而是遍布整个网络。大家相互借鉴，拓展视角。他们并没有正式合作，却像一个团队一样运作。

丽莎成功吸引到更多访客关注《止赎村落》之后，她知道她已经建立了房屋所有人对抗止赎的基础。美国与其他国家的不同之处，可能就在于人们对房子有着令人费解的执念。他们认为，房屋不仅仅是一个住所或是融资抵押品。房屋是一个记忆宝库，是对财产安全的投资以及自我价值的实现，是一个综合体。在这里他们的孩子学会走路、说话，在这里他们对婚姻和家庭做出承诺，在这里他们招徕着亲朋邻居。《止赎村落》的一位读者写信告诉丽莎，他对自家后院的树木有着深深的留恋，树上挂着儿时的秋千。他宁可失去心脏，也不能失去他的家。对他和其他许多读者来说，《止赎村落》是世界上最重要的资源。

网站最重要的资产是它的社群团体。律师助理阿琳娜·维拉尼经常出现，发布一些新的案情和法律策略。夏洛特港的公证人、自我辩护当事人罗纳德·吉利斯，三年来一直关注着网站，他会驱车一百五十英里参加欢乐时光聚会活动。安德鲁·艾斯·德拉尼，作为网站管理员，一直积极发言。保罗·马克尔和艾斯一样，也来自马萨诸塞州。他作为自我辩护原告，向所有议员、布什总统和奥巴马总统提起诉讼，认为抵押贷款违规违反了宪法第十四条修正案。他不是为了弥补自己的金钱损失，而是希望叫停美国所有的止赎事件。马克尔上传了几个有关产权的视频，大部分信息是从他在家里发现的 18 世纪原稿中提取出来的。他还上传了外星人的视频。

缅因州哈里森的一位全职母亲金·索普（以下简称 KT），经常夜里很晚在《谎言生活》上发表评论，她说她按时还贷，当地的治安官员却向她递送了止赎文书。艾斯最先回复她，将她带入《止赎村落》博客。她于 2010 年 3 月加入，之后就从未离开这个网站。

在因为缺乏起诉权驳回案件的动议胜诉之后，丽莎想向全州各地悬而未决的案件发出六十日通知，来大规模推广。丽莎甚至向佛罗里达法庭确认，确保她可以继续以"利害相关人"的身份提出申请，而不会因无执照的法律活动受到处罚。与此同时，她付钱请棕榈滩县政府给出了一份超过十个月无任何审判活动的案件报告。安德鲁·德拉尼打电话给其他的县政府办公室，但是他们都要求预付现金。当他们拿到棕榈滩县的数据时，发现有一万三千起案件。这样看来，光是给所有涉案当事人发通知就要数万美元。丽莎需要一笔援助资金，让项目得以实施，但这并未实现。事实上，别提获得援助了，丽莎即将失去现有的收入来源。

她没法再集中精力。以前，她是一个辛劳的工作者，现在，她履行护理职责的能力大不如前，她的精力早已耗费在止赎、未背书的本票以及虚假转让协议上面。她的大脑挤得满满当当：给公职人员的信件，补助金申请，待检查的文件清单。有很多天，丽莎会在工作前在小教堂里停留一会儿，看着天花板，低声说道："我需要一些指引。"她觉得自己不可思议地深陷在一个陌生的世界里。回归日常事务就像爬出一个深深的陡峭的洞。在就业状况不容乐观的年景里，癌症护理未尝不是一项不错的工作。但是，尽管丽莎不知道为何对止赎如此执着，她却下定决心，必须坚持到底。

她找到医院的管理层，告诉他们她想休假。负责人问她是不是更年期了，她说没有。"这件事情非常重要，我必须竭尽全力。"她告诉他们。院方一直不断地满足她的要求：2007年她休了产假，2009年因为詹娜又休了病假，他们给她重新安排了每周上四天班的工作时间表。起初，他们看起来像是会再次谅解她。在休假前丽莎培训了接替自己的工作人员。然而2010年3月，她在正式休假前被解雇了。癌症中心并未给出理由；丽莎认为他们希望节省开支，不想为一份工作支付两个人的工资。根据佛罗里达法律的规定，被解雇的人不能算失业。丽莎查看了存款，又算了一笔账。从2008年起，她停掉了格塞塔路房产的月供，因此又有了一些积蓄。如果精打细算一些，这笔钱能够维持她和詹娜一段时间的生活。

在仅仅一年的时间里，丽莎先是失去婚姻，而后又失去了工作。然而，她正在做真正想做的事。

2010年2月17日琳恩·兹莫尼艾克与协理律师迪克·哈珀提安、肯·萨格斯在佛罗里达的联邦地方法院提起了集体诉讼，代理通过报纸广告找到的四位原告。毫无疑问，迈克尔在《止赎欺诈》上推送了该诉讼。琳恩起诉了两家受托银行（德意志银行和美国银行）及其第三方伪造文件供应商（贷款方程序服务公司和DocX）违反了《正当收债行为法》。琳恩为诉讼进行了为期六周的密集调查，准备了长达二十九页的调查报告。她简要总结道："提起止赎的机构永远也无法证实产权链条。"这就是原罪，证券化失败破坏了产权链条，没有将本票和抵押证明转移给信托。伪造文件只是为了掩盖这一点。

虽然他们只代理四名原告提起诉讼，但这充分表明集体诉讼适用成千上万处境类似的房屋所有人。该诉讼要求赔偿止赎中产生的损害，向每位原告做出最高1 000美元的赔偿，并承担原告的律师费用。更重要的是，琳恩希望这次集体诉讼的胜利能够阻止受托人继续以虚假文件进行止赎。

该案被移交给第十一巡回法庭最保守的法官威廉姆·兹洛克。迪克和肯对于在这位意识形态守旧的法官面前起诉此类案件持有怀疑态度。但琳恩说："也许这正是我们想要的！对于白领欺诈案件，他都做出了严肃处理！"不过，全国消费者律师协会的盟友们勃然大怒，多次在电话中对琳恩大吼大叫，斥责她不熟悉《消费者权益保护法》，一定会输掉官司。琳恩认为，这些律师希望维护他们的势力版图，以免被迪克和肯之类的富有律师抢走了业务。最后，琳恩收到芝加哥某律师事务所的信息："我讨厌这样做，我给你打了两个电话，你都没有回复，所以我刚刚对你提起了律师申诉。"琳恩在三十年的律师执业中从未收到过律师申诉。她给那个人回电话。他回答说："你根本不知道自己在做什么！"他解释说，第十一巡回法庭有一起未公布的案件，法院的判决意见是《正当收债行为法》不适用于银行。他说，兹洛克法官会借此机会，将不适用范围扩展到贷款服务商和受托人。"你肯定会把我们坑惨了！"

琳恩找到了未公布的那起案件，并将消息告诉了迪克和肯。幸运的是，他们得以在法官发布命令或是送达给任何人之前撤回了案件。最糟糕的是要打电话告诉原告，也就是身处止赎的那些房屋所有人，告诉他们必须放弃起诉。

然而此次事件的时机，却非常难得。作为上市公司，贷款方程序服务公司需要向美国证券交易委员会提交财务报表，披露相关的法律诉讼。公司本应在集体诉讼提起之后和驳回之前上交报表。公开信息披露显示："起诉状声称，在将贷款从一个受益所有人转移到另一个受益所有人的实际发生日期之后制作抵押贷款转让协议的'行业惯例'是违法的。""起诉状中质疑我们的文件外包公司的员工代表不同银行和抵押贷款公司签署转让协议的权力。"贷款方程序服务公司补充说，他们发现 DocX 的某些文件的公证中存在某种"缺陷"，并声称正在整改。但真正的爆炸性新闻提及了子公司 DocX："我们最近了解到，佛罗里达中部地区的联邦检察官办公室正在审查该子公司的业务流程。"

那正是琳恩的杰克逊维尔调查案件。事实上她获悉，一个大陪审团已经得到授权，因为每当她把可能掌握新信息的人名告知在杰克逊维尔的联系人时，他们会立刻回问："他们愿意和大陪审团谈一谈吗？"琳恩的朋友汤米与联邦调查局合作调查这些案件，琳恩百般暗示想了解调查进展，但他也知晓回避方法。他会说："这个周末我和你聊天——有个愚蠢的女人让我去佐治亚州的阿尔法利塔，"即 DocX 的总部。联邦检察官办公室的公诉人都在夸大其词，声称这一阴谋的所有参与人员都将被关进监狱。琳恩甚至了解到，DocX 将其业务从阿尔法利塔搬到了杰克逊维尔的贷款方程序服务公司总部，它就像一个得手后的窃贼，逃出了公众视线。

奈伊·拉瓦利是与大陪审团交谈的人员之一。在欢乐时光聚会活动之后，他打电话给琳恩，要与她共进午餐。他说："你我似乎正忙于处理同样的事情。"他们去了琳恩最喜欢的一家餐厅，位于西棕榈滩市中心城市广场。见面不到十分钟，奈伊从钱包里拿出照片。"我想给你看看我的新女友们，"他指着照片对琳恩说，上面是他和两个年龄小到可以当他女儿的女孩。琳恩赔笑了一下。他们谈到了正在开展的各种调查。奈伊说："我最主要参与的是提出索赔，但我不能在这里和你谈。"

"城市广场？"琳恩说。

"我的意思是我不想在美国境内跟你谈。"奈伊让琳恩陪他坐船进入公海，并表示这样做的话他们就不会犯合谋罪。

琳恩停顿了半秒，礼貌地谢绝了他。"止赎欺诈"让她疯狂，但还没疯狂到那种程度。

琳恩也在跟进欢乐时光聚会活动中的房屋所有人戴米安·菲格罗阿。琳恩为后来失败的集体诉讼寻找原告时，让戴米安签署了一项诉讼代理协议,他非常配合。琳恩认为,她仍然可以代理戴米安对其止赎案件中的原告戴维·斯坦恩律所和抵押贷款电子注册系统提起集体诉讼。他们都不是银行,所以《正当收债行为法》这招绊脚石可能不适用。但她必须付给律师们很多钱。

戴米安向琳恩询问了他听说的一种诉讼方式——公私共分罚款诉讼。琳恩通过邮件回复了他:"公私共分罚款诉讼有一个问题,就是受害人必须是政府。作为原告,你站在受骗政府的立场上。政府是受害人,因为它投资了这些溢价证券。但是我们知道房屋所有人才是真正的受害人。公私共分罚款诉讼的另外一个问题在于,根据联邦法规《虚假陈述法》的规定,相关人——代表政府的原告必须掌握不为公众所知的信息。"琳恩的资料来自公开记录文件,所以是否"为公众所知"将由法官决定。迪克·哈珀提安和肯·萨格斯最终提起了一起公私共分罚款诉讼,由琳恩作为原告。她向戴米安提及此事,并提出可以共同合作提起诉讼。戴米安愿意合作。两个人继续交流信息,互通有无;琳恩遍布全国各地的笔友和合作伙伴们给她提供了一系列证据。

琳恩还要操心自己的止赎案件。她对伪造证据的房屋止赎厂马歇尔·C·沃森律所提出了处罚申请。她也想质证琳达·格林及其 DocX 的公司上司。她的代理律师马克·库伦让她去法庭旁听止赎案件,主要是让她了解成功几率。

"他们只会给你三十秒的时间,然后你就败诉了。"

法庭上,米努·萨瑟法官几乎严格地以这一速度处理案件。琳恩专注于观察法庭里的几位房屋所有人。他们略显疲态,看上去这场斗争时日已久,得以结束几乎是一种解脱。止赎对房屋所有人造成了一种生理上的伤害,每日刺激着他们业已受损的自尊。维权人士不断听闻压力引起的疾病、心脏问题和抑郁。一切都在人们的脸上写得清清楚楚。

丽莎在法庭上遇到了琳恩。每当原告律师转而弃用本票丢失证明,声称他们已经找到原始本票时，琳恩会压低嗓音说："骗子。"丽莎只是一笑而过。审判持续进行，案件一个接着一个。找到了本票，找到了本票，找到了本票。即便萨瑟法官认为这不正常，她也没有表露什么。

结束后，丽莎告诉她的新朋友，她是如何在莱克沃斯的字母街附近开车转悠看那些被木板封禁的房屋。琳恩说："那里有像棕榈滩一样的街道。"他们上了琳恩的车，开车到距离几英里远的松林大道，就在市中心火车站对面。这些住宅建于1920年代和1930年代，是典型的单层农场住宅风格，饱经岁月风霜。很多住宅还使用原始的水电线，线路老化，管道陈旧，没有中央空调。然而在房地产泡沫顶峰时期，这样的房子售价高达25万美元。几乎所有这些房屋的抵押贷款都在证券化之后被投入信托，而这些住宅现在却少有人住。

让丽莎感到惊讶的是，琳恩可以说出松林大道上每座房屋的受托人。琳恩每走过一处房产就说："那是德意志银行，那是美国银行，这是房利美。"她们突然发现了常人难以察觉的景象：受损的屋顶上有一片黑色的霉菌。房屋一旦滋生霉菌，除了推倒重建别无他法，无法再次出售。她们经过一处房屋时，丽莎发现有一条线从屋中延伸到邻居家，这家人正在从邻居家偷电。琳恩说："人们都说这里是历史古城区。"

参观完松林大道后，琳恩和丽莎打算去吃午餐。琳恩的沙拉吃了一半，丽莎问她要不要吃完。她说自己已经不在癌症中心工作，恨不得一分钱掰成两半花。琳恩的财务状况也不太好：被银行取消了赎回权之后，她放弃了大部分的法律工作。她和扎克开始在 eBay 上卖掉一些旧物来支付电费、修剪草坪。但琳恩从丽莎的眼中读懂了她的意思，把剩下的沙拉放进了打包盒。

2月底，迈克尔接到了几个月未曾联系的卡罗尔·阿斯伯里的电话，她是一位辩护律师，参加过尼尔·加菲尔德的研讨会。卡罗尔想要赞助《止赎欺诈》。迈克尔在卡罗尔的办公室与她会面并详细探讨。他们从 WordPress 上撤出《止赎欺诈》博客，建立了专用服务器，卡罗尔将承担所有的虚拟主机费用。迈克尔仍是主笔，可以不受干扰地自由发布内容。卡罗尔可以时不时地写几篇文章，但这不是重点。她主要想在网站显眼位置投放她律所的业务广告。迈克尔则负责吸引新客户。为此，第一年卡罗尔提供了 4 万美元的资金。

迈克尔对卡罗尔有好感，她看上去像是愿意为人们抗争的。业余活动变得富有商业价值，的确让人有些飘飘然。迈克尔不确定他能吸引多少新客户，但他至少不断收到止赎受害者的来信；现在他至少能有些报酬。所以，他同意让卡罗尔资助网站。博客网址的后缀从 . wordpress. com 变成了 . org。在迈克尔不知情的情况下，卡罗尔将这一网址作为了她律所的注册官网。

卡罗尔为迈克尔安排了一间会客室，位于莱克沃斯的一座两层建筑中。一楼是电话营销办公室，不管什么时候都有员工在入口处闲逛吸烟。客户不得不穿过烟雾缭绕的通道来到迈克尔的办公室。随着经济危机逐渐向南佛罗里达转移，客户们一个接一个地到来了。

迈克尔不得不过上双重身份的生活。他每天从圣露西港开车前往北棕榈滩的丰田汽车经销商上班。有时他说他要去港口检查出口海外的汽车。实际上，他是去新办公室与房屋所有人会面，写几篇帖子，检查反馈情况，等等。然后他在中午后返回丰田，最后回圣露西港。单单处理博客就够烦人的了；这种生活超越了迈克尔的极限。

他和丽莎一样，一天二十四小时都在思考止赎欺诈。对于日常工作，他心存愧疚。他告诉经理他想辞职："这对你们来说不公平；90% 的时间我都在做别的事情。"主管经理回答说，迈克尔的 10% 相当于大部分员工的 100%。他们不会同意他辞职。于是迈克尔不断地在圣露西港、北棕榈滩和莱克沃斯之间，在 I－95 号公路上来来回回。

就在他和卡罗尔·阿斯伯里达成交易的那一周，迈克尔得到了来自汤姆·艾斯和阿瑞安娜·艾斯的消息。距离上次他们发送质证资料以来，过去了两个月，这次是好消息。谢丽尔·萨蒙斯在戴维·J·斯坦恩律所工作，这家房屋止赎厂的规模在经济危机期间扩大到了九百人，仅 2009 年一年就提起了超过七千件案件，不论工作日还是周末，都在忙着驱赶人们离开自己的家。公司还有多项辅助业务，在止赎过程中的每个阶段都能盈利。斯坦恩过着工业大亨般的奢侈生活，他在近岸航道边上拥有一座价值 1 500 万美元的豪宅，还有一艘一百三十英尺的"误解"号游艇。传言说他最初考虑将其命名为"我的家园"。最近他又买下了邻居价值 800 万美元的房产，将其推倒并建了一座网球场。

萨蒙斯在斯坦恩律所当了十四年的运营经理。2009 年 5 月被撤回的一段质证讲述了众人熟知的故事：萨蒙斯在没有任何相关知识背景的情况下，甚至连文件都没有看，每月签署了无数文件（她在回答提问时这样说道："数量绝对不超过一百万份。"）。她作为抵押贷款电子注册系统的副总裁或助理部长签署文件，但并不因工作量或是工作职位从该公司领取薪水。

最后，汤姆·艾斯展示了一些新东西。他向萨蒙斯展示了一份由她签署的文件，由斯坦恩办公室的公证人瓦莱丽·内梅什公证。该文件的制作日期是 2007 年 6 月 19 日，在提起止赎诉讼的三天前。汤姆还有一个证据。他说："这是从公证人委员会佛罗里达官网打印出来的瓦莱丽·内梅什的文件。她的任期开始于 2008 年 8 月 20 日。那么一年前的 2007 年 6 月 19 日，怎么会有她的公证呢？"

"关于这一点，我没什么好说的。"萨蒙斯没好气地说。

汤姆向萨蒙斯展示了另一份转让协议，根据这份转让协议的签署日期，那时公证人还未取得公证资格。萨蒙斯说这只是个失误。"倒填转让协议的日期没有任何意义。"但事实是他们必须倒填日期,因为他们没有在转让日期转让抵押证明,违反了联营及服务协议。斯坦恩律所的流水线作业是按止赎件数统一收费的,而不是按照工作时间,所以他们先止赎,再伪造文件。但如果止赎早于转让协议,斯坦恩的客户就无法获得起诉资格,他们就不拥有正在试图强制执行的贷款的所有权。倒填转让协议的日期是唯一可能胜诉的方式。

汤姆不断地拿出倒填日期的转让协议,协议上的公证看起来让人无法置信。他总共出示了二十一份。最后萨蒙斯生气了。"你拿出一份转让协议,我就得重复一遍之前的话吗?我告诉你,我不记得了。你是不是要问我,是否倒填了转让协议的日期?我告诉你,没有。我也不知道到底哪里出了错。我不确定我是否每次都愿意回答同样的问题。"

在她发表完这通长篇大论后,汤姆平静地继续。他问萨蒙斯:"你是一位公证人吗?"

"是啊。"

"多久更新一次?"汤姆指着公证人印章问她。

"一时半会儿记不起来了。"

"我来告诉你吧,每四年一次。"

"好吧。"

"每四年更新一次,更新之后,你会得到一个新的印章,对吧?"

"对。"

汤姆指着抵押贷款转让协议说:"单看转让协议的话,它的有效日期远远超过了四年。"

"好吧。"

"这意味着除非他们能穿越时空,"汤姆稍微提高了声调说,"否则签署这份协议时不可能使用这个印章,这是在协议签完之后才发放的。"

当时萨蒙斯的私人律师戴维·巴卡勒要求不记录这段质证。回来之后，巴卡勒明确约定，由于公证人印章的缘故，汤姆手头的二十一份公证转让协议都填写了虚假日期。

迈克尔发布了萨蒙斯的质证，几乎同一时间，马特·韦德纳也发布了。不久，马特接到了斯坦恩律所的一位匿名员工的电话，他说现在只露出了冰山一角。几个月来《琼斯夫人》杂志的记者安迪·克罗一直在采访一些前公司员工，进行跟踪报道。有匿名内部人士在程序服务部门工作，并开始向马特提供关于阴阳卷宗和大量超额账单的信息。马特告诉他们，这正是他打垮斯坦恩律所需要的资料。内部人士回答说，打垮斯坦恩是不可能的，因为律所在佛罗里达的势力太强大了。

"但如果我公开所有资料，就一定会引起重视吧。"马特坚持己见。

"那只是你的想法而已。"对方回答说。

13　九　楼

和丽莎一样,琳恩也给州政府和联邦政府官员寄了一大堆信,督促他们调查止赎欺诈。联邦储蓄保险公司、美国证券交易委员会、众议院金融服务委员会、金融危机调查委员会、棕榈滩州立检察官以及佛罗里达六十七个县法院的书记官,都收到了细节详尽的信息,她寄出的活页夹足有一英寸半厚。2月9日琳恩在《欺诈文摘》上写了一个帖子:"我给这些权威人士寄一封信,他们可能会忽略,可如果收到十封,也许就会打开一封看一看。如果收到一百封,也许就会采取一些行动。如果收到一千封,也许就会真正进行调查,查出真相并制止这些可耻的非法行为。"

但是,只有琳恩在杰克逊维尔联邦检察官办公室的朋友们开展了一些调查。琳恩和公诉人一连通好几个小时的电话,教授他们抵押贷款支持证券的相关知识。进展非常缓慢。但即便他们不具有证券化相关的深层知识背景,也已经掌握了欺诈文件的物理证据。这些文件是由某些人制作出来的,但又是另外一些人授意的。琳恩觉得,这就是一个相当简单的白领欺诈案件,只要顺藤摸瓜,就能对责任人提起诉讼。但是杰克逊维尔有太多琳恩的熟人,她怀疑他们因为熟人关系而过于避嫌,过于怀疑她所述的真实性。她想给杰克逊维尔的朋友们写信,告诉他们她有多么不安。"我刚刚开车经过95号公路的一个地下通道,我觉得以后我得住在那里了。"

公诉人强烈暗示琳恩，DocX 的高管已被列入刑事起诉书名单。但是当琳恩在自己的止赎案件中想要质证这些人时，纽约那些高级写字楼里光鲜亮丽的律师们却突然代理贷款方程序服务公司，挺进了法院。他们声称质证行为对公司员工构成了骚扰。开庭时，丽莎和迈克尔坐在旁听席上，他们以参加彼此的听证会来表示支持。戴安娜·刘易斯法官批准了贷款方程序服务公司申请的保护令。法官告诉琳恩："如果你能找到一个更好的理由，下次可以再来。"

琳恩向国内收入署举报了该公司 REMIC 的偷税行为，REMIC 的相关税法规定，信托截止日期后非法制作抵押贷款转让协议和背书本票的行为将受到多达一倍滞纳额（即抵押全额）的重罚。琳恩撰写了一篇冗长详细的起诉状，阐述了信托在截止日期之后两到三年才收购这些逾期贷款的情况，还附了很多实物证据。国内收入署让琳恩到纽约面谈。这些政府机关人员的行为表明，他们几乎完全不了解信托和证券的相关知识，而只是关心琳恩这位证人的可信度。其中一位工作人员问："兹莫尼艾克女士，请问到底流失了多少税款？"

如果考虑到全美所有的证券化抵押贷款，总数应该有几兆亿美元。琳恩说她必须进一步调查分析，才能知道答案。那位工作人员表示："举报人怎么会不知道呢？"

那次会谈最后以失败告终。

在打消了集体诉讼的想法后，琳恩一开始觉得不切实际的公私共分罚款诉讼，重新回到他们的讨论话题之中。迪克·哈珀提安不太了解公私共分罚款诉讼，但另一个律师肯·萨格斯推荐了纽约的格兰特&艾森霍费尔律所，这家律所专做《虚假陈述法》案件。琳恩得到了前夫马克·库伦的一笔贷款，回到纽约与格兰特&艾森霍费尔的律师瑞本·格特曼面谈。后者获得过《虚假陈述法》诉讼史上最大的几项胜诉，真的没有比他更合适的人选了。

琳恩带上集体诉讼草稿，改写成一份《虚假陈述法》案件起诉状，并补充了一些她和戴米安·菲格罗阿以及全国各地的房屋所有人发现的证据。最大的困难，就是证明政府如何因这些阴谋而受损。琳恩先是主张普通证券欺诈。政府出台了诸如梅顿莱茵之类的旨在帮助贝尔斯登公司和美国国际集团脱离困境的紧急援助项目，因而购买了价值数百亿美元的抵押贷款支持证券。金融危机后，美联储为降低长期利率，也购买了几兆亿美元的抵押贷款支持证券。而受托人伪造文件的费用，则由证券投资者买单。由于信托未收到抵押证明和本票，包括政府在内的投资者必须承担损失。琳恩向戴米安求助，他俩共同查找了联邦政府通过购买抵押贷款支持证券所投资的信托，并找出了信托中伪造的抵押贷款转让协议。

除此之外，政府拨款的抵押贷款巨头房利美和房地美，开始与所收购贷款的发起商合作，这意味着他们为欺诈性抵押贷款转让协议的准备支付了费用。国内收入署不愿追究的 REMIC 税务问题，则提供了另一个罪证。最后一种可能的罪证来自联邦住房管理委员会，它为抵押贷款公司承保以使贷款达标。基于欺诈性的抵押贷款文件，他们向止赎房屋偿付了保险费用，完全符合虚假陈述的定义。

琳恩并不热心于为忽视次级借贷问题、紧急援助银行、对困苦房屋所有人的求助视而不见的政府赢得赔偿，但她的确认为，公私共分罚款诉讼可以作为抵押贷款支持证券的投资者维权的一种模板。她认为只要能给银行施压，任何手段都是积极的。

会谈前，琳恩把长达三百页的诉状草稿发给了律师瑞本·格特曼。她一到，瑞本第一时间出来迎接，告诉她："我正在看你发给我的材料，但是完全不懂。能不能给我解释一下这到底是什么。"琳恩给了他一份修改过的版本，但最后瑞本说："尽管我感觉你特意为我简化了很多内容，但也就听懂了大概四分之一，不过我认为你的话非常令人信服。"

房奴

琳恩觉得这就像是乔恩·斯图尔特在担任自己的代理律师,太搞笑了。

在场另外一位证券法专业律师建议瑞本和琳恩私下出去吃个午餐。他们探讨了法定失效、证券化管理规章联营及服务协议的条款等几项技术问题。结束后,瑞本说他们会在本周内给琳恩答复。

回家后,琳恩找出了一张美国地图和一盒红色大头针。琳恩翻阅了客厅里堆积如山的抵押贷款转让协议,每找出一个转让协议的制作城市,就在地图上钉一颗大头针,这种方法类似于警方分析毒品的起源地。犯罪地点和司法管辖权非常重要,琳恩只想与钉大头针的地方公诉人见面。甄选投资服务公司的文件来自犹他州。花旗的文件来自密苏里州。利顿贷款公司、撒克逊抵押贷款公司、BAC住房贷款公司以及美国住房抵押贷款服务公司都在得克萨斯州有办公地点。摩根大通在路易斯安那州伪造文件。她在富国银行的子公司美国服务公司的总部南卡罗来纳的米尔堡放上了一颗大头针。几乎所有富国银行的文件都由这里懒散的员工草草制成,包括一些已经公证但尚未签署的文件。南卡罗来纳提供了一个切入点。迪克·哈珀提安几乎认识那里的每个人。也许她可以效仿之前在杰克逊维尔对贷款方程序服务公司和DocX的处理方式,向美国服务公司提起诉讼。

在她去找迪克之前,就接到了迪克主动打来的电话。"我只想让你知道我们已经全部跟进。这件事必须得做。"这场公私共分罚款的诉讼正式开始了。

迪克让琳恩飞到哥伦比亚去见比尔·奈特尔斯,他不久前就任南卡罗来纳的联邦检察官。奈特尔斯在2008年的奥巴马竞选中负责处理投票权利问题。他让他的犯罪调查员接见了琳恩。琳恩认出了其中几个人,他们曾参与过保险欺诈调查。琳恩向他们阐述了整个事件,并说出了全国所有的涉事律所和文件制作工厂。米尔堡最主要的一个"机器签署人"叫约翰·肯纳提。琳恩发现他作为抵押贷款电子注册系统的管理人员，至少代表十二家不同银行签署过文件。琳恩提到肯纳提时，其中一位犯罪调查员惊呼："你是说他们虚构了约翰·肯纳提这个人名吗？"她不得不仔细向他们解释清楚。

奈特尔斯手下的调查员承诺，会立刻派一位联邦调查局探员调查此事，但最后不了了之。联邦调查局说人手不够，但琳恩怀疑是因为联邦调查局和奈特尔斯之间有过一些不愉快。奈特尔斯之前是刑事辩护律师，因此当地探员会抗拒曾是对手方的人员发号施令。不久，奈特尔斯办公室的人问她，是否想与北卡罗来纳西区的联邦检察官安妮·汤普金斯见面。琳恩看了一下地图，发现南卡罗来纳的米尔堡，实际到夏洛特的距离比到哥伦比亚的更近。

琳恩飞到了夏洛特，她的律师们负担这次出差的费用。虽然琳恩在家身无分文，在外公差时却预算颇丰。她用积存的万豪酒店积分支付酒店住宿费；如果一直待在酒店不出门的话，还可以在楼下的餐厅免费用餐。这种生活非常奇特，她可以坐飞机环游全国，回到棕榈滩却身无分文。

汤普金斯最近刚由奥巴马总统提名，她与负责该区域的联邦调查局探员一起接见了琳恩。他们有着共同的目标。大概二十位民事和刑事调查人员参加了这次会议。汤普金斯同意调查此事。一身轻松的琳恩登上了返程的航班，只想快点回家休息。飞机起飞前，她伸手去拿面前的航班杂志。坐在旁边的一位身材颀长的男士，也同时向前探身，他身着暗色衬衫和暗色运动夹克，戴着眼镜，看起来非常低调。他转过脸来面对琳恩。

"你知道起诉银行的那些人，会怎么样吗？"

"怎么样？"

"他们最后都死了。"

如果在电影里，此时音乐会大声响起，镜头拉近以捕捉琳恩面部表

房奴　189

情里的恐惧，然后屏幕会突然漆黑一片。但这是在现实生活中，琳恩不得不坐在威胁她的男人身边待上两个小时，那个男人随意地翻着杂志，还点了一杯饮料。谍战片没有教人如何应对这两个小时。琳恩想："我应该叫空乘过来吗？我该说什么？说这个男人威胁我如果起诉银行就要杀掉我吗？"事情很奇怪。没人知道琳恩起诉过一家银行。而集体诉讼提出后仅仅几天，就被撤回了。

琳恩只好紧张地直视前方，在头脑中一遍又一遍地重复这些话语。飞抵棕榈滩的整个航程中，她一动也不动。

在3月的欢乐时光聚会活动中，迈克尔告诉丽莎，那个周末他们要去迈阿密。佛罗里达总检察官办公室和一个叫作"机构间抵押贷款专责小组"的组织将在那里举办一场名为"住房危机：该相信谁并向谁求助"的活动。很多州政府和地方政府机构以及联邦住房和城市发展部将会参加，他们将向社会各界征求关于"抵押贷款欺诈"的信息。

抵押贷款欺诈对于执法部门来说意义很特别：要么就是个人借款人在申请住房贷款时做假，要么就是意图向房屋所有人敲竹杠的黑心贷款商哄骗他们事后可以修改抵押贷款还款条款。所有这次论坛的参会者，都没有聊到或听到有关虚假文件和产权链条断裂的申述。丽莎也觉得他们必须参加这次会议。和佛罗里达总检察官办公室的调查人员交谈了九十分钟之后却没有得到任何反馈，丽莎一想起来就深感遗憾，认为错失了大好机会。这次会议提供了一次重启的机会。

不过有个问题，研讨会安排在周六。参加这次研讨会将会违背迈克尔的誓言，他发誓周末只为自己的生活和詹妮弗以及女儿尼可保留。詹妮弗也认为，摩根大通在强取豪夺他们的住房，但她不明白迈克尔为什么要去调查别人的止赎案件，而且因此离开家人。

几个月来，迈克尔一直将工作日和周末划成泾渭分明的网络世界和断网世界。周五迈克尔会退出《止赎欺诈》博客，周一重新上线。周末丽莎联系不到他。但迈克尔告诉妻子这是个例外，只有这一次。他无比专注狂热地调查止赎欺诈的意义，就在于将它呈递给执法部门，这次会议提供了这样一个机会。詹妮弗并不喜欢这个理由。那个周六早晨，迈克尔走出圣露西港的家门时说："我是为了我们才去做这些的。"詹妮弗砰的一声摔上了门。

迈克尔来到丽莎的共管公寓，看着她把需要交给论坛官员的打印资料归到一起。迈克尔说："让我们赶紧走吧，晚了快一个小时了！"丽莎急匆匆地坐进车里。当丽莎意识到没有带那些资料时，他们已经在95号公路上行驶了一英里，现在又必须开回去。迈克尔只好无奈地摇头。

他们从西棕榈滩开车七十五英里来到佛罗里达国际大学，校园里种着成排的棕榈树，美丽宜人，看起来更像一家公司办公楼的停车场而不是一所大学。在一座巨大的楼宇旁有一个人工湖，白色的大楼正面倒映在水面上。大楼里有一个巨大的宴会厅，很多机构在此铺设摊位，以接收个人递交起诉状或提出问题。这次研讨会面向社会公众开放，但另外还有一场由佛罗里达执法部门、州政府金融监管办公室和迈阿密戴德警察局参加的封闭式研讨会。丽莎和迈克尔假装是参会人员，走进封闭式研讨会的会场，居然无人阻拦。不出所料，这些机构准备听取的是不太重要的小骗局——抵押贷款诈骗。对他们来说，银行伪造文件来证明对一份贷款的所有权，简直像是天方夜谭。正如迈克尔所说，抵押贷款欺诈是个人欺骗银行；止赎欺诈则是银行欺骗个人。

他们最终找到了总检察长的桌子，一位短发戴眼镜的金发女郎负责接待。丽莎非常气愤地走上前去。"几个月前我给你们打电话提起过诉状。我和你们的一位工作人员谈了九十分钟，本来我应该去录一份视频质证的，但后续没有人跟踪处理这件事。我要和琼·克拉克森谈一谈。"

那位女士看着丽莎说："我就是琼·克拉克森。很高兴能听到您的意见。"

10月份琼与丽莎交谈时，才刚刚调到经济犯罪部门工作。她甚至还没有电话分机。丽莎后来打电话来的时候，所有秘书们都不认识琼，他们不知道该把电话转给谁。看来只是个误会。

经济犯罪部门很早就发现美国国家金融服务公司这家次贷巨人的经济困境，并在对该公司的跨州强制执行令上起到了重要作用。经济犯罪部门调查过一系列消费者欺诈问题，从幼犬滥育场到药丸黑作坊甚至是房屋止赎厂。位于塔拉哈西的总检察长办公室的主办公区会首先对个人起诉状进行评审，然后转发给各区办公室。共和党人比尔·麦科勒姆当了二十年的国会议员，还是克林顿总统弹劾案的众议院监察人，2006年他就任佛罗里达总检察长，目标明确地觊觎着州长一位。对于想要竞选州长的人来说，有保护消费者的履历不算坏事。公诉人开始积极着手此事。

琼让丽莎和迈克尔下周带上所有的证据到劳德尔堡的办公室。丽莎说："你不知道，全国大概有几十万份文件。"

琼回答说："那就都带上。"

丽莎和迈克尔去劳德尔堡之前，询问了汤姆·艾斯对伊琳·库劳洛调查的进展情况，伊琳·库劳洛就是那位在佛罗里达逾期法务集团兼职做公证人的检察官。艾斯律所的员工发现伊琳·库劳洛曾是书面证词的专家证人，而她嫂子丽莎·库劳洛是公证人。伊琳到总检察长办公室就职后，她们就互换了角色。汤姆·艾斯得到了伊琳"州政府以外机构的兼职许可申请"，这份申请是她到政府机关就职后几个月才填写的。伊琳在申请中写道，她计划公证文件，但没有写明具体雇主是佛罗里达逾期法务集团。她还写道，兼职行为不会产生利益冲突，也不会有不正当行为,而且不会花费很多时间。申请表显示,她只在每周一、周三和周五的晚7点至7点15分公证文件。

尽管伊琳·库劳洛的工作时间如此有限,她还是在三年内公证了十五万份佛罗里达逾期法务集团的文件。每份公证文件能得到2美元,她从佛罗里达逾期法务集团获得的年收入接近六位数,而这一工作,据称每周只需要花费四十五分钟。

汤姆和阿瑞安娜将这些书面证词的日期与日历一一对照,发现伊琳除了周一、周三和周五之外也公证文件。甚至在官方旅行记录显示她不在本州的日子里,她也签署了文件,这意味着她不可能见证这些文件的准备过程。艾斯律所还发现了好几种不同版本的伊琳的手写签名,极有可能是她并没有亲手签署那些文件,只是在程序中挂名,和她的嫂子分享收益。这才是经济犯罪部门应该调查的行为,尤其是他们的一位工作人员也牵涉其中。

由于佛罗里达逾期法务集团申请了禁止任何作证行为的保护令,汤姆尚未质证伊琳和丽莎。止赎辩护律师马特·韦德纳也有一起与库劳洛有关的案件,当他想质证库劳洛姑嫂时,对方的律师拿出一份旧文件,说文件中有马特的伪造签名。为马特修建院内汽车通路的建筑承包商乘马特不在时,自行签署了一份授权书。不同的是这家承包商从未向法院提交过这份文件,这与马特正在辩护的案件毫无关系,而他们却用这个所谓的伪造签名与库劳洛的十五万个签名相类比。这种轻描淡写的做法和秘密警察式的胁迫,让马特特别愤怒。不管类比如何,都说明库劳洛姑嫂愿意不惜一切代价掩盖其所作所为。

丽莎和迈克尔参加会议的那一周,有位法官判决艾斯律所可以继续质证库劳洛姑嫂;佛罗里达逾期法务集团负隅顽抗,提起了一份动议申请,要求重新考虑。他们还撤回了全国所有有库劳洛签署的证明书,包括丽莎止赎案中的那份。佛罗里达逾期法务集团装得好像从来没有库劳洛

房奴　193

的十五万份书面证明。就像是佛罗里达高尔夫课程上的周末黑客,他们要做最后的挣扎。

听完这些,丽莎决定必须将伊琳·库劳洛兼职的事告诉琼·克拉克森。迈克尔对此非常忧虑。"我们真的要去她们办公室说她们是一群诈骗犯吗?"但是丽莎坚持。毕竟琼告诉她,要把所有资料都带过去。

那座位于劳德尔堡市中心的红褐色的110塔楼独占了一个街区,靠近布劳沃德县法院和当地监狱。总检察长办公室的经济犯罪部门位于九楼,他们循着一份安保指引来到办公室。必须先坐电梯上来,然后换电梯,再下去到达九楼。安保人员把他们带进一间四周是彩色玻璃的房间。他们必须关闭手机,无人陪同不得离开房间,甚至不能去卫生间。丽莎想要一杯水,安保人员说不行。迈克尔怀疑这到底是会议还是审讯。

几分钟后,琼和她的同事特蕾莎·爱德华兹走了进来,特蕾莎个子比琼稍高,有着一头红头发和深邃的蓝眼睛。琼简短地打个招呼就坐了下来,她们的举动表明这是一次正式的公务会议,而不是普通的社交照面。

丽莎脱口而出:"我想先告诉你们一件事,我有点担心你们的同事伊琳·库劳洛。"

特蕾莎说:"我们的确有一位名叫伊琳·库劳洛的同事,她在奥兰多部门工作。你担心什么?"

丽莎从桌面上递过去一叠文件。丽莎说:"这是我的止赎案件文件,上面有我的名字。这是她的签名。我听说你们正在调查这家房屋止赎厂——佛罗里达逾期法务集团,伊琳为这家公司签署文件和止赎文书。"

琼的脸色阴沉下来,她说:"不可能是同一个人。"她和特蕾莎让丽莎和迈克尔等着,俩人抓起文件快步走了出去。

丽莎的脸色变得苍白起来。他们无法与大楼外的任何人取得联系。他们不能离开会议室。这些公诉人手里有他们的止赎文件，而且看上去怒气冲冲的。之前迈克尔说他不愿意参加这次会议，现在，他朝丽莎露出一副"早就告诉过你会是如此"的表情。

"什么？"丽莎回应道。难道迈克尔真觉得这些公诉人会因为他们说出真相逮捕他们吗？而且，琼自己说要他带上所有资料，这才有了可能对她同事不利的局面。凡事皆有可能。

当下的处境，加剧了迈克尔的被害妄想症，他一下联想到监狱的牢房。前一天，迈克尔给几个朋友发信息，告知他们要去哪里开会。他告诉他们："如果没有我的消息，你们知道应该怎么做。"他甚至和朋友迪尔德丽准备好了保释金。迈克尔掏出手机打开，急切地想联系外界，但没有信号。丽莎的手机也没有信号。迈克尔看到房间角落里有一台电脑，但他们不想因私滥用政府设备。

迈克尔问："我们怎么才能离开这里？"丽莎开始颤抖。

除了坐在那里等待，别无他法。之后漫长的等待，感觉像过了好几个小时。没有人来查看他们的状态，也没有人走进这扇门。

琼和特蕾莎终于回来了，其实只过了三十分钟。她们的表情从愤怒转变成羞愧。琼首先开口："我们要给您道歉。的确是和我们一起工作的那位伊琳。我们会调查此事。"

这为此次会议定下了基调。丽莎和迈克尔向她们展示了"假"文件、难以置信的公证书以及漏洞百出的背书本票。他们抽出一份新的转让协议，琳恩针对这份转让协议写过一篇文章。DocX 公司忘了更改协议的有效期，因此有效期显示是 9999 年 9 月 9 日（这意味着在今后的八千年内，房屋所有人都不需要为止赎担心）。他们利用这些漏洞百出的文件，一路顺藤摸瓜找出了第三方程序服务商和房屋止赎厂，还列举了几个被可疑证据赶出家门的佛罗里达居民的案例。经过几个月的练习，丽莎和迈克尔能够娴熟地举出富有说服力的案例，证明在众多房产所有权登记上纰漏无数的银行，宁愿去造假，也不愿意修正错误。

琼·克拉克森和特蕾莎不得不承认，这听起来非常合乎情理。其中有很多都是提交给州法院和记录办公室的官方文件。另外伊琳·库劳洛事件让丽莎和迈克尔赢得了她们的信任。他们互通了所有信息并约定保持联络。

会议之后，琼和特蕾莎立刻将伊琳在佛罗里达逾期法务集团兼职的事情告诉了主管鲍勃·朱利安。迈克尔和丽莎掌握的事实，终于也被他们发现了：作为一个只在特定日期和每周特定时间工作的公证人，伊琳的报酬不菲。丽莎和迈克尔告诉他们，艾斯律所确定，伊琳的所有文件不可能都是在特定日期签署的。

3月26日，马特·韦德纳坐不住了。库劳洛百般阻挠，想要钳制他的言论自由，对此他感到无比愤怒，他在网上贴出了一份艾斯律所的庭审记录，记录显示了伊琳·库劳洛在总检察长办公室的职位以及她那些字迹不同的签名。几个月来，迈克尔一直留着这份资料未曾公开，但韦德纳发布后，他也发布了这篇文章。迈克尔还加入了一份截屏记录，截屏显示，本应是独立专家的伊琳·库劳洛，在来总检察长办公室就职前，其实是佛罗里达逾期法务集团的首席律师。迈克尔给出了点评："阻止犯罪调查的最好办法就是成为一位调查员。"

为逃避质证，伊琳和丽莎·库劳洛承诺，不再为佛罗里达逾期法务集团签署文件。但在事情败露一周后，迈克尔发现了一份约翰·库劳洛签署的佛罗里达逾期法务集团合理律师费的证明书。显然他接替妻子成了佛罗里达逾期法务集团的专家证人。佛罗里达的专家证人就那么稀少吗？以至于佛罗里达逾期法务集团只好翻来覆去找同一家人？同时，丽莎在自己的止赎案件中要求库劳洛姑嫂出庭作证，约翰立刻打来电话威胁，他也是妻子伊琳·库劳洛的代理律师。丽莎顶了回去："一切让法官决定吧。"然后挂掉了电话。

联邦储蓄保险公司的总裁希拉·贝尔将琳恩关于止赎诈骗的信转交给了琼和特蕾莎,她们由此得到了另一条调查线索。琳恩带着一整本活页夹的 DocX 和贷款方程序服务公司的案件卷宗来到劳德尔堡参加会议,将整个事件对公诉人和盘托出。琼和特蕾莎一开始对这样一起全行业阴谋持怀疑态度,但面对如此多的证据,她们没法继续怀疑下去。她们问了琳恩一个常见的公诉人问题:别人对你最坏的评价是什么?琳恩说,她结过婚,有孩子。特蕾莎笑了起来,她说她也是。

4月29日,急需外界注目的总检察长比尔·麦科勒姆宣布,他将调查佛罗里达逾期法务集团和贷款方程序服务公司以及 DocX。因为他还没有提起控诉,这显得非比寻常。公告表明,这次民事调查主要围绕"在止赎案件中伪造/展示虚假和误导性文件"的行为。劳德尔堡的经济犯罪部门(即琼和特蕾莎)负责处理这个案件。总检察长也开展了一项针对伊琳·库劳洛在佛罗里达逾期法务集团兼职活动的调查。

直到一年后库劳洛才被开除,但丽莎和迈克尔在经历了漠视、怀疑或是嘲笑之后,终于得到了一些积极的援助。终于,地基上有了一条裂缝。他们想确保,这条裂缝会越来越大。

14　塔拉集会

2010 年 2 月 24 日

奥基乔比路上的一家戏服店里,丽莎·爱泼斯坦帮迈克尔·雷德曼拉上了猪形道具服的拉链,又给他装扮上扑闪扑闪的动漫大眼睛和卡通人物大大的微笑。迈克尔看起来就像是当地体育赛事的官方吉祥物(女士们,先生们,欢迎来自西棕榈滩的"猪"!)。丽莎在过道的一堆衣物里翻找着,找到了一件有着闪亮翻领的燕尾服,以及美元标志的耳环、白色手套、礼帽和手杖,还有浓密的假胡须。打扮完毕后,只差一副眼镜,她就能扮成大富翁了。

除了万圣节,戏服店员很少见到顾客会来光顾,于是问:"你们在干什么,为什么这么做?""就算我们告诉你原因,你也不会相信的。"丽莎回答。店员犹豫了一会儿。"哦,换妻吗?""什么?才不是呢!"

几天后,迈克尔和丽莎来到了宏伟的棕榈滩县会议中心,他们在那儿观察摸索了两天。几年来,美国邻里互助协会一直在全国各地为成千上万的房屋所有人举办"挽救梦想"活动。美国邻里互助协会租了一个大体育场,邀请一些抵押贷款服务商,在现场进行一对一的商谈以修订贷款条款。他们的运营方式结合了激进的行动主义以及与银行的务实合作。

近期,美国邻里互助协会将在西棕榈滩举办"挽救梦想"活动。迈克尔认为,美国邻里互助协会的活动将是一个令公众注意立法滞后的绝佳机会,以此阻止佛罗里达的立法机关无视房屋所有人的权利并继续给巨型止赎机器开绿灯。他坚称,这场战斗的影响力势必超越博客,从而向立法机关施加最大的压力。

丽莎和迈克尔计划星期六前往美国邻里互助协会,迈克尔的周末不上网禁令早已抛到九霄云外。他们有两天时间制定战略。绝望的房屋所有人聚集在一起等待救援,大部分是低收入的拉丁裔和非洲裔美国家庭,丽莎和迈克尔在人群中穿来走去。他们弄清了安保人员的巡逻路线,安排好闯入和逃跑路线。迈克尔把一个放高尔夫球用的楔子夹在紧急出口的门缝中,保持紧急出口长开,以便他们快速撤离。

周六黄昏,迈克尔、丽莎和摄像师迪尔德丽进入了会议中心的装货区。他们的服装都放在汽车的后备厢;他们还带了传单准备分发。一个保安拦住他们,询问他们要去哪里。"我们是广播电台的,"迈克尔说。前几天他注意到大厅里播放着电台音乐节目的广播。

保安点点头,挥手让他们通过。迈克尔停好车,"猪"和"银行家"在那里穿好服装。他们穿过后门,迪尔德丽跟在他们身后,一起走到宽阔的会议中心大厅。他们在摩根大通和富国银行的柜台前分发传单,不断挥舞着拳头。迈克尔手里拿一块大牌子,上面写着"猪屁股网站"。人们欢呼起来,以为这是官方活动的一部分。几分钟后,美国邻里互助协会的组织者发现了"猪"和"银行家",并确认他们没有收到邀请,于是通知了保安。

本月早些时候,佛罗里达州银行家协会向州立法议员提交了一项立法申请,意在取消佛罗里达州的止赎司法程序。如果法案通过,法官将不再需要裁决止赎案件的有效性。佛罗里达的止赎程序将变得和另外二十七个州一样简单,银行只需要向房屋所有人发出通知,象征性地给他们一个偿还债务的截止日期,之后就可以把他们赶出家门。根据该法案的规定，时间可能只有九十天。如果房屋所有人想要抗辩，就必须支付1 900美元的诉讼费用，并承担举证责任。佛罗里达的法官将不再对房屋所有人和贷款方进行强制调解。银行家将该法案作为一种恢复现金流的方案，并认为该法案一定程度上能防止因房屋遗弃造成的社区荒废。他们给这条法案取了一个奥威尔式的名称：《佛罗里达消费者保护和房屋所有人信用恢复法案》。

由于止赎需要司法程序，因此佛罗里达的欺诈性文件随处可见。贷款服务商和房屋止赎厂也在遭受重创的亚利桑那州、加利福尼亚州和内华达州伪造证据，但由于止赎不需要司法程序，这些文件被埋在县政府的档案室里不见天日。在止赎案件不需要司法程序的几个州，房屋所有人的被驱逐率也大幅上升。如果银行说客能够取消佛罗里达的止赎司法程序，面临止赎的家庭所能得到的保护将会更少，揭露丑闻的希望将会破灭。

丽莎和迈克尔潜入美国邻里互助协会会议的前一周，布拉登顿的共和党参议员迈克尔·班尼特提交了一份《关于非宅基地房产的去司法程序止赎法案》。佛罗里达保护大部分房屋所有人的宅基地，限制因房屋所有人死亡或债务而强制出售房产。但如果房屋所有人放弃房产，他们就不再受到保护。根据拟议的法案规定，以下几种情况都可能表示"放弃"：房屋所有人未对止赎通知做出回应；离开住房超过三个月未归；未缴纳房产税；或"以表现出放弃业主利益的方式行动"。迈克尔认为银行想要制造足够多的漏洞，以便随心所欲地取消人们的房屋赎回权。在参议员班尼特发声的前一天，富国银行试图以"行踪不明，可能已经死亡"为由驱逐萨拉索塔县的威廉姆·尔塔，当时他正和儿子以及两条狗待在家里。富国银行发起的止赎起诉没有受到任何抗议，程序服务商向住在房子里的尔塔递送了驱逐文件。按照《班尼特法案》的规定，富国银行任意定义"放弃"的行为可能是合法的。

迈克尔创建了一个立法相关的迷你网站，叫作《猪屁股网站》，特指参议员班尼特。曾帮欢乐时光聚会活动发放传单的吉姆·钱伯斯是一位平面设计师，他制作了一张表格，人们可以填写表格然后传真给立法者，敦促他们投票反对该法案。表格上还画着一只丑陋的猪，屁股上盖着独裁者的标志。《猪屁股网站》上有班尼特在塔拉哈西和地区办公室的联系方式，以及他所有助理的名字、电话和传真号码。迈克尔在《止赎欺诈》上写道："银行家发出了挑战，让我们接受他们的宣战，开始反击吧！"

会议中心的两名保安朝迈克尔走了过来，他费尽心思地绕路躲避保安，一边挥舞着手臂，一边喊叫着让人群为他让道。美国邻里互助协会的首席执行官、波士顿酒店工人联盟的前组织者布鲁斯·马克斯曾试图抢注《猪屁股网站》的网址。最终，迈克尔和丽莎被逼到了绝路。他们以为会因为擅自闯入被送进监狱。但保安只是把他们带到码头，就离开了。他们赶忙朝着车子的方向走去，以免保安改变主意回来抓他们。

一分钟后，一个保安走回来说："布鲁斯想和你们谈谈。"保安带着还穿着奇装异服的迈克尔和丽莎去见马克斯，马克斯手里拿着一份他们之前分发的传单。"我才是擅长捣蛋的人，还轮不到你们。"马克斯说。他是对的：美国邻里互助协会以在银行家家门口堵门和扰乱国会听证会出名。"这到底是怎么回事？"

迈克尔和丽莎解释说，他们正在努力对抗佛罗里达的欺诈性止赎，以及《班尼特法案》。

马克斯笑了。"好吧，你为什么不直接打电话告诉我呢？我们会邀请你参加的！"仍然穿着小猪戏服的迈克尔耸了耸肩。他可从来没想过这种情况。

"挽救梦想"活动会在会场中间搭建一个小舞台，房屋所有人可以在此表达心中的感激，组织者可以在此宣布贷款条款修订成功的最新数据。马克斯指着舞台说："你们为什么不上去做个演讲呢？"迈克尔自然推荐丽莎去做。

丽莎从初中起就没再演讲过，没什么兴趣，当然也从来没在成千上万的房屋所有人面前演讲过，更别提戴着假胡子演讲了。

"你打算说些什么？"迈克尔问她。

"我不知道！"她回答说。

丽莎走上舞台，迈克尔站在身后。他们很快就将直面美国的数字鸿沟。丽莎开始谈论这项拟定立法，以及如何才能阻止它。"这是佛罗里达银行家协会出于自身利益提交的法案！"她喊道，"这将完全剥夺我们的权利，并纵容银行掩盖他们的众多欺诈行为！"观众中有很多低收入的掠夺性贷款受害人，他们没有时间阅读博客，也不理解止赎欺诈。他们不知道丽莎在说什么。一位"银行家"和一头"猪"的演讲确实非常有趣，但公众的理解并没有进一步加深。大家礼貌地笑了，如果他们确实在聆听的话。

只有乌合之众才能让少数人得益。他们不希望人们理解立法者在听证会上做出的决定。让大众专注于自己的奋斗目标，对稳健获利至关重要。相对于这些人的成功来说，迈克尔和丽莎的影响力实在有限。

布鲁斯·马克斯与"猪"和"银行家"合影留念，迈克尔自豪地举起他的牌子，丽莎的脸大部分都被胡子遮住了。然后大家回家。迈克尔给自己放了一天假，周日全天都和妻子女儿一起过。周一，他又开始试图找出阻止那项该死的法案的方法了。

今年3月，佛罗里达众议院成员汤姆·格雷迪引进了一个应用范围更广的去司法程序止赎法案的版本，名为《房屋所有人救济与住房复苏法案》。这一动议得到了州民事司法委员会的批准，然后保险、商业和金融事务委员会也一路开了绿灯，几乎没有遇到阻力。与此同时，参议员版本的法案已经提交给银行和保险委员会。两名民主党人、州众议员达伦·赛多和州参议员戴夫·阿伦博格起草了一份应对法案，以保护房屋所有人能向法院提起诉讼，并增加额外的保护措施，他们称其为《止赎权利法案》。但共和党控制了立法机构，因此通过这一法案的可能性不大。

丽莎进行研究时曾注意到佛罗里达银行家协会每年都会举办一次议会大厦日，与说客们相聚塔拉哈西讨论优先事项。2010 年，在协会总部举行了一次高尔夫球户外活动和一场佛罗里达美食盛宴。丽莎觉得，如果银行家们可以花一整天时间游说立法机构，为什么房屋所有人就不能呢？是时候去直面决策者了，不能再只是打电话、发邮件或请愿了。她告诉迈克尔这个想法，称其为"塔拉集会"。迈克尔非常赞同这个想法。

丽莎希望全州的人都能参与进来；毕竟，这将影响到佛罗里达州的每一位房屋所有人。她问马特·韦德纳是否愿意让西海岸的人来参加集会。对外马特虽然加入了反对去司法程序止赎法案的行列，但由于家人从政的原因，他知道塔拉哈西这一套是如何运作的。第一年，政治家引入拟定法案，他们并不认为这是一项有潜在可能性的法案，而是将其看成一种赚钱的机会。当法案快要通过时，政治家可以从对立双方身上榨取竞选活动捐款，以确保"他们的声音能被听到"。第二年重议立法时，利益相关者就会紧张，因为它具备长期效力，可能真会实现。这就吸引到更多的竞选活动捐款。只有到第三年，立法机关才会真正采取一些措施。当马特稍微平静下来，不再那么愤世嫉俗时，他意识到普通公民在止赎欺诈斗争中拥有的力量，并认为示威或许有所帮助。

他们约定 4 月 21 日晚乘坐公共汽车到达塔拉哈西进行为期一天的活动。首要目标是筹集足够的资金，让每个参与活动的人都能到达目地。止赎辩护律所最有可能提供资金，因为法案将终结他们的业务，因而他们强烈要求阻止这一立法。艾斯律所赞助了两辆公共汽车，以将活动支持者运送到东海岸。马特和同事奇普·帕克组建了一个"房屋所有人权利代理律师小组"。他在JEDTI的一些伙伴提供了经济支持，马特也得到了律师马克·斯托帕的支持，他愿意赞助西海岸的巴士费用。来自法案制定者迈克尔·班尼特生活的地区——萨拉索塔县的一群房屋所有人维权人士，自称为抵押贷款正义团体——他们买了斗篷和其他一些装备，并制订了参与计划。

丽莎是最不擅长在跨州巴士旅行中负责后勤事务的——她没有时间观念，也不认路；她几乎不知道如何去塔拉哈西，更不用说安排沿途接送人员的路线了。但她只能面对现实，尽最大努力处理好这些事务。丽莎最终计划在迈阿密、劳德尔堡、奥兰多、盖恩斯维尔、橡树城以及西海岸的萨拉索塔和坦帕经停。她写了一些要点，供参与者在与立法者交谈时参考，并告诉他们要结合自己的止赎故事。对于那些无法参加跨州集会的人，丽莎征求了他们的意见，并接收了他们的信件，保证之后会亲手上交这些信件。丽莎联系了议会大厦的地面部门，并在州最高法院对面的街道申请到临时使用一块舞台区域的许可。她租了一套扩音系统和扬声器。她在各种媒体上疯狂地宣传集会，将它比作民权时代的自由乘车运动。丽莎通过马特邀请埃普丽尔·查尼来发表演说。她是止赎辩护运动的发起律师。他们在几周之内把一切安排妥当。

当他们正计划活动时，法案的审查却在委员会阶段搁浅了。现在叫停集会太晚了，况且，马特·韦德纳早就说过，银行家们计划明年再来。所以他们决定如期推进这个活动。

4月20日晚，几十名房屋所有人登上了前往塔拉哈西的巴士。琳恩决定不去了；她的伙伴们具有一种草根抗争精神，但她相信从法律内部运作可以取得效果。迈克尔与家人单独开车前往。他从丰田汽车经销商处告假之后,就再也没有回去工作过。这次集会将会让詹妮弗和他女儿明白,这几个月来他一直拼命奋斗的是什么。

丽莎把詹娜交给保姆照看,自己登上了巴士。当他们开车经过95号公路时,一场小雨从天而降,丽莎望着车窗上的点点雨滴。她遇到了几个之前通过止赎案件分析听闻过的人。他们谈起自己的斗争,也谈起希望这次行程能带来积极的结果。夜色越来越美,他们把座椅后调,为长途旅行做好准备。在丽莎准备前往佛罗里达政治权力中心发出诉求的呐喊之前,黑暗和雨滴给她带来了一种可怕的平静。

天一亮,他们停在路边的一家老乡村店旁稍作休息。格蕾丝·鲁奇的儿子失去了棕榈滩房屋的赎回权。鲁奇走进厕所,看到两个孩子正在刷牙;他们无家可归,只能住在车里。止赎风暴冲击了佛罗里达的中产阶级家庭;鲁奇之前并没有真正体验过类似的贫困。但这解释了她夜间长途跋涉十一个小时的原因:尽力阻止其他数百万人经历同样的厄运。

塔拉哈西的议会大厦坐落在一座小山上,几英里外就能看到后面的圆形大厅和立法大楼。当太阳升起时,从东西海岸开来的巴士汇合,停在议会大厦西侧的沃勒公园集结区附近。讲台就在"风暴之歌"上方,后者是当地艺术家创作的一尊在人工瀑布上戏水的大型金属海豚雕像。

丽莎在中途等待时,换上了一件蓝色西装外套和衬衫,并用一条耀眼的亮绿色围巾扎住头发。她走下车,途经复制版的自由之钟,登上了议会大厦的台阶。迈克尔找到她,第一次介绍丽莎认识他的家人。在等待集会开始的时候,他们向到场的房屋所有人表达了问候,也向马特·韦德纳、奇普·帕克和埃普丽尔·查尼等律师们表示欢迎。最后一分钟跳上巴士的电影学院学生科里·鲁特瑞尔架起了录音录像设备。一夜之间云层完全退散,从台阶上往州最高法院的方向望去,是一望无际的蓝天。

马特·韦德纳主持了这次集会,而丽莎和迈克尔举着写有他们创办网站地址的牌子;场上还有一块画着艾斯律所标志的牌子。迈克尔的妻子詹妮弗退到人群中;这是属于丈夫的时刻,她想找个好角度好好看看。"我们必须给予参与战斗的消费者维权人士充分的肯定,"马特说,并向舞台后的房屋所有人们示意。他警告说,银行家们正在密谋取消人们基本的司法程序权利,这场战斗将在全国范围内引起强烈的反响。

拟议《止赎权利法案》立法的两位发起人、州众议员达伦·赛多和州参议员戴夫·阿伦博格,感谢了与会者的积极参加。"今天你们站在这里,向我们传递了一个信息:我们应该代表人民抗争。"阿伦博格说。他正在竞选州司法部部长。马特还介绍了止赎辩护律师奇普·帕克,他表达了对抵押贷款行业不公现象的愤怒:"我们生活在止赎风暴盛行的时代。银行赚得盆满钵满。"埃普丽尔·查尼低调地说:"止赎是一种失败的商业模式,我们需要把它挡在法院门外。"查尼说,如果佛罗里达跟随加州和内华达州的步伐,房屋所有人的权利将会被彻底推平,止赎案件则会飙升。"没有我们的房屋所有人,那就什么都没有了。"

那个印有网站地址的牌子,对丽莎来说实在太重了,于是她把它交给了别人。刚好,轮到她发言了。迈克尔自然会点名丽莎代表房屋所有人发言。从美国邻里互助协会的演讲开始,丽莎开始积累各种公共演讲的技巧。在场的教导人员告诉她应该将演讲范围扩大,不要局限于止赎案件。丽莎回答说:"但我只打算在这里谈一个问题。"马特·韦德纳介绍丽莎时说,她是"一个爱国者,因为她做的所有工作都是为了宣传民众有权维护自己的住房"。她走到了麦克风前。

一场演讲,最重要的部分往往是第一句话。"嗨,我的名字叫丽莎·爱泼斯坦,我被止赎了。"她肯定的语气中透露出强大的力量。她并没有在演讲中隐瞒现实,并没有因为害怕人们不愿倾听一个老赖的演讲而掩饰什么。她承认自己身处困境，因为只有这么做，才能暴露世界上最大的市场核心的腐败。她这么做，是因为抵押贷款行业向无偿还能力的人群兜售贷款，然后又在一切败露时伪造文件夺走房屋。只有大声呼吁才能克服这种羞耻心，并且帮助别人拒绝这种羞辱。

讲到第二句时，声音已然嘶哑，但她及时调整了过来。她说："我无法相信，我所在的国家，居然认可将数百万公民从唯一的住房中驱逐出去。"丽莎说，所有权链条如此混乱，以至于在未来五十年甚至一百年内，房地产交易都将遭受严重的影响。"我在这里呼吁，保卫你们的家园吧，美国公民！"

这段演讲中的一些词是丽莎从棕榈滩县法院的一处展览中借鉴而来的，其中包括一系列关于美国司法系统的引文。马萨诸塞州参议员、演说家丹尼尔·韦伯斯特曾说过："保护生命和财产，陪审团制度，公开审判的权利，是这个国家公共机制中保有公共自由的最佳原则。"

"我不知道现在发生了什么，但这是刻在石头上的警句，"丽莎继续说道，"在法院，银行将伪造文件呈递给法官，而法官从未想过当事人会带着伪证出庭。"丽莎讲述了她在县法院中看到的一切，以及她如何努力向法官解释这些欺诈行为，包括向州最高法院提交的评论。此时的她从讲台上能清晰地看到州最高法院的建筑（"它看起来很美吧？"她这样评价道）。她谈到了她过去所有的账单从未逾期，谈到了她如何在八个月的时间里不断给摩根大通家庭金融服务公司发传真申请修订贷款条款，又是如何尽力阻止她和家人免遭厄运却毫无效果。她甚至提到了"9·11"的故事，当她描述这个场景时，声音再次颤抖起来。"我能闻到尸体上散发的飞机燃油味，我看到了他们眼中和皮肤上的烟尘和玻璃微粒……我认为这是我在我的国家中看到的最糟糕的情况了。但是我错了。因为那个邪恶的力量来自外部。而这次，邪恶的力量是从内部产生的。"

演讲的最后,她邀请房屋所有人加入他们的行列,一起打击那些利用虚假文件将他们驱逐出去的犯罪组织。"我们不是想白得一套房子,"丽莎坚持说,"我们想为我们的家付出所有。我们不想成为受害者,我们不想变成老赖,我们不想再被别人占便宜。"

丽莎在欢呼声中向迈克尔走去,她微笑着挑了挑眉。迈克尔点了点头,作为回应。接着,大家前往议会大厅。

整个议会大厦一片繁忙的景象。议员、工作人员和说客们匆匆地走过大厅的大理石地面。集会者四散开,分头去找立法人员。丽莎告诉所有人,如果没人倾听他们的意见,就把书面版本递交给相关人士。有些人只是给工作人员递交了一些简要信息,另一些人则与州众议员、参议员直接进行了交谈。丽莎向立法者强调,他们需要改变对老赖们的成见。辛勤工作的佛罗里达人因失业或医疗债务的影响,成为经济危机、抵押贷款服务公司和贷款公司的受害者。"如果是我要这些手段,一定会按刑事重罪处罚,"她告诉他们。迈克尔与家人一起站在后面,并向其他说客分发书面声明。

抵押贷款正义团体决定去当面质问班尼特参议员,却被告知需要提前预约。班尼特走出办公室,和他们谈笑风生——直到他们提到了去司法程序止赎法案。一位名叫塔米的房屋所有人后来告诉迈克尔,班尼特立刻失控了。"法案很棒!你们为什么要为自己的房子抗争呢?"他跺着脚离开办公室,消失在走廊尽头。所有的房屋所有人都惊呆了。

当天班尼特在接受当地一家新闻电视台采访时说,他暂时搁置了去司法程序止赎法案,因为银行业声称他让"保护消费者变得太容易了"。迈克尔回家后在《猪屁股网站》上发了一个帖子,罗列了所有银行家对班尼特的竞选捐款。法案在集会结束后的第九天,也就是立法会议的最后一天,被银行和保险委员会否决。

不管人们将这次集会看成是在以政治冷漠出名的佛罗里达州由民众

发起的首次抗议,具有自由乘车运动的象征意义,还是网络卫士走出家门涌上街头的聚会,塔拉集会最终得到了媒体的关注。彭萨科拉和坦帕湾电视台,当地广播电台和《阳光之州新闻》《坦帕论坛报》和《坦帕湾时报》等媒体都报道了这一事件,很多以前只在恶作剧博客上传播的内容,由此扩散到佛罗里达的千家万户。迈克尔在《止赎欺诈》博客上将这次集会称为"为正义而战的几个月征途"的高潮。他还说:"5月将会比4月更有趣。"

15　不择手段

佛罗里达的夏天令人难以忍受。衣服粘在汗津津的身上，空气潮湿厚重，所有人的步伐都慢了下来。

止赎斗士们的热情，在高温中仍然不减。因为噩梦不断来袭，他们别无选择。密歇根州高恩的瑞克和雪莉·劳特在止赎拍卖会上购买了一套房屋，结果德意志银行闯进他们家中，拿走了财物并更换了门锁，为此他们提起了联邦诉讼。德意志银行辩称，他们以为房子里没人居住。在另外一场事件中，美国银行拿走了一位女士的宠物鹦鹉。有两位贷款方同时想要收回格莱兹和乔斯·鲁斯卡列达在迈阿密的共管公寓，且都声称拥有本票。基思和朱莉·汉诺威一直按时还款，但美国银行却向他们递送了止赎通知，后者其实并不是他们的贷款方。巨型止赎机器制造了人间悲剧：休斯敦警方发现一对夫妇开枪自杀，调查认为，死因源于住房即将被止赎所带来的压力。

琳恩在《欺诈文摘》博客上写了一篇文章，着重介绍了皮内拉斯县一件被准予即决判决的案件，法官了解到另外一位原告也提起了即决判决动议。两位原告都提交了支持即决判决的证明书，两份证明书由同一位"机器签署人"代表两家不同的公司签署。法官安东尼·罗多里诺一听到这个消息，就告知原告律师："对于法院收到的这些止赎文件，我没有任何信心相信它们是有效的。"

那个夏天最骇人听闻的故事，是关于俄亥俄州斯托尼里奇的基思·

萨德勒。萨德勒住了二十年的房子面临止赎，他决心不离开。他与托莱多止赎防御联盟的六名成员一起，用PVC水管堵上了房门。萨德勒在家里通过网络直播了六天，说他想唤醒整个国家，《止赎村落》的成员们都观看了直播。5月7日，伍德县治安官的一支特警队冲进了房子，持枪将他们制伏在地。他们被指控妨碍司法公正和非法入侵民宅。维权人士非常愤怒，当真正的罪犯逍遥法外时，政府的行政资源却被用来将老百姓赶出家门。

迈克尔和丽莎连续几个月关注这些故事。但是，塔拉集会后，事情发生了变化。全国性媒体仍未关注此事，但佛罗里达的记者们开始通过挖掘丽莎和迈克尔的记录来寻找线索了。其中一位是迈阿密《每日商业评论》的葆拉·卢莎珀·阿博特。作为一位阿根廷人，阿博特回忆起1970年代阿根廷司法体系不健全所导致的独裁和混乱。她认为美国的司法体系正在遭受同样的腐化。

阿博特读到了《止赎欺诈》刊登的一篇关于约翰·沃森的报告，他是劳德尔堡的一位止赎辩护律师，同时代理抵押贷款服务商极光公司。他有一些对抗极光公司的止赎客户，因此他与诉讼案件的双方当事人均有利害关系。沃森的弟弟马歇尔·沃森，经营一家房屋止赎厂，是佛罗里达规模最大的房屋止赎厂之一（该律所即是琳恩·兹莫尼艾克止赎案件中的房屋止赎厂）。约翰·沃森的客户质问他上述利益关联，他说他与他兄弟的房屋止赎厂没有任何关系，尽管他的地址、办公室电话和电子邮件都是马歇尔·沃森律所的。

卢莎珀·阿博特对这一事件进行了再次报道，其中加入了房屋所有人提起诉讼要求沃森退回律师费的内容。由于《每日商业评论》的大部分收入来源于律所刊发止赎通知的费用，它是不太可能会刊发止赎欺诈新闻的。但编辑部门和广告部门之间是相互独立的，阿博特又有书面证据，因此《每日商业评论》报道了这个故事。

《棕榈滩邮报》的作者金·米勒也在密切注视这一事件。米勒刚从高等教育部门转过来，并不期望能在房地产市场发现什么大新闻，以为只是些房屋销售报告的无聊故事。但她发现了丽莎和迈克尔的网站，这两个网站成了主要的信息来源。丽莎会给米勒发一些电子邮件提示，几天后报纸上就会刊发这些信息。米勒真希望自己能够早点知道这些：2005年她和丈夫在泡沫经济的顶峰时期买了一套房子。

不仅仅是记者，几位房屋止赎厂的内部人士，也联系了丽莎，丽莎开始在餐馆与他们秘密会面。他们对此感到内疚，但只能给一些暗示，那些暗示的信息丽莎最终无法证实。一位内部人士告诉丽莎，他们的止赎厂弄丢了一整个装满原始本票的柜子。

抵押贷款电子注册系统联络部的某位人士在《止赎欺诈》网站上留言坚称，公司并未支持提交本票丢失证明书，尽管在抵押贷款电子注册系统的案件中发现过很多类似的证明书。迈克尔用一个引火烧身的卡通人物动图标注了这条评论。迈克尔后来发现了一个前DocX员工的私人Facebook群组，他在网站上公开了布列塔尼·斯诺、蒂瓦纳·托马斯、科雷尔·哈普以及该公司CEO洛琳·欧莱礼·布朗的Facebook个人主页。一位名叫"关注"的评论者批评迈克尔曲解了该群体。迈克尔调取了他的IP地址，发现"关注"来自一家DocX工厂。几位DocX员工私下联系了迈克尔，想让他撤掉帖子，因为他们不想让未来雇主看到他们的名字与欺诈产生关联。迈克尔并不表示同情。他认为他们的工作导致了无辜者失去家园，他不觉得有必要和善地对待他们。

偏袒银行的评论人或银行业收买的水军声称，迈克尔和丽莎企图用计白得一套住房。他们说，如果你没有偿还贷款，那就应该离开家门。当时丽莎甚至不住在家里，所以她总觉得这很滑稽。实际上，这种道德责任感是畸形的，房屋所有人不惜一切代价在萧条的经济环境下还贷，而那些没有所有权证明的公司却可以利用伪造文件将人们赶出家门，不会受到任何惩罚。这种现象激怒了她。

抵押贷款合同往往附有一份无形的社会契约：借款人同意，无论生活多么艰辛，都会按时还贷；贷款方同意，只在万不得已的时候才会取消借款人的抵押品赎回权。现在，借款人仍然承受着这种道德感的约束。大多数与丽莎有联系的房屋所有人都表现出拯救自己住房的强烈意愿，他们说他们愿意节衣缩食、不交电费，甚至不看病来偿还贷款。当贷款注定无法偿还时，费力节俭既不理性，也毫无经济意义。但房屋所有人把全部情感都倾注到自己的家中，他们根本不在乎是否理性。

然而，贷款方并未受到同样的道德约束，他们采取卑劣的手段来增加利润，驱使房屋所有人身陷止赎困境，并利用虚假文件完成止赎。行业领导人提醒大家注意"战略性逾期"指的是房屋所有人可能故意不还贷款以获得政府提供的贷款条款修订。但这几乎从来没有发生过，因为房屋所有人并不确定一定能够得到贷款条款修订的机会，而违约的后果又是如此严重。事实上，今夏最引人注目的战略违约来自抵押贷款银行家协会。就在几个月前，该协会发言人极力主张借款人应当继续还款。发言人说："如果他们逾期，会给家人、孩子和朋友们传递什么样的信息？"

一些《止赎欺诈》博客网站的老用户抱怨新一轮活动缺乏可信度，也难以吸引公众的注意。贷款审计、前抵押贷款中介斯蒂夫·迪伯特认为，社会各界的说法将打败银行这件事简单化了。他认为尼尔·加菲尔德总是过于草率地承诺，自我辩护当事人只要基于要求对方出示本票的策略或一些其他策略就能胜诉。他在博客中把加菲尔德描绘成一个艾尔默·甘特里式的人物，向人们兜售一些最终会被法院扑灭的虚假希望。迪伯特也接收客户帮助他们避免止赎，但他说要给他们更现实一些的期望。

《止赎村落》的一些活跃用户为加菲尔德辩护，指出迪伯特曾利用

《谎言生活》上的一篇文章为自己的贷款审计生意吸引客户。另一些人说迪伯特在做贷款经纪人时就经常骗人，暗示他曾经与现在抗争的那个系统沆瀣一气。迪伯特反击说，加菲尔德的支持者都是一些不知情的外行，但他又说："我不会反对《止赎村落》的运营者丽莎·爱泼斯坦，因为她真的很酷。"丽莎询问《赫芬顿邮报》的博主理查德·宗贝克，是否可以让棕榈滩县法院给她发一张媒体通行证，以便拍摄"火箭速度案件审理"，后者站在迪伯特那一阵营。宗贝克的止赎战友们让他欺骗编辑，他判定这些人是一些浅薄的半吊子。博客圈就此划出泾渭分明的战壕线。

迈克尔的进攻意愿连累了其他人。有天丽莎正在法庭旁听，法官米努·萨瑟突然冒出一句："爱泼斯坦女士，走到前方来！"丽莎不安地从挤满了律师的房间钻到讲台上，那天并没有安排她的案件审理。"我只是想让你知道，礼貌和尊重对我来说很重要，"萨瑟法官严厉地说，"我无法容忍你的不尊敬。"被法官一顿训斥之后，几个律师问丽莎怎么回事。"我不知道。"她回答说。

丽莎打电话给艾斯律所的达斯廷·扎克斯，从5月起他担任了她的辩护律师。艾斯律所与萨瑟法官有一些过节，律所律师声称法官对他们怀有敌意，但他们不明白为什么她会在法庭上公然训斥丽莎。丽莎的下一个电话打给了迈克尔，他说："哦，也许是我的错。"那天，迈克尔公布了萨瑟法官的财务记录，任何司法选举候选人都必须提交财务记录。记录显示，萨瑟法官投资了几支与银行有关的互助基金，其中包括美国银行的股票。尽管艾斯律所试图以萨瑟法官持有美国银行股票为由令她不能审理一起有关美国银行的案件，但大多数互助基金都会投资银行的股票。在一些人尤其是斯蒂夫·迪伯特看来，这一指控毫无根据。但是，由于缺乏资源和权力，迈克尔认为必须唤起人们的注意。

萨瑟法官认为是丽莎在运营迈克尔的网站，所以训斥了她。几周前,萨瑟法官否决了丽莎要求驳回案件的动议。质疑法官的正直必然会导致案件败诉。迈克尔让丽莎的处境十分艰难,将来在法庭上面对萨瑟法官也会非常不舒服。但丽莎没有退缩,坚持前往法庭旁听。

她发起了周一暂缓运动,呼吁暂停止赎以对文件欺诈彻底评估,并找出一项使房屋所有人免于被驱逐的可行性办法。抗议活动最多时也只有五到十个参加者,但几个月来丽莎每周一如期而至,散发传单,举牌示威。

周一暂缓运动一般会有一位年仅三岁的参加者:詹娜。她负担不起一直将女儿留给保姆照看的费用。更重要的是,有太多夜晚丽莎都在电脑屏幕前埋头研究,詹娜只能一个人看电视。丽莎渴望有一个孩子,甚至在经历过一次流产后才生了詹娜。现在她却由于热心其他事物而无法扮好母亲的角色。因此,她把詹娜带过来参加活动,让她举着一块标语牌,呼喊口号:"银行被保住了,我们被出卖了!""停止抢劫,开始起诉!"詹娜不懂这些话的意思,但觉得在公共场合大喊大叫非常有趣。一天,詹娜在保姆玛丽·迪尔阿谷尔拉家展示这些口号,玛丽的儿子说:"妈妈,为什么你不教我唱这么酷的歌曲?"

丽莎也会把詹娜带进法庭,让她平躺在长凳上,脊柱裂手术留下的疤痕仍然很敏感。詹娜高兴地躺在妈妈身边,全然不顾正在进行的法律程序;丽莎会在小卖部给她买一个冰淇淋三明治。像琳恩、格蕾丝·鲁奇和詹姆斯·埃尔德(《止赎村落》里的爵士)等其他人,也会定期和丽莎一起前往法院。但她最喜欢的,还是詹娜陪着她。

对丽莎来说,律师、法警和档案管理员是她的同事。在一起汇丰银行涉嫌"假"文件案件中提交了法庭之友的简报后,她在法院的声誉逐渐高涨。丽莎在简报中写道:"存档于公共记录中的'抵押贷款的假转让协议'是非常关键的信息,这导致难以确定房产的真正所有人,难以将所有权转让给其他人,后续所有人难以获得所有权保险,也难以确定一根完整的产权链条。"

佛罗里达审判法院没有建立接受法庭之友简报的制度,这是上诉法院的阳谋。因此,唯一可行的策略就是提起动议要求法院接受简报。丽莎在圣露西港和棕榈滩发起了两份动议。

在棕榈滩的动议听证会上,银行律师在丽莎旁边蹲了下来,问她:"你是房屋所有人吗?"

"不是。"

"你是律师吗?"

"不是,但我写了一份法庭之友简报。"

丽莎交给律师一份长达一百页的报告,其中包括贷款方程序服务公司声明与 DocX 有关联关系的财务报告,一份有关失踪的抵押贷款文件的研究,"假"转让协议和她的法庭之友简报。

律师翻了几页之后说:"我到外面往办公室打个电话。"

事情过后,律师们对她侧目而视。但是只要丽莎出现在法庭上,律师和法官都会更加留意法律规定,或至少口头上应允更多的条件。也许这并不能改变裁决,但却使巨型止赎机器发出了破裂的咯吱声。

在案件中原告发明了一种新的手法:"魔幻"背书。听证会当天,原始本票神奇出现,以至于止赎辩护律师没有时间检视本票的真伪。之前的本票一般未经背书,违反了证券化管理规章联营及服务协议。但这些新的"原始"本票却突然有了背书。不管银行需要什么,都能得到量身定制的证据。很多突然出现的背书文件来自美国国家金融服务公司,这家公司的大多数竞争对手已经破产。琳恩收集了几十个案例。

大多数律所直接无视佛罗里达最高法院的新核查标准。大型房屋止赎厂夏皮罗·菲什曼律所试图让最高法院发回重审,并直言不讳地说:"本票持有人往往不了解本票的最新状态。"丽莎将这种主张总结为:"法官大人,我们了解到的事实是,某个人在某些时候欠另外一个人某些东西。"她与奈伊·拉瓦利联手，给夏皮罗·菲什曼律所写了一封长达六十六页的回复函。由律所施行的本票核查非常奇怪。迈克尔发现了一封由"授权管理人"（没有具体指明是哪个机构的授权管理人）签署的 PNC 银行的本票核查。看起来该行业只是将"机器签署人"换成了"机器核查员"而已。

丽莎想到这些"魔幻"背书和怪异核查的复印件。但 6 月时，档案室的主管递给丽莎一张官方勒令，要求她停止所有私人的文件扫描行为。主管给了丽莎两个选择：要么像原来一样，每复印一页支付 1 美元，要么担任档案管理员，管理卷宗并负责监控扫描，这样丽莎扫描的文件就可以抵销每小时 22.75 美元的工资和福利。丽莎认为专门雇人看护止赎文件实在太可笑了，主管给出的理由尤其可笑：为维持法院运转，收费是必要的。法院可以驳回任何没有恰当核实文件的案件，迫使抵押贷款公司重新起诉，每次都要再支付 1 900 美元的起诉费。他们还需要在乎一页 1 美元的费用吗？最后，她按一小时 22.75 美元的价格支付了文件看护费用。

丽莎一心想找出如何才能制止公然违反核查标准的行为，这一标准是由她参与帮忙从而得到州最高法院批准的。她给棕榈滩县和其他法院的首席法官发了电子邮件。一天，她得知棕榈滩县律师协会专业委员会将举行每月午餐会。丽莎联系了委员会联合主席卡拉·罗肯巴克，要求他们解决这个问题。"如果对方律师可以单方面决定不遵从法院规则，"丽莎写道，"人们又怎么能对我们的司法体系抱有信心呢？"

罗肯巴克回信说："我会把你的问题添加到会议议程中，我们可以给你五分钟的展示时间和五分钟的讨论时间。"

开会那天，丽莎和迈克尔（像往常一样结伴）前往西棕榈滩政府办公楼。卡拉·罗肯巴克邀请他们到食堂吃午饭；丽莎拿了一瓶健怡雪碧。"我们很期待看到你的演讲，"罗肯巴克说，"我希望你不要介意，我们邀请了一位有相关利害关系的专业人士——萨瑟法官。"

丽莎嘴里的雪碧吐了一地。迈克尔一动不动呆坐在那里。罗肯巴克走开后，丽莎说："你怎么毫无反应！"

迈克尔回答说："你不能做出反应。"但他明白，处境有多么糟糕：丽莎将在她的止赎案件主审法官面前进行一次演讲，声称这位不专业的、无能的地方法官面对四处蔓延的欺诈默不作声。

委员会的联合主席告诉萨瑟法官，丽莎·爱泼斯坦将会发言，也许这是萨瑟法官最终没有出席的原因。丽莎长舒一口气，做完了演讲，着重讲述了文件缺乏核查以及存在欺诈等事项。包括其他地方法官和一位联邦助理检察官在内的与会人员都给予了肯定。一位与会者告诉迈克尔："主要是意识，还要实施处罚。"

6月3日，州最高法院否决了夏皮罗·菲什曼律所要求将核查程序发回重审的动议。几天后，丽莎在走进法庭时恰好遇到正往外走出来的萨瑟法官。丽莎后来对迈克尔描述了生平第一次经历的这个古怪时刻，四目相对，眼神仿佛是敌对中学橄榄球队的四分卫。

琳恩·兹莫尼艾克帮助杰克逊维尔的联邦检察长办公室起草了针对类似德意志银行的受托人的传票。他们要求提供每支信托中大约五千笔贷款的抵押贷款票据、本票、背书、转让协议及产权保单。没人想看这些卷宗，但这是摧毁这一体系的关键。伪造的止赎文件只是表面上的掩饰，没有将抵押贷款转让给信托才是原罪。琳恩听说，信托几乎没有任何卷宗中提到的文书。受托人本应递交两万五千份文件，结果大概也就交了十二份。琳恩通过彭博社的一份报道了解到，杰克逊维尔检察长办公室的公诉人就此案件采访了埃普丽尔·查尼。联邦检察长告诉查尼，他们正在着手让贷款方程序服务公司的员工接受大陪审团的质证。

6月4日，琳恩向南卡罗来纳州联邦地区法院提起了罚金起诉。另一份起诉在北卡罗来纳州提起，最终两起案件合并审理。琳恩的代理律师重写了诉状，但采用了她的证据，声称政府受到诈骗。"被告隐瞒了从未将本票和转让协议递交给抵押贷款支持证券信托的事实，并向包括美国政府在内的投资者传播了虚假和误导性陈述。"政府投资者为掩饰性的文件买单，银行得以证明其止赎起诉资格。凭借无效本票和转让协议，政府的其他机构清偿了抵押贷款保证人。琳恩起诉案的关键在于，该行业通过搞砸证券化从而摧毁了房地产市场，政府也是付出代价的买单者之一。

司法部立即介入，与包括联邦调查局、住房与城市发展部、不良资产救助计划检察长和联邦住房金融管理局在内的十五家机构一起举办大型会议。其中一些参会者只说自己是"顾问"，却没说是哪家机构的顾问。所有的公诉人都在吹嘘他们抓捕坏人的能力；琳恩并不认识这些人，也不知道该去相信谁。但她的律师非常高兴，因为司法部门的介入意味着他们将会安排诉前程序。

琳恩在司法部的新联系人正请她帮忙起草机要信息披露标准，这将作为提供证据的要求。司法部需要为该案件中的十八位被告制定统一的机要信息披露标准。为了起草这一标准，不知花费了多少时间，待琳恩提交之后，华盛顿的司法小组给出了指示："你们能将它缩略成三十个最紧迫的事项吗？"

尽管取得了这些微不足道的进步，琳恩仍深陷财务困境，付不起家里的电费账单。下雨时，厨房里的灯具孔位置一直漏雨。空调也坏了。琳恩负担不起公寓的月供还款，已被银行止赎。戴维·J·斯坦恩房屋止赎厂提交的起诉状中，没有佛罗里达最高法院所要求的核查证明。琳恩对这一未经核查的诉状提出了抗议。现在她面临两起止赎诉讼，分别是刑事案件和民事案件。灾难在4月向她袭来。琳恩的女儿莫莉是霍夫斯特拉大学的一年级新生，被诊断长了一个巨大的动脉瘤。患者的生存率微乎其微，但莫莉坚持了下来。为此，琳恩时不时就会落泪。幸运的是，莫莉活了下来，但医疗费用使他们的财务状况进一步恶化。

琳恩最终得到机遇。纽约的一位持有 DocX 文件的房屋所有人面临即决判决，这是将他驱逐出家门并拍卖房屋前的最后一步。他联系到琳恩，问她："你能不能给我们出一份证明，并作为我们的专家证人？"

为此任务琳恩开价 300 美元。她创建了一份标准证明书模板，上面有她的名字、法律背景和学习经历、专家证人经历以及抵押贷款证券化和止赎相关文章的网站链接。她会仔细检查抵押贷款转让协议和其他一些支持性的文件来寻找其中的虚假之处。这项工作并不繁重，琳恩非常熟悉其中存在的众多问题。琳恩会将文件中的错误一一罗列，"机器签署人"的签名，止赎诉讼提起后制作的转让协议，等等，然后写下："基于上述原因，我认为此转让协议存在欺诈。"琳恩向房屋所有人说明，这无法保证一定能保住某人的住房。但是，提出问题以拖延即决判决就是一种成功。琳恩出具了第一份证明书之后，这事在止赎辩护律师的圈子里流传开来，之后就有更多人来请她开具证明并担任专家证人，先是来自纽约的，然后是佛罗里达的。琳恩赚到了钱，足够支付水电费和维持生活。

这项研究，使得琳恩深入了巨型止赎机器内部。在为 BAC 住房贷款公司的一笔贷款开具证明书时，她在得克萨斯发现了几家之前不知道的文件制作工厂。她发现艾斯证券公司的一系列信托产品中都有奥克文公司制作的文件，该公司就在西棕榈滩。因此，她研究了所有奥克文公司制作的文件。每位受托人、服务商、"逾期服务"公司和贷款发起商都使得琳恩看到一堆新文件，她一个接一个地不断研究。

琳恩的起居室里堆满了文件。她把除餐桌以外的所有家具都清理出去，然后堆满了文件夹。为能轻松识别签名变化，她将每支信托和每个"机器签署人"的签名分门别类。打印机不停打印，墨盒一次一次被用光,她不得不往返迈克斯办公用品商店多次购买。在寿终正寝前,打印机打出足够多的证据,几乎包含了全美所有抵押贷款相关公司的低层级签署人、主管和高管。

琳恩不得不将一些研究保密。罚金诉讼案件的坏处,除了是为政府而不是房屋所有人要求赔偿金之外,就是未曾公开起诉。所以她与戴米安·菲格罗阿联系时(实际上她现在还是戴米安的代理律师),不能透露任何与案件有关的信息。戴米安给琳恩发送了一则新闻,是关于内华达州一起针对抵押贷款电子注册系统提起的罚金诉讼。她故作忸怩道:"有没有向斯坦恩律所和印地迈公司提起了罚金诉讼的人接近你?我没法让任何人对此感兴趣,但我想他们应该对此感兴趣。"

戴米安回答说:"是你告诉我要保守秘密的。你会是唯一认真对待我并不把我当成疯子的人。"

琳恩说:"正因如此,你知道我'没有'提起罚金诉讼。"她没说清到底是针对斯坦恩律所的案件还是总的罚金诉讼。"因此如果有人接近你,你应该考虑一下。除非大肆宣传,没有人会主动敲门来帮助我们。"

一周之后,真有人敲了戴米安的门。劳德尔堡的一位律师正在组织一起针对斯坦恩律所的联合诉讼。戴米安问琳恩:"他可能会让我做集体诉讼的代表。这与我们将来计划的事情有冲突吗?"

琳恩打算不再限制戴米安,回答说:"我不能让我的团队成员有所行动,但请你抓住任何可以争取正义的机会。"

戴米安雇用了劳德尔堡的肯尼思·埃里克·特伦特做代理律师,他们提起了对斯坦恩律所的集体诉讼。《棕榈滩邮报》的金·米勒对此进行了详细报道,写明斯坦恩律所处理过的案件中所有的日期倒填和捏造的文件。米勒询问米努·萨瑟法官关于此事的看法,法官说:"我没看到什么普遍存在的问题。"博主们确信,这一发言今后将会让萨瑟法官惹上麻烦。

斯坦恩近期遭遇了一系列挫折，这一案件是最近的一起诉讼。他在海滨别墅和跑车里忍受着巨大的压力，其间，一份关于费用欺诈的佛罗里达律师投诉成为博客热门话题。戴米安的新律师特伦特发布了一份香农·史密斯的质证记录，他是斯坦恩律所的一位公证员，他的签名是两个首字母的缩写，每个字母都有两个大圈，与同事谢丽尔·萨蒙斯的签名看起来一模一样。另外一起集体诉讼指控斯坦恩拒绝停止对一对从未逾期还款的夫妇的止赎活动，反而要求他们缴纳 17 000 美元的律师费。

该公司的公开上市母公司 DJSP 公司，被投资者提起诉讼，投资者指控该公司对未来收益造假，这就像证券交易委员会的披露信息一样曝光了丑陋的秘密，其中戴维·斯坦恩坚持说，不管政府如何努力减少止赎，他都能找到使公司营利的方法。民众的议论对公司的中介业务造成了不利影响，股价因此暴跌。

对斯坦恩造成最大损害的是佛罗里达总检察长办公室开展的调查。琼·克拉克森和特蕾莎·爱德华兹就文件的相关问题向琳恩和丽莎寻求帮助，"帮我找五十份日期倒填的斯坦恩律所的转让协议"，或是"帮我找一些同一个人代表不同银行签署的文件"。丽莎和琳恩忙着回应这些要求，有时还需要当地欺诈研究人员迈克尔·奥林尼克、戴米安或是《止赎村落》访问用户的帮助。琼和特蕾莎的办公室里满地散落着止赎文件，渐渐有点像琳恩的客厅了。

托尼·韦伯斯特是丽莎和琳恩的非正式研究助理，他来自奥兰多附近的布里瓦德县，是《止赎村落》的用户。托尼给他所在地区的所有新进止赎受害人的邮箱里都放了一封信，敦促他们加入《止赎村落》，以便抗争。

他还每天给县法院书记官斯科特·埃利斯发送博客链接，强调存在不合标准的转让协议和虚假本票："我们的公共土地登记系统已经成了一个污水池！"埃利斯并不觉得好笑，他回答说："我不是调查机构。你声称存在欺诈,但似乎没有执法机构有兴趣调查。"托尼因而去争取了执法机构的关注。

多亏了托尼的不懈努力,丽莎得以驱车前往奥兰多与佛罗里达执法部门的特工迈克尔·吉登斯谈了九十分钟,详细介绍了欺诈犯罪。在塔拉集会上发表演讲的众议员达伦·赛多也到场了。吉登斯要求他们提供在他具有司法管辖权的佛罗里达中心地区的案件卷宗。丽莎记下了这一要求,她必须再次去奥兰多法院的档案室搜索。

8月初,经过长达八个月的调查,安迪·克罗在《琼斯夫人》上发表了一篇关于戴维·斯坦恩的报道。这是最早一批全国性媒体关注房屋止赎厂的报道之一。这篇报道糅合了很多线索:艾斯律所关于不可能存在的公证印章的质证记录,罗多里诺法官对房屋止赎厂制作的文件"没有信心"的声明,戴米安·菲格罗阿的集体诉讼,投资者诉讼,前期律师协会投诉以及斯坦恩因止赎获取的不可计数的财富。克罗尔解释了房屋止赎厂及其服务商在止赎活动中具有经济利益,因此他们有动力进行止赎,而不是帮助房屋所有人。他揭露了斯坦恩办公室的一些野蛮细节,律师们比赛谁能够最快完成止赎,"习以为常地捏造"案件卷宗,工作保障主要建立在将人们赶出家门的行径之上。

他将斯坦恩描述得极其令人厌恶——后者因乱摸女职员、讲猥亵笑话、模仿性爱行为受到了性骚扰指控。案件最后以庭外和解告终。

尽管《琼斯夫人》报道中的一些信息业已在博客上公开了好几个月,但它集中收集了斯坦恩的信息,描绘了他非法侵占别人家园的罪恶形象。佛罗里达总检察长比尔·麦科勒姆在与对手卫生部长瑞克·斯考特进行州长竞选初选的几天前,借机宣布将对斯坦恩律所和另外两家房屋止赎厂(马歇尔·C·沃森律所和夏皮罗·菲什曼律所)展开新的调查,调查主要针对"提交给佛罗里达法院以加快止赎进程的不当文件"。这次调查也将由琼和特蕾莎负责。

房奴   223

几周之后,麦科勒姆竞选失败。新的司法部长即将上任。但由于止赎事件的根基已被动摇,没有维权人士关心新司法部长的上任。

佛罗里达州的法官们也开始改变。即决判决被撤销。申请驳回案件的动议被批准。止赎也被停止了。泰珀法官驳回了帕斯科县的一起案件,原告不能再次起诉。圣约翰斯县的特雷纳法官也做出了同样的判决:"原告不是提起诉讼的恰当主体。"迈阿密戴德的贝利法官对佛罗里达逾期法务集团施加了处罚,在判决中愤然怒斥:"我希望能见到符合基本标准的负责任的律师来处理此事,律师应该了解案件卷宗的犯罪调查是怎么回事。"丽莎将这些法官姓名都记了下来。

当下,法官们已经更能接受止赎欺诈的概念,丽莎有了一个新主意:参加佛罗里达律师协会在奢华的博卡拉顿度假村俱乐部召开的年会,向更多律师传授止赎欺诈的知识。丽莎询问律师协会是否愿意承办一次关于止赎欺诈的研讨会,但有位负责人说所有房间都已预订。于是丽莎打电话到酒店询问:"离律师协会的年会会场最近的会议室是哪间?"酒店告诉她可以使用隔壁的麦兹那会议室。

丽莎拖着迈克尔一起去预订房间。度假村的巨型粉红塔在除了博卡之外的任何地方都引人注目。丽莎和迈克尔走进华丽的大堂,大理石地板和拱形天花板看起来像由百元美钞堆砌而成。大会工作人员向丽莎和迈克尔展示了会议室,并告诉他们当天可以免费租用;只要餐饮费用超过2 000美元即可。丽莎心想:"光吃喝怎么可能超过2 000美元呢?"然后她看到了酒店的菜单。一夸脱橙汁36美元。十二块曲奇饼干48美元。

他们购买了最低限额的食品,达到了2 000美元的门槛,还远远不够。丽莎又买了一些唐恩都乐甜甜圈和麦当劳食品,这可能是第一次有人在博卡度假村这样做。《止赎欺诈》博客的赞助人卡罗尔·阿斯伯里承担了费用。他们还发起了"虚假文件墓地"活动，以抵销一部分成本，参会者花费20美元，就可以将自己选好的止赎文件贴到一块墓碑上，并将它展示给律师协会的律师们。

会议当天，丽莎在其他会议室里暗中分发信息卡，暗示研讨会是律师协会的官方活动。现场到了几十个人，有可能是为了高价饼干和果汁而来。大多数人都留在那里听完了琳恩、卡罗尔·阿斯伯里、马特·韦德纳等人的汇报。丽莎和迈克尔向金融危机的英雄们颁奖，埃普丽尔·查尼、汤姆·艾斯、詹妮弗·贝利法官和迈克尔·特雷纳法官等人受到了表彰。与会人员包括法官、律师和当选官员。甚至连民主党州长候选人亚历克斯·辛克也顺道观看了演讲。两位一身黑衣、戴着无线耳机的男士站在后面。他们是秘密特工吗？没人清楚。但是迈克尔在《止赎欺诈》博客上直播了会议现场，他调取直播观看者的后台记录时，发现了来自国土安全局、中情局和美国总统执行办公室官网的访问者。

迈克尔就研讨会写了一份热情洋溢的备忘录：

> 我从未想过身陷止赎会如此值得，如此振奋人心……
>
> 自从两年前踏上这一征程以来，我做了很多之前难以想象会成功的事情。我遇到了忠于自己、黑白分明的朋友……而且我意识到这不再只与我本人有关。这是为了改变我们身处的这个疯狂腐败的世界。
>
> 现在的我跟过去完全不同。最重要的是，我从未真正在意过别人。现在我发现自己热心于帮助、教育、联络所有人并与每一个愿意倾听的人分享信息。即使他们不愿倾听，我也会去尝试！

几天后，止赎部门午休时，丽莎和詹娜一起待在棕榈滩县法院的法庭里。萨瑟法官走到丽莎身边，她正在收拾行李。萨瑟法官指着仰躺在

房奴

长凳上的詹娜问她:"那是你女儿吗?"

"是的,我的小跟屁虫。"

萨瑟法官问詹娜是否身患疾病,丽莎告诉她詹娜做过脊柱裂手术,正在康复中。法官点了点头。"我知道有个得病的孩子是什么感觉。"法官告诉丽莎,事实上,她曾失去一个孩子。

16 垮 台

当佛罗里达司法部门和总检察长办公室对巨型止赎机器产生怀疑时，州立法机构却有不同的想法。立法者批了960万美元用于返聘退休法官，声称目的是将积压的上百万份止赎案件，在一年内减少62%，以取代此前失败的去司法程序止赎法案计划。如果说，止赎部门之前是追求以"火箭速度"审理案件的话，那么立法部门的此举，无疑是在加码要打破音速。

按照立法机构指定的方式来减轻案件负担的唯一办法，就是尽快完成即决判决。证据的准确性已经成为次要考虑了。仅仅7月，奥兰治县和奥西奥拉县就审结了1 319桩案子，该区域的首席法官就此在《佛罗里达律师协会新闻》上大肆宣扬。棕榈滩县的首席法官坚持认为，法庭必须"清理止赎案件，以便空置、破旧的房子能重回房地产市场"。当然，在行将就木的佛罗里达，没有人会去买破旧不堪的房子，银行又不愿意出钱修缮维护；所以，法院大批清理止赎案件最有可能的结局就是更多房产被毁。

丽莎和迈克尔从盟友处听到了很多传闻。两分钟的审判被缩短为二十秒。法官一般不再审阅案件卷宗。迈阿密戴德县的一位退休法官驳回了几十起要求停止法院拍卖的请求，还大声抱怨："这个住房可偿付调整计划到底是什么，这些人一直吵嚷着他们获准这么操作。"显然，他对联邦政府的贷款调整计划一无所知。另一位棕榈滩县的法官在法官席上说道:"我了解病痛,我了解离婚,我了解一切。"他命令房屋所有人停止为不还贷款找各种理由(然而,却允许银行为不遵守证据的相关法律规定找借口)。律师马克·斯托帕发现在他代理的一起案件中,法官还没庭审就做出了判决。还有一些案件,在不通知房屋所有人的情况下就做出了即决判决。

法庭审判室不够用了,听证会就被安排在任何一个空房间里:法官办公室、会议室。更有甚者,在布劳沃德县法院,他们在走廊里庭审。那里的一位法官告诉房屋所有人她的工作就是"清理案件",她拒绝叫停一起止赎案件,哪怕借款人和贷款方已达成一致,同意延期还款。因为退休法官得以返聘的目的就是为了减少案件积压,所以他们有经济动机去驱逐房屋所有人。

对于止赎来说,这是再好不过的消息了。文件处理商们得到了更多的生意,制作抵押贷款转让协议和本票背书。雇用他们的房屋止赎厂和律所不断输出案件,更快地赚取律师费。止赎房屋一旦拍卖,贷款服务商将会从拍卖所得中扣除他们的费用。信托受托人终于可以从账上销掉那些麻烦的贷款,把损失算在投资人身上。整个阴谋事件——包括证券化失败、违反税务和证券法规、断裂的产权链条和非法的止赎起诉资格,被拿到返聘薪酬的退休法官们小木槌一敲,说几句"没有",就能将所有证据就地掩埋。

最可恶的是,丽莎听说法院不希望有人看到这一令人尴尬的违反数百年民法体系的场面。这些临时审判室的门上挂着指示牌,注明只有案件的双方当事人以及代理律师才能参加;民众指责这违反了宪法第一修正案。埃普丽尔·查尼帮助《滚石》杂志的记者马特·泰比潜入了杰克逊维尔的一间会议室/审判室。首席法官苏德曾向一家当地报纸吹嘘说,他的工作是在一小时内审结二十五个案子(尽管在泰比旁听的第一个动议中,两位原告都宣称拥有本票,并承认本票丢失)。庭审结束后,泰比试着与一位房屋所有人交谈,而苏德法官把所有人全都召回审判室,教育他们不许与记者交谈。一个小时后,埃普丽尔收到苏德法官的电子邮件,威胁将以带记者前来旁听为由判处她蔑视法庭。

丽莎没有预料到法庭上的情形会越来越糟,但事实正是如此。那些有经验的法官听说这些止赎案件后都被激怒了,因为他们的审判室变成了犯罪现场。房屋所有人需要中头彩,抽到一个好法官,才能得到正义的审判。最可悲的是,退休法官们对一种扭曲的公平正义感很上瘾,他们谴责那些"免费"待在屋内的房屋所有人。正是这种利益感,贷款方未能遵守现有法律实践的副作用,打败了法治。

丽莎联系了知名的哈佛法学教授(他教过奥巴马总统)劳伦斯·特拉伯,他曾经在司法部门担任"司法服务高级顾问"。特拉伯在司法部时关注向穷人提供法律服务,丽莎强调这种火箭速度办案违背了正当的法律程序。令她意外的是,一位名叫丹尼尔·奥莫斯的助理给她回复了邮件,9月份他们开了几次电话会议。奥莫斯继续跟进,要求她提供有关火箭速度办案和房屋止赎厂不合法行为的信息。丽莎觉得特拉伯有政治影响力,于是积极回应了提供信息的要求。

在那些更黑暗的时刻,丽莎开始怀疑她在阻止司法体系崩溃上到底能不能发挥作用。不过,火箭速度办案很快得到了遏制,不仅因为佛罗里达忽然意识到它带来的破坏,更因为止赎欺诈终于爆发成为公共事件。

《止赎欺诈》定期发布全国各地抵押贷款行业员工的质证记录——无论是全国所有权清算公司这样的文件处理商,还是斯坦恩这样的房屋止赎厂。但贷款服务商的"机器签署人"杰夫瑞·斯蒂芬和贝斯·科特雷尔的两份质证记录,为案情破开了一线生机。

斯蒂芬的揭发起于数年前。吉姆·科瓦尔斯基曾是一个助理检察官,1996 年之前一直负责起诉自杀和性犯罪案件。之后他转成辩护方,加入了杰克逊维尔的一家专攻消费者欺诈的小律所。2005 年,科瓦尔斯基的客户罗伯特·杰克逊用一张保付银行本票支付了贷款。通用汽车金融服务公司最早是通用汽车下属的财务部门,后来成为美国第五大抵押贷款服务商。通用汽车金融服务公司以余额不足为由退回了这张银行本票。那是不可能的,因为银行本票一般都是预先支付。杰克逊接到了止赎通知,连同一份抵押贷款债务的证明书。作为一名习惯探索新事物的庭审律师,科瓦尔斯基想去质证那份证明书的签署人。

签署人名叫玛吉·科瓦塔诺夫斯基,来自宾夕法尼亚的哈特伯勒。科瓦尔斯基前去质证,几分钟后就明显看出她对这件案子一无所知。尽管她签署了保证贷款文件内容准确性的证明书,但实际上科瓦塔诺夫斯基只是对着电脑记录复核了两遍还款记录概要,电脑记录也不是她录入的。"你是在公证员面前签的字吗?"科瓦尔斯基问。

"不是,"科瓦塔诺夫斯基回答,解释了她把签好字的文件放进文件夹,稍后由公证员来取走的过程。作为一名"有限签字官",她每天要签署好几百份证明书。这就是几年后马特·韦德纳所说的"机器签署人"。

科瓦尔斯基立刻飞回杰克逊维尔,要求制裁当庭欺诈。2006 年初,法官裁定通用汽车金融服务公司提交了虚假的质证记录,要求他们向辩方支付 8 134.55 美元的律师费用,并要求服务商在三十天内完善证明书流程,以使这些材料能真实反映事实。通用汽车金融服务公司答应了。

科瓦尔斯基并没有意识到,科瓦塔诺夫斯基的行为是整个行业的标准做法,这一行为旨在掩盖证券化失败。但他意识到,如果止赎的哪个部分发生了程序问题,那么相关部分就不可避免存在实质性问题。连银行说的话都不能相信。尽管遭到处罚,通用汽车金融服务公司仍然没有改变止赎程序。事实上,玛吉·科瓦塔诺夫斯基还被升职了,又一位新员工补充进"有限签字官"的队伍:杰夫瑞·斯蒂芬。

近四年之后,通用汽车金融服务公司又一次被抓到现行,这次是托马斯·艾斯。他的妻子阿瑞安娜,一直在通用汽车金融服务公司的证明书上搜索斯蒂芬的名字。2009年12月,艾斯律所把斯蒂芬带到西棕榈滩,由他们的一位年轻律师克里斯·伊梅尔负责取证。斯蒂芬和他的十三位"文件执行小组"成员代表数十家抵押贷款发起商为通用汽车金融服务公司和抵押贷款电子注册系统签署文件;斯蒂芬说:"这些机构太多了,我无法一一举例。"

"你一般每星期平均签多少份文件?"伊梅尔问。

"大概一万份左右吧,当然这只是个估计。"每个月平均有21.7个工作日。这意味着,斯蒂芬每个工作日要签460次,或者说每小时57.5次,假设没有任何休息的话。因此,他能花在自己签署的每份文件上的时间是一分钟多一点。文件也许是准确的,也许不是。但考虑到文件制作的快速过程,证据有力地指向后者。毫无疑问,在一分钟的浏览中杰夫瑞·斯蒂芬什么也了解不到。

"所以这些文件实际上并不是由你本人基于个人知识签署的?"伊梅尔追问道。

"对。"

抵押贷款债务证明书的标准开头为:"此声明基于证明人的个人知识做出。"

斯蒂芬解释说,他签署的所有文件都是房屋止赎厂制作的。文件执行小组只是负责把他们的名字写到文件上,不用参阅具体的业务记录或诉状中的内容。小组成员签字时,公证员也是不在场的。他们甚至不用在签字当天做公证。斯蒂芬实事求是地回答了所有问题,平静地描述像他一样的办公室文员的日常工作:我做了这个,我签了那个。他对工作

房奴　231

职责中的犯罪内容并没有表现出任何意识。

艾斯律所把斯蒂芬的质证记录发给了迈克尔·雷德曼，这只是众多质证记录之一。2010年3月22日，迈克尔将其发表在《止赎欺诈》上。"如果不是因为人们失去家园的事实，这些质证记录相当可笑，"他写道。斯蒂芬的质证记录几个月来一直受到公众瞩目，通用汽车金融服务公司的非法行为持续了数年，却无人理睬。直到一位名叫托马斯·考克斯的律师偶然发现。

考克斯从事律师职业三十多年，曾就职于缅因州国家银行的商业贷款交易部门。那时候，许多小企业贷款的担保都是用企业主的房屋做抵押。在储贷危机发生时，很多贷款成为坏账，考克斯不得不提起止赎起诉，让小企业关门。缅因是个小地方，考克斯和许多他准备驱逐出门的人相互认识。因此，他抑郁了很多年，为剥夺别人的梦想而倍感心伤。他一度放弃了律师职业。

2008年春天，考克斯重新开始兼职公益法律援助工作。他加入了缅因州律师拯救家园项目，这是一个从小型非营利松树会（缅因州的别名）法律援助中分流出来的项目。缅因州律师拯救家园项目让考克斯担任志愿者项目的协调人，他要复审止赎案件，把它们转交给做公益法律援助的律师。这就要求他详细阅读每份文件，他简直不敢相信自己的眼睛。之前他操作的止赎案件都是在2000年前，因此这些案件对他来说完全是新鲜事物，在他看来，实在令人愤怒。

考克斯花了一年时间阅读文件，分类整理。随后在2009年夏天，尼科尔·布拉德伯里的案子出现了。她住在正对一座建筑工地的木结构的小房子里，位于缅因州西部一个距离新罕布什尔州边境很近的小镇。2003年她购买的这套房子价格不到75 000美元，从肮脏的外观来看，她买亏了。后来布拉德伯里失业了，无法继续偿还房贷。贷款方房利美提请即决判决，通用汽车金融服务公司则是服务商。在证明书上签名支持即决判决的正是杰夫瑞·斯蒂芬。考克斯盯着这个名字,这个名字他已经看到过很多次了。

缅因州律师拯救家园项目在那个偏远地区并没有律师。考克斯决定接下这个案子,这也是他十年来接的第一起止赎案件。在审阅那些伪造文件的这一年,他变得越来越愤怒,他渴望有机会去抗争。考克斯宣称,斯蒂芬的头衔"有限签字官"含蓄地承认了他对案件的潜在事实一无所知。况且,斯蒂芬核定的到期应付金额是错的,不符合房贷分期还款计划表。

考克斯曾经的同事基思·鲍尔斯法官(考克斯甚至参与了鲍尔斯的录用过程)不愿召开听证会。2010 年 1 月,鲍尔斯批准了除到期应付金额外的所有事项的即决判决,给这个案件留了一线生机。考克斯认为这个判决令人恶心。他走进松树会法律援助的同事办公室里大叫:我不会让他们得逞。

他递送了质证杰夫瑞·斯蒂芬的通知。起初通用汽车金融服务公司和房利美的律师不同意;也许有人还记得一个月前艾斯律所对斯蒂芬的质证。但是,考克斯要求缅因州法院签发司法协助函,迫使斯蒂芬在宾夕法尼亚作证。这是一种非同寻常的策略,常用于国与国之间传唤司法管辖范围外的证人。原告对此毫无准备。法官签发了信函,宾夕法尼亚州一个法庭给斯蒂芬发出了传票。

就在质证前几个月,缅因州律师拯救家园项目的负责人切特·兰德尔来到考克斯的办公室。"有人抢了你的风头,"兰德尔说,"他们在佛罗里达质证了斯蒂芬。"考克斯拿到了一份艾斯律所的质证记录。他联系了克里斯·伊梅尔,进行了几番长谈,这对他准备问题帮助很大。吉姆·科瓦尔斯基通过律师邮件群发,联系到考克斯,询问他四年前科瓦塔诺夫斯基的质证记录。考克斯记得这个名字;艾斯律所使得斯蒂芬承认,科瓦塔诺夫斯基是他老板。令人难以置信的是,考克斯能够快速找

房奴　　233

出四年间通用汽车金融服务公司非法阴谋的重要证据，但执法部门却从未这样做过。考克斯提醒缅因州总检察长办公室，他们应该派人出席听证会。但没人回复他。

2010年6月7日，考克斯来到宾夕法尼亚州纳伯斯的贝克代克斯&伯杰律所听取斯蒂芬的质证记录。通用汽车金融服务公司甚至没有律师出席；她通过电话参加会议，一位本地律师代表她站在证人席。尽管经历过艾斯律所的质证，但考克斯觉得通用汽车金融服务公司显然对他的提问毫无准备。在九十分钟的问询中，考克斯采取了与克里斯·伊梅尔相同的方法，让斯蒂芬承认他在对案件完全缺乏个人知识的情况下，每月签署多达一万份文件；他和他的文件执行小组也没有检查过物理数据的准确性。"我会比较本金余额，复核利息，还会看一下滞纳金，"斯蒂芬说，"仅此而已。"

"你看这样说对不对，就是你并不知道证明书的其他部分是否真实？"

"可以这样说。"

考克斯略微提高了嗓音："这样说对吗？"

"对。"

通用汽车金融服务公司的代表离开房间后，考克斯问庭审记录员，能否在两天内拿到质证记录的副本。记录员回答说："你要支付300美元。"考克斯把记录发给几位律师，包括吉姆·科瓦尔斯基和缅因州总检察长。这份记录在埃普丽尔·查尼的律师邮件群中掀起轩然大波，马特·韦德纳看到了它。6月15日，他把斯蒂芬的质证记录发在自己的网站上，这是质证后的第八天。迈克尔·雷德曼也看到了，并在《止赎欺诈》上转载了。

很快，考克斯接到一个刚参与尼科尔·布拉德伯里案的高级律师的电话。这位律师非常愤怒地问他，斯蒂芬的质证记录怎么流传到网上去了。"我不需要告诉你什么,"考克斯说。通用汽车金融服务公司没有给马特·韦德纳打电话要求他把文章删掉;如果他们真打来,韦德纳肯定会让他们滚蛋。但通用汽车金融服务公司确实试图阻止这份记录的公开发布,并想以"恶意散播"为由制裁考克斯。考克斯提出反诉,要求法官驳回案件。"斯蒂芬在证明书里写他了解证明书所陈述的事实,其实他并不了解,"考克斯在动议里写道,"他说他保管、掌握着贷款文件,其实他并没有。他说他附上了本票或贷款票据的'真实的准确的'副本,然而他并不知道那是否'真实、准确',因为他根本没有看过那些内容。"

通用汽车金融服务公司最后替换了斯蒂芬的证明书。纽约的高级律师们辩称:是尼科尔·布拉德伯里没有归还贷款。但鲍尔斯法官做出了不利于他们的裁决。即使是新的证明书也有缺陷,没有写明她家的街道地址,还有其他一些不准确之处。通用汽车金融服务公司的做法惹恼了法官。"斯蒂芬的质证记录并不是通用汽车金融服务公司大量粗制滥造证明书的第一次曝光,法庭对这一事实感到十分困扰,"鲍尔斯法官提到科瓦尔斯基案件和斯蒂芬的质证记录,写道,"这种行径早就该结束了。"

鲍尔斯法官取消了带有偏见的即决判决。他判定通用汽车金融服务公司支付2.7万美元的律师费。他不会强制要求删除质证记录,因为无论如何,艾斯律所的质证记录都已经传到网上了。通用汽车金融服务公司一定非常紧张。考克斯的办公室很快就解决了其他几件通用汽车金融服务公司的案件。迈克尔开始发现多名来自通用汽车金融服务公司的用户连续几个小时在《止赎欺诈》博客上阅读所有与通用汽车金融服务公司相关的内容。然后丽莎发现,佛罗里达逾期法务集团撤回了一系列的债务证明书,都是由杰夫瑞·斯蒂芬签署的。撤回通知这样写道:"佛罗里达逾期法务集团最近收到通知,证明书中的信息可能没有经过证明人的恰当核实。"丽莎将这个通知上传到《止赎村落》，并将其报告给州总检察长办公室的琼和特蕾莎。她们要丽莎提供所有与斯蒂芬有关的文件。丽莎在她的网站上贴了一张全境通告，几天的时间里就收集到六十九份文件。琳恩在搜索时发现了一份由斯蒂芬签署的她的公寓的抵押贷款转让协议，这份文件她之前从未见过。

2010年9月20日，迈克尔和丽莎正在为拉姆齐·哈里斯寻找避难所。他是一名六十二岁的兽医，身有残疾，被从位于佛罗里达州罗基波因特的租住的房子中赶了出来。哈里斯最初被告知，他可以待在被止赎的房子里，等到经济情况好转的时候，可以从银行手中买下房子。但周二银行突然通知他，周四要把他赶出房子。之后，在一个下雨天，银行把哈里斯所有的东西都扔到了路边。

迈克尔非常愤怒。他仔细调查了这个案件的方方面面。这次止赎就是欺诈；哈里斯就住在这套房子里，但从未收到传票，这违反了州法律。抵押贷款转让协议的日期是在贝尔斯登公司提起诉讼的六个月后，那时贝尔斯登公司已经破产。"机器签署人"琳奎达·阿洛泰证实了这一转让行为，但上面的签名与其他文件上的签名不同。迈克尔和他的同事们来回发了几十封邮件，想给哈里斯找个地方住，并且找一名代理律师。正当迈克尔为哈里斯的事奔走时，他一年多来的小目标实现了：在调查斯蒂芬的问题证明书期间，通用汽车金融服务公司宣布在二十三个州暂停所有的止赎活动。

当时，丽莎正在保养汽车，她从大厅的电视上看到CNN的头条："通用汽车金融服务公司暂停止赎拍卖。"就在那一刻，迈克尔打电话给她："总算来了！"

"机器签署人"只是为了掩饰银行缺乏止赎起诉资格的一种手段。但丽莎和迈克尔相信这根铁棍一定能撬开那扇窗户。之前许多媒体拒绝发表他们的声明，因为这些银行从未承认自己存在问题。现在通用汽车金融服务公司承认了。丽莎轰着刚保养过的汽车发动机飞速开回了家。她和迈克尔打算用他们的相关证据轰炸媒体。但还没来得及行动,媒体就主动联系了他们。《金融时报》为一条新闻采访了迈克尔。《华盛顿邮报》的一位记者也采访了迈克尔,这位记者去过斯蒂芬家,想就那些指控问斯蒂芬几个问题(斯蒂芬当时只说了"不,谢谢"便退回到屋内)。当地媒体早已将他们当作重要的消息来源,《每日商业评论》的阿博特两周前制作了一份迈克尔和丽莎的人物简介,配了一张他们双臂交叉胸前站在法院大楼屋顶的照片。现在,全国性媒体纷纷跟进。

在通用汽车金融服务公司的公告发出八天后,《止赎欺诈》发布了艾斯律所质证杰夫瑞·斯蒂芬的视频。观众震惊地看到,斯蒂芬在出席作证时穿着黑色重金属T恤和牛仔裤,下巴上留着山羊胡,一根根金发竖起。马特·泰比写道,斯蒂芬看上去像"一个老瘪四与大头蛋"。视频最后,斯蒂芬忽然大笑,还做了一个纸飞机,向镜头飞扔而去。在发布这个视频的许多网站上,评论者都觉得十分震惊。有人说:"那不可能是真的。"

的确不是真的。丽莎·爱泼斯坦扮演杰夫瑞·斯蒂芬;迈克尔·雷德曼扮演律师,在镜头之外提问。他们在卡罗尔·阿斯伯里一楼的办公室里拍摄了这个视频,身边到处都是走来走去的电话推销员。丽莎在浴室换戏服时,一位推销员走进来看了一眼并帮她在下巴上戴上了胡子。最后丽莎演不下去了,咯咯地笑了起来,笑声在屋内回荡。尽管看起来很滑稽,但这段视频最初成功地骗过了所有人。

丽莎和迈克尔并不只是在打败银行;他们开始找到更多的乐趣。

在通用汽车金融服务公司发布声明的第二天,琳恩写信给戴米安、奈伊、丽莎和迈克尔,问:"我们如何保持这种势头?"

迈克尔回复说:"继续重发我们手头最相关的文章。都已经走到这

房奴 237

一步了。只需要给他们带带路就可以了。为这一刻我们准备了一年。"

迈克尔最先发布的，是大通住房金融公司一位名叫贝斯·科特雷尔的员工的质证记录，迈克尔在评论里补充道："这份质证记录甚至比斯蒂芬的更好。"

大通公司的倒台，要从奈伊·拉瓦利说起。2009 年，他在南佛罗里达和佐治亚州的萨凡纳之间穿梭，与一名女士为几处度假房产的止赎而斗争。他白天写简报，晚上和朋友亚特兰大的保罗·艾格尼丝坐游艇出海。艾格尼丝在南卡罗来纳州的希尔顿海德有一个朋友，离萨凡纳不远，他的贷款出了问题。奈伊让保罗带上这位朋友。

保罗拜访了奈伊，并带来了朋友丹·戎克，他是一位电子系统法律侦察专家，也有类似的抵押贷款问题。丹在得知美国住房抵押贷款服务公司破产后，曾试图撤销贷款。尽管他遵循了解约的各项规定，但服务商花旗抵押贷款公司不让他解约。奈伊和丹成了朋友并开始联手。他们构建出止赎案件的事实，并与律师一起将这些事实捅上法庭。

2010 年 5 月，丹和奈伊收到了一份艾斯律所对贝斯·科特雷尔的质证记录，她是大通住房金融公司的运营主管。科特雷尔的名字出现在丽莎止赎案件中一份到期欠款金额的替换证明书中。俄亥俄哥伦布的摩根大通八人小组（其中包括惠特尼·库克和克里斯蒂娜·特罗布里奇，这两位是丽莎的"机器签署人"），每月要签署一万八千份文件，从转让协议到证明书和附笺。和其他"机器签署人"一样，科特雷尔并不知道她在签署什么，律师做了什么文件他们就签什么。

"我认为我的工作人员了解这些内容，"她说。

在上述问题案件中，同一处房产有两份"原始"本票。艾斯律所的律师达斯廷·扎克斯问科特雷尔："所以，当你签署证明书说'原告有权强制执行这份本票和抵押贷款'的时候，其实并不清楚你指的是这两份本票中的哪一个？"

"不知道，"科特雷尔说。

奈伊和戎克特别想知道这些文件是如何得到公证的。科特雷尔签署了一堆文件，把它们放在一个文件夹里，交给公证人。然后这些公证人在所有文件上盖章并签名。奈伊看到这一段，对丹说："这是俄亥俄州的公证欺诈。"这非常重要，因为戎克的妹妹詹妮弗·布伦纳是俄亥俄州的州务卿。州务卿对公证具有管辖权。

布伦纳曾在俄亥俄州的富兰克林县担任多年的民事诉讼法官，她在房地产泡沫期间见过许多奇怪的止赎案件。要么被告从未收到文书，要么原告会突然被替换，或是银行声称他们弄丢了本票。布伦纳总是好奇，银行怎么会丢失本票。但是大多数房屋所有人从来没有进行过辩护，所以她也做不了什么。作为州务卿，布伦纳以正直出名。2010年，她作为民主党候选人参加了参议院的初选，但在5月告负。

初选后，戎克把科特雷尔的质证记录发给了他妹妹，并着重标出了公证部分。看完质证记录之后，她和她的法律团队成员一致认为，科特雷尔承认了公证欺诈行为。然而经过一番研究，她发现，州务卿并没有太多办法处罚公证人，最多就是将这些违规行为作为刑事案件转给司法部门。

布伦纳一直在和克利夫兰的一位名叫史蒂夫·德特巴奇的联邦检察官合作办理另一起案件。8月，布伦纳亲手将一份刑事案件的质证记录交给德特巴奇，并等待回应。她不知道，俄亥俄州总检察长理查德·科德雷也正在调查机器签署人行为，特别是杰夫瑞·斯蒂芬的证明书。科德雷计划就通用汽车金融服务公司在俄亥俄州法院的欺诈行为提起诉讼。布伦纳得到这一消息后问德特巴奇，她是否能将大通住房金融公司的案件转交给刑事部门。德特巴奇说当然可以。

9月29日，就在布伦纳发布宣告的两天前，大通住房金融公司声明将暂停所有审判州的止赎业务。按惯例本该由德特巴奇通知摩根大通,他们已成为被调查对象,现在看来却是摩根大通在这起刑事案件的披露中先发制人。

巨型止赎机器可能会辩解,这只是一家抵押贷款服务商的腐败行为。但现在,另外一家也承认存在同样的不当行为。巨蟒剧团有一出幽默短剧《难以置信的神秘主义者》,其中有一位巫师在脑海中想象了一栋公寓。租户们必须相信这建筑的存在才能保持其矗立;如果他们不再相信,楼就会倒塌。到9月29日,所有人都不再相信巨型止赎机器了。

奈伊对于时机的绝妙感到非常开心。美国证券交易委员会前主席亚瑟·莱维特2000年时对他说,对金融欺诈的认定与曝光之间一般存在十年的时间差。2010年9月29日,这一天距离莱维特的发言差不多正好十年。

在默默无闻辛苦工作一年后,丽莎·爱泼斯坦和迈克尔·雷德曼突然置身于一群讨论这一丑闻的专家之中。多年来从没联系过他们的记者请他们发表评论,要采访他们或希望他们提供文件。CNBC希望拍摄丽莎在市政厅会议上向奥巴马总统提问的场景。《华盛顿邮报》的记者阿瑞安娜·查问迈克尔,在非诉讼止赎州,就是在那些通用汽车金融服务公司还没有叫停止赎活动的州,是否有杰夫瑞·斯蒂芬的签署文件。查第二天根据迈克尔的研究写了一篇报道,《抵押贷款文件问题的影响远超二十三个州》。金·米勒在《棕榈滩邮报》发布了丽莎的一条提示:通用汽车金融服务公司撤回了另一个"机器签署人"克莉斯汀·威尔逊的证明书。丽莎发现他们还撤回了其他一些文件,包括琳达·格林签署的,她是臭名昭著的DocX公司的"机器签署人",也是琳恩贷款文件的签署人。迈克尔·奥兰尼在除大通以外的其他银行的几十起止赎案件中发现了贝斯·科特雷尔的名字。"通用汽车金融服务公司的公告是蘑菇云,"马特·韦德纳严肃地告诉《纽约时报》,"核爆将焚毁整个抵押贷款服务行业。"

一位匿名举报人交给迈克尔一份异常文件。那是 DocX 为房屋止赎厂和抵押贷款服务商印制的产品目录，还有一份来自所谓 GetNet 的缺失文档在线订单。修复有缺陷的抵押贷款将花费 12.95 美元。本票丢失证明书和附笺也收费 12.95 美元。制作一份"丢失的居间转让协议"需要 35 美元。重建"整套抵押文件"——其中有本票、抵押贷款、证券化协议，等等，只要 95 美元。

也就是说，因伪造文件而被州和联邦政府调查的公司其实有一份文件造假菜单：你可以从 A 列和 B 列中任选一份。正如金融博客《裸眼看资本主义》的作者伊夫·史密斯所说，这证明了信托受托人手上没有止赎所必需的证据。史密斯随后转发了一位匿名次级贷款商 CEO 与同事间的激烈对话。这位 CEO 承认："如果你是对的，我们就玩完了。我们从来没有转交过这种文书。全行业没有人会转交这种文书。"

现在媒体开始踊跃调查，事实证明，他们很擅长挖掘案件，证明对土地登记系统的破坏是每个人都应该关心的大问题，而不仅仅是所谓的老赖。劳德尔堡的《太阳哨兵报》报道说，杰森·格罗登斯奇在家门口发现了一份止赎通知，但他是用现金全款买的房子。他在 2009 年的一次短售交易中买下了那套房子，但美国银行从未停止对前房屋所有人的止赎活动，房利美在拍卖会上也买下了这套房子。因此，杰森和房利美都拥有这套房子。根据《三角商业杂志》的报道，北卡罗来纳州的总检察长罗伊·库珀发现，美国银行正在对另一套没有抵押贷款的房子进行止赎。

《克利夫兰老实人报》报道称，克利夫兰的马丁和柯尔斯顿·戴维斯因为还房贷时偶然一次少还了 14 美分，从而失去了他们的房子——服务商开始收取滞纳金，滞纳金如雪球般不断滚动，14 美分最终变成了几千美元。

马特·韦德纳接到一个叫南希·雅可比尼的女人的电话。一天晚上她正坐在沙发上，突然听到有人在踢她家的门。她吓坏了，退到楼上，拨打了911："救命啊，我被锁在浴室里，有人闯进了我的房子！"后来事情查清了，原来是她的抵押贷款银行摩根大通雇用的一名"房产保全"专家前来更换废弃房产的门锁。但雅可比尼仍住在那里，当她开始拖欠贷款月供时，止赎法律程序还不存在。韦德纳曾大肆控诉过这些破门而入的案件，但从来没得到过回应。现在因为没有人再相信这一巨型止赎机器，所以南希·雅可比尼登上了ABC新闻、MSNBC和《今日民主》。

这些故事激怒了华尔街分析师巴里·里萨兹，他是很有人气的金融博客《大图景》的作者。他在博文"止赎欺诈为何对财产权危害如此之大"中，列出了房屋所有人在整个交易期间为明确产权而签署的每一份文件。土地登记这一建立和完善了三百多年的系统，以多重审核来保障这些权利。里萨兹怒吼道："其中不容许任何错误存在。"他解释说，如果买家不能确定其他人对他购买的房产有没有法定权益的话，那么资本主义就会崩溃。

最终，会出现这样一种混乱场面，银行错误地对房屋进行止赎，凭借抵押贷款本票对错误的人提起了诉讼，在抵押贷款本票中没有相关利益的银行提起止赎，多个本票持有人对同一套被止赎房产提起诉讼……这些错误之所以产生，唯一的可能就是参与该过程的人有犯罪欺诈行为。这并不是"过失"案件……我们不该因为犯罪方是银行就容忍非法的财产侵占行为。他们不是国家，不是君王，也不凌驾于法律之上。

CNBC把里萨兹请来与网络记者戴安娜·奥力克讨论这一问题。奥力克用典型的随军记者风格轻描淡写了公司的违法行为，声称大多数房屋所有人都没有偿还房屋贷款："他们就不应该住在那些房子里。"

"得克萨斯和佛罗里达的一些人被银行夺走了房子，他们并没有抵押贷款，"里萨兹以浓重的纽约口音回击说，"这里面肯定有问题。"

奥力克打断了他的话。"这种事情经常发生——""不，之前从没有发生过！"里萨兹回击道，"这在以前从来没有发生过！这在法律上是不可能的！"

"只是极少数个例而已。"

"应该是零！在美国历史上的绝大部分时间里，这种事情发生的概率是零！"

尽管报道这一丑闻的是商业记者，但银行知道，他们已经被逮住了。压垮骆驼的最后一根稻草，是老共和国产权保险公司宣布，它不再为机器签署公司的止赎房产提供所有权担保。保险公司无法保证谁拥有房子。没有产权保险，也就没人会冒险购买这些房产。

难以置信的神秘主义者的大楼倒塌了。2010年10月1日，美国银行暂缓了起诉州的止赎活动。同一天，康涅狄格州叫停了所有的止赎活动，得克萨斯州、马萨诸塞州、马里兰州、北卡罗来纳州和加利福尼亚州紧随其后。国会也介入了：参议员阿尔·弗兰肯和杰夫·莫克里以及众议员加贝·吉福兹和艾伦·格雷要求进行调查，并允许房屋所有人延期偿还贷款。格雷森制作了一个通俗易懂的止赎欺诈视频，该视频在网上疯传（"我们已经到了这样一个地步——最简单的赚钱方法就是去偷窃"）。俄亥俄州总检察长理查德·科德雷宣布了对通用汽车金融服务公司诉讼案的判决，对杰夫瑞·斯蒂芬的每一份欺诈性证明书处以25 000美元的罚款，罚金总额高达数十亿美元。联邦银行监管机构对主要抵押贷款服务商的所有止赎程序开启了正式审查。10月8日，美国银行将止赎的暂缓范围扩大到全部五十个州。摩根大通、通用汽车金融

房奴　243

服务公司、利顿贷款公司以及花旗银行紧随其后。富国银行还在硬撑，声称他们是"好"银行，但他们的机器签署人——谢·莫厄最终也遭到质证，他每天签署五百份未核实的文件。他们开始放慢止赎案件的处理速度。10月13日，全美五十个州的总检察长宣布对止赎欺诈进行调查，美国的大型止赎机构大多处于停滞状态。

一年前在骨鱼烧烤店策划的这个计划得以完美推进。迈克尔和丽莎认为，执法部门介入曝光丑闻，阻止事态的恶化进程，并将追究有关人员的责任。他们出去吃大餐庆祝。"我们满怀希望，"丽莎后来回忆道，"都以为自己成功了。"

17　重要时刻

　　止赎欺诈的博主们都在苦于应付新近鹊起的声名。他们执着的事迹开始登上《早安美国》《每日秀》的头版，并屡屡成为夜间新闻的话题。丽莎和迈克尔也成了《华盛顿邮报》《麦克拉奇报》以及《棕榈滩邮报》（标题"老赖对抗华尔街"）新闻的头版人物，报道中还附有他们的个人简历。普通人揭露复杂金融丑闻的事迹，为媒体提供了吸引大众眼球的角度。对此迈克尔并没有自满，他在博客《止赎欺诈》中这样写道：尽管我们为之呐喊了一年之久，但在通用汽车金融服务公司发表声明前，没有人感兴趣，这真是讽刺。

　　CNN请迈克尔上节目。迈克尔理所当然地转而邀请了丽莎。他们匆匆赶往CNN在当地的一家附属台，丽莎坐在一个小演播室里，在二十分钟的时间里回答主持人玛丽·斯诺的提问。访谈最后，摄影师对她说："我认识的三个人遭遇了止赎，非常感谢你所做的一切。"丽莎和迈克尔撤到附近的一家酒吧去观看丽莎的全国电视首秀。然而就在播出前，节目被CNN用一条突发新闻替换了：一辆装满猪的拖拉机挂车在加拿大高速路上翻了车，猪儿们在高速路上闲庭信步，政府正努力将它们重新圈起来。因此丽莎在《止赎村落》上写了一篇文章，取了个简明扼要的标题"被猪抢占新闻头条，转而执笔泄愤"（这很可能预示了现实）。

　　MSNBC的迪兰·拉蒂根邀请丽莎做了直播。

丽莎说："抵押贷款支持证券？这些证券根本没有抵押贷款支持，根本没把抵押贷款放进去。我认为应该叫他们'得了梅毒的恶毒银行家'。"丽莎说出她反复练习了一整天的台词。拉蒂根在节目中评价说，如果丽莎有空，完全可以取代他主持节目。在相距一千英里之外的马萨诸塞州，安德鲁·"艾斯"·德拉尼和他父亲一起观看了这档节目，在听到"有关梅毒"讽刺后，他父亲表示想认丽莎做干女儿。

迈克尔和丽莎成了大忙人。所有时间都被填满，他们在全州各地组织"欢乐时光聚会活动"，包括坦帕湾和圣彼得堡在内。《内幕工作》的纪录片制片人联系了丽莎，迈克尔也开始在颇有争议但人气极高的财经网站《零和对冲》上发表博文。在萨拉索塔县的一场研讨会上，丽莎撞见了正在竞选美国国会参议员的佛罗里达州州长查利·克里斯特。当时他正要钻进一辆黑色 SUV，忽然转过身来指着丽莎说："我想跟你聊聊。"丽莎不敢相信她竟然成了名人。

得知法院的火箭办案速度后，美国民权同盟种族平等项目的两位律师拉里·施瓦兹特尔和瑞秋·古德曼给丽莎和迈克尔打来电话，希望他们提供相关信息，证明诉讼程序有可能违宪。他们申请查询公共记录后发现，州法院管理办公室是根据案件的审结率来划拨法院基金的。两位律师飞到棕榈滩与丽莎和迈克尔见面，他们介绍律师与全州各地的联系人会面。

丽莎和迈克尔享受处于聚光灯下的非同寻常的时刻，因为这让他们终于看到了结果：有关负责人出来处理这些事情，他们可以退出了。但他们暂时仍需要保持曝光率，因为还有很多谬论和歪理需要一一击破。丽莎发现佛罗里达各地出现了大批作为"替换品"的抵押贷款转让协议和证明书。迈克尔很好奇，他们是如何快速找到成千上万对止赎案件有着深刻理解的人。最耐人寻味的是那些"后来找到的附笺"，因为有明文规定所有附笺必须附在原始本票之后，因此不可能单独翻找出附笺来。

接下来，业界出来否认这些丑闻，声称只是"文书工作的纰漏"，听起来像是后台办公室的某些人把原始本票遗忘在什么地方。他们不希望公众知道，他们并没有证据证明自己对止赎案件中的房屋拥有产权。华尔街银行的知名交易团体美国证券化论坛设计了一个颇为聪明的说辞："抵押贷款紧随本票。"这样一来，那些有瑕疵的抵押贷款转让协议就不再相关。当然，本票本身也是有瑕疵的。这一理论与证券化协议互相矛盾，因为协议明确规定，为使资产生效，抵押贷款转让协议必须转交给信托。

服务业雇员国际工会发起了一项名为"本票在哪儿"的活动。根据1974年《房地产过户程序法案》的规定，无论是否丧失抵押物赎回权，房屋所有人都可以要求抵押贷款服务商提供原始的抵押贷款文件，并应在六十天内得到答复。服务业雇员国际工会上传了一份"书面申请"模板供房屋所有人使用，服务商们在随后的几周内就收到了六千封信。服务业雇员国际工会的组织者将申请者收到的答复分成了三类："我们不清楚"，"我们不能告诉你"，"无可奉告"。如果这就是业界对本票的回应，那么真不知道他们所说的无瑕疵文书会是什么样，真正有问题的文件又是什么样。

《华尔街日报》上有一则值得注意的"新闻"，标题为"小众律师掀起房产论战"。文章态度鲜明地指出，如果不是你们这些爱管闲事的小屁孩，我们早已逃脱处罚。文章作者罗比·惠兰写道："业内律师现在普遍采用一种与公司诉讼更为相似的手法，即深挖质证记录，旨在发现判决中的任何过失、程序上的瑕疵以及错误行为，"暗示他们给原告施加了压力以证明案件是不公平的。行业代言人警告说，阻碍止赎将引发经济灾难，减少抵押贷款公司的现金流，延缓市场"清算"。毫无疑问，止赎会影响经济，降低房产价值，破坏社区。乔恩·斯图尔特在每日真人秀节目上问道:"所以我们可以赶在节假日来临时把数百万家庭赶出家园以便振兴经济?……很显然,现在盛行的就是止赎经济。"

最普遍的一种观点是,借款人没有及时还款,活该失去房子。这一观点不仅无视了那些按时还款的被止赎人,也无视了存在数百年之久的司法程序。CNBC电视台的约翰·卡尼对此嗤之以鼻:"欺诈并不能消除这一事实,即借款人曾同意要么偿还贷款,要么接受失去住房的惩罚。"然而,它的确无视了刑事司法体系的运作方式。如果控方违反程序,就会输掉官司,不论被告做了什么。

在别人大张旗鼓奋战时,俄亥俄州州务卿詹妮弗·布伦纳制定了一个稍显低调的策略。9月30日她宣布,贝斯·科特雷尔公证欺诈案移交刑庭,当天她收到了全国州务卿协会执行主任莱斯利·雷诺兹发来的电子邮件:"我们刚刚得知,2010年4月根据暂停执行规则在众议院获得通过的HR3808即州际公证认可法案,9月27日在参议院获得了通过。"在几乎空无一人的房间内,参议员鲍勃·凯西要求批准HR3808法案的动议未经辩论就获得一致通过。反对该法案的雷诺兹团队并未得到通知。事实上,8月份还有人告诉他们说该法案不会得到投票讨论。

HR3808法案是亚拉巴马州一位名不见经传的共和党议员罗伯特·阿德霍尔特提出的,他声称应某位选民要求提起这项法案。法案要求州法院和联邦法院"认可所有得到州法律授权的合法公证,而不是仅仅认可法院所在州法律授权的合法公证"。

布伦纳发现有三个州允许电子公证:内华达州,明尼苏达州和亚利桑那州。电子公证意味着官方文件的签署人不需要在公证人面前出现。布伦纳想到,抵押贷款公司由此可以把他们的档案制作流水线移至这三个州,迫使法院采纳电子公证并推定相关文书有效。各州虽然可以对法令提出异议,但上诉可能会耗费数年之久,同时还要处理数不清的止赎案件。

国会正在休会期，中期选举的竞选活动日益白热化。HR3808 法案静静地躺在奥巴马总统的办公桌上。布伦纳将法案发送给了丹·戎克，他和他的同事们一致认为，该法案可能会让律师更难质疑文件的有效性。布伦纳做了两件事。她先给以前竞选参议员时的邮件订阅者群发信件，请求这五十万人联系白宫，要求总统否决 HR3808 法案。然后她又打电话给竞选期间的政治联络员坎贝尔·斯宾塞。他仍在白宫西厢工作，答应会就此事给同事们打个招呼。

迈克尔和丽莎也看到了 HR3808 法案的新闻。迈克尔把布伦纳的邮件再次发在《止赎欺诈》上，数千人因此联系白宫，导致白宫的总机一度被打爆。否决 HR3808 法案的行动铺开后，法律专家在法案是否真能有效促进止赎上出现了意见分歧。一些人认为，即便认可电子公证的有效性，仍然可以质疑有瑕疵的抵押贷款转让协议和证明书。但维权人士对论战不感兴趣，他们只想让法案被否决。

10 月 7 日，白宫方面宣布，总统将对 HR3808 行使搁置否决权，拒绝签署该法案，因为"法案会对包括抵押贷款在内的消费者保护措施产生非故意的冲击"。就像 99% 的美国人一样，迈克尔并不知道什么是搁置否决权。在国会休会期间，总统可以拒绝在法案上签字，以阻止它成为法律。但国会即使休会，仍会召开例行会议。一些观察家担心，搁置否决权并不能发挥作用，因为即使没有总统签名，10 月 12 日也就是参议院通过该法案的十个工作日后，法案也将正式成为法律，除非总统将法案退回国会。迈克尔公布了他的发现，其中包括一些有关否决程序和宪法的晦涩讨论。

那天晚上，迈克尔收到一封匿名邮件，写着"你是对的，你得坚持到底"。迈克尔并没有理会——他一直收到古怪的电子邮件——但是邮件发送者第二天又发来一封邮件，"坚持下去，继续前进"。他的语气让迈克尔相信，这不是一个随随便便的怪人，而是一个深谙内情者。

白宫的记者们向发言人罗伯特·吉布斯抛出了一个问题，即搁置否决权在例行会议上是否有效。迈克尔关于搁置否决权是否有效的警告文章成为《止赎欺诈》史上阅读量最高的文章。10月9日，白宫发布了第二份新闻稿："毫无疑问，该法案正在被否决，我（奥巴马总统）除了不签名，还将把HR3808法案退回给众议院的书记官。"丽莎对迈克尔说："他们会来和你讨论这事的。"

在奥巴马总统执政的前六年，他一共只否决了两项法案，其中一项是某个临时国防法案，该法案因几天后通过的单独拨款动议而变得多余。也就是说，HR3808是六年来巴拉克·奥巴马在国会已通过法案上唯一一次未签字的法案，这一切都要归功于人民的力量。

好吧，还要加上一个人的功劳。在法案被否决几个月后，詹妮弗·布伦纳收到哈佛大学教授、2010年9月被任命为总统特别助理的伊丽莎白·沃伦的来信，信中督促布伦纳落实成立消费者金融保护局的创意。沃伦感谢了布伦纳关于HR3808的警告，她的手下通过坎贝尔·斯宾塞——布伦纳的白宫联络员得到了这一消息。博客上有人传言说，沃伦亲自出面干预说服了总统否决法案。当布伦纳向沃伦求证时，沃伦只是说："有人真的能改变一些事情。"

琳恩·兹莫尼艾克对这一巨型止赎机器的倒塌也感到高兴，尽管她不像丽莎和迈克尔那样毫不掩饰。她回顾了过去这些年接触到的每一份质证记录，每一家被曝光的银行，每一份虚假文件。琳恩认为现在应该提起公诉，不仅为了追求对错，更因为负面宣传将增加对华府的压力。迪尔菲尔德比奇的辩护律师彼得·蒂克廷提交了一百五十份"机器签署人"的质证记录，也仅仅是让事件升温。在法庭上宣誓的证人们并不了解证明书、本票，甚至是抵押贷款这些词的意义，要不是他们以此为生的话，其实也没什么大不了的。"机器签署人"在作为副总裁拿起签字笔之前，大多从事着美发师、沃尔玛导购和装配线工人这类的工作。"我不了解贷款的来龙去脉，我只负责签文件，"一个"机器签署人"说。

因此，总检察长埃里克·霍尔德于 10 月 6 日表示，司法部正在"调查"这些陈述，琳恩感到困惑不解。杰克逊维尔的联邦大陪审团已经组成九个月了。美国司法部强势介入了她的公私共分罚款诉讼案件，召开会议并授权琳恩撰写机密信息披露标准。即使霍尔德什么也不知道，华盛顿方面也可以从杰克逊维尔和琳恩在北卡罗来纳和南卡罗来纳的调查中找出悬而未决的案件。一张现成的法网正等待司法部去收紧。然而到目前为止，正义迟迟未到。

与此同时，杰克逊维尔的案件难有进展。DocX 的母公司贷款方程序服务公司在本案的律师团队中，雇了一名布什时期的总检察长助理保罗·麦克诺提。调查人员告诉琳恩，贷款方程序处理公司对于琳达·格林签名的不准确性矢口否认，称他们只是"代理签名"，说得好像多名员工在法律文件上伪造同事签名是家常便饭。

在佛罗里达总检察长办公室里，琼·克拉克森和特蕾莎·爱德华兹传唤了六名前 DocX 员工，调取了贷款方程序服务公司的内部记录，而后者则以典型的迂回手法回应，发来了足以堆满办公室的大量笔记本和档案。琼和特蕾莎开始艰难地翻阅记录，但严阵以待的戴维·J·斯坦恩律师事务所也开始吸引她们的注意力。

就在通用汽车金融服务公司发布延缓通知时，琼和特蕾莎质证了斯坦恩的一位前高级律师助理塔米·娄·卡普斯塔。她作证说，所有的止赎文件都是在没有贷款服务机构或逾期服务提供商参与的情况下，闭门炮制和签署的。琼和特蕾莎很好奇，一家律师事务所怎么可能有足够的人手来炮制数以千计的文件。

塔米·娄说："是这样的，有一些工作是离岸操作的。"她指认了关岛和菲律宾的一些离岸机构。这些离岸的文件商店制作"案件大纲"，包括特定的文件信息，如未支付的本金余额和费用合计。这与巴拿马企业咨询公司类似，丽莎·爱泼斯坦的文件就是在巴拿马的公司准备的。律师助理需要做的就是签上他们的名字。

塔米·娄继续说，房屋所有人经常收不到法律文书，尽管斯坦恩律所支付了大量的服务费用为不存在的租客或从未听说过的配偶递送文件，而且费用不断飙升。抵押贷款转让协议都是在提起止赎诉讼之后制作的。负债证明书上的数字并不准确。本票一直都找不到，就好像被低级别员工扔掉或是放错了位置。与签名相关的外包业务是完全非法的，塔米·娄说："我并不认为公证人的章是他们自己在用。其实是斯坦恩的团队在用。"

琼问道："公证章到处都有吗？"

"没错。我们盖章，然后有人签署文件。"

"由谁来签呢？"

"可以是团队的其他成员，也可能只是检查一下。"

艾斯律所早先质证过的谢丽尔·萨蒙斯一手创建了这套机制。塔米·娄解释说，虽然萨蒙斯拥有许多贷款方（银行）的独家签字权，但实际上有三个人经常代她签字。律师助理们在圆桌前坐定，就像流水线作业一样按照证人和公证人的分工——签字，然后放进文件夹交给萨蒙斯。在整个过程中，没有人会去看文件，大家都只是签字而已。这样的事情每一天都在六层办公楼中上演。位于四层的大型签字会就在戴维·斯坦恩的办公室门口进行，所以他不可能用不知情来为自己辩护。因为拒绝伪造程序服务中用到的军事文件，两周后律所让塔米·娄收拾物品，她被解雇了。没有人出来质疑现状，因为大家都知道后果。质疑这个机制，你就会被赶出局。

琼和特蕾莎公开了这些质证记录，希望增强大家对斯坦恩案件的兴趣，吸引更多人出来作证。迈克尔也把它发在《止赎欺诈》上。随后，州检察官送来另一份质证记录，是对谢丽尔·萨蒙斯的前助理凯利·斯科特的。迫于国会的压力，房利美和房地美在随后的一周内宣布，停止将佛罗里达的案件转交斯坦恩律所处理。花旗集团和通用汽车金融服务公司随后跟进。该公司大部分的主营业务不复存在，但是，维权人士不只想看到斯坦恩律所生意衰退，他们还要起诉。

琼和特蕾莎收到了琳恩和丽莎发来的数据。她们同时也收到了所有案件与房屋止赎厂、贷款方程序处理公司和 DocX 相关人士发来的信息。在这场迅速发酵的丑闻里，她们率先行动起来。内华达州、加利福尼亚州和俄亥俄州的总检察长助理与她们交换信息，监管部门开始拜访她们的办公室，银行给她们打电话请求手下留情。琼和特蕾莎的上级支持她们的行动，甚至公开谴责了伊琳·库劳洛在房屋止赎厂的兼职行为（不可思议的是，她这份工作又继续做了一年）。然而，恰恰就在琼和特蕾莎准备提起公诉的时候，她们的老板换人了。

当止赎欺诈发酵成公共事件时，正值 2010 年中期选举期间。民主党人士自国会领袖哈利·瑞德、南希·佩洛西以下，猛揪住这个话题不放，展现他们对困苦的房屋所有人的关心。三十一位佛罗里达州民主党议员联名上书，要求展开联邦犯罪调查，还附上了选民收集的耸人听闻的二十页案件研究——都是欺诈和不实陈述的故事。艾伦·格雷森希望金融稳定监管委员会将止赎欺诈作为一种系统性风险加以监控。该委员会是基于《多德-弗兰克法案》的要求新成立的超级监管机构。然而，共和党人对此兴趣寥寥，仅在一些深受止赎影响的地区保持了一定关注。他们的竞选策略聚焦于奥巴马医改，以及指控总统的违法行为。

丑闻爆发时，联邦储蓄保险公司主席希拉·贝尔认为，政府应该利用它对合法服务商的影响力。她起草了一项名为"超级模型"的提案，它将所有逾期超过六十天的贷款计算在内,将贷款降低至票面价值。借款人将尝试支付减少后的月供还款,而贷款方将获得房产价值增值的部分收益,双方都将从社区稳定中获益。贝尔将这个提案正式发给了财政部长蒂莫西·盖特纳。之后杳无音讯。

  白宫认真应对止赎欺诈,甚至在罗斯福会议室召集了高级别经济会议。奥巴马总统向国家经济委员会主任劳伦斯·萨默斯询问了"机器签署人",他向总统保证,这不会对全国经济造成系统性威胁。会议室里的所有参会人员都同意萨默斯的看法,这是个小问题,没什么大不了的。奥巴马转向新加入的助手伊丽莎白·沃伦,她是总统的一位幕僚邀请来的。沃伦表达了更强烈的担忧,指出止赎欺诈掩盖了更严重的犯罪行为,严重伤害了房屋所有人和投资人,并给房地产市场带来了风险。但团队的其他人已经开始讨论下一个议题。这是沃伦为数不多的能够参加总统召集会议的一次机会,之后萨默斯就把她排除在外了。

  在这场危机中,奥巴马政府并没有支持全国范围的止赎禁令,而这正是迈克尔、丽莎和琳恩以及几乎所有维权人士的要求。虽然总统并不能自行停止州法院的活动,但支持者们认为,总统的高度支持将释放暂缓止赎的政治压力。然而,奥巴马的顾问戴维·阿克塞尔罗德告诉《国家》杂志的记者,有正当文件的止赎应该继续。迈克尔从没见过有"正当"文件的止赎案件。在他眼中,美国的土地登记已遭到破坏。

  出于直觉,迈克尔查阅了伊利诺伊州有关总统的抵押贷款文件的公开记录。不出意料,他找到了奥巴马在海德公园的第一套公寓的抵押贷款赎回文件,由摩根大通的"机器签署人"马什·克雷恩于2005年签署。迈克尔在另外三份抵押赎回文件上都看到了这个克雷恩的名字,每次字迹都不相同,有给摩根大通签的,也有给抵押贷款电子注册系统签的。也就是说,即便是那些还清抵押贷款的人(甚至是奥巴马一家),也不能确认他们的清偿贷款文件是合法的。

迈克尔把奥巴马贷款文件上的"机器签署人"事件发布在《止赎欺诈》和《零和对冲》上。在一个名为吉恩·司吉尔的荷兰博主将其链接转发后，成千上万的荷兰网民涌入，点击率瞬间飙升。第二天迈克尔又发现了一份"机器签署人"签名的奥巴马的抵押贷款文件。迈克尔写道："总统先生，欢迎随时打我电话或发邮件来探讨此事。"但是，电话始终没有来，白宫也没有改变在止赎禁令上的立场。

不到三个星期，美国银行就宣告他们并无过失，还给了法庭足足102 000份"替代"证明书。火箭办案速度的听证会重新开启。美国银行称在一次内部审计中，审阅第一批"数百份"文件时仅发现"十或二十五个"问题。然而，《纽约时报》的一篇报道指出，仅在纽约市五个区就有4 450处错误，包括一些银行对无产权的房屋进行止赎，美国银行的那些含糊数字，显得更加尴尬了。

也有一些法院进行了反击。在俄亥俄州凯霍加县，一位法官裁定，所有替换了文件的原告都必须在三十天内做出解释，为什么这些案件不应被驳回。纽约和新泽西的最高法院要求止赎机构的代表律师亲自出庭作证，在知晓伪证罪的前提下，证明他们查阅了贷款文件并核实了所有内容。这比佛罗里达州的核查标准更加严格，因为将直接带来严重的个人后果。结果，这些州的止赎卷宗最先消失。没有人愿意为这些文件冒风险。

整个10月，银行股价都在下跌，投资者变得跟法庭一样多疑。抵押贷款支持证券的所有人，即为所有文件制作和法律闹剧买单的人，开始组织起来。根据资产证券化协议，如果银行未能将抵押贷款转给信托，投资人可以向法庭起诉，让银行回购债券。黑石、太平洋投资管理公司和纽约联邦储备理事会这些在救市时购买了大量抵押贷款支持证券的大型机构券商，要求美国银行回购约470亿美元的债券。必须征得至少25%的债券持有人同意，才能提起回购诉讼。抵押贷款支持证券的投资人分散在世界各地，而银行显然对公布投资人信息持审慎态度。不过，达拉斯的一位律师塔尔科特·富兰克林正在收集债券持有人名单。分析人士认为，银行最终将耗资 1 200 亿美元。

私下里，银行们其实都吓坏了。迈克尔拿到了花旗集团和乔治城大学法律教授、证券化专家亚当·列维京的电话会议记录，花旗集团给文件加了个副标题"止赎案件正在失控"。列维京直率地告诉花旗高管，证明书问题是次要的，最大的问题是贷款是否"在证券化过程中的每一步都未被恰当地转让给信托"。列维京说，"在很多情况下"，这种转让行为没有发生，这就使得贷款所有权成了问题，同时也让信托的有效性和免税成了问题。花旗集团甚至承认："在很多案件中，文书工作是在哪里进行的我们都不清楚。"迈克尔将这些记录放到网上，很快就受到花旗集团的威胁，说要采取法律行动。最后，花旗虽然成功地撤下这些记录，但迈克尔让读者们窥视到了花旗高层的焦虑。

最终，止赎风波没能遏制 2010 年中期选举日的茶党风潮。部分社区太混乱了，以致政客们都找不到人为他们投票。艾伦·格雷森的竞选团队走遍了奥兰多的选区，发现每个街区只有少数几栋楼有人居住。他最终以十八个点告负。民主党在众议院输给了共和党。在更低调的角逐中，就在每个办公室都同意进行一项五十州止赎欺诈大调查后，总检察长名单发生了大变动。共和党人赢得了六个席位。曾经起诉通用汽车金融服务公司的理查德·科德雷在俄亥俄州输给了前共和党参议员麦克·德维尼。前总检察长安德鲁·库默和杰瑞·布朗则分别成为纽约州和加利福尼亚州的州长。而两位被认为更自由派的埃里克·施耐德曼与卡玛拉·哈里斯分别取代了他们总检察长的位置。在佛罗里达，比尔·麦科勒姆的任期结束，福克斯新闻台的常客、州助理检察官帕姆·邦迪取代了他。

当国会在 11 月进入跛脚鸭会期后，民主党宣布召开止赎欺诈的听证会。其实大多只是哗众取宠的仪式，因为国会并不知晓可以借此机会进行教授培训。吉姆·科瓦尔斯基和汤姆·考克斯自掏腰包，坐飞机去了华盛顿，在众议院的司法委员会面前作证。汤姆·艾斯和丽莎告诉参议院成员他们要出席听证会，但成员们主要对那些按时偿还贷款但还是失去房子的人更感兴趣。虽然这样的案件确实存在，汤姆和丽莎却想解释问题要比这更严重，因为事关司法尊严与法治。他们最终没有被邀请参加听证。就像丽莎的案件一样，服务商会告诉借款人停止偿还贷款，这样就有资格申请修改贷款条款，接着就对他们申请止赎。律师汤普森声称，她一半的客户都是这种服务商故意引发逾期的牺牲品。止赎欺诈，是驾轻就熟的贷款滥用之路上的最后一站。

问题资产救助项目国会监督小组的戴蒙·西尔弗斯提到了几家机构要求美国银行回购470亿美元的要求。"这种诉求来个五次，就会超过美国银行的市值，"他对一位财政部官员大吼，"我们要么寻求一个理性解决止赎危机的方案，要么维持银行的资本结构，两者只能选其一。"

法学教授凯瑟琳·波特直击问题核心：如果银行没有把抵押贷款转让给信托，那么混乱将长期存在，而当地律师向她证实几乎所有案子都是这种情况。"仅仅因为一位房屋所有人没有偿还抵押贷款，并不意味着有人可以把他赶出家门，"她说。在众议院金融服务委员会上，亚当·列维京这样总结没有人真正调查的原因："联邦监管机构并不希望从服务商那里得到任何信息，因为如果那样，他们就必须有所行动。"与其揭露一个大到最终也无法解决的问题，保持对抵押贷款证券背后是否真有抵押的不知情状态，对他们来说更为方便。

11月初，激进的智库罗斯福研究所邀请丽莎、迈克尔和琳恩到华盛顿参加一场止赎欺诈的私人会议，参会人员有律师、作家、学者、分析师和维权人士。他们将讨论目前的进展，头脑风暴以寻找解决方案。

由于没有钱去华盛顿，丽莎和迈克尔在《止赎欺诈》上进行众筹。读者们欣然解囊。"我捐了最后的 10 美元，祝你们好运，"一名评论者写道。

丽莎和迈克尔飞到华盛顿，在会议的前一天晚上举办了一场"欢乐时光聚会活动"。第二天早上，他们走进马萨诸塞大道上一座距离白宫几步之遥的办公楼。华盛顿是丽莎从小长大的地方，青石灰色的天空让她想起常年不见太阳的悲伤。但今天她很高兴，因为之前仅在她和迈克尔笔下出现过或有过关联的人都会出席。戴蒙·西尔弗斯、凯瑟琳·波特、汤姆·考克斯、亚当·列维京，所有人都将参与会议并做陈诉。《国家》杂志、《赫芬顿邮报》和《美国展望》杂志的作者，国会工作人员和金融危机调查委员会的研究人员也在场。还有工会和宗教组织的维权人士，以及能召集更多底层工作人员的社区组织者。这是一个比护士、汽车销售员和庭审专家更让人期待的组合。

佛罗里达的两位维权者要在不透露个人信息的情况下，向在座的人们讲述他们的故事。丽莎讲述了她在家附近随便走出两英里就能找到五十栋止赎房屋，以及土地登记如何被篡改，这种篡改也许是永久性的。"我见到的人们的反应，与任何受到掠夺的人是一样的：羞愧、困惑、害怕、恐惧和尴尬，"丽莎说，"我想要做的，是克服自己的羞耻感，让这个国家变得更好。"

会议组织者是一位常年写作的博主马特·斯托勒，他曾与众议员艾伦·格雷森以及 MSNBC 的迪兰·拉蒂根共事，他一度把琳恩拉到一边。琳恩在会上鼓动杰克逊维尔总检察长办公室进行联邦刑事调查。斯托勒对琳恩说："你知道，这样可会招惹到司法部。"斯托勒继续解释了对总检察长埃里克·霍尔德和刑事部门负责人兰尼·布鲁尔的怀疑。两人都曾作为公司律师在科文顿&伯灵律所工作，这家律所不仅代理过所有大银行，还为创建抵押贷款电子注册系统提供了法律资讯。到目前为止，司法部门没有继续起诉任何与金融危机有关的人。前美国司法部官员抱怨说，霍尔德和布鲁尔对提起诉讼不感兴趣，除非他们确信能赢。这证明了他们的懦弱。

琳恩仍然相信司法系统，相信可以找到足够的证据来将那些拙劣的演员定罪。证据就是，百万桩不可否认的欺诈事件。然而斯托勒的话，以及白宫在丑闻中不温不火的举动，就像一根刺鲠在她心头。

18　绳之以法

迈克尔、丽莎和琳恩回到南佛罗里达后，几个事件就像多米诺骨牌一样，迅速地接连发生了。戴米安·菲格罗阿发现一则有趣的新泽西州破产法院的裁决，肯普诉美国国家金融服务公司。美国国家金融服务公司的继任者——美国银行住房贷款部主管琳达·迪马丁尼在一份质证记录中承认："据了解，原始本票从未离开过美国国家金融服务公司……原始本票好像已经被直接转移到美国国家金融服务公司的止赎部门，联邦快递的内部跟踪号证明了这一情况。"迪马丁尼还证实："持有原始本票和相关贷款文件是美国国家金融服务公司的一贯做法。"可笑的是，这一切绝大部分都是由美国国家金融服务公司自己的律师来进行的。朱迪思·威兹穆法官做出了有利于债务人的判决，受托人纽约银行无法证明其对抵押贷款索赔要求的合理性。

对抵押贷款机构未向信托机构转交本票这一资产证券化失败的怀疑，终于找到了一些真凭实据。美国国家金融服务公司打包了价值数百亿美元的抵押贷款支持证券，或者是并没有抵押贷款支持的证券。在财经博客《裸眼看资本主义》中，汤姆·亚当斯追踪了肯普的抵押贷款（CWABS 2006-8 的联营及服务协议），他并没有看到在交割后的九十天内转让抵押贷款和本票以完善产权链条的豁免权。美国银行雇了一位高级律师辩护称："我们确信这笔贷款被卖给了信托公司，即使没有实际交付本票。"然而这违反了联营及服务协议的条款。要查出谁对谁错，有一个很简单的方法：传唤相关信托文件。位于杰克逊维尔的联邦检察官办公室为此已经工作了数月。但到目前为止，他们还是孤军奋战，正如亚当·列维京对国会说的那样，银行监管机构不想进行调查，以免真的发现了什么。

就在美国国家金融服务公司重磅炸弹引爆的那一周，在美国民权同盟种族平等项目的施压下，佛罗里达最高法院的首席大法官查尔斯·卡纳迪向全州法院发出指令，要求他们为止赎程序的观察人士提供便利，这对一位曾训斥埃普丽尔·查尼把马特·泰比带进杰克逊维尔法庭的法官来说，是一种斥责。对火箭速度办案的关注是揭露和阻止止赎的第一步。

丽莎从房屋止赎厂内部联系人口中得知，戴维·斯坦恩正在解雇数十名员工，并提起动议以申请大批案件撤诉。《萨拉索塔先驱论坛报》刊登了一项针对斯坦恩的调查，在公开记录中发现了数百份不正当的抵押贷款转让协议和有瑕疵的公证书，调查采用了迈克尔之前采取的同样方法。记者前往斯坦恩位于种植园的办公室时，保安曾威胁要逮捕他。宾夕法尼亚州最大的房屋止赎厂麦卡菲蒂&麦克奇佛也遇到了麻烦：他们被曝出在进行成千上万的止赎诉讼案件时，由非律师人士准备材料并提出诉讼，而这种做法可能会让他们所有的案子都被法院驳回。巨型止赎机器上那些最大的齿轮，已经冒着青烟慢了下来。

萨拉索塔的辩护律师克里斯·福雷斯特发布了布莱恩·布林、克里丝塔·穆尔和杜拉塔·达科三人的质证视频，这次是真正的质证视频，三人是全国所有权清算公司的员工，这家公司为许多贷款服务商制作文件。迈克尔认为布林很像电影《上班一条虫》中在小隔间里混日子的米尔顿，他将这个类比发在《止赎欺诈》上。布林签署了两百多份涉及二十多家不同银行的抵押贷款转让协议，却根本无法说清到底什么是抵押贷款转让协议。达科是阿尔巴尼亚人，他甚至说："在我的国家，没有抵押贷款。"

迈克尔、琳恩和马特·韦德纳将这一质证视频放到他们的网站上，全国所有权清算公司的母公司山达基教教会多次向他们要求停止和撤下视频。他们甚至声称，员工遭到死亡威胁并收到关于他们相貌的"非常无礼"的批评，因此如愿拿到了要求删除这些视频的法院禁令。福雷斯特把这些视频删除了，但它们已被转发了很多次，因此无法全部定位。后来全国所有权清算公司起诉韦德纳造谣和诽谤；他最终删除了几篇博文。给山达基教教会捣乱，后果是很严重的。

1月初，马萨诸塞州最高法院做出了一个爆炸性的裁决，支持下级法院关于房屋所有人安东尼奥·依班纳起诉富国银行和美国银行一案的判决。州法律十分明确地规定，被告必须拥有通过正当的抵押贷款转让协议获得的抵押证明，才能强制执行止赎。这一案件中，抵押贷款转让协议是在止赎拍卖后制作的。富国银行和美国银行辩称，他们有转让意图（"我本打算这么做"辩护），但毫无用处；止赎被取消，安东尼奥·依班纳收回了房子。依班纳案是由州最高法院裁决的第一个重大的证券化失败案件。尽管它只适用于马萨诸塞州，但银行股还是遭遇了大幅下挫。

除了法庭上的胜利，各地民众表现出之前没有的挑战现有体制的意愿。在加利福尼亚州的西米谷，一对夫妇在律师的建议下闯入了他们被止赎的房子。在洛杉矶，由已消亡的社区团体社区改革组织协会的残余成员建立的加州社区权力联盟，在一家摩根大通的银行大厅里安放了卧室家具；如果摩根大通将房屋所有人赶出家门，他们就会搬到银行去住。全国信仰联盟PICO在与财政部长蒂莫西·盖特纳面谈前，连续几个月在财政部门前的台阶上集会。社区团体——加州社区权力联盟、PICO、全国人民行动组织、公平社会联盟、城市权益以及更多组织，组成了诸如新底线阵营和住房保卫者联盟这样的反止赎联盟。

丽莎的周一暂缓的抗议活动进行了几个月，并未获得很大关注。但现在，为利用这一突破性进展乘胜追击，她和迈克尔宣布要在法院大楼前进行大规模的示威游行。这次示威活动安排在圣诞节前夕，他们把游行称为"节日中的无家可归者"。当地媒体对此表示关注；甚至法国电视台的一位工作人员也被安排报道这次示威。法院的官员们非常恐慌，以至于发送了一封内部邮件，宣布他们将会雇用更多的安保力量，并封锁大楼的部分区域，这些信息都被泄露给了丽莎。

在"节日中的无家可归者"活动前晚，棕榈滩的温度下降了40华氏度。早晨刮起了大风，随着棕榈树在风中摆动，雨也下了起来。除了抗议日当天，这周的每一天都天气晴好。即使在完美的天气里，南佛罗里达的草根组织也很难有所作为，更别提刮着飓风的日子。当天，除了法国电视台的摄像师、几个流浪者以及来自劳德尔堡的辩护律师伊万·罗森之外，再没有其他人出现。罗森的出现令迈克尔印象深刻，但总的来说，这一天令人失望。

那一周，迈克尔的妻子詹妮弗告诉他，让他过完假期就搬出去。过去的一年里，虽然迈克尔努力想在维权活动和家庭生活之间划清界限，但却永远无法控制住自己，因此夫妻俩的紧张关系不断加剧。最后，他甚至没有争辩，只是默默地整理好自己的行李。

2010年10月五十个州的总检察长大调查正式开始，但启动还不到一个月，匿名报道就开始大肆炒作诉辩双方即将庭外和解，和解方案聚焦于提高抵押贷款服务业水平以及为房屋所有人设立赔偿基金。迈克尔立即贴出了五十个州总检察长的联系电话，呼吁"不要和银行和解，坚决反对欺诈"。他相信赔偿基金这条新闻很能夺人眼球，但大量虚假文件和产权链条问题将会继续存在。这将允许银行在不对个人追责的情况下，用钱摆平问题，甚至不需要确定损害程度。美国问题资产救助项目国会监督小组在一份报告中严肃指出："如果公众认为政府正在向大银行做出让步，以确保止赎顺利进行，人们对正当程序的基本信任将会动摇。"

艾奥瓦州总检察长汤姆·米勒主导了这次大调查，他曾在 2006 年与业已倒闭的次级贷款机构亚美利奎特协调达成了一项重大和解。《华盛顿邮报》问米勒，他是对现金和解方案感兴趣，还是对得到民事和刑事诉讼的事实证据感兴趣。"都感兴趣，"他回答。米勒因 2010 年连任竞选得到了银行业 261 000 美元的捐款，这一数字是前十年捐款总数的 88 倍。在《时代》周刊后来的一篇报道中，米勒承认自己曾向银行律师募捐。2010 年 11 月米勒向参议院银行委员会表示，在调查的第一个月里，他与美国银行举行了两次和解谈判。

在德梅因举行的一次会议上，艾奥瓦州居民社区改进组织（CCI）信仰与正义小组的迪肯·汤姆·麦卡锡拦住米勒，问他想从调查中得到什么。米勒说，除了为止赎困境中的人们提供现金援助外，"我们还会把人送进监狱"。对此，迈克尔并不相信。报道了"节日中的无家可归者"游行活动的法国电视台刚刚在华盛顿采访了米勒，他们说他远比过去消极，他说欺诈问题并没有那么严重，一切都能得到很好的处理。

几天后，米勒办公室声称之前接受采访时提到有人会坐牢，并不是指五十州大调查的事件，而是指艾奥瓦州一个与联邦检察官办公室合作调查的抵押贷款欺诈案。迈克尔知道"抵押贷款欺诈"通常指的是欺骗银行的人，而不是那些欺骗人们的银行。米勒声称，五十州大调查"本质上是民事调查行为"。艾奥瓦州居民社区改进组织与米勒举行了跟进会议，并表示看起来"各大银行已经把我们州的最高执法者给摆平了"。之后，米勒一直保持低调。

在州一级总检察长调查铺开的同时，共计十一家银行监管机构和执法机构（哪怕与房地产并没有多大关系）纷纷开展民事甚至是刑事案件调查。开场是为期八周的对服务商常规做法的集中评估,财政部官员迈克尔·巴尔将其形容为"数百名调查人员驻扎在银行彻底调查"。但这八周对于专家来说,根本不够,而且期间还包含了感恩节和圣诞节假期。巴尔声称,审核一份文件就需要花费五到八个小时,这不仅凸显了时间安排的不合理,而且让他听起来很荒谬,因为需要花八小时看一份贷款文件的人,都不知道自己到底要找些什么。

白宫官员一直在讨论"全面解决方案",设想每项调查或伪调查都将整合进一个大的和解方案,这样银行就只需要为他们的失败,开出一张总支票就可以了。

最终的结果是,所有有希望的线索都涌向了华盛顿,然后消失。托马斯·考克斯曾帮助揭露止赎欺诈,他听说司法部并不希望联邦检察官们在各州追查案件。他曾向缅因州的联邦检察官提供信息,这位检察官起初对这事很感兴趣,但后来就逐渐失去了热情。

这种大杂烩式的调查并不严肃,因为它难以联系到具有丰富背景知识的相关人士。汤姆·艾斯,这个拥有全美最全面的关于止赎欺诈质证记录的人,从未接到过调查人员的电话。汤姆·考克斯把杰夫瑞·斯蒂芬的质证记录寄送到各地,但没人接收。吉姆·科瓦尔斯基向国会、财政部和联邦储蓄保险公司发送了信息,也没有得到任何回复。没有人去咨询那些证券化专家。没有人咨询奈伊·拉瓦利。也没有人听取马特·韦德纳的意见。马克斯·加德纳倒是被咨询了,但他发现调查人员就像一张白纸,对现代抵押贷款系统一无所知。

丽莎·爱泼斯坦可不喜欢干等着。对她来说,五十州大调查,给她提供了最好的伸张正义的机会;联邦政府只是在演戏。因此,她一个州一个州地制作定制的文档包。以伊利诺伊州为例,她在伊利诺伊州的房屋所有人文件中发现了五十个琳达·格林的伪造签名文件。然后,她又收集了五十个加利福尼亚州的"琳达·格林"签名,诸如此类。琳恩也为总检察长办公室建立了专用的证据文件。

俄亥俄州的理查德·科德雷起诉通用汽车金融服务公司之后，琳恩给他发去了数百个"机器签署人"案例。当得克萨斯的格雷格·阿伯特作供述时，琳恩为他提供了一大堆证据。

一位名叫弗吉尼亚·帕森斯的止赎欺诈博主认识一些夏威夷州政府的人。丽莎创建了一份夏威夷问题文档的文件夹，甚至还用 Skype 软件参与了檀香山的州立法听证会。一些立法者坚持认为，是联邦银行为抵押贷款提供了服务，在他们州内什么都做不了。"但这是夏威夷的土地，是夏威夷人被逐出家门，"丽莎坚持说，"你们对自己的土地有司法管辖权。"2011 年 5 月，尼尔·阿伯克龙比州长签署了全国最严格的止赎法案，该法案的制定部分基于丽莎的研究工作。它要求房屋所有人和银行进行调解，并要求服务商在止赎前，向调解委员会提交本票和抵押证明等完整的产权链条。假如银行不怀善意地谈判，或提交任何欺诈文件，将会受到严厉处罚。夏威夷从一个止赎相当容易的州，变成了一个银行必须遵纪守法的州。

在华盛顿那次罗斯福研究所的会议上，丽莎见到了纽约总检察长埃里克·施耐德曼的手下。施奈德曼是 2011 年当选的前州众议员。他最初关于止赎欺诈的声明强调要将某些人绳之以法。纽约州法律适用于几乎所有证券化信托，州检察官还额外具有《马丁法案》赋予的权力，该法案是一项针对金融欺诈的法规，其举证要求相对较低。丽莎把一些针对纽约州的资料寄给了施奈德曼的手下，他们回信请丽莎提供更多的资料。丽莎又寄过去更多。琳恩在她的纽约律师的办公室里，与来自马萨诸塞州、加利福尼亚州、内华达州、伊利诺伊州和纽约州的助理检察官进行了电话会议。施奈德曼的手下又继续跟进。丽莎和琳恩向同一间办公室里不同联系人提供了不同的证据。

不久，数十个州的总检察长办公室——艾奥瓦州、密歇根州、北卡罗来纳州、肯塔基州、新泽西州、华盛顿、田纳西州——都收到了丽莎的报告。有时,她会把这些报告递给那些声称能转交给州政府的维权人士;有时她直接把报告送过去。丽莎是一位非官方的、无偿的、不知名的志愿研究员,她不求回报地参与了五十州大调查。大多数办公室甚至不承认收到过她的材料。

琳恩也没有得到回应。当她向司法部询问她花了几百个小时起草的机密信息披露标准的结果时,他们回答说:"我们不能告诉你这一信息。"

2010年12月,银行重新启动了巨型止赎机器。服务商们用"不规范"这样的委婉描述来形容系统性的欺诈行为,坚持所谓的违规行为已得到改正,并坚称他们必须重新开始运营,以减少被废弃房产的数量,提升空置地块犯罪猖獗的区域形象,从而为驱逐房主的行为辩护。"我们还没有发现一例止赎拍卖不合法的案件,"通用汽车金融服务抵押贷款公司的首席执行官托马斯·玛拉诺说道。

佛罗里达州的法院书记官想要获得更多信息,以确认他们堆满房产登记材料的办公室是否已经成了犯罪现场。他们要求总检察长比尔·麦科勒姆派人在12月8日的年度会议上谈谈这些止赎文件。麦科勒姆派了琼·克拉克森和特蕾莎·爱德华兹。

两位州检察官并没有现成的展示文稿。但她们手头有琳恩·兹莫尼艾克的旧幻灯片。大约一年前,琳恩在杰克逊维尔联邦检察官办公室工作的朋友们拜访了她家,查看所有文件。琳恩在她儿子、纽约新学院的文学硕士马克·埃利奥特的帮助下准备了这些幻灯片。

他们把幻灯片做得很有趣,用了诸如长腿保险柜的动画,糖果乐园的游戏板(为了显示抵押贷款通过产权链条的移动路径),还有那些被文书工作包围、看来忧心忡忡的商人照片。幻灯片以幽默的语言介绍了这一话题，给人强烈的印象，有点类似"止赎欺诈普及课"。

琳恩第一次见到琼和特蕾莎时，就给她们拷贝了一份幻灯片材料。12月琼问琳恩是否可以使用她的幻灯片，琳恩表示没问题。"需要署你的名吗？"琼问道。琳恩说不用："把我当租来的骡子一样使唤就可以了，随便用。"

琼和特蕾莎修改了展示文稿（糖果乐园的游戏板仍然保留），然后播放给佛罗里达法院的书记官看。她们把标题改为"止赎案件中的不公平、欺骗和无良行为"。这份九十八页的幻灯片，回顾了抵押贷款的历史、证券化、未能遵循联营及服务协议的种种，以及银行伪造文件进行掩饰的行为。它指认了伪造的签署人、假证人和假公证人，包括十二个不同的琳达·格林签名和她的十四个头衔。顶部和底部的连接线显示了琳恩复制粘贴的操作附笺。幻灯片展示了伪造的文件9/9/9999文档，已经公证但未签名的文件，以及服务商将抵押贷款转给自己的转让协议。有些转让协议是在信托交易完成三年后执行的，也有在止赎启动几个月之后才执行的。有些转让协议的制作公司没有地址，有些已经倒闭。有些转让文件上盖着不可能存在的公章。有些文件上用私章代替了湿墨水签名。展示文稿中包含有与戴维·斯坦恩的员工谈论伪造文件的质证记录摘要。

即便你对止赎欺诈一无所知，即便你对抵押贷款一无所知，在看完这一小时的陈述后，你也能得出县政府土地登记办公室已被腐化的结论。更重要的是，你能知道原因。琼和特蕾莎是国内第一批对事实进行详细严谨描述的执法人员。

琼和特蕾莎的顶头上司鲍勃·朱利安出席了会议。同样来自经济犯罪部门的崔西·康纳斯，在佛罗里达州参议院的讲话中引用了这一演讲。《棕榈滩邮报》的金·米勒在麦科勒姆的任期结束前几天获知了演讲内容。幻灯片里有摩根大通与贷款方程序处理公司的律师委托书的一小部分内容，明确了所有可以为摩根大通签名的贷款方程序服务公司的员工姓名。贷款方程序服务公司立刻提出了申诉。"我们反对佛罗里达总检察长将抵押贷款行业和证券化过程描述为一出糖果乐园游戏，"贷款方程序处理公司律师琼·迈耶给琼和特蕾莎写信说，贷款方程序处理公司的运营过程太复杂，区区州检察官是很难理解的。对此，琼和特蕾莎一笑置之。

但是，这些申诉被反映到塔拉哈西。帕姆·邦迪，这位即将上任的总检察长，从贷款方程序处理公司及其附属机构，获得了成千上万美元的竞选资金。在邦迪就职后的几周，前银行高管的律师、经济犯罪部门新任主管查德·劳森来到劳德尔堡，与琼和特蕾莎见面。这场见面会最后变成了"见面吵"。劳森说，相关公司的律师告诉他，经济犯罪部门有两位女士咄咄逼人，而且很不专业。"你们跟我听到的一模一样。你们的做法就像土狼！"劳森喊道。他让琼和特蕾莎仔细对每一张幻灯片做了说明。最后，劳森说，由于她们的行为，他或许会承担压力。"在接下来的六个月里，不要让我听到你们还有其他事情。"

在帕姆·邦迪手下工作，的确不太一样。尽管琼和特蕾莎比美国其他州的检察官更了解止赎，但还是被故意排除在五十州大调查之外。她们被要求不得与其他州总检察长办公室谈论或共享文件。只有塔拉哈西可以提出调查请求，获取质证记录或与目标律师谈话；琼和特蕾莎只能写张便条指导他们的工作。她俩的秘书辞职后，她们没能获得资金雇佣新人。文件从全国各地源源不断地涌入，琼和特蕾莎却不得不与另外两位同事共用一位秘书。她们只能亲自处理调查人员对贷款方程序处理公司和其他调查目标的公开档案的要求，她们成了光荣的书记员。主管鲍勃·朱利安对发生的状况表示非常失望，但他对此无能为力。

就像汤姆·考克斯一样，之前曾对琳恩的案子表示出极大兴趣的联

房奴　269

邦检察官和联邦调查局探员现在却表示,他们没有得到授权去进一步调查。对此,琳恩十分气愤。每当她与联系人谈论贷款方程序处理公司、DocX 或是欺诈性转让协议时,他们就会转换话题。琳恩看到了一则判决,有关宾夕法尼亚州和特拉华州的破产受托人进行的止赎欺诈调查,她向杰克逊维尔的联邦检察官办公室询问了此事。他们说大法官将此事纳入了保护伞下。这种现象很常见,当地的调查人员可能会干扰上级案件,所以他们将其推迟。看起来所有的刑事调查都被华盛顿的那把保护伞给吞噬了。

琳恩的研究员同事迈克尔·奥兰尼联系了她。他的一位朋友是 CBS 的助理制片人,正在搜寻有关止赎欺诈的故事。"和我们见个面,一起吃晚饭怎么样?"奥兰尼问道。琳恩知道一定要小心,因为她的公私共分罚款诉讼仍被冻结。但她做梦都想引发一场有关欺诈性文件的轩然大波以迫使政府采取行动。于是她赴约了。

奥兰尼的朋友叫丹·卢泰尼克,是《60 分钟》电视新闻节目的助理制片人。卢泰尼克在琳恩的演讲中发现了绝佳的新闻素材。两个人在琳恩家花了几天时间,仔细研究抵押贷款转让协议和海报板的内容。一周后,卢泰尼克与高级制片人罗伯特·安德森一起回到棕榈滩花园。在几轮电子邮件交流后,卢泰尼克告诉琳恩,如果她同意接受采访,《60 分钟》准备播出这个新闻故事。琳恩咨询了她的律师们,他们知道没法阻止她,只好给出祝福。

2011 年 2 月一个阳光明媚的早晨,一群摄像师和音响师来到琳恩·兹莫尼艾克的家中。他们清空客厅,把所有家具都搬到行车道上。邻居们肯定以为,琳恩的案件最终败诉,她被赶出了家门。工作人员花了四个小时布置灯光和摄像。直到下午,采访记者斯科特·佩利才露面。"我们去散会步吧,"他对琳恩说。两人漫步在这片被人工湖和远处的散乱喷泉环绕的小区里。佩利说,他之前在忙一个信用卡的故事,在那个故事中，低级别的员工每天都在使用那些去世多年的死者的名字来签署法院的质证记录。因此，琳恩不需要担心怎么说服他。

他们回到屋里开始拍摄。琳恩坐在她的海报板前，就是在布拉德利沙龙的欢乐时光聚会中用过的那些。琳恩熬过了联邦调查局的审讯，一次电视采访当然可以应付。但佩利会时不时地打断琳恩并给她提示："你身体前倾时效果不太好；看起来像是在推销什么东西。"

佩利输入了关于琳达·格林和 DocX 的信息。结束后，他问制片人："我们什么时候去佐治亚州？"制片人那时还没有去 DocX 公司的安排；去年春天，贷款方程序处理公司已经停业，许多员工都被遣散。但佩利坚持认为，如果不采访 DocX 员工，这篇报道就不完整。

丹·卢泰尼克把琳恩拉到一边，请她告知几位 DocX 的联系人。有一个名叫克里斯·彭德利的曾写信给琳恩，说他签署了太多的文件，以至于都不记得自己的名字了。《60 分钟》摄制组后来的确去了佐治亚州，但他们找的这些前员工都担心如果接受采访，杰克逊维尔市的联邦调查局会采取什么行动。卢泰尼克要求琳恩打电话给她的联邦调查局联系人道格·马修斯，问他是否允许这些前员工出面接受采访。道格把她嘲笑了一通。

琳恩不知道报道是否能播出，什么时候播出。她不停地发邮件问丹·卢泰尼克。卢泰尼克得前往日本报道福岛核电站事故，他只能断断续续地回复琳恩。

与此同时，迈克尔和丽莎继续在互联网之外拓展活动。周一暂缓运动，在全州范围内继续扩大。2011 年 1 月，几十名抗议者在劳德尔堡的法院大楼前面游行。在莱克沃斯的一次市民海滩篝火晚会上，丽莎和迈克尔举行了"烧掉欺诈"活动，在夜空中点燃了伪造的文件。莱克沃斯通常都会吸引几千人来参加篝火晚会，房屋所有人、维权人士妮可·韦斯特编辑了这段视频，让它看起来就像人们去那里都是为了参加"烧掉欺诈"活动。"你是如何组织这么大规模活动的?"人们在评论中问道。丽莎没有说出这个秘密。

丽莎把詹娜带去参加所有的抗议活动,包括篝火晚会。有一次,她给詹娜硬币,让她扔进棕榈滩县法院门前的喷泉里许愿。"你许了什么愿?"丽莎问道。詹娜回答说,她许了两个愿望,想要一只兔子和"法官支持你"。迈克尔拍摄了一个视频,一位县治安官带着法院财产查封令在棕榈滩花园向"虚拟银行"送达文书。这家银行在一起止赎中因无法证明起诉资格而败诉,并未支付法院裁定的律师费。治安官命令副手取走自动取款机中的现金和其他资产以充抵抵押留置权。费城的一位房屋所有人取消了富国银行的抵押品赎回权,另一个佛罗里达州那不勒斯的房屋所有人对美国银行进行了止赎,之后"老赖银行"的行为变得越来越普遍。这段视频登上了《每日秀》。

正如马特·韦德纳所预料的那样,当佛罗里达州议会重启时,他们再次开始讨论《去司法程序止赎法案》。因此,丽莎和迈克尔与萨拉索塔县的抵押贷款正义团体合作,在塔拉哈西组织了第二次年度集会,这又是一个演讲和公民参与日。这次塔拉集会与佛罗里达银行家协会的会议在同一天举行。成百上千的银行游说者和房屋所有人在走廊里擦肩而过,每个人都有自己的议程。这一次,丽莎与塔拉哈西的名叫坎迪斯·艾利克斯的说客合作安排立法者的会议。她和迈克尔甚至争取到在帕姆·邦迪的办公室里待上四十五分钟的机会,他俩的努力得到了工作人员的交口称赞。詹娜也参加了这次集会,但就在这个可怜的小女孩下车时,一阵强风刮倒了格蕾丝·鲁奇的塑料抗议标牌,砸在她鼻子上。后来丽莎说,詹娜是唯一为这场战斗流血的人。

网络上,战斗也在继续。迈克尔发现,在夏皮罗·菲什曼律所的律师安娜·马龙离职几个月后,她的电子签名仍然出现在文件上。丽莎在律师事务所的内部联系人给了她一份指导手册,讲述如何通过剪切和粘贴旧签名来伪造证明书以获得不菲的律师费用。当然，也发生了许多可怕的故事：银行以"财产保全"的名义破门而入，一家公司甚至拿走了一个女人丈夫的骨灰；很多家庭在贷款条款修正后按时支付了月供，但房子仍被收走；一个女人还清了全部房贷，却依然收到了违约通知；治安官手下的警员在进行驱逐的过程中，发现了一具死尸。

琳恩最终接到了《60分钟》摄制组的电话。他们有两个报道要播出，一个是关于被止赎家庭的孩子，报道聚焦于一群奥兰多的孩子身上，他们因为房子被收回不得不住在酒店和卡车里；她的那一段采访则将在2011年4月3日播出。

"大量的止赎房屋拖累了经济。你无法想象，许多房产卡在市场上无法流通的原因竟是银行找不到产权文件，"斯科特·佩利在报道的开篇讲道。报道开篇讲述了美国邻里互助协会的一次事件，移动摄像机镜头穿过成千上万为拯救梦想房屋而排长队的人。佩利指出，最讽刺的是，寻求救济的借款人被要求提交完美无瑕疵的财务信息文件，而他们的贷款机构却以前所未有的方式搞砸了抵押贷款文书工作。

琳恩穿着粉色毛衣和黑色长裤，围着一条明亮的浅绿色围巾站在海报板前，也许是下意识地向她的朋友丽莎·爱泼斯坦点了点头，说道："在我看来，这是一场绝对的蓄意的欺诈。"

《60分钟》栏目详细讲述了琳恩的故事：她丧失抵押品赎回权的过程，她从事法律工作的经历（"她培训过联邦调查局特工"），她对于"假"文件、琳达·格林的伪造签名以及众多银行管理人头衔的研究等。"他们坐在一个房间里，尽可能快地在面前那些荒谬的文件上签下名字，"琳恩直言不讳地说。

《60分钟》栏目甚至在佐治亚州找到了琳达·格林。她同意出镜，但不愿意接受采访。佩利在旁白中解释说，她原来是一家汽车零部件工厂的装运人员，后来成为"二十家银行的副总裁"。DocX，"一家伪造抵押贷款文件的血汗工厂",选择格林在贷款转让文件上签名,只是因为她有一个易于拼写的名字。克里斯·彭德利,这位曾给琳恩写信的检举者也出现了。佩利问彭德利:"你就是琳达·格林?"

"是的,难道你看不出来吗?"彭德利说,他以琳达·格林的名义一天签署了四千份文件,他身边的一些人也在以每小时 10 美元的价格伪造签名。

佩利说:"对一位五家银行的副总裁来说,一天签这些字并不算多。"

"是的,以我的身份而言,我得到的报酬太低了,"彭德利附和道。

对此,无论是 DocX 的母公司贷款方程序服务公司,还是使用其服务的银行,都没有公开回应。银行在声明中指责抵押贷款服务商;当然,大银行自己就拥有最大的抵押贷款服务公司。贷款方程序处理公司说,当他们发现 DocX 存在不当行为时,就关闭了该公司。

琳恩的老笔友、联邦储蓄保险公司的希拉·贝尔在节目最后表达了震惊,她认为这可能最终将涉及"数百万"份文件。她建议建立一个类似于自然灾害后续处理的"清理基金",对房屋所有人进行补偿,以便让他们接受银行的所有权索赔。

周日晚上,四十位房屋所有人和维权人士一道,聚集在西棕榈滩的一所房子里观看了这个节目。他们认为,对于正在犯罪的企业来说,成立清理基金并不合适。但是对于报道直截了当地阐明欺诈现象的普遍存在,他们表示非常赞赏。他们显然认为,在这一全国性的以正能量闻名的电视新闻节目上曝光,最终会带来正义。

19　挣脱困境

2011 年 4 月 4 日

《60 分钟》的报道"下一波住房冲击"将会因杰出的商业报道获得著名的杰拉尔德·勒伯奖。就在它播出的第二天,琳恩参加了她的止赎案件听证会。她的律师马克·库伦转告了一则来自法警的消息:"请告诉琳恩,我们都支持她。"在迈克尔·雷德曼、迈克尔·奥兰尼和丽莎·爱泼斯坦的注视下,琳恩的案件被法官驳回了——当然,是无偏见驳回,德意志银行有权在三十天内再次起诉。但至少,那些针对她的辩论带有敌意的声音暂时平息了。房屋所有人维权人士在当月的欢乐时光聚会活动上称赞了琳恩。丽莎和迈克尔在聚会上分发了姓名标签。不久,人人都知道琳达·格林这个名字了。

由于她在网络上发布的那些文章,琳恩时常收到电子邮件、信件和电话。《60 分钟》的报道播出后,来自全美各地的电话不分昼夜地响个不停。一周之内,联系她的人就超过了两千。邻居们来敲门,邮递员也来敲门,不仅是为了投递信件。因为他们也有止赎案件。很少有人因为她曝光了欺诈事件而赞扬她,那些来访者主要是来寻求帮助的。有的房屋所有人想要联系斯科特·佩利,这样才能叙说他们的遭遇。那么多的电子邮件,让琳恩的电脑都崩溃了。琳恩成了他们的倾诉对象,倾诉他们眼睁睁看着奋斗一生得来的资产化作尘土的悲伤。在这最黑暗的时刻，他们甚至觉得自杀也许能带来解脱。

琳恩尽最大可能帮助他们，整晚都在劝说绝望的房屋所有人，他们甚至绝望到决心开枪打死来驱逐他们的警察。但是，她没有能力把平静带给每个人。她被众人看作能提供救助的唯一希望，这给了她很大的心理负担，几乎把她压垮。琳恩相信，她的努力很快就会见到成效。因为检方不可能无视《60分钟》的报道，一定会提起诉讼。公诉人会控告贷款方程序处理公司，并且会顺藤摸瓜，找出到底是银行的哪些人授权贷款方程序处理公司制作虚假文件。然而，尽管她深信不疑，在接下来几天中，琳恩只是接到了来自执法部门联系人的一些问候电话，并没有重大的通告。

有人开始在暗地里监控琳恩。几乎每一通电话，她都能听到咔嗒声——这意味着有人开始窃听她的通话。丽莎和迈克尔也听到了这种异响。有时候，他们在通话时会突然听到一个声音"录音正在进行"。有位亚特兰大的联邦调查局探员在听到这个声音之后生气了，斥责道："你在录音吗？"琳恩说："肯定是你在录音。"联邦调查局的探员立刻转变了语调："现在立刻挂上电话。"

琳恩存了八个月邮件的电子邮箱被洗劫一空，联邦检察官、律师、调查员或是朋友发来的邮件，无一留存。也没有任何一个数据恢复专家能够找回信件。她的车在自家的行车道上被砸，还是在一个有铁大门、有保安的小区里。窃贼仅仅拿走了车载GPS。一天晚上，琳恩听到类似火警警铃的嘀声，每三十秒响一次。她叫来保安，花了半个小时循着声源向地底下挖掘，试图找到噪声来源。"我确定，这是泳池报警系统发出的声音，它告诉你收纳落叶的篮子已经满了。"保安说。但琳恩表示她并没有安装这样的系统。

这些怪事，在止赎欺诈领域并不罕见。律师经常告诉琳恩，有人窃入他们的办公室翻找文件。这让她想起了大学时的那个激进年代，无论走到美国的哪个角落，联邦调查局探员都在监视跟踪她。四十年后的今天，被银行而不是政府监视的感觉，让人并不愉悦。

丽莎收到了一个写着迈克尔名字的包裹。里面是一个奇形怪状的机械装置，闻起来有股煤油味，像是一把低成本科幻电影里的射线枪。丽莎并不记得迈克尔跟她提过有个包裹。她打电话告诉琳恩，琳恩问她："你认为这是个炸弹吗？有嘀嗒嘀嗒的声音吗？"

琳恩开车来接她参加一个早已安排好的会议，丽莎带上了这个奇怪的装置，想把它带给迈克尔。琳恩不想让这东西出现在她的车里，大喊道："从窗户把它扔出去！"她们后来发现，这玩意儿只是迈克尔在 eBay 上买的二手机动车燃油输送模块。迈克尔在与詹妮弗分手并搬出去之后，没有固定的住处，常常寄宿在朋友家。他告诉丽莎会寄一个东西到她家，但她完全忘了这件事。

琳恩想起了联邦调查局反间谍行动的一项关键内容：让目标怀疑他们的组织里有内鬼。她猜测，这些心理战术估计一直以来都没变。

两位公共土地登记系统的官员看了采访琳恩的那期电视节目之后大受振奋。马萨诸塞州埃塞克斯县的约翰·奥布莱恩，1977 年首次被选举为契约登记员，他把令人倦怠的办公室工作比作运营一座公共图书馆。但他以自己的管理工作为傲，因为这是美国最古老的土地登记工作之一。奥布莱恩从 2008 年起就开始抗议郡县登记工作的腐败。一位名为玛丽·麦克唐奈的法院审查员在无偿审计一百份样本文件时，发现大多数文档都是无效的。奥布莱恩向州首席检察官玛莎·科克利申请资金以进行一次完整审计，并要求抵押贷款电子注册系统补齐房屋转让的登记费。然而科克利几个月都未曾做出回应。

奥布莱恩决定公开宣布，不再对欺诈性文件进行登记，从而无法完成抵押贷款交易。银行开始向埃塞克斯县发送附有全新签名和公证的替

房奴　277

代文件。对此，奥布莱恩并不买账："我相信银行的行动比语言更能展现他们的罪恶感。"

大西洋海岸北卡罗来纳州格林斯博罗的登记员杰夫·西格彭联系了奥布莱恩。他们完全是两种人：奥布莱恩是一个脾气暴躁、爱吵闹的爱尔兰人，西格彭则是一个温和的、笃信宗教的社区维权人士，他亲自处理了止赎危机。年轻的时候，西格彭的父亲在一次农业事故中失去了一条腿；同年，他的母亲又暂时失明。社区的团结互助拯救了他的家庭，后来的有生之年他一直都在报恩。

西格彭在《60分钟》节目中看到琳恩时，感到非常恐惧。那些伪造文件正在侵蚀他的办公室。西格彭和奥布莱恩起草了一封公开信，要求所有过去和现在的抵押贷款电子注册系统的转让协议都必须正确归档，完善产权链条，并允许登记人员征收过去未收取的注册费用。几天后，琳恩联系了他们。她向西格彭发送了他所在地区的伪造文件，因此他动员办公室人员专门搜索了在《60分钟》中提及的 DocX/贷款方程序处理公司的文件。不到一个月，他们就发现了六千一百份文件——这些都是为富国银行和美国银行等专门制作的，其中四千五百份的签名看起来各不相同，像是伪造的。有些文件的日期是在杰夫瑞·斯蒂芬的爆料在全国范围传播开之后。换句话说，即使在接受调查期间，银行仍在使用"机器签署人"。西格彭举行了一个新闻发布会，琳恩坐在身旁，还有她的海报板。西格彭称这是"对公众信任的背叛"。

在县政府登记员大会上，西格彭和奥布莱恩试图引起同事们对抗击欺诈的兴趣，但回应者寥寥无几。大多数登记员都是朝九晚五地工作，只想要在没有揭露全国性阴谋的负担下正常打卡上下班。西格彭把他的报告寄给了五十州大调查委员会的总检察长，并没有得到回应。所有这些确凿的罪证，数以百万计的文件，都躺在法院和县政府的办公室里，却没有人去费心核查这些文件。

事实上，到 2011 年 2 月，媒体急切地散布有关止赎欺诈"全球性和解"的消息。《华尔街日报》称，这将花费 200 亿到 300 亿美元，主要用于为陷入困境的房屋所有人提供贷款条款修改的资金。密苏里州消费者保护部门的负责人在一次社区会议上说，五十州大调查发现了"大量的欺诈行为"，但却没有发现可以起诉的对象，他们在谈判中陷入了窘境。批评人士指出，政府有 500 亿美元的住房可偿付调整计划，但却没有奏效，因为它依赖于人手不足、贪赃枉法的抵押贷款服务机构。这次提议的解决方案听起来就像住房可偿付调整计划的 2.0 版。

艾奥瓦州的维权人士再次问汤姆·米勒，他是否会像以前所说的那样，"把人们关进监狱"。他回答说："我觉得我不应该谈论协议中将会出现的内容。"3 月，米勒向银行提交了一份二十七页的"和解条款单"，其中包括了贷款条款修改基金和一系列抵押贷款服务机构的标准，主要是重申禁止那些原本就非法的行为。没有任何迹象表明这将换来什么样的法定赔偿。"和解条款单"在会议上出现之前，米勒的检察官同事们对此毫不知情。那个时候，他们没有发出传票，也没有质证任何人，甚至没有同止赎欺诈专家交谈。执行委员会只收集了极小的样本，拼凑了有关抵押贷款市场与此毫不相关的报告，并从中推断负债总额。没有人从报告中看到所涉及的相关文件，只有一些总结。迈克尔在网上发布了这一条款单，评论道："没有刑事起诉，就无法和解。"

维权人士发现，获得有关谈判的实质性信息非常困难，因为整件事都被白宫掌控了。白宫官员们认为，和解能够稳定住房市场，消除抵押贷款服务机构的不确定性。他们说，到底是做一些能立即帮助房屋所有人的事情，还是做一些与问题规模相称的事情，两种选择之间会有冲突。但所有的抵押贷款都规定了对违约借款人的强制性默认义务；抵押贷款条款修改中的"惩罚"只能迫使服务商达到规定义务的标准。自金融危机爆发以来，华盛顿对银行安全和稳健的关注，远远超过了对房屋所有人的关注。

在数百名调查人员对银行进行的全面跨部门审查中,他们认为所有的止赎都是合理的,因为借款人未及时还款。没有人想去质疑为什么借款人会拖欠还款,这可能正是掠夺性服务造成的。他们没有费心研究产权链条,也不考虑银行缺乏止赎起诉资格的问题。调查只涉及了2 800份贷款文件(联邦储蓄保险公司的希拉·贝尔后来承认,其实只有100份止赎文件),大多数情况下都是由服务商自己评估的。尽管范围很窄,但审查发现,文件准备过程有"严重缺陷"并"违反了州和地方的止赎法律"。宣称止赎正当并不能反推犯罪行为是合法的。

2011年2月,摩根大通承认,确实对现役军人进行了错误止赎,在军人们于伊拉克和阿富汗服役期间驱逐了他们。这违反了《联邦服役人员民事救助法案》,根据法案规定,相关人员应当被判入狱,但没有人因此提议对相关人员判处监禁。摩根大通迅速采取行动,解雇了负责抵押贷款的高管戴维·罗曼,并将住房归还给服役人员,并且免除了他们的债务。其他违反《联邦服役人员民事救助法案》的银行也做出了补偿,甚至设定了雇佣退伍军人的配额。尽管服役人员获得了公正对待,然而其他有类似遭遇的人仍然被冷落一旁。博主们将其比作那些提倡环保以吸引公众支持的公司。那是"绿色清洗",而这是"迷彩伪装之下的清洗"。

4月中旬,也就是琳恩在《60分钟》节目上散布恐慌的一周后,货币监理局和美联储从和解谈判中退出,并宣布对十家抵押贷款服务商、贷款方程序处理公司和抵押贷款电子注册系统采取强制措施。他们命令服务商为房屋所有人提供单点联系,并结束同时进行止赎和贷款条款修改的"双重追踪"的做法。但在大多数情况下,他们只是要求服务商不再违法。监管机构承诺,将对止赎文件进行"独立审查"以确定借款人的损失。当然,政府刚刚说过,所有经历止赎风波的人都理应得此待遇。银行不得不亲自挑选审核人员并承担相关费用。这些规定让犯罪机构自行决定对自己的惩罚措施。

维权人士认为，这些规定是一种削弱五十州大调查的花招。但至少它避免了银行只需开出一张支票的全球性和解方案。丽莎在联邦调查局的跨部门审查中发现了问题，就在发布执行命令的第三页，"审查结果显示，服务商拥有原始本票和抵押贷款票据"，这表明关键文件从未转让给受托人的托管人。第七页："审查员注意到，在不提及附加信息的情况下，仅止赎单中的文件可能不足以证明止赎行为开始时他们拥有本票"。但随后，就像摆了个幌子似的又写道："当要求提供额外信息并把这些信息提交给审查员时，通常足以确定产权。"在这一点上，丽莎注意到了"金融部门捏造证据的倾向"。你几乎可以想象得到，审查员发现了有缺陷的文件，并要求银行做出解释，而银行就像在法庭上一样，魔幻般地制作出原始本票。对银行这种行为一无所知的审查员们，就此如释重负。

2001年过去了，全国各地的法院都宣布止赎无效。路易斯安那州的破产案法官伊丽莎白·曼格在一起案件中，因贷款方程序处理公司伪造文件而对其做出处罚，她说："如果法庭不了解抵押贷款服务商的行为，那么法庭、债务人和受托人将会受到令人震惊的欺诈。"在威尔诉美国住房抵押贷款服务商的案件中，亚利桑那州一家破产法庭裁定，在将抵押贷款转让给信托时，让与人并不拥有抵押贷款。亚拉巴马州（荷蕾丝诉拉萨尔银行一案）和密歇根州（亨德里克斯诉美国银行一案）的法官一致认为，本票未能及时转让给信托，导致交易失效，产权仍归原始贷款方。纽约一家上诉法庭对纽约银行诉西弗堡一案作出判决，如果没有本票，抵押贷款电子注册系统无权取消任何房屋所有人的抵押品赎回权，也无权将这一权利转让给其他人。这台巨型止赎机器停在了悬崖边；任何有权力的人都可以把它推下悬崖。然而没有人这么做。

那个春天，戴维·J·斯坦恩律所放弃了。该公司通知佛罗里达州各地的首席法官，他们无法再管理诉讼案件，并将撤回全州的十万起案件诉讼。他们提前一个月向法院发出通知。一个月后，另一家房屋止赎厂本·埃兹拉·卡茨律所也倒闭了。从此，止赎处于停滞状态；琳恩的公寓也是由斯坦恩律所提起止赎起诉，一年来没有任何审理安排。斯坦恩律所最终起诉八家银行违反合同。迈克尔发布这一消息后，一位开办职业介绍所的联系人透露，斯坦恩律所从未向他支付过安排律师助手的费用。到头来，斯坦恩律所才是真正的"老赖"。

斯坦恩事件之后，司法系统失去了巨额的起诉费用来源。因为返聘了大量退休法官以"火箭速度办案"处理积压案件，法院资金开始枯竭；州长瑞克·斯考特批准了司法部门的贷款，以挨过财政年度。棕榈滩县法院为斯坦恩律所的诉讼案件召开了案件管理会议，希望找到新律师。这次会议本应和其他司法程序一样，向社会公众开放。但他们禁止丽莎和迈克尔进入，因为会议室"太拥挤了"。

常规案件也受到了偏见影响。丽莎的一位朋友告诉她，辩护律师受到威胁，称他们对伪造证据提起了"毫无意义"的辩护，法院将会对他们处以罚金。奇普·帕克收到了一则佛罗里达律师协会的投诉，仅仅因为他向 CNN 做出了关于法院"火箭速度办案"事件的负面评论。马特·韦德纳也因与记者交谈而受到调查；法官在法庭上拿出这几篇文章并训诫了他。在法官听取律师马克·斯托帕的辩解之前，法警勒令他从法庭上退下。布劳沃德县首席法官威克多·托宾为马歇尔·沃森房屋止赎厂事件辞职，以示忠诚。火箭速度办案进入快车道后在九个月内清理了十四万起止赎案件。

在美国民权同盟的拉里·施瓦兹特尔和瑞秋·古德曼开始研究佛罗里达法院之后，所有的县法院中，迈尔斯堡附近的李县情况最为糟糕。

该县法院集中精力清理案件,每天处理多达两百起。其中有一个极端案例,该县法官詹姆斯·汤普森无视州最高法院的命令,准许银行不提交验证止赎文件有效性的核查文件。被人发现之后,汤普森更改了命令,但仍准许使用不符合核查标准的证明书。

施瓦兹特尔和古德曼旁听了一些案件,并记录了辩护律师的证词。他们雇用了自己的庭审记录员,并把他们安排在李县法院。他们找到了珊瑚角的一位房屋所有人乔治·梅里根,他愿意起诉该县。乔治的丈夫在车祸中受伤后,她不得不辞去工作,照顾丈夫。由于失去了收入来源,他们未能及时偿还抵押贷款,美国民权同盟认为,李县法院的火箭速度办案无法给予他们公平的止赎审判。他们提交了一项紧急动议,通过上诉来干预地方法院,并补充了一份五百页的公共记录和法庭记录的附录文件。美国民权同盟控诉说,在李县发生的事情,早已不像是法院应该做的。上诉法院并不这么认为,否决了美国民权同盟的要求。收到这一不利判决后,施瓦兹特尔和古德曼别无选择,只能离开佛罗里达。他们唯一的安慰是,火箭速度办案的资金很快就会耗尽。

那年春天,卡罗尔·阿斯伯里律师告诉丽莎和迈克尔,她有一个新的想法。当地广播电台 WDJA 允许任何人每周支付 300 美元,就可以在他们的频道上进行广播。该节目还将在互联网上播放。卡罗尔提出要租下这个电台;她称其为"公民战士电台"。丽莎和迈克尔造访了位于德尔雷比奇 95 号公路旁的电台工作室。在过去几年里,他们看到许多被取消赎回权的空置房屋年久失修。不过,这个地方看上去要更糟一些。他们的汽车在未铺设路面的车道上扬起一阵阵灰尘。下车后,他们不得不小心翼翼地避开路上的碎玻璃走到门口。走近后,他们看到那一层平房似乎在摇晃,旁边的树木倒是枝繁叶茂。工作室的一面墙上贴满了来访客人的大头贴,从发型上看,这个工作室在 1970 年代就不再收集访客大头贴了。制作工程师拜伦·埃格斯总是拿着海盗主题的大手帕。他自豪地谈起前一天晚上在聚会上玩得有多投入。毫不奇怪，拜伦也丧失了房屋的赎回权。

不知怎么的，丽莎和迈克尔同意每周都过来一次。公民战士电台每周六上午 8 点录制节目。丽莎会提前约好嘉宾，比如她的朋友奈伊·拉瓦利或是止赎辩护律师等。他们讨论最近的新闻和法院判决，宣传集会和街头抗议活动，还接听打来的电话——只要节目还有时间。本来节目是有大纲的，但卡罗尔从不参考。

节目播出几周后，迈克尔在开车去和丽莎以及一些朋友烧烤的时候接到了一个电话。是《棕榈滩邮报》的金·米勒打来的。"我想对起诉做些评论。"

"哪个银行家被起诉了？"

"不，是卡罗尔·阿斯伯里。"

"什么？"联邦当局以一项欺诈抵押贷款机构的密谋罪名起诉了卡罗尔和其他二十多人。这一群体从迈阿密的贫困地区戴德县招募了一些假买家，他们利用虚假收入声明购买了一个名为凡尔赛的高档房地产开发项目。这些骗子将销售作为一种双重交易：一份以实际价格出售的文件交给卖家，另一份文件标以虚高的价格交给贷款方。他们利用价格差获利，并通过多个银行账户洗钱。这一阴谋破坏了社区稳定，凡尔赛的半数房屋陷入了止赎境地，废弃房产被一些人非法占有。起诉书中指控，在卡罗尔开始止赎辩护业务前，她开办的房地产经纪产权公司制作了那些双重交易文件。

迈克尔告诉金·米勒，他对此事一无所知，然后匆匆挂掉了电话。他打电话给卡罗尔："他妈的发生了什么事？"——但卡罗尔并没有回答。迈克尔很慌，不仅因为卡罗尔给他提供了主要的收入来源，还因为他的名声会因为抵押贷款欺诈而受损。这将使他受到更为刺耳的批评。

在烧烤聚会上，迈克尔根本放松不下来。他想到了被电话监控的情形。"我们总认为有人在跟踪我们,事实上真有此事,"丽莎告诉他。迈克尔给金·米勒打了电话,他对她说:"我觉得很不安,政府总是动用一切资源攻击那些揭露欺诈和腐败事件的人。但是对银行、房屋止赎厂和文件制作商犯下重罪的指控又在哪里呢?"

《棕榈滩邮报》根据迈克尔的引述作了一篇报道。果不其然,批评家们开始大展身手。止赎博主斯蒂夫·迪伯特愉快地讲述了这一消息,并补充说2008年佛罗里达律师协会曾公开谴责卡罗尔,因为她没有告知执法部门,她的一名员工起草了一份伪造的托管函。卡罗尔将《止赎欺诈》网站作为自己律所的官网,迪伯特暗示,迈克尔为类似于塔拉集会的募捐筹款行为违反了州法律规定。迪伯特没有说迈克尔参与了阴谋,而是说:"他只想保住他的工作和信誉,而这两样东西看来都已经无影无踪了。"

卡罗尔终于告诉了迈克尔真相,或是一个关于真相的说法。房地产泡沫时期,卡罗尔的父母亲都病倒了。因此,她把办公室托付给下属,自己全心照顾家人。卡罗尔声称,是她的员工密谋了双重交易事件,而不是她本人。联邦调查局突击搜查了她的办公室,卡罗尔深知自己没有豁免权,只好配合他们的行动。卡罗尔告诉迈克尔,联邦调查局是在杀鸡儆猴,因为她为房屋所有人辩护。但迈克尔认为,止赎辩护可能只是卡罗尔的一种公关策略,让她自己也成为抗争止赎欺诈的受害人。他觉得自己实在是太愚蠢了,当初居然会为她辩护,尽管他认为她的罪行与银行的罪行相比微不足道。

10月,卡罗尔认罪了。她向《美国律师协会杂志》重述了跟迈克尔所说的那个过程,把她对房屋所有人的援助视为一种弥补过失的方法。她说:"即便发生了最坏的情况,我还是尽了最大的努力。"法官对她处以两年半的监禁。

5月下旬的一个周五,在劳德尔堡的经济犯罪部门的办公室里,琼·克拉克森正在仔细检查一堆贷款方程序处理公司的文件,这项工作她已经做了一个月。贷款方程序处理公司是琼和她的搭档特蕾莎·爱德华兹被允许留下的为数不多的案件之一。在新领导层接管塔拉哈西之后,他们将止赎欺诈调查行动分给了五个不同办公室的检察官,这些检察官完全不了解琼和特蕾莎已经跟进了一年多。新领导层甚至不允许琼和特蕾莎向相关检察官们提供交接资料。

其中一个案件很快结案。总检察长帕姆·邦迪仅仅以200万美元与房屋止赎厂马歇尔·沃森律所达成和解,沃森律所承诺,它将合法止赎。尽管案件中存在伪造文件、制作虚假证明书和公证以及向不存在的被告提供递送服务等非法行为,但邦迪并没有要求沃森律所承认他们有非法行为。沃森律所划出止赎利润的一小部分作为"封口费"后便万事大吉。琼认为,邦迪的和解开价太低。

这并不是邦迪第一次的粉饰行为。她公开支持不对银行处以罚金以达成一项五十州的和解。她认为,迫使银行降低资不抵债的房屋所有人的贷款余额,会造成"道德风险",因为房屋所有人可能故意停止还贷以获得本金减免。她认为,房屋所有人的欺骗比银行的欺骗更为严重。

琼和特蕾莎因"引发全国范围内对止赎行为的审查"而受到嘉奖,她们对县政府书记官讲解的演示文稿在纽约的一起案件中被用作证据。但当提起诉讼时,没有塔拉哈西领导给出的指示,琼和特蕾莎只能缄口不言。每当琼在贷款方程序处理公司文件里发现一些值得注意的东西时,她就必须走到主管鲍勃·朱利安那里向他汇报。那个星期五,每当琼进入房间,朱利安的脸色就阴沉下来。后来他直接关上了办公室的门。那天下午三点半,特蕾莎在琼的办公桌前停了下来。"鲍勃要我们俩去他的办公室一趟。"

朱利安在法学院上学时就认识特蕾莎,他让两名检察官坐了下来。"你们俩的工作就到今天为止吧。要么主动辞职,要么被解雇。"

"为什么要被解雇？"特蕾莎问道。

"这是上面的意思。塔拉哈西那边并没有给我一个具体的理由。"

琼和特蕾莎匆忙地写了辞职信，并上交了门禁卡。她们不得不在周末再回去收拾私人物品。

在琼和特蕾莎离开后的几周内，前副总检察长乔·雅克成为贷款方程序处理公司负责政府事务的高级副总裁。前总检察长比尔·麦科勒姆时期的经济犯罪部门主管玛丽·莱昂塔奇纳科斯跳槽到马歇尔·沃森律所。在总检察长办公室工作期间兼职"机器签署人"的伊琳·库劳洛也被解雇了，不过是在丽莎向办公室反映其兼职活动之后的一年多。她跳槽去了房屋止赎厂夏皮罗·菲什曼律所。在佛罗里达，玩火的人自有奖赏，守规矩的却要承担后果。

当发给琼和特蕾莎的电子邮件被退回时，丽莎这才知道出事了。她听到两人被解雇的消息后，很不舒服。琼和特蕾莎是美国第一批调查止赎案件的检察官。她们坚信丽莎看似疯狂的理论，这些理论最终也被证明是正确的。看来整个行业正忙于完成扫尾工作，制订计划以免受处罚。

解雇两人后的一周，邦迪什么也没说。随后，她的发言人发表了一份声明，指责琼和特蕾莎缺乏判断力和专业精神。但坦帕经济犯罪部门的前律师安德鲁·斯帕克发表了一封信，支持所有人的怀疑。"正如克拉克森和爱德华兹两位女士所发现的那样，我在七年半的工作生涯中也发现了这样一个现象，那就是政府部门极少采取大胆的行动，"斯帕克写道，描述了经济犯罪部门经常在盛气凌人的公司律师和富有的捐赠者面前丧失立场的情形。斯帕克说，经济犯罪部门在帕姆·邦迪的领导下，只会越来越糟。

丽莎要求州总检察长对两位检察官的解雇事件开展正式调查。公民利益团体佛罗里达进步组织也响应了这一要求。随着丑闻的不断加剧，

房奴　287

琼和特蕾莎接受了几次媒体采访，包括在公民战士电台上与丽莎和迈克尔的对话。在经过数天的压力之后，邦迪同意让州首席财务官作为总监察长，开展一次调查。

德意志银行对琳恩·兹莫尼艾克重新提起了止赎起诉，把她的儿子马克·埃利奥特列为共同被告，后者仍在纽约上诗歌课，已经有七年没在棕榈滩花园生活了。被卷入诉讼案件的记录将会损害他的信用记录和就业前景。这是一种故意使当事人家庭保持沉默的策略。此案距离首次提起诉讼后三年多，才有了进一步的进展。

琳恩知道，《60 分钟》这个节目是她可以用来迫使他们进行刑事调查的最后一张牌。她可以在《止赎文摘》博客上写文章，也可以出席欢乐时光聚会发出号召，直到诉讼时限临近，但都不会有她在 CBS 的节目里那么多的观众。然而杰克逊维尔没有让步。南卡罗来纳州的联邦检察官办公室给她的信息互相矛盾。有一次他们说肯定会提出刑事指控。然后又说不会提出刑事指控，因为起诉摩根大通违反《联邦服役人员民事救助法案》能够更好地发挥陪审团的作用。之后他们又改变了主意，把注意力集中于房屋止赎厂。这种优柔寡断成了案件永远无法取得进展的借口。

琳恩想知道《60 分钟》是否可以帮忙推动国内收入署对此事进行相关调查。如果银行从未将抵押贷款转让给信托，事后又将不良贷款塞进信托，那就违反了 REMIC 的税法，将会导致一倍全额的罚金。琳恩的故事播出几周后，路透社报道了美国国内收入署针对 REMIC 中的抵押贷款支持证券进行"积极审查"的消息。但是，琳恩从《赤裸的资本主义》博主伊夫·史密斯那里听说，这条办法已经行不通了。有位国内收入署的高级官员最初似乎感兴趣，但白宫官员说他们不会利用税法作为政策工具，他就放弃了这个想法。伊夫在与美国财政部高级官员的会议上谈到 REMIC 时，他们就会立刻转换话题。他们不考虑用数万亿美元的税收罚金作为解决方案。乔治城大学的教授亚当·列维京把不对 REMIC 提起诉讼的行为称作"金融系统的后门救助"。琳恩最终还是决定不给国内收入署打电话了。

杰克逊维尔没有发布宣布起诉的新闻稿，也没有公布高管戴着手铐的照片，只是向琳恩索要了更多的文件。给我两百个律师事务所在提起止赎起诉后签署抵押贷款转让协议的例子，或是文件上有三十个琳达·格林的例子。琳恩在这些项目上要花费数小时，但她又觉得不能不做。联邦助理检察官曾向琳恩索要一份耗费十四个小时才整理出来的文件。她给合作过的联邦调查局保险欺诈专家亨利·"汤米"·克拉克发邮件，告知此事。几分钟之内，汤米就给她打了电话，甚至招呼都没打就开门见山地说："不要浪费你的时间了。"琳恩惊呆了。

汤米和她一样，也是个局外人，检察官办公室只让他们完成一些繁重的重复性劳动，比如浏览一万封电子邮件，从中寻找确凿的证据。汤米和杰克逊维尔的朋友们一起工作了很长一段时间，认为他们值得尊敬，也愿意根据搜查线索寻找一切可能的证据。但他也意识到检察官办公室上层施加的压力。他对琳恩说："我已经不再插手此事，还有很多其他的案子要做。"琳恩立刻明白了一切。一个伙伴让另一个伙伴放弃抵抗。一切都已经结束了。

几个月过去了，琳恩只得到了零星的消息，还是以七拐八绕的方式。司法部对此案进行干预，拒绝了额外资源的要求，限定由大陪审团单独处理。她听说，司法部派了一名年轻律师前往南佛罗里达，出席了一场联邦调查局对现已破产的斯坦恩律所的谢丽尔·萨蒙斯进行质证的会议。律师阻挠调查，问出各种无聊的、不相干的问题来打发时间，阻止探员质证证人。

联邦调查局的工作人员威胁要退出调查，在上级面前挥舞着关键证据，大声疾呼，如果让此事不了了之的话，将违背正义。但无济于事。也许检察官办公室能够发现一名懦夫，作为替罪羊，把所有证据都栽赃到他的身上。但这完全不是三十个月前琳恩所期望得到的结果，在那些疯狂的日子里，她曾连续七十二个小时没有睡觉。她客厅里的一叠叠文件，展示了无尽的失望。

20　最后的粉饰

　　南佛罗里达的热浪终于消退了，近岸航道的海水也凉了下来，而棕榈树的叶子还在随着回转的风摇摆不停。那个夏天，迈克尔搬进了琳恩在市中心的公寓——从一套止赎房搬进了另一套止赎房。迈克尔坚持用圣露西港家中为偿还抵押贷款留存的现金给琳恩支付费用。事实上，由于《止赎欺诈》博客失去了赞助来源，这笔现金是他仅有的财产了。和詹妮弗一同出席孩子抚养权听证会时，詹妮弗的律师断言，迈克尔一定隐藏了财产。毕竟他是一位名人，常出现在报纸和杂志上，甚至还有自己的广播节目。"我们每周要为这个广播节目支付 300 美元！"迈克尔在听证会上大叫。但律师不可能明白这一点：一般都是电台付钱给主播，而不是反过来。

　　一位叫迪克西·米切尔的七十一岁的癌症幸存者面临止赎，而她的抵押贷款服务商奥克文公司却弄丢了她的贷款修改文书。为此，华盛顿州的一个自由组织联系了丽莎。奥克文公司的总部位于西棕榈滩办公园区，离丽莎的共管公寓很近。于是丽莎和迈克尔在一些 T 恤上印制了百慕大三角复原服务商公司的标志，该公司并不存在，他们假称该公司是专门为人寻找丢失的文件的。在一个多雨的秋日，他们亲手将迪克西的文件连同一份有七千四百名华盛顿人支持的请愿书一起交给奥克文公司，有摄像人员随行拍摄。一位男子在大厅里等了一整天，他要和某人见面谈抵押贷款的事情。看到这一幕，他说："我的天，真希望我也能想到这个办法!"在媒体的关注下,迪克西得以修改了贷款合同条款。这说明,至少当服务商需要维护声誉时,他们是能够帮助到客户的。

止赎斗士们很快结成了新联盟。9月17日,鉴于加拿大杂志《大屠杀》的一条建议,他们组织占领华尔街行动,并在曼哈顿南边的祖科蒂公园安营扎寨。抗议者表达了普遍存在的沮丧情绪,他们认为经济只为1%的最富有者的利益服务。止赎博主记录的每一个关于房地产泡沫和崩盘的事件都驱使纽约陷入动乱。最终,一些抗议者想明白了:他们开始搜索答案。

全国各地占领活动四起,棕榈滩也不例外。一大群人聚集在布莱恩特公园门口,并支起了帐篷。第一次州议会有四百人出席。丽莎下来后,并未见到媒体所宣称的大批暴力青年。出席会议的更多是中老年人,他们受到此次金融危机冲击的触动,担心子女的未来。丽莎觉得她关于欺诈的知识,终于有足够多愿意露宿街头的抗议者进行宣传并要求展开行动。于是她开始演讲:"如果你的邻居身处止赎之中,而你觉得他们是老赖,那么你将很快因此受到伤害。请听我为大家详细解释。"她将止赎与公共退休基金中含有的抵押贷款支持证券联系起来。大量的止赎会让投资者利益受损,如果降低每月还款额使房屋所有人能够留在家中,投资者可以得到更多的收益。实际上,防止止赎对所有人都有利。不然,投资者就会为延迟还款、欺诈性文件和诉讼等买单,损失会不断加剧。止赎危机将引发一场公共退休基金危机,人们忽视了两者之间的联系。

占领公园的人群逐渐减少。但丽莎在这一地区待了很长时间,她还把琳恩叫来,为大家宣讲有关欺诈性文件和空置房产的知识。占领者中的一些关键人物对此反应强烈。因为他们了解到这个系统到底发生了什么。

占领活动恰恰出现在另一项正在谋划的救助活动出台之前。传言一直说"即将出台"的五十州和解方案迄今至少搁置了六个月。同年夏季，纽约州总检察长埃里克·施耐德曼对当地一家报纸称，他对执行委员会调查工作的缺乏十分"震惊"，他表示："我们没有任何谈判筹码。"他对外宣称不会签署任何协议，以免使违反纽约州法律的银行逃脱惩罚。与此同时，他还对涉及美国银行及其主要受托人德意志银行和纽约梅隆银行的抵押贷款支持证券转让的正当性展开了新的调查。特拉华州总检察长、副总统之子博·拜登也加入了施耐德曼的调查行动。他们代表所有抵押贷款支持证券信托公司自主联合起来的州，成为这次"证券化失败"的调查核心。迈克尔在《止赎欺诈》网站上发布了施耐德曼戴着白色帽子的组图，就像一位前来整顿城镇的执法官。"拜托了各位，我们必须支持他，"迈克尔写道，"全国上下，我们只能仰仗他了。"

作为回应，汤姆·米勒将施耐德曼从五十州联合执行委员会的名单中剔除，并对外指责他想方设法地破坏和解。白宫方面敦促施耐德曼继续支持他已被禁止参与的协商议程。凯瑟琳·怀尔德是纽约市商务合作关系的执行长官，她甚至在前纽约州长休·凯里的葬礼上试图诱使施耐德曼在银行事务上作出让步，因为"华尔街是他们的主心骨"。美国住房与城市发展部秘书长肖恩·多诺万几个月来多次在他的会议室举行洽谈，与多家银行代表磋商和解事务。他告诉《纽约时报》，与会各方都将从一个快速的和解方案中获利。然而，早在一年前，五十州的联合调查就已展开；那些花费在起草和解交易方案上的时间，本应该用来进行调查。

州总检察长们迅速站好队，支持"我们是99%"的口号。比如，特拉华州的博·拜登、马萨诸塞州的玛莎·科克利以及内达华州的凯瑟琳·科尔特斯·美思屈罗都选择支持施耐德曼；他们所在的州都进行过对止赎的深度调查。9月13日，明尼苏达州的洛莉·斯旺森发表了一封公开信，拒绝接受任何没有经过调查的和解方案。9月22日，肯塔基州的杰克·康威宣称反对免除对银行的处罚。态度最强硬的当属加利福尼亚州的卡玛拉·哈里斯。她丈夫的弟弟托尼·韦斯特是司法部高级官员，一直忙于和解事务，她本人以前还担任过奥巴马2008年总统竞选的重要负责人。和大多数总检察长一样，她只是将这个职位看成一块踏脚石。但她代表的加利福尼亚是全国最大的州，也是止赎危机最为严重的地区之一。如果没有她的参与，和解工作将无法完成。

事实上，几乎所有帮助过哈里斯竞选的人都鼓励她放弃谈判对话，小到社区和劳工团体，大到三百万人的加利福尼亚勇气运动团体。州总检察长们办公室里的座机从未收到过如此多的来电，有好几次还宕机了。加文·纽瑟姆是加利福尼亚州副州长，也是哈里斯在当地政治圈最大的竞争对手，他加入了"加州人民公平和解"联盟，该联盟专门反对正在起草的和解协议。他们会在某个时点提出事先定好的和解协议，而不是提起民事诉讼或刑事诉讼。但这会迫使哈里斯放弃汤姆·米勒。哈里斯花了整整一天时间和银行高管们敲定了一个和解方案，然后在30号宣布该方案对于加利福尼亚州的房屋所有人还不够有利，并且强调她会继续努力，直到最后制定出一个合理的和解方案。

自从2000年选举以来，新千年第一个十年的特点，就是社会上普遍缺乏责任感。虐囚者和窃听者以及将美国骗进战争的发号施令者们，没有因罪行而受到任何惩罚，在这种社会大环境下，法律规定倒更像是一种"不正常状态"。银行业对美国经济造成了破坏，但早已逃之夭夭，有段时间，他们犯下的历史上最大的消费者欺诈罪行看起来也得到了同样的豁免，只要支付一笔钱就行。不愿意促成犯罪行为的一些领导人士加入了草根维权人士的集体，将这一切暂停。但仅仅是暂停。

在止赎带来的破坏中，社区组织者看到了一个广泛运动的火种。全国性团体数年来都在开展公共抗议活动，全副武装的维权人士穿过护城河并闯进俄亥俄州哥伦比亚的摩根大通总部(摩根大通总部外的确有一条护城河,非常有中世纪特色)。还有一些规模更小的组织诸如马萨诸塞州斯普林菲尔德的"无人离去"协会,专注于止赎后的驱赶防御。他们软硬兼施,一方面从法律上为房屋所有人提供帮助,另一方面顽强抵抗,如果银行要将人们赶出家门则需要付出沉痛的代价。更加激进的团体像"夺回土地"组织,会让被驱赶的居民闯进空置的家中,他们称其为"住在那里"策略。这类似于大萧条时期农业社区团结起来阻止止赎,维持社区稳定的策略。

被银行以假文件夺走的止赎房产成为抗议地点,就像占领活动选择城市公园和人行道一样。麦特·布鲁纳·汉姆林,他为服务业雇员国际工会组织了"本票在哪儿"的运动,认为可以将无组织的占领抗议转变为有意义的行动。他惊讶地发现,目前这一趋势正在自发形成。在亚特兰大、明尼阿波利斯市、克利夫兰以及洛杉矶,止赎受害者们去占领集会地寻求帮助,占领者们就会去保卫那些房子。布鲁纳·汉姆林以全副资源和大型社团的沟通渠道对其进行支持。占领华尔街的维权人士们也加入进来,很快他们宣布,将在2011年12月6日发起名为"占领我们的住房"的全国性运动。组织者马克斯·博格充满了热情:"我们从抗议华尔街欺诈转变为代表受欺诈伤害的人采取行动。"

丽莎与那些"占领棕榈滩"的新朋友一起组织了两次活动。他们基于1980年代的"反对酒驾母亲"运动,发起了"止赎守护"运动。身穿"止赎守护"T恤的维权人士一大早就坐到法庭里全程目睹听证会,他们的出现表达了一种信号,即所有会影响房屋所有人的判决都会被监督并铭记。当"止赎守护"人士在场时,法官看起来的确更加谨慎了。

当天晚上,抗议者在德意志银行的莱克沃斯北街止赎房产前点燃蜡烛,表示对未能起诉银行高管的"哀悼"。丽莎之前曾参加过两次白黄屋守夜活动,那套房子被木板钉封多年,德意志银行几乎完全没有花钱去维护。琳恩、迈克尔和詹娜都在那里,还有其他几十个人。

另外一些"占领我们的住房"的组织则更为激进。抗议者手挽手在止赎房屋前组成人墙,以保护房屋居住者的安全。亚特兰大的维权人士在一位面临被驱逐窘况的警察家门前露营扎寨。在布鲁克林,占领者们大声歌唱,干扰止赎法庭。另外一些示威者则拿着麦克风干扰止赎拍卖会。

这些抗议终于奏效了。在洛杉矶,占领自己止赎房屋的罗斯·古迭尔获得了与房利美修改贷款合同条款的机会。克利夫兰的贝斯·索默尔赢得了三十天的驱逐延期。亚特兰大一百零三岁的维塔·李得到了摩根大通的延期。明尼阿波利斯的前海军陆战队员鲍比·赫尔,在他家的草坪上聚集了一百五十人围拢在摄像镜头前拒绝离开。美国银行与他达成了一项交易。

甚至在当地警察拆除占领营地、驱逐抗议者之后,"占领我们的住房"的活动依然持续了下去。这些房屋成为社区的活动中心,他们派人在房屋周围昼夜不停地巡逻,房屋所有人因此可以放心去工作,不用担心房屋被银行收回。明尼阿波利斯的"占领我们的住房"组织在前门廊上放置了大量的混凝土桶,然后用链子拴在自己身上,使得执法者难以驱赶。他们还创建了一套紧急信息传递系统,可以在三十分钟内召集一百名维权人士来到房屋内。洛杉矶的"占领抗议止赎"组织出现在止赎拍卖会上,他们警告说,银行没有正在出售房屋的产权证明。一千名洛杉矶抗议者准备了玫瑰花车游行,他们用一个塑料袋制成的七十英尺长的章鱼来代表金融业。

除了抵抗活动,"占领我们的住房"组织也利用抗议活动得到的谈判筹码,积极促进与抵押贷款服务商的谈判。组织者认识到制造驱逐成本的价值,这相当于在巨型止赎机器的齿轮上撒了一把沙。受害人讲述自己的遭遇,更为人性化地向人们表明了危机的危害,并引起了媒体的关注，这是银行不希望看到的。"占领我们的住房"抵消了金融业所拥有的最强武器：羞耻感。如果能让房屋所有人相信他们没有什么过错，就能反抗不公正的程序，构建政治权力。

假文件证据增强了这一运动的理论基础，也撕下了金融业阴谋的面具。"占领我们的住房"的成员们都知道琳达·格林。他们懂得什么是证券化失败。如果执法部门不逮捕这些涉及全行业犯罪的作恶者，抗议者会通过对抗来伸张正义。

在抗议者们开展各项行动时，琳恩在内华达发现了另外一个圈内游戏，大概有五分之三的房屋所有人身陷其中。在被辞退前，琼和特蕾莎与内华达的调查员一起调查了贷款方程序服务公司。因此琳恩寄了一些文件出去，并联系了犯罪欺诈部门副主管约翰·凯莱赫的助理海琳·莱斯特。2007年凯莱赫被选中领导内华达的抵押贷款欺诈特别调查小组时，全州甚至都还没有"抵押贷款欺诈"这项罪名。但他自学了很多知识，听取了几千份消费者投诉，意识到了问题的严重性。在丽莎的帮助下，那年夏天琳恩给特别调查小组递交了很多文件，还在一些策略会议上向莱斯特解释，怎样在县政府记录中发现欺诈。琳恩成了他们的上门顾问。

内华达州的总检察长凯瑟琳·科尔特斯·美思屈罗告诉凯莱赫要追随证据的指向，然后对责任人提起公诉，别管他是谁。2011年8月，美思屈罗起诉了美国银行，因为美国银行曾经与房屋所有人达成和解，承诺将修改抵押贷款合同条款，之后又欺骗了房屋所有人。在一份修订过的起诉状中，美思屈罗对美国银行展开了猛烈攻势：

> 美国银行在与内华达州消费者的沟通和记录以及提交的文件中均做出了不准确的描述，他们声称作为拥有这些抵押贷款信托的服

房奴　297

务商，有权对消费者的房屋进行止赎。被告知道他们从未恰当地将这些抵押贷款转让给信托，没有履行相关合法合同和州法律所规定的恰当递交背书或转让过的抵押贷款本票。由于信托从未成为这些抵押贷款的所有人，被告无权以他们的名义催收贷款或进行止赎，而且也不应该假装可以。

琳恩的论证，进一步定义了"证券化失败"。美思屈罗甚至提及了肯普诉美国国家金融服务公司一案，此案中美国银行高管琳达·迪马丁尼承认，从未将抵押贷款转让给信托。试图通过起诉美国银行来达成庭外和解的人不只有美思屈罗，有段时间司法部和其他州总检察长们也想顺势达成一份和解协议。但是，她的手下明白核心问题，而这一问题很多同事还不理解。起诉状中指明："这不是简单的技术问题，联营及服务协议明确规定了一次恰当转让行为的确切流程。"

9月时，调查人员在克拉克县政府登记办公室发现了违约通知中的套路，这些通知是用来告知内华达州房屋所有人即将面临止赎的。有两个人作为多家不同银行的代表不断地出现在通知上，分别是加里·特拉福德和格里·谢泼德。检察官利用这些文件追查到拉斯维加斯一家贷款方程序服务公司的分公司。实际上特拉福德和谢泼德在加利福尼亚州的奥兰治县工作。公证章来自内华达州，那些理应在公证人在场时签署文件的人却居住在另一个州。调查人员从加利福尼亚州车辆管理局调取了特拉福德和谢泼德的驾驶证，但驾驶证上的签名与克拉克县违约通知上的签名并不相符。这意味着很多文件是伪造的。特别调查小组找到了包括特蕾西·劳伦斯在内的贷款方程序处理公司的一些员工。只受过高中教育的特蕾西二十几岁就进入房地产行业。她在公司开始工作不到一个月（这一时期，该公司先后更换了五个名字，最后改为贷款方程序处理公司），上司就让她做公证人。事实上，他们强烈地暗示她，如果不做公证人，她就不能继续待在这里工作。因此她提交了申请并得到了一枚公证人印章。

不到一年，特蕾西就成了加里·特拉福德的首席助理。该办公室为在克拉克县进行止赎的机构制作违约通知书，其中包括美国银行、华盛顿互助银行和房利美。特拉福德有自己的流程系统：特蕾西在收到的文件上签上加里的名字，再以自己的名字公证，然后将通知发送到登记办公室。刚开始，要伪造的通知数量并不多，但房地产泡沫破灭后，这一数字增长到每周三百份，五年来周周如此。

特蕾西说，特拉福德很少去拉斯维加斯。但克拉克县土地登记文件上到处都是他的名字。特蕾西模仿了加里·特拉福德的签名，其他员工也模仿了格里·谢泼德的签名。谢泼德承认工作流程中存在欺诈，他只是想让伪造行为不那么容易被发现。她曾给员工发电子邮件说："我的签名，请另找人代签，不要让公证的那位签我的名字。谢谢大家——格里。"特蕾西不想因为服从命令而受到责备，所以她专门写了封邮件向上司确认："按照您的指示，我将继续按以往的方式处理文件，也就是签您的名字，然后自己公证。如果还有什么变化，请告诉我。"特拉福德给出了肯定的回复。就像所有遵从命令的优秀员工一样，特蕾西一直都在完成上司交办的工作，直到2010年被公司解雇。

一年后，州调查员托德·格罗希去她家给了她一个选择：作证指认加里·特拉福德，或是被直接逮捕。特蕾西再次遵从指令，同意作证以换取宽大处理。在大陪审团面前，她泰然自若地解释了五年来在北彩虹大道500号发生的机构化欺诈行为。故事听上去与美国的其他办公室没有任何不同：员工为了避免受到指责而掩盖事实，上司则会从每位员工身上压榨更多的生产力。"你有没有觉得你做的事情可能是违法的？"凯莱赫问她。

"我真的没想过，"特蕾西说，"他们只是说：'哦，没关系，你可以签我们的名字。'"办公室文化中，屈从权威的观念如此根深蒂固，以至于"机器签署人"从未质疑过这一系统。

特蕾西·劳伦斯并不是摧毁美国抵押贷款市场的幕后主使，她只是巨型止赎机器上的一枚小小的大头针，一位流水线工人。加里·特拉福德和格里·谢泼德也只是两枚稍大一些的大头针。他们相当于授权伪造工厂的贷款方程序处理公司高管的联系通道，上一级则是雇用了贷款方程序处理公司的服务商。

这就是刑事司法第 101 号条令：舍小鱼，钓大鱼。凯莱赫想要起诉一家银行的负责人，而特别调查小组却有意偏向了他们的目标。

在大陪审团结束取证的一周后的 2011 年 11 月 16 日，美思屈罗宣布对特拉福德和谢泼德提起刑事控诉，两人在没有公证人在场的情况下签署了 606 份文件，提供虚假文件以供登记并帮助那些文件取得虚假认证。特拉福德和谢泼德声称自己无罪，贷款方程序处理公司承认"一些文件的签署流程是有缺陷的"，但只是一笔带过，随后表示他们"得到了正当的授权，他们的登记行为并没有引起错误的止赎"。换句话说，贷款方程序处理公司认可了检方提起的控诉文件数量，但他们认为这理应被忽略，因为那些老赖没有偿还抵押贷款。

特蕾西是唯一公开的证人，也是唯一获得上司授权模仿其签名的人。鉴于她的作证表现，检察官将对她的指控减为伪造罪名的轻罪，这可能导致 2 000 美元罚款和一年监禁。因为她是一起重大欺诈案件的共同证人，实际的关押时间预计会更少。11 月 29 日特蕾西面临宣判。丽莎和琳恩后来了解到，审判前一天她和朋友交谈时表现得很乐观，并不后悔自己的决定，并做好了面对一切后果的准备。她打算出狱后重返校园。

11 月 29 日，特蕾西没能出席听证会。警察来到特蕾西的公寓，发现她已经死亡，年仅四十三岁。

约翰·凯莱赫匆忙赶到现场，医务人员正在搬运特蕾西的尸体。她嘴里还含着一片没吞下的安眠药。窗帘被掀开，挂在客厅窗户的帷幔上。厨房的桌子上有六十瓶药丸，水槽下面的地毯上还有一种粉状物质。凯莱赫认为这一场景看起来像是计划好的。警探们立即排除了他杀的可能，但他们根本没有测试过那些粉末，也没有检查那片窗帘。尸检后，验尸官将死因列为中毒自杀，说她死于阿普唑仑和两种抗组胺药物。

内华达州试图抢救此案。他们还有来自维加斯办公室的其他公证人，后者接受了认罪协议。特别调查小组甚至以文件欺诈的罪名起诉了贷款方程序处理公司。但特蕾西·劳伦斯的死对所有人来说都是一个巨大的打击，对任何一个试图改变这台巨型止赎机器的人来说，这都是一个令人不寒而栗的信号。

丽莎从海琳·莱斯特打来的电话中得知了这一消息，海琳说："我打电话是想告诉你，你要格外小心。我们已经见到有人死去；他们说这是自杀，但我们不认为这是自杀。"莱斯特向琳恩发出了同样的警告。我们没有办法知道真相。直到今天，丽莎和琳恩都不相信官方提供的说法。在特蕾西死后，她们把自己的门关得更紧，窗帘也拉得更低。

在卡玛拉·哈里斯退出谈判之后，几个月来毫无进展。丽莎给三十多名律师寄送了成堆的文件，但几乎没有收到任何回复。她与劳伦斯·特拉伯的司法部代表的电话交流也悄然无声地终止了。佛罗里达州执法部门对此不予回应。其他的努力也以失败告终。琳恩甚至不再打电话给杰克逊维尔了。迈克尔、丽莎和琳恩就像被困在一个孤岛上，他们已经证明了一个影响深远的欺诈骗局，但根本不知道政府是如何采用那些证据的。他们有盟友———些契约登记员，寥寥几位愿意让止赎无效的法官，以及一些曝光整个丑闻的记者。但他们在最后阶段并没有任何优势，没法影响整个过程。他们总是说要把信息交给当权者，以求得到一个合理的解决方案。但如果这个解决方案不合理呢？

所有止赎斗士能做的就只剩下在互联网上发布大量有关真相的文章，给房屋所有人提供安慰和资源。他们可以突显那些恐怖故事（"莎伦·布林顿可能会因提前一周还贷而失去房屋"），并呼吁人们实施恶作剧。他们可以为英雄喝彩并讥笑那些恶棍。他们可以举办欢乐时光聚会活动；蒂姆·米勒是一位音乐家，他写了一首有关止赎的歌曲《爱与破碎之家》，他还曾现场演唱过这首歌曲。

那年秋天，在"公平和解方案运动"的掩护下，州内的一些组织向记者、州和联邦执法部门的收件箱发送了大量信件，内容几乎相同。"在对止赎危机进行全面调查之前，签署一项和解方案为时过早，""内华达州人民公平和解联盟"说。"我们不能接受未经全面调查而提出的和解方案，""宾夕法尼亚州人民公平和解联盟"表示赞同。这似乎是"加州人民公平和解联盟"的一些衍生组织，该联盟使得哈里斯被踢出了五十州会谈。但有些事情跑偏了。他们为什么会认为一定存在和解方案呢？唯一的问题就在于和解是否公平？他们指的是什么调查？为什么没有谁再提要将人绳之以法的事了？除了凯瑟琳·科尔特斯·美思屈罗之外，似乎没有人拿出"机器签署人"这事指责授权伪造文件的银行。一项和解方案即将打破这些调查路径，成堆的文件证据即将被抛之不用。抵押贷款行业没有制造虚假文件，并不是因为该行业动作更为迅速，而是因为调查机构们没有其他选择，只好做出这一结论。

2011年12月1日，马萨诸塞州总检察长玛莎·科克利提起了一项维权人士渴望的诉讼。她以"无权止赎而实施了止赎行为"的罪名起诉了五家大银行——美国银行、摩根大通、花旗、富国银行和通用汽车金融服务公司。这一诉讼指控银行窃取房屋。由于依班纳案件的先例，马萨诸塞州有充足的法律依据来对抵押贷款产权的不当证明进行指控。但摩根大通对科克利诉讼案的反应让人大跌眼镜:"马萨诸塞州此举让我们很失望。我们现在正与各州总检察长和联邦政府协商制定一项更加宽泛的和解协议,以立即缓解马萨诸塞州借款人的压力,免于造成长年的法律诉讼。"摩根大通抛出了迅速给房屋所有人援助的期望,试图以他们的行动来停止此项全面调查。他们听起来与试图施压以达成全球性和解的白宫官员并无二致。

新年过后,丽莎和琳恩有了新的烦恼。佛罗里达首席财务官的总监察长,发布了关于琼·克拉克森和特蕾莎·爱德华兹被解雇的调查报告。它不仅声明帕姆·邦迪无罪,还无故地指控琼和特蕾莎有不当行为。她们的"办公桌略显凌乱",案件档案也堆叠得毫无美感,这是事实,主要是因为社会各界向她们提交了数百万份抵押文件,而她们却没有秘书来处理这些文件。经济犯罪部门的主管理查德·劳森对总监察长说她们不专业,还援引了一位公司说客的信中所述,后者在信中抱怨两人处理案件的方式极具攻击性。她们大肆宣扬存在大规模欺诈的理论,尽管佛罗里达法院的判决证实了这些理论,但她们拿不出证据。她们在演示文稿中滥用诸如"伪造"之类的字眼,与贷款方程序处理公司声称的内部"代理签名"政策即授权个人代为签署别人姓名的政策相矛盾。贷款方程序处理公司的内部政策为什么会比州法律更重要?原因尚不明确。罗森接受了调查对象公司和公司律师对自己手下检察官的意见。

这份报告显示,丽莎和琳恩利用与琼和特蕾莎的个人关系来影响调查走向("克拉克森完全听从丽莎·爱泼斯坦的指示")。止赎战士们没有机会反驳,因为从来没有人采访他们。罗森认为,"被取消了赎回权的博主"丽莎利用经济犯罪办公室来"为自己的止赎案件争取更满意的结果"。"最后一击"则是琼和特蕾莎向丽莎泄露了一份波及多州的针对贷款方程序处理公司的机密传票拟稿。丽莎要求查看这份文件的公共记录,也没有将其公开或者发布给媒体,尽管那份报告早已公开。

这是丽莎收到止赎通知后唯一感到害怕的一天。她与琼和特蕾莎没有任何关系，她只是向她们提供了一些可公开查阅的文件。她自然没有能力强迫她们。然而，在她查询到的一份官方报告中，州政府把她描述成一个想白得一套房子的老赖。这不仅使欺诈行为合法化，而且断绝了再次出现向州政府提供信息的告密者的可能。那一周，因为倍感压力，丽莎的头发白了一大片。琳恩比丽莎更善于挑战权威。她从容地接受了这份报告。

比起丽莎，琳恩更不畏惧权威，对于那份报告中提出的批评，她安然自若。但她认为报告中针对演示文稿的批评非常荒谬。其中所谓的"敏感性"文件，已经在琳恩的博客上公布了一年多。总检察长助理崔西·康纳斯还向佛罗里达州参议院提交了该演示文稿。2001年塔拉集会上，丽莎与康纳斯和理查德·罗森会面时，康纳斯亲自感谢了丽莎和其他"公民告密者"所做的工作。然而，康纳斯在报告中似乎患上了健忘症：她"可能用过那份演示文稿中的几张幻灯片，但想不起来具体是哪几张了"。

琼和特蕾莎的离开，暗示了他们没有承诺提起硬性指控，自那之后，佛罗里达州总检察长办公室没有向任何一家止赎欺诈目标公司发过传票。事实上，理查德·劳森告诉《奥兰多哨兵报》的编辑斯科特·麦克斯韦，他宁愿与公司合作，改变他们的内部文化，而不是简单地惩罚他们。

在监察长报告发布几天后，丽莎通过查询公共记录获得了贷款方程序处理公司的律师和总检察长办公室之间的机密交流记录。2011年6月，几个州正在讨论对贷款方程序处理公司提起民事诉讼，但密歇根早已发出了更具负面影响的刑事传票。贷款方程序处理公司的代理律所贝克·麦肯锡的合伙人琼·迈耶给塔拉哈西的维多利亚·巴特勒发了一封电子邮件，说想知道关于密歇根传票的最新进展："这些公告会对贷款方程序处理公司的业务运营和股价产生严重影响……我想知道我们可否做些什么。"当天，迈耶又发来一封邮件："密歇根州总检察长办公室的苏·桑福德会给你打电话，讨论各州总检察长与贷款方程序处理公司见面会的事宜。她可能会问你是否建议将她对贷款方程序处理公司的调查从刑事调查转为民事调查。如果你觉得可以的话，请鼓励她加入民事调查的队伍中来。"

琼和特蕾莎被解雇一个月后，尽管佛罗里达正在积极调查贷款方程序处理公司，但该公司的律师们仍然怂恿佛罗里达官员去游说密歇根州减轻指控。丽莎在周末的公民战士电台节目中对这一事件做了总结："这只是为了掩盖事实，两位检察官被革职只是因为目标公司及公司律师极有权势，他们不喜欢这一调查。"塔拉哈西和华盛顿的政治精英们似乎只想尽快翻过美国历史上这悲伤的一章。

2012年1月24日，奥巴马总统发表了第一个任期结束的国情咨文演说。第一夫人的包厢里总是挤满了各界名流，有政府官员，也有总统计划在演讲中强调的普通人。今年，其中一位宾客是埃里克·施耐德曼。

"今晚，我要求司法部长成立一个联邦公诉人特别小组，并任命一位州总检察长作为主要负责人，以加大对导致房地产危机的非法放贷和包装风险性抵押贷款行为的调查。"奥巴马的演讲获得了阵阵掌声。当总统朝着施耐德曼眨眼时，他立刻站起来鼓掌。"这一小组将追究那些触犯法律者的责任，对房屋所有人提供即刻援助，并使这个伤害了众多美国人的时代彻底告终。"

城市的另一侧，加州总检察长卡玛拉·哈里斯坐在昏暗的酒店房间里，无言地看着窗外，电视里正播放着奥巴马的演讲。她想成为坐在第一夫人包厢里的那位"州总检察长负责人"。但是施耐德曼击败了她。

房屋抵押贷款支持证券（RMBS）工作小组是施耐德曼和他的高级官员花了几个月制定的策略中的一个高潮。他们认为达成和解协议是不可避免的；在连任竞选的当口，总统又急于向银行展示权力。因此，施耐德曼的参谋长尼尔·克瓦特拉创立了"公平和解方案运动"，他们与长期盟友纽约劳动家庭党合作，从外部施压，以争取达成一项更好的协议。

参与这一运动的盟友一般都是需要即刻援助的困苦的房屋所有人。精英阶层拥有特权，只需要付出利润的一小部分作为罚款就可以违反法律，盟友们并没有关注这一现象所造成的后果。施耐德曼团队认为，机器签署文件以及提交虚假文件等罪行尚不足以满足房屋所有人提到的惩罚要求。他们掩盖了抵押贷款发起和证券化过程中的真正罪行，即奥巴马总统在演讲中提及的"非法放贷和包装风险性抵押贷款行为"。因此，施耐德曼团队议定一个两步走的策略：首先让联邦政府参与危机发生前银行行为的调查，以此可以通过多个州和联邦政府向华尔街施加最大压力；然后，就虚假文件和服务商的不合规行为达成一项较为勉强的解决方案，确保在此过程中向房屋所有人提供救济。

施耐德曼是房屋抵押贷款支持证券工作小组的五位主席之一，该工作小组属于一个金融欺诈特别工作小组。过去两年多的时间里，金融欺诈特别工作小组几乎一无所成。其他联合主席包括曾在银行工作过的联邦官员兰尼·布鲁尔（司法部/科文顿＆伯灵律所）和罗伯特·库扎米（美国证券交易委员会/德意志银行）。事实上，布罗伊尔和库扎米多年前就已得到调查银行不当行为的授权；现在他们这样做的原因又是什么？但施耐德曼的顾问们向批评人士表示，如果政府试图阻碍或拖延调查，他将会以最严厉、最公开的方式告诉大家，到底是谁应该为不提起诉讼负责。

"公平和解方案运动"充分肯定了该小组的工作。不知出于什么原因，止赎欺诈调查取得的这一点点仅高于再次调查的结果，就让所有声称要追究银行责任的人感到兴奋了。作为反方，施耐德曼总检察长自达成交易以来，就不再拥有任何筹码。内华达州的凯瑟琳·科尔特斯·美思屈罗要求她的特别调查小组进行解除债务复审，约翰·凯莱赫建议她直接拒绝，称方案过于宽泛和模糊，会损害他们提起刑事诉讼的能力。第二天，美思屈罗无视约翰的建议，签署了和解方案。至于加州的卡玛拉·哈里斯，白宫已经通知她，即便她不加入，他们也已经准备好继续推进；拖延进程只会为加州人民带来不利。迈克尔更改了施耐德曼的形象，把白帽子换成黑帽子，执法官变成了恶棍。

2012年2月9日，州和联邦监管机构宣布与国内五家最大的抵押贷款服务商达成了全国性抵押贷款和解协议，这五家机构分别是美国银行、摩根大通、花旗集团、富国银行和通用汽车金融服务公司。除俄克拉何马州之外的四十九个州都加入了该和解协议，而俄克拉何马州认为银行不应该支付任何罚金。为了豁免机器签署文件、其他止赎欺诈形式、诸如费用叠加累计和故意使房屋所有人陷入止赎困境等罪行（这些罪行属于是历史上最大的消费者欺诈）的责任，银行同意支付250亿美元。这与一年前提出的数字相同。那时埃里克·施耐德曼表示，这真是让银行捡了便宜。

其中只有50亿美元是现金支付，35亿美元将用于联邦政府和各州的抵押贷款救助项目。剩下的15亿美元现金将会分发给止赎受害者，每人估计可获2 000美元的支票作为"失去住房"补偿，这一补偿相对于非法夺走他们房产的行为来说，实在微不足道。官员们拨出30亿美元用于给资不抵债的房屋再次融资，另外170亿美元将直接通过减轻消费者贷款负担的方式支付。消费者的抵押贷款本金减少1美元，就相当于银行支付了1美元。他们也可以通过短售（银行同意房屋所有人以低于抵押贷款的价格出售房屋）、止赎后的住房安置援助，甚至诸如将房屋捐赠给慈善团体或推倒房产等防止社区遭到破坏的措施来冲抵应付的赔偿金额。银行会定期开展这些活动，这些活动对拯救住房并无帮助。然而，这将占到罚金总额的四分之一。本金削减总额最终是100亿美元。

银行还可以通过修改投资者拥有的抵押贷款支持信托中的贷款合同条款来冲抵罚金，用别人的钱来支付罚款。他们可以通过住房可偿付调整计划来修改贷款合同条款，并利用这种处罚以获得住房可偿付调整计划的激励奖金。住房市场上大部分由房利美、房地美拥有的房屋都不符合资格，因为政府不希望这些机构承受更多的损失。只有在极其偶然的情况下，当房屋符合标准时，房屋所有人才会从和解协议中受益，而这是无法人为控制的。这五家服务商还必须遵从一系列新的标准，消费者金融保护局也在准备推广适用全行业的类似标准。

媒体刊发的新闻标题都在大肆宣扬自烟草事件和解方案以来数额最大的公司赔款。住房与城市发展部秘书长肖恩·多诺万说，有一百万借款人将得以减少抵押贷款本金余额。当时美国有7 000亿美元负资产，相比而言，这次交易所能削减的贷款本金只是九牛一毛。事实上，财政部在住房可偿付调整计划中拨付的贷款救济金额是此次和解方案的两倍。

银行因向法院提交虚假文件被抓了现行。对于几百万起虚假文件案件，执法部门的处理方式就像钓鱼人嫌弃抓到的鱼太小，又把它放了回去。没有人费心调查这些不当行为，只是让他们向每个受害家庭赔偿2 000美元，仅此而已。未来案件中将不能使用这些证据；内华达无法从贷款方程序处理公司和查实的服务商那里顺藤摸瓜找到欺诈性文件。正在进行的止赎案件将合法使用之前提交的伪造文件，至少这一行为不在州和联邦公诉人的管控范围之内。没人会被绳之以法。当然，官员们郑重承诺仍然保留追究刑事责任的权利，但社会各界对此的反应，一般都是不同程度的讥笑。个人借款人仍然可以对他们的案件提出质疑，但他们的社会资源远远少于银行。这就是总检察长存在的原因——为不具有社会资源的个人伸张正义，但在这一案件中，他们屈从于华尔街和华盛顿的权威之下，弃职责于不顾。

  在无边的沼泽地中，仍然存有一线希望。政府在此次交易中解决了一大批诉讼案件，尽可能地减轻了银行的责任。其中包括了美国国家金融服务公司评估欺诈案件、违反公平放贷法规案件和证券认购金额不准确案件等，所有案件都违反了《虚假陈述法》。其中一个案件是琳恩·兹莫尼艾克提起的。她的公私共分罚款诉讼为美国政府挽回了9 500万美元的损失，根据法律规定，她个人将得到1 800万美元。

21 丽莎最后的抵抗

琳恩从律师那儿获悉了 1 800 万美元的事情，然而直到全国性抵押贷款和解协议的结算单于 2012 年 3 月发布后，这一消息才被公之于众。丽莎、迈克尔、戴米安、马特·韦德纳都表示祝贺。她在公众面前显得十分谦和，她对《赫芬顿邮报》表示："能为政府找回这笔钱真令人满意。"私底下，她希望将这笔钱提供给有需要的房屋所有人。现状十分荒唐：由于利用虚假文件向联邦住房管理局提出保险索赔，为此五家银行赔付了政府 9 500 万美元，但银行仍在使用那些文件将人们逐出家门。

琳恩的抵押贷款公司证明了这一点。德意志银行将马克·埃利奥特从案件的被告名单中移除，而另一家律师事务所——商业巨头阿克曼·森特菲特决定再次质证琳恩。九名原告律师和两名武装警卫出席了质证会议，那场面就像是琳恩造成了威胁似的。琳恩的原始附笺理应附在本票上，但她几年前就发现附笺上没有钉孔和粘贴的痕迹。然而在质证过程中，阿克曼律所的首席律师拿出了那张附笺，上面有钉孔。几天前阿克曼提交了申请，申请从法院卷宗中移除附笺。琳恩和她的代理律师马克·库伦曾去法院拍摄了附笺的微距照片，以防阿克曼律所篡改证据。不出所料，他们果然那么做了。

"我就知道你会这么做，你这个满嘴谎言的骗子！"琳恩吼道，记录质证的摄像机还在来回转动。

"你觉得是谁干的?"律师假装惊讶地回答。

"就是你,你伪造的!但你猜怎么着,我们拍照了,所以你被抓了现行!"

阿克曼的律师回过神来,结结巴巴地说:"那么……为什么你没有早点透露拍照的事?"

"这就是你的问题?我可不信。"

公私共分罚款案件的律师瑞本·格特曼看了这段质证记录,告诉琳恩这是他最喜欢的质证记录。

还是在那次质证记录中,阿克曼律所要求琳恩辨认她改造房屋的所有内容。琳恩的原始再融资申请上说,贷款目的是"改善住房",她并没有义务说明改善住房所花费的金额。但琳恩回答了这个问题:她为母亲重新装配了浴室,安装了新的地板,并对游泳池和草坪进行了维护。几天后,阿克曼律所的律师说,他们要求泳池维修人员、庭园设计师、建筑承包商和水管工出庭作证。马克·库伦提出了申请保护令的动议,称这是一种试图骚扰被告的鲁莽举动。但法官戴安娜·刘易斯一直与银行交好,她接受了琳恩可能在贷款申请上对于改善住房这一目的撒谎的说法。

于是,大家驾车一个半小时往西,前去质证建筑承包商,他是琳恩的私交,帮她安装了地板。"琳恩·兹莫尼艾克有过延期付款的行为吗?"承包商回答说,他在飓风袭击中弄丢了之前的发票。

"这不是很方便吗?!"

"喂,"承包商回道,这位高大的前消防员拍打着桌子,"如果你想说我撒谎,那就当面告诉我!别做这种下流事!"

阿克曼律所的律师浑身发抖,把准备的问题清单都弄到了地上。

琳恩不想通过还清房贷的方法,来验证这些策略,但她觉得在棕榈滩县的司法系统中别无选择。在"机器签署人"和虚假文件起诉状曝光后，法院对房屋所有人产生了更多的敌意。你没法走进法庭，说"证据是伪造的"，从而希望得到当权者的关心。所以琳恩打算拿一笔钱了事。

全国性抵押贷款和解协议宣布禁止了许多掠夺性服务行为，很多人对这样的公司仍在经营感到震惊。除了违规收费、强制保险骗局、双轨追踪、对请求修改贷款条款的借款人说谎以及丢失文件之外，还有无法履行基本职责，并美其名曰"未能留存准确的账户报表"。与美国住房和城市发展部的监察长报告一同公布的，是对36起摩根大通的止赎案件样本进行审查的和解文件，其中35起案件中，借款人实际欠款的信息不完整或不准确。该报告是针对抵押贷款服务行业最大范围的联邦调查，虽然只审查了少量文件。审查发现，错误率达到97%，银行管理者却无需为此引咎辞职。事实上，没有一家服务商需要承认错误。在任何法律环境下，伪造文件、窃取客户资产都是严重的刑事犯罪，然而当事人是银行却能例外。

通用汽车金融服务公司此时已更名为盟友银行，因"无力支付"而成功地将罚款减半。路透社报道，这使全国性抵押贷款和解协议成为美国历史上首批"有多少赔多少"的企业处罚案件。盟友银行一边利用问题资产救助计划资金支付政府少量的赔偿金，一边向和解方案的谈判人员哭穷。

谈判人员从未规定向各州发放的现金必须用于抵押贷款减免。因此，各州开始陆续使用这笔钱来填补预算缺口，先是威斯康星州，然后是加利福尼亚州，当然还有佛罗里达州。最终，超过10亿美元的近半罚款，被纳入各州政府预算，此举令希冀得到法律援助或贷款条款修改的房屋所有人的期望落空。

和解方案条款书中最令人震惊的问题是"阈值错误率"。服务商的日常业务运营中有一定的容错率，可以出现一定数量的违反和解方案标准的行为，包括非法占用某人的家。大多数标准阈值错误率为5%。所以，每二十笔抵押贷款中，服务商可以在其中一笔抵押贷款的服务过程中出现违法行为，也就是说2012年180万起止赎案件中可以有9万起出现违法行为。由于服务机构自我申报错误数量，发现不一致的结果还可以上诉，因此将有更多的止赎欺诈案件难以察觉。和解方案最终将掠夺性服务编入了法典。

许多州提起的诉讼，包括俄亥俄州与通用汽车金融服务公司的诉讼案件和内华达州与美国国家金融服务公司的诉讼案件，都被合并到和解方案中。但是在其他一些诉讼案件中，正义得到了伸张。埃里克·施耐德曼在最后一刻对抵押贷款电子注册系统和三家银行提起了诉讼，最后以2 500万美元迅速达成和解。经过多年诉讼，马萨诸塞州的玛莎·科克利从没有止赎起诉资格却对房屋所有人进行止赎的银行处获赔了270万美元。伊利诺伊州的丽莎·马迪根同意与全国所有权清算公司以35万美元达成和解。特拉华州的博·拜登与抵押贷款电子注册系统达成了无责和解，要求该公司承诺不再以其名义提起止赎诉讼，并在止赎之前进行转让登记——这些事项，抵押贷款电子注册系统早已自愿同意。

凯瑟琳·科尔特斯·美思屈罗与贷款方程序处理公司的案件结果也许是最丢脸的。2012年5月，约翰·凯莱赫突然离开抵押贷款欺诈特别调查小组，当时美思屈罗正在进行所谓的"改组"。"改组"启动后的一个月内，他就离开了。向法庭提交的证明书中记载了这些事实。凯莱赫是一位止赎受害者；和丽莎·爱泼斯坦一样，服务商建议他拖欠贷款不还，他照做之后便被取消了抵押品赎回权。在加里·特拉福德和格里·谢泼德的刑事欺诈案件之前，2011年1月撒克逊抵押公司向他送达了文书。凯莱赫在申诉中辩称，银行一直都在考虑与他协商修改贷款条款，但辩护律师发现了2011年9月7日贴在凯莱赫门上的违约通知。

该通知来自贴标系统（LSI Title），这是特拉福德和谢泼德的文件处理公司使用的诸多名字之一。辩护律师认为，凯莱赫以带有报复性的愤怒，威吓特蕾西·劳伦斯同意在大陪审团面前作证并接受庭外和解。凯莱赫说，直到特蕾西·劳伦斯去世后，他才看到来自贴标系统的通知，他看到后就告知检察官，并自行回避了案件。但一切已经太迟。法官驳回了针对特拉福德和谢泼德的指控。

约翰·休斯敦是特拉福德的律师，曾代理过安然公司案件中的肯·莱茵和杰弗瑞·斯吉林，他称此次败诉"太不光彩"。但他对法律360通讯社透露了更多与特蕾西·劳伦斯之死带来的影响有关的露骨评论。"我们刚开始参与这一案件时，就意识到关键证人已经不在人世了，"休斯敦说。

凯莱赫认为，自己因过于急切地想要起诉银行而被排挤出特别调查小组，和佛罗里达州的琼·克拉克森和特蕾莎·爱德华兹一样。他走后，上司告知其原来的同事不要和他交流。他的继任者中断了所有悬而未决的抵押贷款调查。凯莱赫最后经营了一间武术工作室，三年后才又找到一份律师的工作。

丽莎几乎耗尽了所有的资金储备，几个月内，她不得不中断全天候的维权活动。然而，她觉得自己是在追寻正义。她仔细分析所有可能的补救方案。也许施耐德曼工作小组能想出一些有效的诉讼策略。也许法官会突然制裁欺诈者。也许有些媒体的曝光可以唤醒一个国家沉睡的良知。也许现在只有少数的房屋所有人需要帮忙。即便如此也是值得的。

她的很多维权活动都贯穿于"占领棕榈滩运动"之中；她和琳恩开展了几次止赎欺诈的"宣教会"。2012年3月的一天，当地的民主党维权人士汤姆·康柏参加他们的宣讲活动，大怒道："我们的法院书记官是干什么吃的？"

自 2004 年以来，棕榈滩县的法院书记官一直是民主党人莎伦·博克，这位金发碧眼的女性元老级人物脸上随时带着假笑。博克接受《棕榈滩邮报》采访时称，尽管书记官有责任确保公共登记的真实性，但她没有权力拒收伪造文件。土地登记系统的其他官员，像马萨诸塞州的约翰·奥布莱恩和北卡罗来纳州的杰夫·西格彭，都在大肆公布办公室中出现的犯罪场景。密歇根奥克兰县的契约登记员柯蒂斯·赫特尔起诉房利美和房地美未支付房产转让的登记费。西格彭刚刚起诉了抵押贷款电子注册系统。但是博克认为她的工作职责领域十分狭隘；事实上，丽莎在法院里待了那么长时间，从来没有见过博克。"我从事法律职业有三十年了，却没法和莎伦·博克见上十五分钟，"琳恩说。

"嗯，我们需要有人跟她竞选，"汤姆·康柏说。

琳恩笑了笑。"我提名丽莎！"

丽莎觉得他们疯了。她花了那么多年来钻研止赎、证券化和司法系统，现在他们又想让她学习选举法、筹款和竞选活动？尽管她越来越适应聚光灯下的感觉，但一想到要四处奔走拉选票，内心就充满了不安。

不过，这的确对她有一定的吸引力。她期望掌握欺诈证据，成为维权人士的书记官，能够抵抗那些试图将这出悲剧悄无声息抹去的官员。这不仅与止赎有关：伪造的转让协议与和解赔偿给所有房地产交易都带来了风险。这将很有挑战性——棕榈滩县有一百三十万居民，距离东部的贝尔格莱德有一个小时的车程。丽莎知道，面对一个顽固的现任者，她的胜算不大。但总得有人继续战斗。丽莎的内心窃窃私语，现在还不到结束的时候。于是她宣布，她将参加民主党初选。

丽莎的首要任务是弄清法庭书记官到底是做什么的。她通过止赎结识了杰克逊维尔地区的一名辩护律师，她的丈夫是法院的副书记官。迈克尔和丽莎来到他的办公室，跟着工作了两天，了解土地登记是如何记录、储存和分类的。丽莎学习了文件管理系统和数字文档检索策略。棕桐滩县的法院书记官同时担任该县的首席财务官。因此，丽莎研究了棕榈滩县的投资和会计实务。但在提交参选申请几天后，丽莎听棕榈滩县民主党主席马克·艾伦·西格尔说，莎伦·博克想和她见面。

午餐订在博卡拉顿市的破音俱乐部，那是一个豪华的高尔夫和网球度假胜地，西格尔是那儿的会员。汤姆·康柏出席牵线，还有丽莎、琳恩和迈克尔。他们走进主厅，四层的圆形大厅里放着一个凹凸有致的粉红色雕塑，看起来像是一堆贝壳。西格尔过来迎接他们，他看了迈克尔一眼。"在餐厅里穿牛仔裤，"他轻蔑地说，"这可是个问题。"

"好吧，那我们在院子里吃饭！"琳恩主动提议。

"不用了，我会处理的，"西格尔打断了她。

他们走进豪华餐厅，看到很多人穿着休闲网球服和比基尼配裙装。"所谓的着装要求在哪儿呢？"迈克尔讥笑地说。

一行人入席。坐在两位副手中间的莎伦·博克，穿着亮白色套装，站起来笑逐颜开。琳恩从没见过如此浓厚的妆容。

"见到你真高兴，莎伦，"琳恩说，"四年来我一直都想和你见面。"

"可不是嘛，"莎伦十分真诚地回答，"我原本就该知道的。"

所有人就座后，莎伦从手包里摸出口红放在桌上。刚见面时，莎伦重新涂了口红，就餐时，每吃完一口，她就会仔细涂一遍。感觉如果嘴唇没有涂满宝石红的颜色，她就会立刻化成一摊水似的。

1970年代和1980年代时马克·艾伦·西格尔在纽约州议会中代表曼哈顿，他的个人魅力，和莎伦·博克的妆容相比，毫不逊色。"你们提出了很多重要的问题。我们怎样才能帮助你们呢？"他问道。言外之意很清楚：如何才能让丽莎退出？

丽莎和琳恩来之前准备了几点改进法院书记官工作的建议。那时所有人都知道琳恩判决获赔了1 800万美元，莎伦似乎认为这是丽莎初选的资金来源。因此，他们一致认为琳恩是在座最聪明的人。琳恩说：

"如果将转让协议登记在房屋所有人名下,人们就能更容易地找到自己的登记记录。"。

"好主意,琳恩!"莎伦·博克在涂口红的间隙激动地大喊。"把它记下来,"她对她的副手说,"列个清单,这样我们就可以执行这些好建议了。"

琳恩问莎伦是否参加过止赎听证会,听证会与她的办公室只隔了三个房间。莎伦说没有。之后丽莎询问了棕榈滩县与贷款方程序服务公司的一个部门签订案件管理合同的情况。"他们仍在接受佛罗里达州总检察长办公室的调查。你不觉得这是个问题吗?"

"嗯,贷款方程序服务公司是一家受人尊敬的公司,"莎伦回答说,"我们不希望有任何问题。"丽莎后来得知,在会面开始前三天,贷款方程序服务公司为莎伦的连任捐出了一笔达到上限数额的政治献金。莎伦最终把那笔钱退给了他们。

丽莎提及了14亿美元的县投资基金,其中一半以上的资金与抵押贷款支持证券有关。莎伦·博克对此并不担心。她往后靠在椅子上说:"那些都是AAA级的!"琳恩差点把沙拉吐出来。

他们来回问答了几次。西格尔和博克为丽莎和琳恩提供了很多糖衣炮弹,从让她们更方便地在线访问文件到为她们建立公民专门工作小组。"党需要你,"西格尔一副讨价还价的样子,像极了一场政治交易。丽莎没有做出任何承诺,但努力保持积极的态度。

会面圆满结束时,汤姆·康柏感谢所有人的到来,又说:"今天我们取得了很多成果。"

莎伦涂完最后一次口红,脸上的笑容变得冷峻起来。她向丽莎靠过去:"如果你继续参与竞选,这将是我们的最后一次合作。我们将成为敌人。"

就算这是威胁,丽莎也没有在意。"哦,我不这么认为,莎伦。我

房奴

想我们还可以一起工作！"

棕榈滩县的候选人需要分两步来争取选票。3月份他们提出竞选意图。6月，候选人可以提交一份由全县5%的投票人口签署的请愿书——大约需要一万人的签名，或是从竞选捐款中支付9 300美元的申请费。丽莎的竞选活动刚刚开始，九十天内不太可能筹集一万个签名。因此，最初几个月她主要在打电话筹集资金。

丽莎每次打电话，人们的反应都是一样的："你为什么不问问琳恩·兹莫尼艾克呢？"她不得不解释说，个人最多只能捐助500美元。"她已经捐了我500美元，现在我需要给你打电话！"莎伦·博克制造假象，说丽莎有数百万美元的支持。琳恩甚至还没收到钱呢，但这不重要；博克筹集了更多的资金。

除了琳恩之外，第一个支持者是戴维·韦克，他是当地房地产投资群体博卡拉顿投资俱乐部的负责人，琳恩和丽莎每年都与其交谈。许多人尽其所能，有时只是几美元。丽莎的前夫艾伦也捐了款。《止赎村落》的成员格蕾丝·鲁奇成为竞选的财务主管。汤姆·康柏不断参与。受到丽莎参选的鼓舞，其他维权人士也开始参与竞选，比如夏洛特县罗恩·吉利斯的妻子黛·利利和门罗县的作家马特·格尔迪。筹款行为让丽莎觉得很不自在，但她设法筹足了申请费。

在公开场合，民主党领导人表示不考虑丽莎的挑战，那只是一个微不足道的插曲。

私底下，马克·艾伦·西格尔坚持不懈地劝阻丽莎参加竞选。他在电话上、民主党俱乐部会议上、老乡村店里劝阻丽莎。西格尔曾拿出一张佛罗里达州地图，建议丽莎竞选州众议院的职位。"塔拉哈西需要你，"西格尔说。他与该州民主党运动委员会的负责人安排了几次通话。

丽莎问琳恩，自己怎么可能往返塔拉哈西，詹娜就要开始上幼儿园了。

"你为什么要去塔拉哈西？"

"嗯，也许我需要那份工作，而不是做法院的书记官。"

"什么工作？"

在申请截止的前一天晚上，西格尔、莎伦·博克与丽莎的会面持续到晚上10点。丽莎带来了一份满是原创建议的战略文件，包括公布已知的"机器签署人"名单、与其他书记官合作确保土地登记的准确性等措施。莎伦最初向媒体坚称，法院书记官是一个缺乏能动性的低级职位，现在她改变了策略，发誓要把她的办公室变成一个打击犯罪的部门。"你已经引起了我们的注意，"她对丽莎说，"琳恩可以起草一份行动计划。由你来负责推进，只要你退出竞选。"

他们想让丽莎相信，她能够做她早就想做的事情。所有竞选活动的压力都会消失。也许她和莎伦都能小有成就。但是丽莎的主要支持者玛丽亚·科尔卖掉了自己的牙科诊所，全职参与竞选活动。玛丽亚的母亲无法忍受丽莎的动摇，她说："你不能退出，是你要筹集这笔钱的，是你告诉人们你要竞选的。"

截止日当天，丽莎和迈克尔来到县选举办公室，办公室位于一座购物中心的街对面，在佛罗里达地标军事审判法庭和枪支俱乐部的拐角处。她带着文书和申请费进入了办公室。马克·艾伦·西格尔在大堂里同丽莎搭讪，用身体挡住了去往登记窗口的路。当时是上午10点30分，截止时间是中午12点。

通常以慈祥形象示人的西格尔指责了丽莎四十五分钟，他从施加个人魅力，变换为恐吓战术，软硬兼施。"你不会想这样做的，"他警告说，"你不知道政治活动的真正面目。我们会让你后悔的。我们会把你撕碎。在政治上，任何事都会发生，你应付不来的。"

"求您了，西格尔先生，我已经决定了。"

"支持你竞选的那些人吗？他们就像竞技场里的观众，当你被扔到狮子面前时，他们会鼓掌喝彩！"

最终，主管办公室的一位员工解救了丽莎，护送她去支付申请费。丽莎很惊讶，棕榈滩县的民主党人居然会用这样的方式来清除别人对他们权力的挑战。人们将棕榈滩县称为"腐败县"并不是空穴来风。离开办公室之后，等候在那里的媒体对丽莎做了一个简短的采访，"公共土地登记已经被银行业的大规模欺诈破坏得不再完整和真实"。之后出于礼貌，她打电话给莎伦·博克，告诉她自己已经参选。莎伦人在机场，即将飞去度假。她在电话里尖叫起来。CBS 的分社将这组生动的对话拍了下来。丽莎一只耳朵听着莎伦的咆哮，另一只耳朵听见新闻团队的耳语："她肯定是在和竞选对手交谈。"他们想让丽莎的竞选代表迈克尔给个说法，但他保持了沉默。

西格尔在《棕榈滩邮报》上称，初选会破坏丽莎·爱泼斯坦作为草根阶层代言人的形象。现在，她只是登记办公室职位的一位普通候选人。

一个闷热的早晨，琳恩·兹莫尼艾克查看银行账户余额时，注意到多了几个零。她大声对扎克和莫莉说："你们知道我说过的那笔钱吗？就在这儿。"

付完律师费和税费，还剩下 550 万美元。她从来没有这样赚过钱；指望从欺诈性抵押贷款文件的两年研究中获利，大概是这辈子最糟糕的致富计划。但经历过电费都没有着落的日子后，她很高兴日子能过得安心一些。她带着家人到毛伊岛度假，在竞选中稍作喘息。回来后，她告诉孩子们每人可以买一辆车，但只限于一些普通品牌，"而不是兰博基尼那样奢华的品牌"，琳恩买了一辆别克。

琳恩开始和丽莎、迈克尔谈论成立一个非营利组织，以此对房地产问题产生影响。组织由丽莎和迈克尔运营，琳恩负责监管。迈克尔除了

《止赎欺诈》网站的谷歌广告费之外没有现金收入，所以他完全赞成。但计划还没有通过最初的讨论。

琳恩捐赠的第一笔钱是为了纪念自己的父亲，他从海军陆战队退役后就一直往返于精神病院。"天使之火"是当地一家帮助残疾退伍军人的机构，该机构会带他们出去打猎和钓鱼。她向"天使之火"捐赠了22万美元。对于剩下的那些钱，很多人都有想法。全国性抵押贷款和解方案使得文件欺诈免于被提起公诉，相当于清除了许多州法院止赎案件的阻碍。仅在2012年3月，佛罗里达州南部的止赎起诉就上升了85%。那些绝望的房屋所有人找到琳恩。过去他们是来寻求帮助，现在则是来找她要钱。琳恩默默地为一些房屋所有人提供了搬迁费用。但人们通常想要更多——房子、汽车、工作。因为全世界都知道琳恩银行账户上的数额，任何拒绝都会招致人们的愤怒。他们认为她自私、无知、无情、粗暴。琳恩空有一副软心肠，却没有足够的资源来帮助所有人。

一天，一位女士给琳恩发了一封邮件，向琳恩索要5万美元，说可以给她一部揭露银行渎职以拯救民主的纪实视频。琳恩拒绝了，那位女士要求知道琳恩的钱是如何花的。她威胁说要每天给琳恩打电话，让她的电话一直占线，让她的生活苦不堪言。这种"从忏悔到愤怒"的加速变化过程，是琳恩之后往来沟通的主要特点。

琳恩的大部分开销，都用在她的长期法律抗争上。那套公寓相对来说比较容易：自从戴维·J·斯坦恩放弃后，它就一直未被再次提起止赎起诉，琳恩直接付清了房贷。坐落于战舰路的那套房子更具挑战性。和解方案的消息透露之前，2月时琳恩曾要求德意志银行给出一次性还清价格，律师费是1.2万美元。一个月后的新闻发布会上，阿克曼·森特菲律师事务所突然要求26.7万美元的律师费。琳恩对这个数目提出异议；她希望律师事务所篡改证据的行为受到处罚，而不是获得暴利。阿克曼律所的律师认为，该案件太过复杂，需要花费数百小时的人力。听证会上的法官似乎很不耐烦,他盯着琳恩看了好一会儿,之后说:"哦,这是《60分钟》报道过的那位女士!怪不得他们想要那么多钱!"

面对琳恩抵制他们的敲诈意图,阿克曼律所主动提出,如果琳恩愿意签署一项非贬低协议,他们可以放弃索赔。马克·库伦对琳恩说:"你不能那样做,你不能开口!"最后,阿克曼律所和琳恩达成了一项一次性还清贷款的秘密和解方案。这是战舰路那套房屋止赎案件的第二百七十四次也是最后一次开庭审理。案件前后持续了四年,终于结束。

棕榈滩县的民主党人不用太过担心丽莎·爱泼斯坦竞选法院书记官一职。他们仍然在任期之内,占有大部分金钱资源和选票,政党的坚定拥护者在每一次选举中都会按吩咐行事。丽莎只有2.5万美元的筹款,精力分散的一小群志愿者,五岁的詹娜以及一位负责初选事务的经理。丽莎带着詹娜参加候选人见面会时,詹娜会鼓励她:"去谈谈止赎骗局,妈妈!"一天晚上,丽莎想把女儿放入浴缸。詹娜站了起来,把手放在屁股上说:"如果你非要让我洗澡,我就给莎伦·博克投票!"

通过这次竞选,丽莎管窥到美国政治的一部分真实面目。棕榈滩县商会一位穿着价值3 000美元西装的男士,朝她大喊大叫了三十分钟,说止赎危机都是巴尼·弗兰克的错。全国妇联的当地机构询问丽莎:"十六岁的孩子想要堕胎,是否应该通知她的父母?"她温和地回答说,法院书记官对生育政策没有管辖权,妇联的女士们则对她大喊大叫。

候选人会议、辩论、支持午餐会、媒体见面会、上门拉票和传播活动只能影响到一小部分人。除了网上的维权团体之外,大多数人对初选投票毫无兴趣。斯蒂夫·迪伯特贬低丽莎是一个认为"每个人都有权得到免费的房子,必须摧毁美国银行系统"的"玩笑式人物"。即便是在《止赎村落》上,也有部分成员对于未能对银行提起诉讼感到挫败,阵营分裂,有人指责丽莎得到了过多利益而放弃止赎抗争事业。丽莎想知道，这些人哪里有空闲时间为她操心，他们自身难保。这就是马克·艾伦·西格尔警告过她的那些肮脏事，但不是民主党，而是来自她自己的团体。

竞选后期，在一次竞选活动中有人走近丽莎并告诉她："你应该去看看证据室里发生了什么。"然后，就很快离开了。法院书记官莎伦·博克负责管理县法院证据室。丽莎听过证据失踪的传闻，但没人能够证实，所以她从未采取过行动。在选举日的一周之后，曾支持莎伦·博克的《棕榈滩邮报》公布了三名书记官因从证据室窃取一千多粒泰勒宁片在黑市上出售而被刑事调查的消息。博克知道内情，两个月前就将员工停职了。迈克尔指责《棕榈滩邮报》故意捂住新闻，延迟发布。

2012年8月14日丽莎在竞选之夜晚会上听闻了消息，当时她正坐在莱克沃斯一家澳大利亚人开的爱尔兰酒吧"土音回力镖"内：莎伦·博克赢了，76%比24%。但丽莎得到了全县二万七千零三个人的选票，这令她感到自豪。在简短的讲话中，丽莎感谢了竞选工作人员、志愿者和所有支持她的人。竞选结束时，她几乎无法掩饰自己的激动之情。

竞选日过去几天后，丽莎正在电话里讨论止赎问题，詹娜扯了扯她的衬衫。"妈妈，你为什么还在谈论止赎欺诈？莎伦·博克赢了！"丽莎不得不承认，詹娜是对的。她精疲力竭，不仅仅因为竞选，也因为多年来每晚只睡三个小时的生活。她为此牺牲了一切——她的工作，个人生活，甚至是母亲的角色。到了该放手的时候。她平静地做出了决定。她可以回答内心的那个声音，终于可以说，一切都结束了。

丽莎放手之后，琳恩给德意志银行寄了一张支票，为她生命中的那一章划上了句号。一年后的2013年7月22日，阿克曼·森特菲特律所解除了琳恩的抵押贷款留置权，将其提交给法院书记官莎伦·博克，登记在第26197卷第1091页。德意志银行国民信托公司作为桑德维住房贷款信托 2006 OPT-2 凭证持有人的受托人，由副总裁利蒂西娅·艾利阿斯代表公司签署了文件。琳恩笑了笑。现已查明，利蒂西娅·艾利阿斯是一位"机器签署人"。

尾　声

在莱克沃斯字母街的房子上，能看见零星的黑色霉斑。有的屋顶变形，有的室内被大火焚毁，还有的被切断了供电。人走屋空，害虫和各种小动物随即入住。大约一半的房屋，窗户都被打碎了。到处都是英语和西班牙语的"不得侵入/不得入内"的标志。导览员琳恩·兹莫尼艾克说："是为了防止贩毒，之前我带人来过这里很多次了，警察让我赶紧离开。"

琳恩为记者、制片人或是任何对止赎危机感兴趣的人们，提供巡回导览服务；有时，她只是自己开车过来看看。她查看了原来作为抗议地点的德意志银行的那幢黄色房子，仍然被木板钉封着。在房地产泡沫顶峰时期附近的房子能卖到 30 万美元。现在的价格只是那时的三分之一，而且有些房子永远都没法再卖出去；莱克沃斯政府最近获得了一些资金，用来推倒那些最糟的房屋。"这儿的建筑整片都会消失不见，"琳恩告诉我，"就像是得了一种流感，所有人都得离开。"

我们回到近岸航道附近位于大厦十三层的琳恩的办公室，即住房公平基金会的办公室。这座大楼里还有太阳信托公司的当地总部，以及当地联邦调查局的办事处，前者曾因"机器签署人"行为和服务滥用等被处以罚款。琳恩认为联邦调查局的存在可以使他们免受盗抢。在办公室里她可以一览棕榈滩市中心的壮丽景色，面积仅有 1 200 平方英尺，只容得下四名员工办公以及一些文件。

琳恩和她的两个儿子扎克和马克·埃利奥特,以及马克的妻子瑞秋一起打理基金会。他们称之为"研究和教育非营利组织",该组织致力于止赎欺诈调查和认定。即使在达成和解方案后,还有很多事情需要人们注意,因为在美国每天都有家庭被银行利用虚假文件赶出家门。没有任何监管机构、政治家、检察官或联邦法官会操心这些事。他们全都假装相信,存在了三百年的土地登记系统不会被毁灭。就像《难以置信的神秘主义者》里的魔幻大楼,大家又都开始相信巨型止赎机器了。

案件一:自2008年起南卡罗来纳州查尔斯顿的布兰特·本特利姆遭遇了多家服务商的止赎起诉,但他从未拖欠过贷款月供。美联银行和富国银行一再错误计算还款数额,非法收取罚息,强制投保并篡改贷款本金余额。富国银行提交了一份本票丢失证明书,之后又找到了原始本票,而原始本票显示贷款方是另一家银行,富国银行并不在产权链条之上。本特利姆案仍在法院审理当中;最近一次的开庭审理是2015年3月,从最初提起诉讼开始已经过去了七年。

案件二:在一份电子邮件往来中,无意提到了艾比·洛佩兹的案件,他是丽莎·爱泼斯坦原来在格塞塔路的邻居。在电子邮件中,贷款方程序服务公司的员工尼古拉斯·莱昂哈德告诉他的上司,原告汇丰银行贷款系统中的贷款方信息不一致,系统显示贷款方是美国银行。然而主管并没有停止止赎,反而告诉莱昂哈德只需要在汇丰银行收回房子后将其过户给美国银行即可。问题解决。汇丰银行的律师试图清除电子邮件记录,但没有成功。

案件三:2013年菲尼克斯照明公司起诉摩根大通的案件中,投资者对JPMAC 2006-WMC4抵押贷款支持信托中的二百七十四笔贷款的转让历史进行了调查,发现所有贷款和本票都未能在信托截止日前转让,造成了信托产品未得到抵押贷款支持的情况(证券化失败),因而不符合REMIC的免税政策,应当承担一倍数额的罚金。2012年一起针对巴克莱银行提起诉讼的案件,仔细审查了另外三种证券化类型,同样发现99%的抵押贷款都未能或并未恰当地转让给信托。

凡此种种,不一而足。

实际上,菲尼克斯照明案引述了琳恩的论证。在住房公平基金会的办公室里,她向我展示了银行和信托公司交叉引用的成千上万份文件。倒闭的抵押贷款信托数量、废弃的房屋数量和虚假的本票背书数量每天都在增加。如果有人铁了心要计算出确切的罪行,那么工作量比起房间里堆积如山的文件来说,只多不少。

我看到了那块著名的海报板,还有两张琳恩的照片,一张是和奥巴马总统的,另一张是和拜登副总统的。2012年选举期间,多亏了她的律师、民主党核心人物迪克·哈珀提安的精心安排,她得以与两位总统会面。"这就是起诉银行的那位女士,"哈珀提安把琳恩介绍给拜登。琳恩提到了拜登的儿子、特拉华的总检察长博·拜登。副总统微笑着说:"如果子女能够青出于蓝,那么为人父母,就算成功了。"三年后,博·拜登死于脑癌。

琳恩参加了在亚特兰大举行的一场小型筹款午宴,即奥巴马见面会。在琳恩上镜《60分钟》栏目八个月后,奥巴马总统在该栏目上表示,"华尔街的一些最不道德的行为并不违法",他热情地接见了房间里的所有人。琳恩对未能起诉表示失望。奥巴马和所有优秀的政治家一样,顺着琳恩的心意说了一番场面话,并强调了减免更多抵押贷款本金和停止掠夺性放贷的必要性。饭后,亚特兰大市市长卡西姆·里德感谢琳恩的提问并告之发生在亚特兰大市的止赎问题。琳恩心想,你刚才为什么不说话呢?

除了研究之外,住房公平基金会还向致力于止赎的组织发放补助,其中包括佛罗里达第一修正案基金会和"占领我们的住房"组织。2013年,在丽莎和迈克尔的帮助下,琳恩在基金会办公室召开了一次"占领我们的住房"组织的全国性会议，向他们提供了止赎欺诈的详细信息。通过直接行动，"占领我们的住房"组织拯救了数以百计的房屋所有人。他们并未达到真正给银行施压的规模，但他们并不示弱。

几乎每天，都有房屋所有人来恳求琳恩帮忙，他们赞美她，好像她是特蕾莎修女。当她告诉他们自己无能为力时，他们又觉得她和摩根大通的首席执行官杰米·戴蒙一样坏。琳恩每天都要承受人们的愤怒，她能看到那些深不见底的绝望，她开始责备自己扼杀了人们的希望，关闭了他们的通路。如果不是因为那些人身处低谷，他们刻薄的话语准能让她转变对人性的看法。

基金会最大的项目就是那起公私共分罚款诉讼案，该案件并没有在9 500万美元的联邦和解方案中终结。该案涉及五家抵押贷款服务商；琳恩起诉了包括服务商诸如贷款方程序服务公司的受托人等在内的十三家公司。2013年8月，案件开始审理，证据中有一份不同寻常的文件：一份签署日期为2009年2月9日的抵押贷款转让协议，该日期是在抵押贷款止赎之后。转让协议的右方空白处有一行字："并非有意疏忽，本抵押贷款转让协议未能在止赎案件最终判决前登记，目前正在登记以明确产权。"要证明大规模制作文件伪造所有权的骗局，再没有比这更强有力的证据了。

尽管和解方案中的五家服务商和其余被告的行为相同，但司法部拒绝介入该案的下半场审理，琳恩和她的律师们只好承担了相关费用。结果公布后，琳恩发现她花了几百个小时为司法部起草的机密信息披露标准，并未用于迫使银行披露文件。这一切，只是华盛顿特区的官僚们放出的一个烟幕弹。

琳恩经常回南卡罗来纳州哥伦比亚市的联邦法院去参加公私共分罚款诉讼的听证会。她会听到检察官的低语："她为什么不拿着钱回家？"银行不断拖延案件的审理进程，拒绝所有的举证申请，进行没有意义的辩论，然后又会突然放弃原来的论点。一共有几十位律师出席，每家银行至少派出了三位律师，他们分别对每一点进行辩论。美国住房抵押贷款服务公司的一位律师试图解释说："法官，您应该知道，有时候已婚人士会不自觉地在支票上签上妻子的名字。有时她知道……"他戏剧性地停顿了一下，然后总结说，"有时她不知道！"他坐下来咧着嘴笑了起来。

无论有多少银行律师在法庭上丢人现眼，他们都把法院系统搞得近乎瘫痪。2014年春天，法官约瑟夫·安德逊驳回了大部分案件。琳恩又艰难地坚持了一年，出于揭发被扭曲真相的一种责任感，她提起各类上诉和动议申请。2015年4月1日，她达成了一项非公开的和解方案。6月26日，琳恩又将该案件中美国住房与城市发展部的三家受托人、两家抵押贷款公司和贷款方程序服务公司的索赔上诉到第四巡回法庭。如果败诉，就只剩最高法院了。但即便胜诉，琳恩也无法打倒华尔街。她甚至没法让他们退还所有的非法所得利润。

另外，还有一些案件仍在法院审理当中。琳恩的原客户《抵制止赎欺诈》博客的博主戴米安·菲格罗阿，于2013年3月4日起诉琳恩违反受托人责任并不当得利。戴米安说琳恩窃取了他打算用在一项共同提起的公私共分罚款诉讼中的研究，之后又以单独名义起诉。他提交了他们之间的数百封电子邮件往来为证。

我向琳恩询问这件事时，她认为他在说谎。她确实在对戴维·斯坦恩律所和抵押贷款电子注册系统的诉讼中代理过戴米安，律师聘用定金中已经列明。事实上，她向戴米安透露她有一件正在审理中的《虚假陈述法》案件，她是利益相关人，戴米安的电子邮件也证实了这一点。琳恩的许多描述止赎欺诈的文章和给监管机构写的信在遇见戴米安之前就已存在。后来他们两人合作，互相帮助研究公共文件。琳恩补充说，戴米安听说了她的和解方案后，对她表示了祝贺，他们甚至共进了午餐。

他从未说过他是"真正的原告"。

戴米安针对银行提起的集体诉讼都被驳回,他的律师建议他不要和我说话。但在起诉状中,他说2010年2月9日,他在欢乐时光聚会活动上发起了关于公私共分罚款诉讼的演说,他和琳恩就是在那场聚会上相识的。一个星期后,琳恩确实通过电子邮件告诉他,自己有一起正在进行当中的公私共分罚款诉讼,但对于结果,并没有太多指望。"如果你也想尝试一下,告诉我,我们可以共同起诉,我们都知道这真的没什么胜算,"琳恩在电子邮件中补充说。这条线索是戴米安观点的核心。

他们保持了好几个月的邮件往来,但没有再就公私共分罚款诉讼进行明确商议。琳恩请戴米安提供一些研究资料,戴米安总是有求必应。戴米安曾发现一份贷款方程序服务公司的签署人名单,就发给了琳恩。这一名单最终出现在起诉状中,但也有其他的"机器签署人"名单。提起公私共分罚款诉讼之后,琳恩为了遵守保密令,向戴米安否认了手上有正在进行中的案件。琳恩指明,戴米安应该考虑对斯坦恩律所和印地迈提起公私共分罚款诉讼,因为这两家公司并不是她案件中的被告。

戴米安并不是唯一一声称琳恩窃取了他劳动成果的人;人们习惯性地用这种方式指责基金会办公室。但其他人没有冲动行事。案件仍在法庭审理中,琳恩认为这个案件将永远持续下去。你可以分析任何一方的证据。但它确实是一个运动停滞时教科书式的范本。不久,大家开始互相攻击,起因变得并不重要,真正的罪犯由此更加容易逃之夭夭。

住房与城市发展部部长肖恩·多诺万坚持说,全国性抵押贷款和解方案,将为一百万陷入困境的房屋所有人减免贷款本金。最后,和解方案的监督委员会报告显示,只有8 300名房屋所有人获得了第一留置权本金减免,比官方承诺的减少了90%。和解方案要求银行最少提供100亿美元的本金减免,银行就将将拿出了100亿美元。多诺万吹嘘其所谓的500亿美元的有形收益,但其中大部分来自房屋"短售"——即房屋所有人将房屋以低于抵押贷款余额的方式出售,因而不必再补足欠银行贷款本金的差额。对这些家庭来说,也许"短售"能解燃眉之急,但这和"让人们住在自己家中"的预期目标,却恰恰相反。更多的美国人因为全国性抵押贷款和解方案而失去了住房,没能享受到贷款本金减免。

如果服务商能够"免除"个人破产时已经执行过的债务,他们就可以用该债务数额冲抵和解方案中的赔偿金额,取消已被计入不可收回的第二留置权贷款,修改投资者拥有的贷款合同的还款条款(用别人的钱来支付和解赔偿金)。他们通过向慈善机构捐赠房屋和推倒重建一些房屋来冲抵罚金,通过这些日常活动来建立社区口碑。在诸如加利福尼亚这样"无追索权"的州内,法律规定如果房屋出售价格低于贷款本金余额,贷款方禁止向借款人追债。而最为迂回的伎俩大概就是消费者救济总额中的四分之一,也就是110亿美元,来自"无追索权"州内的房屋"短售"冲抵。换句话说,这种对房屋所有人的"馈赠"没有任何实际价值。

被非法逐出家门的每个家庭,最终得到了"侮辱性"的1 480美元的现金赔偿,还不够两个月的房屋租金。没加入和解方案的俄克拉何马州为止赎受害者设立了一项抵押贷款基金,每位房屋所有人能得到的赔偿,是这一数额的七倍。

另一项重大和解方案,美联储和货币监理局的独立止赎审查既不独立(银行指派自己的审查人员),也没有进行足够的审查(举报人称,审查人员故意将对借款人造成伤害的证据减少到最低限度)。最终,监管机构中止了这项调查,银行则向2009年和2010年陷入止赎的全部420万家庭支付了36亿美元的现金,银行将这些家庭分为广义止赎类型和随机止赎类型。获准修改贷款合同条款的人士,如果又被非法夺走了住房,只能得到300美元的赔偿。大多数房屋所有人得到的赔偿不到

房奴

1 000 美元；有些人觉得这太过屈辱就把支票寄了回去。丽莎·爱泼斯坦收到了一张 600 美元的支票。

除了对消费者造成的不良后果之外，和解方案的大框架，建立在正在商讨和解的那些活动现已停止的基础之上。但是"机器签署人"和文件欺诈以及掠夺性服务的泛滥有增无减。止赎斗士们数年来曝光欺诈的努力，只换来了另一项微小的调查结果。

因 1980 年代后期发生的储贷行业丑闻，联邦调查局的一千多名检察官和调查员尽心调查，将银行高管绳之以法。相比之下，《纽约时报》注意到，在埃里克·施耐德曼的证券化特别调查小组启动后的几个月内，该调查小组没有公布任何高管、办公室、电话或工作人员的相关调查信息。在国会作证会议中，证券交易委员会执行主任罗伯特·库扎米表示："大部分调查工作……并不是真的由调查小组的工作人员完成的，而是由组成这个调查小组的个别调查团体完成的。"换句话说，工作组并不存在；它只是现有案件的新闻发布人。

2013 年和 2014 年，特别调查小组与摩根大通、美国银行和花旗银行等大型银行，达成了几项抢占各大新闻媒体头条的和解方案——这些银行故意向投资者出售不符合既定承销准则的抵押贷款支持证券。证券欺诈的实际受害人也就是投资者没有得到任何赔偿；最大的受益人是司法部。和解方案的净额近 370 亿美元，但作家伊夫·史密斯说这里面夸大的成分太高。一方面，它们是免税的，这意味着普通纳税人支付了部分罚款。和解方案中的"消费者救济"部分允许银行利用正在进行的贷款条款修改的减免金额，来冲抵和解方案的罚金，甚至向低收入居民区发放贷款这种能够产生利润的活动，竟然也能用来冲抵罚金。这有点类似于有人因窃取柠檬水而被判刑。剔除吹牛皮的成分之后，370 亿美元的罚款其实相当于只有 110 亿美元。

施耐德曼的助理们信誓旦旦地说，特别调查小组的调查将导致比全国性抵押贷款和解方案级别更大的问题，但是没有。产权链条问题、REMIC 的偷税问题——这两个是证券化过程中暴露出的最大问题，施耐德曼在组建特别调查小组之前就一直在谈论——从未提上议程。尽管特别调查小组宣称将保留所有权利，但他们从未发出过任何刑事传唤。银行用很少的钱便摆平了问题，支付罚金的并不是导致了美国历史上最大的财富蒸发事件的高管们，而是股东。

奥巴马政府无视欺骗人民的银行，却起诉欺骗银行的人民。《新泽西贵妇的真实生活》的电视明星特蕾莎和乔·朱迪斯申请住房抵押贷款时作假，她们因此进了监狱。四个联邦机构联合办理了此案。同时，负责处理此案的司法部领导兰尼·布鲁尔和埃里克·霍尔德立刻又回到前东家科文顿＆伯灵律所工作。霍尔德任总检察长时，该公司甚至为其准备了一间专用办公室，他当时正在与多家银行协商和解方案，其中很多是科文顿＆伯灵律所的客户。

美国的法律相当严苛，它是全球监禁最多的国家。如果普通人被抓到偷苏打水或抽大麻，那么大概很长时间内都无法回归正常生活。但是，如果是系统性犯罪——把几百万份欺诈性抵押贷款打包成证券、未能实现证券化过程、从事欺诈性服务、用伪造止赎文书来驱赶房屋所有人等行为，就不用承担任何责任。许多人都想弄明白，为什么为了多赚点钱，银行就可以如此放肆地破坏房地产市场？结果表明只有一个答案，那就是他们知道不需要承担严重的后果。我们缺乏不论贫富贵贱一概公平定罪的公平制度。这确保了富人和有权有势者可以持续犯罪。

杰克逊维尔的调查人员决心抵制来自华盛顿的联合高压，这促成了唯一一起针对止赎欺诈的重大起诉。2012 年 12 月 DocX 的创始人兼首席执行官洛琳·欧莱礼·布朗因电信欺诈罪被起诉，该公司为抵押贷款公司提供了 100 万份以上的欺诈性转让协议和证明书。显然这是一个阴谋，因为指控说布朗在"客户并不知情的情况下，主导了伪造文件和捏

房奴　333

造证据的骗局"。换句话说，抵押贷款服务商雇用布朗伪造证据以证明他们的止赎起诉资格，但是布朗居然真的伪造了证据，他们对此十分震惊。服务商也许不了解 DocX 精湛的伪造技巧，但那只是因为他们害怕承担责任。

贷款方程序服务公司签署了一项不起诉协议，约定支付 3 500 万美元的罚金，并在布朗定罪的过程中，积极配合了检方工作。因此，该公司得以摆脱了刑事控诉。起诉状中写明，贷款方程序服务公司对 DocX 的所作所为并不知情，他们发现 DocX 公司的行为后，便解雇了布朗。但其实贷款方程序服务公司的另外几个子公司也有着同样的欺诈行为。发明"机器签署人"的人，看来不像是布朗。实际上，该控诉证实授权临时工在止赎文件上签署上司名字的"代理签名"是非法的，尽管贷款方程序服务公司数年来极力辩称它是合法的。

布朗最大的罪行就是向杰克逊维尔的联邦调查局探员说谎，而且在贷款方程序服务公司不再庇护 DocX 之后，成了可牺牲的替罪羔羊。她认罪了，被密苏里州和密歇根州同时定罪。马萨诸塞州埃塞克斯县的契约登记员约翰·奥布莱恩接到了联邦助理检察官马克·德弗罗的电话，让他在宣判听证会上作证。奥布莱恩想让布朗补缴 128 万美元费用，以清理他办公室中 10 567 份被 DocX 搞混的土地登记记录。德弗罗回电说，法官不同意这项索赔，因为登记员不是受害人。奥布莱恩大叫起来："说我们不是受害人，这是什么意思？我们才是收到所有虚假文件的人！"

"不，银行才是受害人，"德弗罗说。

琳恩参加了布朗的宣判听证会。来自北卡罗来纳州吉尔福德县的契约登记员杰夫·西格彭出庭作证。亨利·李·亚当斯法官问杰夫是否要索赔，他回答说："我希望可以，但我知道不会得到赔偿。"法官问德弗罗，谁来把登记处的那些伪造文件清理掉。"嗯……我们在这方面的确遇到了很多困难。"德弗罗结结巴巴地说："我不知道你能怎么解决。"

公诉人表示，联邦调查局调查了涉案的七十五名 DocX 员工，四十五位特工对因 DocX 公司的转让文件而失去住房的房屋所有人进行了取证。杰夫感到沮丧，所有的调查只是集中于要让洛琳·布朗坐牢。其他犯罪者都得到了保护。她在法庭上哭了，连连道歉。她的律师认为政府控诉布朗的这些罪行，银行都有。但法官没有宽大处理。布朗获刑五年，这是最高刑期。

琳恩告诉德弗罗，在布朗获罪之后，她仍然看到人们因 DocX 的文件而失去住房，因为没人得到法院通知。德弗罗回答说，他希望银行律师能披露这个信息。"我想你是在开玩笑吧，"琳恩说。在听证会上，德弗罗不肯与她对视。但琳恩决定放手，不能继续消沉。至少，有人因为伪造抵押贷款文件坐了牢，这证明这些罪行应当被判处相应的刑期，而非"草率的文件工作"。但布朗只是一个替罪羊。没有其他人入狱，因为这种罪行太过普遍，若要深究，整个行业都会为此付出代价，华盛顿不允许这种事情发生。

结束后，琳恩打电话给联邦调查局的一位朋友，感谢他给洛琳·布朗定了罪。通话中，他们停顿了很长时间。那位探员终于打破了沉默，他说："我认为纳税人还没有得到应得的对待。"

在南佛罗里达湖的怀抱中央，有一座郁郁葱葱的庭院，貌似史前进化而来的一些鸟类，时不时地俯冲入水寻找食物。每隔几分钟，飞机就会从附近的西棕榈滩机场起飞。

迈克尔·雷德曼翻了翻烤架上的虾并点燃香茅蜡烛驱蚊。好几年前，迈克尔在这片地段租了翻修过的房子。房子只有一个房间，里面放了一张床，一张沙发，另外还有一间厨房。但这对他和女儿尼可来说，足够了。轮到照顾女儿的时候，他就把她接过来。他很喜欢后院的绿树和阴翳。他不再背负抵押贷款,也不希望再背。

几个月前,主宅新搬入一户人家。迈克尔向那家的女主人问好,询问她的工作。她说她是止赎案件的银行代理律师。"有些事情,我解决不了,"迈克尔告诉我,"她做的事和我的一模一样,只不过方向相反。"

迈克尔每天驱车一个小时到劳德尔堡的伊万·罗森律师事务所工作。伊万是唯一参加了丽莎和迈克尔的"节日中的无家可归者"游行的律师,那次游行因为下雨取消了,迈克尔对此铭记于心。丽莎刚开始与伊万一起做研究和案卷调查。后来伊万找到迈克尔,并在午餐时达成了合作意向。迈克尔负责介绍客户,并准备举证请求书及质证。当然,迈克尔还要负责运营伊万的网站,有时他会在《止赎欺诈》上交叉刊登一些报道,尽管网站的活跃度早已不像原来那么高了。

西棕榈滩位于他去往劳德尔堡的半路上,前妻詹妮弗就住在那里。2014年,她"短售"了圣露西港的那套房产,就是那座梦想之屋,让迈克尔走上了这条路。詹妮弗留在圣露西港附近,迈克尔不打算搬到离工作更近的地方,因为那样就离女儿太远了。所以他每天在95号公路上花很长时间通勤。他开玩笑说要去应聘奥克文金融公司,那家公司的总部就在那条路上。他说:"我想当卧底好久了。"

迈克尔希望与琳恩和丽莎共同主导住房公平基金会。三名止赎斗士就非营利组织讨论了很多;琳恩甚至提供了建筑位置和保险状况等细节。后来马克·埃利奥特和瑞秋搬到琳恩的公寓里,迈克尔不得不搬出去,在办公室附近另觅住处。但是合伙人关系并未实现。我问迈克尔,是不是觉得很沮丧。他只回答:"这大概是最好的结果吧。"

迈克尔将《止赎欺诈》博客活跃度的下降,归因于谷歌阅读器的停运。所有的关键字搜索和新闻订阅都被清空,他不知道该如何通过别的渠道获得。另外,包括所有与止赎相关的细节信息也已经不再那么迫切,过一段时间,一些新闻就显得毫无意义。网站其实毫无变化,卡罗尔·阿斯伯里律所的广告已被伊万·罗森律所的广告所取代。但是，他可以好几个星期都不发一篇文章，与维权时的那些激情日夜全然不同。迈克尔不再试图拯救这个国家，他已经退让，打算一次只救一位佛罗里达的房屋所有人。

这真的很难。佛罗里达乃至全国的很多法官，都不愿意严格执行国家财产法。一位证券律师向我解释说，法官总是尽量避免重大的法律问题。如果能够找到出路的话，为什么要让止赎停滞呢？另外，和法官处于同一阶层的是原告律师，而不是房屋所有人。即便那些律师在法庭上公然撒谎亵渎法律，比起让老赖们白得一套住房，法官也不会去处罚那些律师。

我参加了一场模拟法庭会议，伊万·罗森在劳德尔堡培训十六名辩护律师。罗森扮演银行律师，他的同事扮演法官。银行在司法止赎州里的最大创新就是将欺诈带进了法庭。模拟法庭中，由一名专业的"机器证人"证明了记录的准确性，而不是"机器签署人"制作证明书以证明止赎的有效性。在这个模拟法庭上，丽莎和迈克尔扮演了"机器证人"。

和"机器签署人"一样，这位"机器证人"几乎不了解整个案件，只是在作证前阅读了文件。他们只是被雇来从事低技术含量工作的临时工。对于借款人的还款历史记录证明书是如何制作的、本票是否已被恰当背书、原告是否具有完整的产权链条等，他们全都不了解。他们和"机器签署人"的唯一区别在于他们看到了那部分信息。"证人都是演员，"迈克尔告诉我，"他们雇用某人在法庭上背诵一段台词。如果你想让他们了解什么，就得多付钱。"

罗森所传授的策略，并不着眼于欺诈性证据或止赎起诉资格。近来，佛罗里达法院已经不再接收对这些罪行的起诉。利用一封丢失的违约信，也许能够打赢一场官司——埃普丽尔·查尼之前的辩护，聚焦于服务商未能通知借款人如何改正违约行为这一点上。你也可以指责原告未在审判前提交证据文件，不遵守法庭程序。你也可以辩护说，账户信息证明表只提供了摘要，没提供完整的贷款历史记录。必须打各种擦边球，找到一种法官能够接受的说法，让他们相信如果支持被告的话，会显得自己英明无比。

模拟法官一直在驳回辩方的反对。"无论如何，这次审理都得继续。"她把辩方的一次质疑驳了回去。这个描述很准确。大多佛罗里达州的法官，就像管道工一样，只管清理案件，保持法院审理渠道畅通就行了。银行说服了法官，让他们相信摆脱危机的唯一途径，就是把人们从房屋里驱逐出去。他们说服立法机构，使之成为现实。经历过几次搁置和重启，以及房屋所有人的塔拉集会抗议之后，州政府的确通过了一项加快止赎进程的法案。但这部法案实在太糟，起初甚至还减缓了止赎的进行。讽刺的是，佛罗里达州从全国性抵押贷款和解方案旨在救助房屋所有人的赔偿金中划拨了3 600万美元，作为快速止赎法院三年内的资金。银行所交的罚款为驱逐房屋所有人提供了资金。新版的火箭速度办案，规定每年处理256 000起止赎案件。布劳沃德县的一位法官一天内审理了786起案件，大多数都是对房屋所有人的即决判决。佛罗里达止赎案中的房屋所有人，要面对两位敌手：贷款人和政府。

佛罗里达州的执法系统，完全无视了这种对既定程序的公然侵害。一位法官允许正在接受总检察长帕姆·邦迪调查的夏皮罗·菲什曼律所撤销要求提供记录的传票，理由是只有佛罗里达律师协会可以规范律所的行为。迈克尔旁听了那次审判，他说，论据很不充分。上诉法院维持了原判。邦迪彻底放弃了。他说，无法再采取任何行动，来阻止止赎机构的不正当行为。律师汤姆·艾斯称，该判决让邦迪有权利用其他法规来制止房屋止赎厂。但是，邦迪没有理会，匆匆结束了琼·克拉克森和特蕾莎·爱德华兹几年前开启的调查。

佛罗里达律师协会终于在2014年，取消了戴维·斯坦恩的律师资格。2013年马歇尔·C·沃森接受认罪协议，被迫关闭了自己的律师事务所。但他又以"优选法律集团"的名义重新开业，并继续为银行代理业务。房屋止赎厂的律师们大部分都没变，丽莎·爱泼斯坦告诉我，她亲眼看见一位律师在最终判决书上，盖上了法官的签名章。

汤姆·艾斯和同事们已经撤回了上诉案件，他们认为撤回总比交由火箭速度办案的法官们审理要好。他们之前的上诉，已经成为一项重要的上诉法院案例法，在审判适用时，将大大不利于使用对文件真实性缺乏了解的"机器签署人"的行为。伊万·罗森开始追踪"机器核查人"，即那些在证明公司已竭尽全力验证一起止赎案件中所有事实的核查书上签名的人。他们对房利美的诸多贷款的服务商斯特尔斯公司的员工洛娜·亨特进行了质证。在质证中，亨特两次承认，她在签署核查书之前从未阅读过起诉状。质证后，罗森打赢了这场官司。

但是，即使银行输了，原告也可以随时要求法官驳回案件，修改文书并再次上诉。这就是2013年皮诺决定的开端。艾斯法律公司曾试图迫使法院重启对一项原告自愿撤回案件的审理。一项有利判决可能会让佛罗里达州所有被虚假文件损害的抵押贷款变得无法强制执行。但州最高法院裁定，自愿撤诉没有问题。汤姆·艾斯告诉我："这种事情每天都在发生，根本没人在乎。"

服务商可以承受二十分之一的败诉率，因为房屋所有人缺乏资源来反抗驱逐。止赎辩护律师只能带来一些"干扰"，却没法真正对这种商业模式造成损害。但是现在，迈克尔可以实现这一点。他能够取得成功，是一件非常令人兴奋的事情。喝酒的时候他告诉我："口碑就是这样口口相传起来的，我们能帮助人们做的事情，非常非常的了不起。"

在美国银行作为花旗抵押贷款信托的受托人起诉玛拉帕帕索夫一案中，辩护律师说："尊敬的法官，原告不具备止赎起诉资格。"他拿着一份背书给主教之门抵押贷款信托的本票,该本票并没有背书给美国银行。主教之门在证券化链条中担任了某种中间人的角色,但以其名义背书使得案件出现了问题。

辩护律师继续说道:"如果背书明确指明了某家公司,那就只能支付给该公司。只有主教之门公司可以就本票提起诉讼。本案应当被驳回。"这和六年前丽莎·爱泼斯坦案中出现的问题完全一样:本票被背书给原告之外的另一方,原告因此无法强制执行。甚至两起案件中的受托人都是美国银行。丽莎·爱泼斯坦坐在我身旁,目睹了棕榈滩县法院4A法庭里所发生这一切。

原告律师则坚持说,美国银行之所以有起诉资格,是因为该项转让协议表明它获得了抵押贷款。因此在本案中,银行主张本票紧随抵押贷款,而非业内长期主张的抵押贷款紧随本票。丽莎说:"这就是所谓的徒有其表。"

依靠火箭速度办案基金领取薪水的退休法官罗杰·科尔顿看起来非常焦虑,他必须要做出一项实际裁决。他告诉当事人他将慎重考虑该案。尽管证据存在问题,一个星期后,他在最终判决上批准了止赎,并设定了房屋的出售日期。但随后双方提出联合动议申请撤销判决,科尔顿法官宣布暂停出售,并等候下一次听证会。此案仍悬而未决。

丽莎和我走到法院的杂货店处聊天。竞选法庭书记官失败后,丽莎休整了一年。她把《止赎村落》移交给缅因州的止赎斗士金·索普。她说她每天上线十六个小时,为前来寻求帮助的房屋所有人排忧解难。不幸的是,金·索普于 2015 年 6 月因乳腺癌复发去世,所以未来《止赎村落》该何去何从仍不得而知。金·索普和丽莎从未有机会见面。

丽莎也在伊万·罗森律所工作,但她不用每天都去劳德尔堡上班,她在皇家撒克逊的小公寓里登录内网远程办公。丽莎白天工作时,詹娜就去上学,下午丽莎会去接她。她们一起聊天,一起阅读,关系特别亲密。由于被止赎欺诈分心，丽莎错过了孩子成长的关键三年。如果能成为法院书记官，她愿意全力以赴，但竞选失败后，丽莎重新回到了正常生活的轨道上。

到了周末，丽莎和迈克尔有时会带着孩子一起聚一聚。詹娜和尼可一起玩耍，大人们坐在后院聊天。他们原是陌生人，后来成了合作伙伴，现在则是最好的朋友。我和他们一起在后院度过了一晚，他们兴奋地重复对方的话，谈起过去时会大笑。他们更愿意记住那些美好的部分。

丽莎仍然会收到房屋所有人和媒体的来信。有些不认识的人会对她说："我一直念着你。"丽莎通常不会回复电子邮件；她觉得告诉人们考虑去过一种全新生活的做法，是在苛求他们。所有人都认为，抗争止赎欺诈的运动先驱们一定有如何挽救房屋的答案。但丽莎没有这种答案。

丽莎没想过要回格塞塔路的房子，她一念之下错失的那套房子，现在仍然处于止赎状态。曾有一段时间新债务人要求法院进行最终判决，但在最后一刻又取消了听证会。现在艾伦的一个表兄住在那里。丽莎和我一起去看过这个地方。房子看起来的确蛮粗制滥造的。院子里的树木长高了很多，其中有一棵已经倒下，看上去半死不活的。在空荡荡的客厅的桌子上，还放着一张詹娜婴儿时期的照片。丽莎来回地翻着一堆催促她还款的逾期通知。那套共管公寓的贷款，已经全部还清了。

丽莎回顾了那些年的维权活动，觉得就像一个遥远的梦。"这就像你十几岁时的浪漫故事。你现在看不到那个人，但那时他就是你的全世界。"她已经不认得穿着医院隔离服跑到法院抗议、参加会议、查阅资料的那位女士了。奔跑时，头发上的卡通别针随着她的节奏跳跃，她当时一直通过高度集中注意力的方式来抵消困乏。我们谈起她做过的这些事时，丽莎摇了摇头，觉得是那么疯狂、那么磨人。丽莎并不试图去反驳那些批评她"吸引公众注意力"的声音。她不愿意辩驳。现在她不需要埋头在电脑前,获取最新的止赎欺诈消息了。她可以放松地读书或陪女儿。"现在一切都已经结束了。我很高兴,终于结束了。"

那些协助揭露止赎欺诈行为的维权人士,尽到了公民应尽的义务,并将产生影响。他们发现了系统性的犯罪行为。他们协助并收集证据。他们组织传统的抗议活动并运用新媒体工具,他们既是美国革命的身体力行者,也是进步时代的黑幕揭发者。他们发起了相同处境的追随者的运动,并通过媒体宣传他们的事业。他们坚持不懈地争取当权者的支持。他们协助起诉犯罪者。他们确保全国上下,从巡回法庭法官到白宫办公室的高官,都知道发生了什么。他们在为自己的止赎案件抗争的同时,做了所有这一切。

他们的策略并不总是完美。他们对华盛顿与华尔街沆瀣一气的司法制度过于信任。他们想方设法揭露真相的动机,导致他们做出了一些不明智的决定。评论家指责他们贷款太多。最蹩脚的控诉,就是指责他们想要免费的房子住。他们时而固执,时而天真,时而牺牲自我。换句话说,他们是活生生的人。

丽莎·爱泼斯坦、迈克尔·雷德曼和琳恩·兹莫尼艾克经历过那些胜败,早已明白这种草根的基层民主理想之进展,并不像历史教科书中描述的那样。至少,当你的对手是银行时,即便事实对你有利,也没法打赢官司。最近,丽莎告诉我和迈克尔:"我原来相信每个人都有决心,现在我不那么想了。"

草根运动在美国是能够取得成功的。最近的同性恋民权进步,归功于 1980 年代的街头示威活动。国家现在认为,发动伊拉克战争是一个错误,这很大程度上是因为自由的博主们每天都在讨论。即便是那些低薪工人争取每小时 15 美元最低工资的经济运动,也取得了胜利。为什么华尔街就能得到一把保护伞,每一步都可以防止被问责呢?今天,我们的制度到底怎么了？为什么政策制定者们，可以忽略几百万份将国民逐出家门的虚假证据呢？

这些问题很难回答。但是，防止异议的最简单的方法是使人们丧失希望，失去斗争目标。这证明了人类的内在渴望和互联网的强大，尽管中间有着诸多挫折——从荒凉的公众广场到无知媒体再到强有力的金融部门和充当金融业仆人的执法精英。美国的草根运动就像冲上岸边的潮水，每次都会比上一次再远一点。

孤立和羞耻是那些银行使出的手段。孤立房屋所有人，使得房屋所有人个体与大银行抗争的前景不复存在；羞辱房屋所有人，使得华尔街任何不正当的行为，都比不上未能及时偿还月供的严重性。止赎斗士们创造了一种消除孤立和羞耻的公共空间，为挣扎的房屋所有人提供了支持和机会。如果没有止赎欺诈运动，就不会有"占领华尔街"运动，也不会有民主党的"伊丽莎白·沃伦派"；更不会有学生债务运动、低薪工人运动，或是从银行转移资金到信用社和社区银行的运动。丽莎、迈克尔、琳恩以及所有全身心参与的博主、律师和维权人士，提高了公众对此的认知度，使得大银行的无敌光环稍显逊色。

消费者金融权益保护局出台了新规，禁止掠夺性放贷与服务，该组织是一家极其罕见的由草根力量组成的监管机构。由"占领我们的住房"组织在明尼阿波利斯市成功安排的抵制驱逐活动，为防止止赎的《房屋所有人权利法案》的出台铺平了道路。加利福尼亚州也提出并通过了类似法案。丽莎·爱泼斯坦通过Skype参与的夏威夷议会会议将该州转变为司法止赎州。州级官员和联邦政府官员告诉我，如果没有像丽莎、迈克尔和琳恩这些人的努力，过去几年里，一些大银行将更加作恶多端。

在圣彼得堡的办公室里，马特·韦德纳表现得非常乐观，他一反常态道："你能看到大量的法律和宣传工作都已完成，这是非常成功的。

房奴

如果你决定抗争,很可能今天你还能住在你的房子里。"他认为银行的确有所收敛,部分原因是不愿与经验丰富的辩护律师进行多年角力。"因为人们的抗争,止赎权诉讼的违约模式不复存在。如果每个人都不作为,那么戴维·斯坦恩律所大概还在营业。"

我们不必急于欢呼胜利。这是公共政策的重大失败,我们不知道有多少家庭在止赎危机中失去了住房。估计最少接近 600 万。这还不包括数以百万计的人以"短售"或"钥匙换现金"的方式放弃了自己的住房。大量研究表明,居住在止赎地区的人们遭受了更多的身体和心理疾病。2014 年《美国公共卫生杂志》的一份报告认为,止赎率与自杀人数相关。止赎危机是近一个世纪以来对美国中产家庭财富造成伤害的最大一次危机。前国会议员布拉德·米勒称之为黑人和拉丁裔中产的"灭绝事件"。它是"新镀金时代"不平等急剧增加的主要原因。在这场厮杀中,人们对抵押贷款等不稳定资产变得警惕起来,阻碍了未来的经济增长。

最重要的是,房屋所有人和市政当局必须在今后几年内处理房产登记问题、产权归属和"模糊产权"问题,说不定还要花上几十年的时间。佛罗里达广受尊敬的亨利·特拉威客律师,书写了该州法律事务和程序规则。1950 年代,他是一名产权登记员,那时他一直在努力整合大萧条时期普遍带有问题的抵押贷款,而现在,他又见到了似曾相识的混乱局面。大萧条时期花了很长时间才消除的系统性问题。如今可能要花上更长的时间。

但即使是那些牵连深重的人,也从来没有放弃过希望。事实上,2014 年丽莎、迈克尔和琳恩又重新联手,打垮了佛罗里达最蛮横可恶的止赎审理法官戴安娜·刘易斯,后者审理了本书中提及的多起案件。刘易斯的父亲菲利普,是一个有社会影响的州参议员,他的名字被镌刻在棕榈滩县的无家可归者收容所。讽刺的是,他的女儿对此闭口不谈。

当刘易斯宣布竞选连任时,曾在法庭上进行辩护的三十五岁止赎辩护律师杰西卡·特克汀决定挑战她。全州的律师都支持特克汀参加竞选。止赎斗士们也全心帮忙。丽莎和迈克尔在 8 月炎热的选举日里站了好几个小时,鼓励选民弃选刘易斯。真的有效。特克汀以 54% 比 46% 的票选击败了刘易斯,成为过去三十年里棕榈滩县的第四任巡回法官。琳恩第二天去了法庭,只是为了看看。当时刘易斯法官显得异常暴躁。

一次选举并不能对止赎危机所造成的暴行和悲剧加以多少补救。但丽莎仍然认为,这是件值得欣喜的事情。这显示了尽全力打击责任者的运动精神。他们的行为也许慢慢会分散到当地,但他们的力量仍然不可小觑。

他们不会永远止步。丽莎的女儿詹娜八岁了。有一天,当老师上课时解释如何在银行储蓄时,詹娜举起手说:"不,老师你不知道吗?银行偷钱!如果把钱存入银行,就会永远消失!"那天詹娜回家时带着老师的一张字条,字条告知丽莎,她的女儿不理解银行是做什么的。詹娜对妈妈说:"妈妈,那个老师疯了!今天她告诉我们要把钱放在银行里!"听完,丽莎只是笑了笑。

致　谢

2010 年的夏天，一位朋友不经意间问我："为什么奥巴马总统旨在帮助受困借款人的计划，最终却帮助了银行，而不是借款人呢？"这位朋友深受抵押贷款服务商之害，他的故事引起了我的兴趣。之前，我并不知道自己会对这类问题感兴趣，也从未费心思考过。六年后的今天，你们看到了思考的成品。

我要感谢许多人，首先是我的编辑卡尔·布罗姆利和新出版集团的所有员工。卡尔给了像我这样的写作新手以机会，到现在我也不知道他为了什么，但他自始至终慷慨、亲切和睿智。能与他和他的团队一起工作，是我莫大的荣幸。

简·汉莎创办了影响深远的知名政治博客《消防犬之湖》，2009 年至 2012 年，我在该网站做新闻记者。最早就是她建议我将这个故事写成书的。我永远感激她所做的一切。

格雷格·莱维纳、辛西娅·考尔力和之后的约翰·钱德勒使我对止赎欺诈产生了兴趣，并在我为《消防犬之湖》写报道时提供了各种素材。之后，布莱克·泽夫、戴维·戴利、本·克莱尔、瑞安·卡尼、海蒂·穆尔、瑞安·库珀、罗伯特·库特纳、扬·弗雷尔、尤瓦尔·罗森博格、史蒂文·米库兰、布莱克·洪雪儿、丹·弗鲁姆金以及很多编辑都帮助过我，在他们的出版物上发表一些我的豆腐块文章，还给了我专业的编校支持。所有的工作都对本书产生了深刻影响，我觉得这几年自己在以一种狄更斯似的方式写作。

在本书的写作过程中，很多人给予了关键性的建议和鼓励，包括但不仅限于宾基·乌尔万、丹尼尔·科纳韦、彼得·理查德森、玛西·惠勒、里克·波斯坦因、赫莱茵·奥伦。我的代理人安德鲁·罗斯在我自我怀疑时，对出书的可能性给予了充分认可，而当时我的写作已经时断时续地持续了好几年。如果没有他的热情，这个项目就不可能实现。希瑟·"狄格比"·帕顿、杰夫·康纳顿、梅莎·巴拉达兰、杰瑞德·布兰克阅读了好几份不同的手稿，并提出了深刻的意见。

我非常感激关注止赎欺诈主题的同行作家、记者和学界人士，我一直都在引用着他们的作品。迈克尔·刘易斯、尼尔·巴洛斯基、马特·泰比、迈克尔·W.哈德逊、詹妮弗·陶布、乔什·罗斯纳、贝瑟尼·麦克莱恩、夏希恩·纳斯里普、扎克·卡特、瑞安·格里莫、麦克·康切萨、伊夫·史密斯、马特·斯托勒、阿比盖尔·菲尔德、金伯利·米勒、葆拉·卢莎珀、阿博特、格莱金、摩根森、戴蒙、西尔弗斯、约书亚·罗斯纳尔、亚当·列维京和凯瑟琳·波特等都作出了杰出的贡献。还有很多，特别是那些供职于小型地方报纸和广播电台分社的人们，报道了当地人的止赎噩梦。这种常常是吃力不讨好的工作——在一个纸媒快速衰退、消失的年代——对于揭发一个普遍存在的问题是非常有用的，这些记者不仅应该得到我的感谢，也应该得到全国人民的感谢。在注释里，我感谢他们所作出的贡献。

编写这本书时，我与很多律师、维权人士、博主和止赎受害者交谈。我要特别感谢马特·韦德纳、汤姆和阿瑞安娜·艾斯、埃普丽尔·查尼、马克斯·加德纳、奈伊·拉瓦利、托马斯·考克斯、吉姆·科瓦尔斯基、琼·克拉克森、特蕾莎·爱德华兹、杰奎琳·马克、哈雷·赫尔曼、马克·库伦、伊万·罗森、迪克·哈珀提安、瑞本·格特曼，以及佛罗里达和全国的止赎辩护团体，他们的工作直到今天还在继续。詹姆斯·埃尔德、詹姆斯·钱伯斯、阿琳娜·维拉尼、格蕾丝·鲁奇、罗纳德·吉利斯、安德鲁·亚斯·德拉尼、丹·戎克、埃里克·梅因斯、比尔·帕它罗、尼克·埃斯皮诺萨、沙布纳姆·巴西里、马尔科姆·赵、卡洛斯·洛魁恩,以及他们的止赎维权人士朋友,赋予了我写作的灵感。很遗憾金·索普未能读到这篇报道,她为这份事业几乎贡献了一生,我们会永远铭记。也很感谢拉里·施瓦兹特尔、瑞秋·古德曼、芭芭拉·彼得森、斯蒂夫·迪伯特、麦特·洛克辛、麦特·布鲁纳·汉姆林、丹尼尔·明茨、杰夫·西格彭、约翰·奥布莱恩、约翰·凯莱赫、希拉·贝尔、戴蒙·西尔弗斯、詹妮弗·布伦纳和蒂姆·米勒。

那是 2010 年 11 月,丽莎·爱泼斯坦、迈克尔·雷德曼和琳恩·兹莫尼艾克到华盛顿特区参加一场止赎欺诈的相关会议。那是我第一次见到这些了不起的人,并为他们的专注、奉献的精神和拥有的学识所折服。他们将自己的故事委托给我来讲述,对此我深感荣幸,并希望他们得到了应有的信任和尊重。这是他们应得的,因为他们用自己的智慧、正义感和真相,与美国最强大的机构展开了对抗。

我在佛罗里达南部调查时,丽莎、迈克尔和琳恩在那几周里给予了我热情款待。我需要他们回顾多年来的生活,即使是最小的细节也不放过,而他们都是喜欢清静的人,所以我知道这对他们来说是多么不容易。

感谢我的父母尼尔和达拉,还有妹妹杰西卡,没有你们,也就没有今天的我。我是何其幸运,能有你们做我的家人。

我曾告诉我的妻子玛丽,不会用与本书主题牵强相关的类比(诸如:致玛丽,一个止赎我心的人)来表达我对她的感谢。但我好像已经违背了诺言。所以,对不起。还有,我爱你。

注　释

前　言

从来没有一位华尔街高管，因其促成金融危机的行为而锒铛入狱：Jed S. Rakoff, "The Financial Crisis: Why Have No High-Level Executives Been Prosecuted?" *New York Review of Books*, January 9, 2014。

1　止赎来敲门

佛罗里达州、亚利桑那州、加利福尼亚州和内达华州的房价飙升：Federal Housing Finance Agency, purchase-only index data for Q1 1998 to peak, www. fhfa. gov/DataTools/Downloads/Pages/House-Price-Index-Datasets. aspx。

2006年有官方记录的次级抵押贷款，过半数发放于这四个州：Shayna M. Olesiuk and Kathy R. Kalser, "The Sand States: Anatomy of a Perfect Housing-Market Storm," *FDIC Quarterly* 3, no. 1 (April 2009)。

每二十二位佛罗里达房屋所有人中：Les Christie, "Foreclosures up a Record 81% in 2008," CNNMoney. com, January 15, 2009。

"阴沟送达"："Super Sewer Service—I Feel Bad for All the People Who Lost Their Homes and Were Obviously Not Served," 4closurefraud. org,

October 3, 2010。

虚假的止赎文书收件人：Shannon Behnken, "Judge Wants Answers to Foreclosure Document Fees," *Tampa Tribune*, November 18, 2010。

购房者无法申请抵押贷款，而是要通过借贷购买拥有整栋大楼所有权的那家公司的股份：HSBC, "Owning a Co-Op: 10 Questions to Ask Before You Buy," https://www.us.hsbcxom/1/PA_1_083Q9FJ08A002FBP5S00000000/content/usshared/Personal%20Services/Home%20Loans/Mortgage/FYI/Shared/Coop%20Guide.pdf。

亚美利奎特（Ameriquest）——美国最大的抵押贷款公司：Kathy Kristof and David Streitfeld, "Ameriquest Plans to Cut 3,800 Jobs," Los Angeles Times, May 3, 2006。

另一家巨头"新世纪金融公司"：Julie Creswell, "Mortgage Lender New Century Financial Files for Bankruptcy," New York Times, April 2, 2007。

美联储主席本·伯南克向联合经济委员会声称：Ben Bernanke, "The Economic Outlook," testimony before the Joint Economic Committee, March 28, 2007, www.federalreserve.gov/newsevents/testimony/bernanke20070328a.htm。

杰出的金融分析师乔什·罗斯纳指出：Joshua Rosner, Graham Fisher & Co., "Housing in the New Millennium: A Home Without Equity Is Just a Rental with Debt," June 29, 2001, http://papers.ssrn.com/sol3/papers.cfm?abstract_id=1162456。

政府邀请摩根大通将其收购：Andrew Ross Sorkin, "JPMorgan Pays $2 a Share for Bear Stearns," *New York Times*, March 17, 2008。

摩根大通等银行接受了政府数千亿美元的救援资金：JPMorgan Chase received $25 billion on October 28, 2008, through the Capital Purchase Program. Information from Pro Publica, "Eye on the Bailout," https：//projects. propublica. org/bailout/programs/1-capital-purchase-program。

2 美国梦的暗面

CNBC 的主持人里克·桑塔利在芝加哥商品交易所做直播时大声呼吁：Rick Santelli, CNBC, February 19, 2009, https：//www. youtube. com/watch? v = bEZB4taSEoA。

大约 95% 的案件中房屋所有人都没有抗辩：Virtually everyone involved with foreclosures on either side has made this assertion, though statistics on foreclosures nationwide can be hard to find. Monroe County, Florida, circuit judge Luis Garcia（http：//floridakeyswaterfrontexpert. blogspot. com/2008/12/judge-offers-foreclosure-help. html）and New Jersey chief justice Stuart Rabner（www. judiciary. state. nj. us/superior/press_release. htm）have said this on various occasions。

摩根大通债券承兑公司I（以下简称"本公司"）：Securities and Exchange Commission 8-K form, June 15, 2007, www. sec. gov/Archives/edgar/data/1400186/000116231807000671/m0665form8k. htm。

每天都有一千个美国家庭失去住房：David Wheelock, "The Federal Response to Home Mortgage Distress: Lessons from the Great Depression," *Federal Reserve Bank of St. Louis Review*, May/June 2008, Part 1, 138。

房主贷款公司（HOLC）从金融机构手中以折扣价买入逾期的抵押贷款：Jennifer Taub, *Other People's Houses: How Decades of Bailouts, Captive Regulators and Toxic Bankers Made Home Mortgages a Thrilling Business*（New Haven, CT: Yale University Press, 2014）, 40 – 41。

房主贷款公司对长期的、完全分期付款的抵押贷款很有信心：Richard K. Green and Susan M. Wachter, "The American Mortgage in Historical and International Context," *Journal of Economic Perspectives* 19, no. 4

(Fall 2005): 93-114。

1934 年罗斯福成立了联邦住宅管理局: Ibid., 95。

1938 年, 联邦国民抵押贷款协会: Ibid., 95。

联邦住宅管理局放松了承保标准: Ibid., 96。

1940 年, 美国有 1 500 万家庭拥有自己的住房: Taub, *Other People's Houses*, 41。

储蓄和贷款行业通过吸收储户存款, 用来提供抵押贷款资金, 成功发现了解决办法: Ibid., 42。

各州法律限制储贷行业只能在其总部五十到一百英里范围内发行住宅抵押贷款: Ibid., 40。

从 1950 年到 1997 年, 年均止赎率从来没有超过 1%: Peter J. Elmer and Steven A. Seelig, "The Rising Long-term Trend of Single-Family Mortgage Foreclosure Rates," Federal Deposit Insurance Corporation, Division of Research and Statistics, 1998。

截至 1980 年, 抵押贷款市场上的热钱大概有 1.5 万亿美元, 远高于股票市场的资金存量: Taub, *Other People's Houses*, 45。

日常标配四套化纤西服: Michael Lewis, *Liar's Poker: Rising Through the Wreckage on Wall Street* (New York: W. W. Norton, 1989), 142。

"一个粗野的天才": Ibid., 96。

GSE 将几百份抵押贷款合并成债券: Taub, *Other People's Houses*, 43-44。

所罗门兄弟公司和美国银行试图绕开房利美和房地美: Lewis, *Liar's Poker*, 111; Taub, *Other People's Houses*, 45。

"双高"状况使得储贷行业大受其害: Lewis, *Liar's Poker*, 124-125; Taub, *Other People's Houses*, 50-53。

所罗门兄弟公司因此赚得盆满钵满: Lewis, *Liar's Poker*, 130-132。

之后拉涅利得到房地美的帮助, 完成了一笔债券交易: Taub, *Other*

People's Houses, 68–69。

针对不同投资者的风险承受能力,抵押担保债券分为不同等级:Neil Barofsky, *Bailout: How Washington Abandoned Main Street While Rescuing Wall Street*（New York: Simon and Schuster, 2012）, 81–87。

"如果刘易斯不喜欢一部法律,他就会去改变它。": Lewis, *Liar's Poker*, 125。

10月里根总统签署了《法案》: Taub, *Other People's Houses*, 74–75。

不动产抵押贷款投资系统（REMIC）: Bethany McLean and Joe Nocera, *All the Devils Are Here: The Hidden History of the Financial Crisis*（New York: W. W. Norton, 2010）, 15–16。

1986年抵押贷款支持证券的市值,达到了1 500亿美元: Lewis, *Liar's Poker*, 142。

也许正是它加速了储贷行业的消亡: Taub, *Other People's Houses*, 76。

他是一个天赋异禀的销售员: Lewis, *Liar's Poker*, 141。

美国家庭住房拥有率上升了将近20%: U. S. Census Bureau, Historical Census of Housing Tables, https://www.census.gov/hhes/www/housing/census/historic/owner.html。

华尔街投行招聘了很多原来受雇于拉涅利的交易员: Lewis, *Liar's Poker*, 184–186。

"我没想要发明这个历史上最大的假骰子游戏": Shawn Tully, "Lewie Ranieri Wants to Fix the Mortgage Mess," *Fortune*, December 9, 2009。

到2009年,每四位办理过抵押贷款的佛罗里达人中就有一位: David Streitfeld, "U. S. Mortgage Delinquencies Reach a Record High," *New York Times*, November 19, 2009。

"我认为抵押贷款危机犯下了滔天罪恶": Mission statement, Living Lies, https://livinglies.wordpress.com。

房奴

一年前网站的月点击量还是1 000人次：Mike Stuckey, "The Home You Save Could Be Your Own," MSNBC. com, January 28, 2009。

"只要他们有一口气在，我们就会给他们贷款。"：David Dayen, "Wall Street's Greatest Enemy: The Man Who Knows Too Much," *Salon*, August 28, 2013。

《存款机构放松管制与货币控制法案》：McLean and Nocera, *All the Devils Are Here*, 29。

《替代抵押贷款交易平行法案》：Taub, *Other People's Houses*, 69–71。

次级贷款不可能这么繁多：Ibid., 70。

投资银行对其信用提升：McLean and Nocera, *All the Devils Are Here*, 31。

大批量地提供授信额度：Ibid., 23。

经纪人每出售一份高利率的抵押贷款，就能得到一笔奖金：Center for Responsible Lending, "Yield Spread Premiums, a Powerful Incentive for Equity Theft," June 18, 2004。

另外一个所谓的行业创新，是取现再融资：McLean and Nocera, *All the Devils Are Here*, 35。

"红线"：Ta-Nehisi Coates, "The Case for Reparations," *Atlantic Monthly*, June 2014。

美联储的数据表明，从1994年到2000年，次级贷款放贷量增长了四倍：Liz Laderman, "Subprime Mortgage Lending and the Capital Markets," *Federal Reserve Bank of San Francisco Economic Letter*, December 28, 2001。

克林顿政府想要提高住房拥有率：McLean and Nocera, *All the Devils Are Here*, 32。

担保债务权证（CDO）：Ibid., 120–122; Barofsky, *Bailout*, 86。

《商品期货现代化法案》：McLean and Nocera, *All the Devils Are*

Here,109。

"集成式"担保债务权证：Ibid., 263 - 284。

与第二次浪潮相比，简直是小巫见大巫：Ibid., 125 - 137。

一位在墨西哥餐厅做舞蹈演出协调的男人：Michael W. Hudson, *The Monster: How a Gang of Predatory Lenders and Wall Street Bankers Fleeced America—and Spawned a Global Crisis*（New York: Times Books, 2010）, 4 - 9。

有些经纪人会用打光板：McLean and Nocera, *All the Devils Are Here*, 130。

拿给借款人的贷款文件是没有完全打开的：Hudson, *The Monster*, 3。

这显然属于证券欺诈：Felix Salmon, "The Enormous Mortgage-Bond Scandal," Reuters, October 13, 2010。

"你很不错，能发现这些欺诈问题"：Nathaniel Popper, "Court Filing Illuminates Morgan Stanley Role in Lending," *New York Times*, December 29, 2014。

"如果抵押贷款行业出现了系统化欺诈行为的话"：Financial Crisis Inquiry Commission, *The Financial Crisis Inquiry Report*（Washington, DC: Government Printing Office, 2011）, 161。

2002年佐治亚州曾试图出台一项反掠夺性放贷的强力法案以保护借款人：Hudson, *The Monster*, 165 - 181。

银行每年发行大约1万亿美元的非优先级抵押债券：Adam B. Ashcraft and Til Schuermann, "Understanding the Securitization of Subprime Mortgage Credit," *Federal Reserve Bank of New York staff report* no. 318, March 2008。

2006年，全美次级抵押贷款占贷款总量的一半：McLean and Nocera, *All the Devils Are Here*, 216。

从1999年到2007年，美国抵押贷款债务总量增长了一倍：Neil

Bhutta, "The Ins and Outs of Mortgage Debt During the Housing Boom and Bust," staff working paper 2014－91, Divisions of Research and Statistics and Monetary Affairs, Federal Reserve Board, 2014。

以至于刚毕业的贷款经纪人一年就能赚40万美元: McLean and Nocera, *All the Devils Are Here*, 125。

五十年间, 房价缓慢增长: Barry Ritholtz, "Classic Case Shiller Housing Price Chart, Updated," Big Picture (blog), December 30, 2008, www. ritholtz. com/blog/2008/12/classic-case-shiller-hosuing-price-chart-updated。

在少数几个州, 年增长率甚至达到了25%: Federal Reserve Bank of St. Louis, All-Transactions House Price Index for Arizona, accessed at https: //research. stlouisfed. org/fred2/series/AZSTHPI. All-Transactions House Price Index for Florida, accessed at https: //research. stlouisfed. org/fred2/series/FLSTHPI. All-Transactions House Price Index for California, accessed at https: //research. stlouisfed. org/fred2/series/CASTHPI. All-Transactions House Price Index for Nevada, accessed at https: //research. stlouisfed. org/fred2/series/NVSTHPI。

就连过去一直只购买合规贷款进行证券化的房利美和房地美, 由于被私营公司夺走了很多市场份额, 也降低标准去购买次级贷款: Taub, *Other People's Houses*, 178－180; McLean and Nocera, *All the Devils Are Here*, 183－184。

尽管房价上涨, 但住房拥有率达到了69. 2%, 为历史最高水平: U. S. Census Bureau historical homeownership rates, www. census. gov/housing/hvs/files/currenthvspress. pdf. Homeownership rates peaked in the fourth quarter of 2004 at 69. 2 percent, and remained within three-tenths of a point of that number until the end of 2006, the peak of the housing bubble。

从借款人的贷款起始期逾期率突飞猛涨: McLean and Nocera, *All the*

Devils Are Here, 251。

止赎开始大规模出现: Al Yoon, "Foreclosure Rates Almost Doubled in 2007: Report," Reuters, January 29, 2008; Les Christie, "Foreclosures Up a Record 81% in 2008," CNN Money, January 15, 2009。

加菲尔德把这些贷款发起商叫做"假贷款方": Sample complaint template, *Living Lies*, https://livinglies.files.wordpress.com/2008/11/template-complaint1.pdf。

"事实就是,几乎所有证券化的抵押贷款都没有任何价值": Neil Garfield, "NY Times Says It All—Almost—Foreclosures: No End in Sight," *Living Lies*, June 2, 2009。

"执行止赎的唯一一方在贷款中并不拥有任何经济利益": Neil Garfield, "A Reality Check on Mortgage Modification—NYTimes Gretchen Morgenson," *Living Lies*, April 26, 2009。

"民主并不是高效的": Wendell Sherk, "Why Show Me the Note Matters," *Bankruptcy Law Network*, March 17, 2009。

3 证券化失败

住房可偿付调整计划: "Remarks by the President on the Mortgage Crisis," Dobson High School, Mesa, Arizona, February 18, 2009。

投资者"远离"破产的心理需求促使了证券化过程中转让行为的产生: Mike Konczal, "Foreclosure Fraud for Dummies, 1: The Chains and the Stakes," *Rortybomb* (blog), October 8, 2010, https://rortybomb.wordpress.com/2010/10/08/foreclosure-fraud-for-dummies-1-the-chains-and-the-stakes。

存款人于交割日起将其: Prospectus, Sound-view Home Loan Trust 2006-OPT2, June 18, 2007, www.sec.gov/Archives/edgar/data/

1356081/000088237706000772/d454063_fwp.htm。

大部分信托都是根据纽约州的法律设立的：Professor Adam Levitin, Georgetown University, testimony in hearing before the House Financial Services Committee, Subcommittee on Housing and Community Opportunity, November 18, 2010, 56－57, www.gpo.gov/fdsys/pkg/CHRG-111hhrg63124/pdf/CHRG-111hhrg63124.pdf。

这同时伴随着相应的税收问题：26 U. S. Code § 860F (a)。

记录中的错误实在太多了，简直无药可救：Neil Garfield, "Ohio Slam Dunk by Judge Morgenstern-Clarren: US Bank Trustee and Ocwen Crash and Burn," *Living Lies*, June 29, 2009。

艾奥瓦州立大学的法律教授凯瑟琳·波特于2007年11月份发表了一份报告：Katherine Porter, "Misbehavior and Mistake in Bankruptcy Mortgage Claims," *Texas Law Review* 87 (2008)。

这就是丽莎的起诉状中的"本票丢失证明"：Florida Statute § 673.3091。

递交了一份要求法院驳回的动议，理由是原告缺乏起诉资格：US Bank N. A. v. Lisa Epstein, Case No. 50-2009-CA-005542XXXXMB, docket report at http://courtcon.co.palm-beach.fl.us/pls/jiwp/ck_public_qry_doct.cp_dktrpt_frames?backto=P&case_id=502009CA005542XXXXMB&begin_date=&end_date=。

佛罗里达逾期法务集团：Ibid.。

他们刚刚找到的这份本票，并不是空白背书的：Copy of note in possession of author。

DHI抵押贷款公司直接背书给摩根大通：Assignment of Mortgage for Lisa and Alan Epstein, dated May 21, 2009, Public Records of Palm Beach County, Florida. File No. F09015624。

作为摩根大通家庭金融服务公司的代理人：Can be found in Lisa

Epstein comment to Florida Supreme Court, October 7, 2009, www. floridasupremecourt. org/pub _ info/documents/foreclosure _ comments/ Filed _ 10-07-2009 _ Epstein. pdf。

这份转让协议显示，美国银行的地址是：https：//www. chase. com/home-equity/contactus。

摩根大通有九十天的交割期：Available at SEC website, http：// google. brand. edgar-online. com/DisplayFilingInfo. aspx? Type = HTML&text = % 2526lt% 253bNEAR% 252f4% 2526gt% 253b（% 22MATTHEW% 22% 2c% 22WONG% 22）&FilingID = 5245705&ppu = % 2fPeopleFilingResults. aspx% 3fPersonID% 3d2964553% 26PersonName% 3dMATTHEW% 2520WONG。

一张截图显示，丽莎签署了贷款协议后：Copy of screenshot in possession of author。

在那份止赎诉讼提起后三个月才签署的抵押贷款转让协议上：Assignment of Mortgage for Lisa and Alan Epstein, dated May 21, 2009, Public Records of Palm Beach County, Florida. File No. F09015624。

当她输入西里洛时：https：//www. facebook. com/cirilo. codrington。

巴拿马首屈一指的法律和金融服务提供商：Firm Solutions Panama corporate website, http：//fspanama. iapplicants. com。

丽莎在 Facebook 上发现了一个佛罗里达逾期法务集团和巴拿马企业咨询公司的链接页面：https：//www. facebook. com/pages/Firm-Solutions-Panama-Florida-Default-Law-Group/107309169302890。

抵押贷款发起商每分钟要发放高达 1 900 万美元的贷款：Adam B. Ashcraft and Til Schuermann, "Understanding the Securitization of Subprime Mortgage Credit," Federal Reserve Bank of New York staff report, March 2008. The data show $ 1 trillion in subprime and Alt-A mortgage originations in 2005 and 2006. That calculates to a perminute rate of approximately $1,902,587。

美国财产登记制度：Jill E. Martin, Hanbury and Martin: *Modern Equity*, 19th ed. (London: Sweet and Maxwell, 2012), 9。

《防止欺诈与伪证法》：Statute of Frauds, 1677, accessed at www.languageandlaw.org/TEXTS/STATS/FRAUDS.HTM。

造就了资本：Hernando de Soto, *The Mystery of Capital: Why Capitalism Triumphs in the West and Fails Everywhere Else* (New York: Basic Books, 2000), 46-47。

1636年马萨诸塞州的普利茅斯湾殖民地创建了一部登记法：George L. Haskins, "The Legal Heritage of Plymouth Colony," *University of Pennsylvania Law Review* 110 (1962): 856-857。

他们设立了"土地登记办公室"：Christopher L. Peterson, "Foreclosure, Subprime Mortgage Lending, and the Mortgage Electronic Registration System," *University of Cincinnati Law Review* 78, no. 4 (Summer 2010): 1364-1365。

抵押贷款电子注册系统：Ibid., 1368-1370。

将抵押贷款电子注册系统作为抵押贷款第一次转让时的承受抵押人：Ibid., 1362。

犹他大学的克里斯托弗·彼得森法学教授：Michael Powell and Gretchen Morgenson, "MERS, the Mortgage Holder You Might Not Know," *New York Times*, March 5, 2011。

在2009年3月内华达州的霍金斯破产案中：United States Bankruptcy Court, D. Nevada, March 31, 2009, Case No. BK-S-07-13593-LBR。

认可抵押贷款电子注册系统建立在他人法定所有权之上的起诉资格：Peterson, "Foreclosure," 1384-1385。

而合同法建立在私下知悉的原则上：Jesse W. Lilienthal, "Privity of

Contract," *Harvard Law Review* 1, no. 5 (December 15, 1887)。

4 贷款发起商

奈伊成立了一家名为体育营销集团的咨询公司: "NBA Booming, but Football Is America's Favorite Sport," Associated Press, February 21, 1991。

他是体育流行趋势分析的关键人物: Shannon Brownlee, Katia Hetter, and Karen Nickel, "The Value of Grace, the Price of Spunk," *U. S. News and World Report*, January 16, 1994。

但美国储蓄银行不由分说,一定要加收滞纳金: Nye Lavalle, "Predatory 'Grizzly Bear' Attacks Innocent, Elderly, Poor, Minorities, Disabled and Disadvantaged," 23 - 25, www. msfraud. org/Articles/predbear. pdf。

贷款服务商基本都是自动化流程工作: Adam J. Levitin and Tara Twomey, "Mortgage Servicing," *Yale Journal on Regulation* 28, no. 1 (December 15, 2010)。

强制保险: Lavalle, "Predatory 'Grizzly Bear,'" 5 - 6, 32 - 33。

有时没有月供还款: Ibid., 27 - 34。

"其他预收款": Ibid., 29。

"不良抵押贷款的垃圾站": Ibid., 21 - 22。

因此,整个交易就是一场精心策划的游戏: Ibid., 93 - 94。

奈伊怀疑,EMC 可能没有托管这些抵押贷款: Ibid., 93。

本票或抵押贷款的实际所有人: Lavalle, "Predatory 'Grizzly Bear,'" 104。

最终,新法官判决 EMC 胜诉: Lavalle, "Predatory 'Grizzly Bear,'" 102 - 103。

他们设计了很多方法，从抵押贷款的每个环节中自动获取利润：National Consumer Law Center, "Why Servicers Foreclose When They Should Modify and Other Puzzles of Servicer Behavior," October, 2009。

奈伊发现，有很多借款人按时还款、服务商照样额外收费的花招，最多有四十四种：Nye Lavalle, "White-Collar Mafia Uses 21st Century Loan Sharks to Prey on Americans," 25–26, http：//documents.jdsupra.com/197d1b59-e33e-47e0-92b0-d61992e9ed22.pdf。

手册中将它的客户暗指为"呆瓜"：Ibid., 30。

所有银行、贷款方、贷款服务商或律师说的写的，都不能相信：Gretchen Morgenson, "A Mortgage Tornado Warning, Unheeded," *New York Times*, February 4, 2012。

银行会将抵押贷款二次抵押：Nye Lavalle, "You Can't Trust the Mortgage Paper Trail," 2013 ed., 23–24, http：//stopforeclosurefraud.com/wp-content/uploads/2013/04/CantTrustPaperTrail_Lavalle_4-13.pdf。

《食人熊"贝尔斯登"正在攻击无知者、老人、穷人、少数种族人士、残疾人和弱势群体！》：Lavalle, "Predatory 'Grizzly Bear,'" 1–102。

保护美国人：Lavalle, "White-Collar Mafia," 1。

很多久负盛名的银行和抵押贷款公司：Ibid., 2。

提供"证人所不了解的情况"：Lavalle, "You Can't Trust," 8。

奈伊后来在2008年发表了一份完整的报告：Nye Lavalle, "Sue First and Ask Questions Later: A Pew Mortgage Investigations Report on the Predatory Servicing Practice of False and Forged Signatures Employed by Ocwen & Others," 2008, www.scribd.com/doc/20955838/PMI-Ocwen-Anderson-Report-Sue-First-Ask-Questions-Later。

他提前八年预测了金融危机和经济大萧条：Lavalle, "Predatory 'Grizzly Bear,'" 15–19。

法官要求他关闭其中几个网站：Bear Stearns Companies, Inc. v.

Lavalle, U. S. District Court, Northern District of Texas, December 3, 2002, summary at www. finnegan. com/BearStearnsCompaniesIncvLavalle。

登载在《盗窃报告》之类的消费者网站上:"Ameriquest Mortgage Company aka AMC Complaint Review," *RipoffReport*, March 27, 2005。

奈伊潜入抵押贷款电子注册系统(抵押贷款转让的私营数据库)的留言板:Brady Dennis and Ariana Eunjung Cha, "Reston-Based Company MERS in the Middle of Foreclosure Chaos," *Washington Post*, October 8, 2010。

但最终奈伊没能读到这份研究报告:Morgenson, "A Mortgage Tornado Warning"。

《房利美回应股东奈伊·拉瓦利先生诉求的报告》:Marc Cymrot, "Report to Fannie Mae Regarding Shareholder Complaints by Mr. Nye Lavalle," Office of Corporate Justice Case No. 5595, May 19, 2006, available at www. nytimes. com/interactive/2012/02/05/business/05fannie-doc. html。

"拉瓦利先生爱用一些极端的类比":Ibid., 3。

拉瓦利先生说,房利美因抵押贷款无法强制执行和集体诉讼将面临几百亿美元的损失:Ibid., 7。

福特斑马车事件:Mark Dowie, "Pinto Madness," *Mother Jones*, September/October 1977。

"这辈子规模最大的诈骗":Morgenson, "A Mortgage Tornado Warning"。

5 社 区

1932年秋天:T. H. Watkins, *The Great Depression: America in the 1930s* (Boston: Little, Brown, 1993), 118 - 119。

保卫房屋运动：Fernanda Santos, "Nationwide Effort Takes Shape to Support Families Facing Foreclosure," *New York Times*, February 18, 2009。

社区改革组织协会的成员曾经闯入巴尔的摩的一套房屋中，并换了锁，为唐娜·汉克斯夺回了她的房产：Bertha Lewis, "We Are Willing to Go to Any Means Necessary," *Huffington Post*, February 20, 2009; WJZ-TV Baltimore report, February 20, 2009, accessed at https://willnevergiveup.wordpress.com/2009/02/23/acorn。

另外一家叫美国邻里互助协会的组织：John Christoffersen, "Housing Group Stages Protests at Bank Executives' Homes," Associated Press, February 9, 2009。

"布什村"：Jesse McKinley, "Cities Deal with a Surge in Shantytowns," *New York Times*, March 25, 2009; David Neiwert, "Tent Cities: Welcome to the New Bushvilles," Crooksandliars.com, March 9, 2009, http://crooksandliars.com/david-neiwert/tent-cities-welcome-new-bushvilles。

这能给银行提供缓冲跑道：Neil Barofsky, *Bailout: How Washington Abandoned Main Street While Rescuing Wall Street* (New York: Simon and Schuster, 2012), 156-157。

但金融行业的监管机构给国会施压：Paul Kiel and Olga Pierce, "Dems: Obama Broke Pledge to Force Banks to Help Homeowners," Pro Publica, February 4, 2011. Also David Dayen, "Portrait of HAMP Failure: How HAMP Went from the Bank's Counter Offer to the Whole Enchilada," September 13, 2010, http://shadowproof.com/2010/09/13/portrait-of-hamp-failure-how-hamp-went-from-the-banks-counter-offer-to-the-whole-enchilada。

坦白来说，银行控制着国会：Ryan Grim, "Dick Durbin: Banks 'Frankly Own the Place,'" *Huffington Post*, May 30, 2009。

财政部的官员就来找参议员表示反对：Kiel and Pierce, "Dems:

Obama Broke Pledge"。

银行将其归咎于房屋所有人的财务文件不完整：Pat Garofalo，"Banks Blame Borrowers for Lack of Progress on Mortgage Modifications," ThinkProgress. org，December 9，2009。

贷款服务商把住房可偿付调整计划变成了另一个掠夺借款人钱财的工具：Dayen，"Portrait of HAMP Failure"。

美国银行的员工后来证实：David Dayen，"Bank of America Whistleblower's Bombshell: We Were Told to Lie," *Salon*，June 18，2013。

罗伯特·"杰克"·赖特：Denise Richardson，"Why We Need the Right to Receive a Monthly Mortgage Statement," GiveMeBackMyCredit. com，April 24，2008。

费尔班克斯资本公司最终就不公平和欺诈性的服务行为与联邦贸易局达成了4 000万美元的和解方案："Fairbanks Capital Settles FTC and HUD Charges," Federal Trade Commission press release，November 12，2003. Also "Fairbanks Capital Changes to Select Portfolio Servicing, Inc.," Select Portfolio Servicing press release，July 1，2004，PRNewswire. com。

麦克·迪龙：Link to GetDShirtz. com is now dead. Mike's story can be found at the Home Preservation Network，http：//homepreservationnetwork. com/2012-10-23-03-10-19/stories-from-homeowners/item/2776-mike-dillon-manchester-nh。

银行在2008年8月提起止赎诉讼：Living Lies，"Florida Petition Seeks Mediation of Foreclosures," March 11，2009，comment by user bt。

在佛罗里达，没有转让协议只有原始本票，还能止赎吗？：*Living Lies*，"Reality Check: Holder in Due Course Doctrine Is Not Some Fancy Trick to Get Out of Paying," April 5，2009，comment by user Viper。

安娜·费尔南德兹：Gretchen Morgenson，"Guess What Got Lost in the Loan Pool," *New York Times*，March 1，2009。

萨缪尔·巴弗德：Ibid。

法官沃尔特·洛根：Mike McIntire, "Tracking Loans Through a Firm That Holds Millions," *New York Times*, April 24, 2009。

夺取他人住房的一切程序：Michael Powell, "A 'Little Judge' Who Rejects Foreclosures, Brooklyn Style," *New York Times*, August 31, 2009。

安娜·拉米雷兹：Todd Wright, "My Bad! Woman's House Mistakenly Auctioned by Bank," NBC6 Miami, August 20, 2009。

托尼·洛萨多：Drew Griffin and Jessi Joseph, "Are Some Law Firms Cutting Corners on Foreclosures?" CNN.com, October 23, 2010。

名为"止赎欺诈"的用户评论：*Living Lies*, "NY Times Exposes MERS," April 24, 2009, comments by users Fraud in FL, Alina, and Lisa E。

他们会整周都坐在那里签署文件：Susan Martin, "Tampa Bay Companies Help Lenders Transfer Home Loans, Foreclose," *Tampa Bay Times*, May 1, 2009。

佛罗里达逾期法务集团撤回了那份书面证词，又提交了一份一模一样的：Available in Lisa's comment to the Florida Supreme Court, October 7, 2009, www.floridasupremecourt.org/pub_info/documents/foreclosure_comments/Filed_10-07-2009_Epstein.pdf。

于是它就像罪犯听到可怕的招降一样大吃一惊：Shakespeare quoted in Lisa Epstein, "Wells Fargo: Who Are They and Why Did They Have the Power to Deny a Solution to My Mortgage?" *Foreclosure Hamlet*, October 17, 2009。

本博客内容不代表专业律师意见：Lisa Epstein, Foreclosure Hamlet homepage, www.foreclosurehamlet.org。

当我收到佛罗里达逾期法务集团寄来的白色大信封时：Lisa Epstein, "FDLG New Filing with the Court: Plaintiff's Response to my Request for Production," *Foreclosure Hamlet*, October 6, 2009。

堪萨斯州高级法院对博伊德·凯斯勒案件做出裁决：Landmark National Bank v. Boyd Kesler, Kansas Supreme Court, No. 98, 489, August 28, 2009. Also Neil Garfield, "Kansas Supreme Court Sets Precedent—Key Decision Confirming Living Lies' Strategies," *Living Lies*, September 23, 2009。

阿肯色州高级法院做出了一个相似的裁决：Mortgage Electronic Registration Systems, Inc v. Southwest Homes of Arkansas, Supreme Court of Arkansas, No. 08-1299, March 19, 2009, available at https://livinglies.wordpress.com/2009/09/30/arkansas-supreme-court-denies-mers-legal-standing。

科特·阿霍：Neil Garfield, "The High Cost of Losing Homes: Death by Gunshot," *Living Lies*, September 30, 2009, comments by users Lisa E and Foreclosure Fraud。

6 匿名先生

2004年公司彻底关闭了博因顿沙滩的基地：Marcia Heroux Pounds, "Motorola to Close Boynton Plant," *Orlando Sun-Sentinel*, January 23, 2004。

诺基亚工厂旧址被改造成一个巨大的零售和住宅区，名为文艺复兴公地：Brian Bandell, "Renaissance Commons Loses $52m Foreclosure as Auction Looms," *South Florida Business Journal*, August 16, 2013。

摩根大通做成了一笔极其划算的交易：Christopher Palmeri, "JPMorgan Chase to Buy Washington Mutual," Bloomberg News, September 26, 2008。

奈伊·拉瓦利关于奥克文公司的员工斯科特·安德逊的报告：Nye Lavalle, "Sue First and Ask Questions Later: A Pew Mortgage Investigations Report on the Predatory Servicing Practice of False & Forged Signatures Employed by Ocwen & Others," 2008, www.scribd.com/doc/20955838/

PMI-Ocwen-Anderson-Report-Sue-First-Ask-Questions-Later。

这份转让协议的签署日期是2009年4月20日：Clerk of St. Lucie County Public Records，book 3081，page 231，recorded April 20，2009。

在我所在的县政府登记办公室里，我研究了好几个月：Susan Martin，"Tampa Bay Companies Help Lenders Transfer Home Loans, Foreclose," *Tampa Bay Times*，May 1，2009。

如何查询公共记录：Michael Redman，"Looking Up Public Records," 4closurefraud.org，October 18，2009。

欢迎任何人给我反馈，无论好坏：*Living Lies*，"Double Funding, Fabrication of Documents and Forgery of Signatures Revealed," October 5, 2009，comment posted on October 11 by user Foreclosure Fraud。

当前事态甚嚣尘上：Karl Denninger，"A Birdie on Possible Foreclosure Frauds," Market Ticker，October 15，2009，available at www.freedomsphoenix.com/News/59786-2009-10-15-a-birdie-on-possible-foreclosure-frauds.htm。

于2009年10月18日建立了自己的博客网站，《止赎欺诈》：Michael Redman，"Foreclosure Fraud—Guide to Looking Up Public Records for Fraud," 4closurefraud.org，October 18，2009。

有一篇是奈伊·拉瓦利写的关于斯科特·安德逊和奥克文的报告：Michael Redman，"PMI Ocwen Anderson Report—Sue First Ask Questions Later," 4closurefraud.org，October 21，2009。

《谎言生活》将于11月1日和2日在清水湾举办一个房屋所有人和律师参加的研讨会：Neil Garfield，"Only One（1）Day Left to Pre-Register：Workshops Scheduled for Florida—November 1–2，2009 Sheraton Sand Key Resort in Sunny Clearwater Beach FL," *Living Lies*，October 24，2009。

7 当迈克尔与丽莎相遇

今天我们并不是让你变成律师:Neil Garfield,"Foreclosure Defense—What You Need to Know," Cameron/Baxter Films, uploaded October 31, 2009, https://www.youtube.com/watch?v=F9L4eRaIxLQ(part 1) and https://www.youtube.com/watch?v=nZ6lPaiKmwg(part 2)。

请允许我先做一下自我介绍,我是一位职业母亲:Lisa's first letter to the Florida Supreme Court, October 7, 2009, http://www.floridasupremecourt.org/pub_info/documents/foreclosure_comments/Filed_10-07-2009_Epstein.pdf。

看到了《萨拉索塔先驱论坛报》上一篇简短的专栏文章,作者是汤姆·里昂:Tom Lyons, "Foreclosure Chicanery Not a Funny Lawyer Joke," *Sarasota Herald-Tribune*, September 29, 2009。

那位工作人员说,法院可以再接受一份更加正式的评论:Lisa's second letter to the Florida Supreme Court, October 21, 2009, www.floridasupremecourt.org/pub_info/summaries/briefs/09/09-1460/Filed_10-21-2009_Epstein.pdf。

以撒·迪厄多内:Tony Pugh, "Child's Death Mired in Nation's Foreclosure Crisis," *McClatchy Newspapers*, October 29, 2010。

8 欢乐时光聚会

有位叫伊琳·库劳的助理检察官就职于经济犯罪部门:Michael Redman, "Scandalous—Substantiated Allegations of Foreclosure Fraud that Implicates the Florida Attorney General's Office and the Florida Default Law Group," 4closurefraud.org, March 26, 2010。

那就是《美国止赎网络》，这家名称颇具诙谐意味的网站集合了大量资源：Erin Collins Cullaro, "Is There a Right of Redemption after a Foreclosure Sale in Florida?" U. S. Foreclosure Network, 2006, www.usfn.org/AM/PrinterTemplate.cfm?Section = USFN_E_Update&template = /CM/HTMLDisplay.cfm&ContentID=3885。

房屋止赎厂是佛罗里达逾期法务集团之前的名字："On the Move," *Florida Bar News*, September 15, 2005。

根据佛罗里达民事诉讼法条例1.420（e）的规定：Florida Rules of Civil Procedure, 91, available at http://www.floridabar.org/TFB/TFBResources.nsf/Attachments/10C69DF6FF15185085256B29004BF823/$FILE/Civil.pdf?OpenElement。

洛克化工和坦帕电力公司案件：Opinion from First District Court of Appeals, decided November 17, 2009, https://cases.justia.com/florida/first-district-court-of-appeal/08-4895.pdf。

提请注意：U. S. Bank NA as Trustee et al v. Vincent Savoia et al., Circuit Court of the Fifteenth Judicial Circuit in and for Palm Beach County, Florida, Case No. 50-2007-CA-008051XXXXMB。

实际上，在贷款放款之后，所有本票和抵押贷款纸质文件都已经转换成电子文件：Comments of the Florida Bankers Association, Florida Supreme Court, Case No. 09-1460, www.floridasupremecourt.org/clerk/comments/2009/09-1460_093009_Comments%20(FBA).pdf。

发起止赎的原告并不拥有本票或由被止赎房产担保的贷款：Michael Redman, "Freddie Mac Comments on the Final Report and Recommendations on Residential Mortgage Foreclosure Cases, Florida Supreme Court," 4closurefraud.org, November 11, 2009。

安东尼奥·依班纳：Jenifer B. McKim, "Ruling Upheld on Sale of Property," *Boston Globe*, October 15, 2009。

联邦破产法官罗伯特·迪安：Gretchen Morgenson,"If the Lender Can't Find the Mortgage," *New York Times*, October 25, 2009。

爱达荷州甚至有位破产案法官：In re Sheridan, U. S. Bankruptcy Court, District of Idaho, Case No. 08-20381-TLM, March 12, 2009, available at https：//livinglies. files. wordpress. com/2009/10/sheridan_decision-idaho-bkr-j-myers. pdf。

9 人　脉

在止赎前收到逾期特别通知：On the Veterans Administration, see the VA Servicer Guide, 59 – 72, www. benefits. va. gov/homeloans/documents/docs/va_servicer_guide. pdf. For FHA loans, see the U. S. Department of Housing and Urban Development Loan Servicing Guidance home page, http：//portal. hud. gov/hudportal/HUD? src = /federal_housing_administration/healthcare_facilities/residential_care/loan_servicing。

12USC1701x（c）（5）：Accessed at the Legal Information Institute, Cornell University Law School, https：//www. law. cornell. edu/uscode/text/12/1701x。

她不得不在大厅里面见客户：Mike Stuckey, "'Angel' of Foreclosure Defense Bedevils Lenders," MSNBC, December 19, 2008, www. nbcnews. com/id/28277420/ns/business-real_estate/t/angel-foreclosure-defense-bedevils-lenders。

"无支持证券"：Christopher Ketcham, "Stop Payment!" *Harper's*, January 2012; April Charney, "Direct or Indirect, Mortgages Are Flawed," *New York Times* "Room for Debate," October 16, 2012。

文件制作团队流水作业：Dory Goebel and Chrys Houston,

"Department Spotlight: Document Execution," *The Summit* (internal newsletter produced by Fidelity National Foreclosure Services) 2, issue 3 (September 2006): 16–17。

马克斯·加德纳的破产案课程训练营: Prashant Gopal, "Foreclosure Lawyers Go to Max's Farm for Edge," Bloomberg, October 27, 2010. Also Max Gardner's Bankruptcy Boot Camp website at www.maxbankruptcybootcamp.com。

"秀出本票"辩护法: Kimberly Morrison, "Lawyer's Foreclosure Defense of 'Quiet Title' Faces Tests," *Jacksonville Business Journal*, November 20, 2009。

之后提供二十小时的无偿专业服务: Stuckey, "'Angel' of Foreclosure"。

上诉法院又否定了判决: Susan Martin, "Lawyer Has Strategy to Fight Foreclosures, and Shares It," *Tampa Bay Times*, April 3, 2009。

《纽约邮报》称她为"贷款骑警": Richard Wilner, "The Loan Ranger," *New York Post*, February 22, 2009。

罗根法官驳回了抵押贷款电子注册系统试图以自身名义发起的所有止赎诉讼: Mike McIntire, "Tracking Loans Through a Firm That Holds Millions," *New York Times*, April 24, 2009。

在丽莎和迈克尔发表博客文章之前的2009年7月，马特就开始写博客了: Available at http://mattweidnerlaw.com/latest-news/blog。

"腐败县": "Is Palm Beach County Ready to Retire Its 'Corruption County' Reputation?" *Palm Beach Post*, March 22, 2015. Also Hector Florin, "Palm Beach: The New Capital of Florida Corruption," *Time*, January 10, 2009。

汤姆就威代尔 VS 太阳信托银行案一路上诉到复审法院，艾斯律所打赢了这场官司: Vidal v. SunTrust Bank, Fourth District Court of

Appeals, Florida, No. 4D09-3019, opinion issued August 4, 2010, www. 4dca. org/opinions/Aug%202010/08-04-10/4D09-3019. op. pdf。

她发誓她本人从未去过李县：Kimberly Miller, "Local 'Robo-Signer' Alleges Her Signatures Were Forged," *Palm Beach Post*, April 19, 2011。

进行了多次逾期通知辩护：Greg Stopa, "Understanding the Paragraph 22 Argument," Stopa Law Firm, January 30, 2013, www. stayinmyhome. com/understanding-the-paragraph-22-argument。

布鲁克林的亚瑟·沙克法官曾经驳回了一起约翰逊·塞克牵涉的案件：Deutsche Bank National Trust Company v. Ramash Maraj, Supreme Court of New York, Kings County, No. 25981/07, decided January 31, 2008, accessed at http：//stopforeclosurefraud. com/2010/03/26/nysc-judge-schack-takes-on-robo-signer-erica-johnson-seck-deutsche-bank-v-maraj-1。

但她有权代表该公司签署文件：Testimony in IndyMac Federal Bank v. Israel A. Machado, Case No. 50-2008-CA-037322XXXXMB, Erica Johnson-Seck deposition taken July 9, 2009, accessed at http：//4closurefraud. org/2009/11/15/full-deposition-of-the-infamous-erica-johnson-seck-re-indymac-federal-bank-fsb-plaintiff-vs-israel-a-machado-50-2008- ca-037322 xxxx-mb。

但是法官支持艾斯律所，驳回了止赎申请：Robbie Whelan, "Foreclosure? Not So Fast," *Wall Street Journal*, October 4, 2010。

丽莎·库劳洛的签名也是一样：Michael Redman, "Scandalous—Substantiated Allegations of Foreclosure Fraud That Implicates the Florida Attorney General's Office and Florida Default Law Group," 4closurefraud. org, March 26, 2010。

"完全不尊重事实"：Michael Redman, "Full Deposition of the Infamous Erica Johnson-Seck," 4closurefraud. org, November 15, 2009。

马特也在他的网站上转贴了约翰逊·塞克的质证：Matt Weidner,

"IndyMac Bank Fraud—Deposition of Employee that Proves It All!" January 5，2010，http：//mattweidnerlaw. com/indymac-bank-fraud-deposition-of-employee-that-proves-it-all。

在绝大多数用到这些文件的案件中：Matt Weidner,"Part III—MERS, Foreclosure Fraud and Document Mills," January 8，2010，available at http：//wordspy. com/index. php? word = robo-signer。

"机器签署人"这个专有名词：Shira Ovide,"Just Where Did the Term 'Robo-Signer' Come From, Anyway?" *Wall Street Journal*, October 21，2010。

首先，佛罗里达逾期法务集团拒绝了提供律所和库劳洛两人联系记录的要求：Court documents available at Redman, "Scandalous."。

10 专 家

妮莉·莫克："'Trashed Out' Las Vegas Woman Victim of Foreclosure Mistake," Channel 8 News Now, Las Vegas, December 21，2009，available at http：//4closurefraud. org/2009/12/21/trashed-out-las-vegas-woman-victim-of-foreclosure-mistake。

一位男士向报道该事件的电视台诉说了同样的遭遇："Another Person Claims Theft in Foreclosure Mistake," Channel 8 News Now, Las Vegas, December 26，2009，available at http：//4closurefraud. org/2009/12/26/trashed-out-another-person-claims-theft-in-foreclosure-mistake。

他们只愿意给予5 000美元的赔偿："Attorney Claims Woman Is Inflating Her Loss in Foreclosure Mix-Up," Channel 8 News Now, Las Vegas, December 26，2009，available at http：//4closurefraud. org/2009/12/23/trashed-out-attorney-claims-woman-is-inflating-her-loss-in-foreclosure-mix-up。

纽约东帕乔格地区的赫络斯基斯一家：Carl McGowan, "Lender Admits Foreclosure Letter Sent in Error," *Newsday*, December 18, 2009。

富国银行（第一份抵押权的所有人）起诉富国银行（第二份抵押权的所有人）：Al Lewis, "Wells Fargo So Big It's Suing Itself," Dow Jones Newswire, July 11, 2009. Also see Angie Moreschi, "Have the Banks Gone Crazy? Wells Fargo Sues Itself," Consumer Warning Network, July 2, 2009。

圣诞节前，花旗集团宣布了一项重大决定："CitiMortgage and CitiFinancial Announce National Foreclosure Suspension Program to Help Distressed Homeowners During the Holiday Season," Citigroup press release, December 17, 2009。

得到暂缓的只有花旗在投资组合产品中完全拥有并且没有证券化的四千份贷款：Matt Weidner, "Citi Suspends Foreclosures: Will/Should Other Lenders Follow Suit?" December 21, 2009, http://mattweidnerlaw.com/citi-suspends-foreclosures-willshould-other-lenders-follow-suit。

难怪英国有一家公司开发了一款新的打地鼠游戏，躲开木槌的不是地鼠，而是银行管理人：BBC News, "Bankers 'Whacked' in Arcade Game," December 13, 2009. Also see Michael Redman, "'Whack a Bankster' Game Is a Hit," 4closurefraud.org, December 15, 2009。

我每天都在孩子上床睡觉后，工作到半夜：Lisa Epstein, "Granted? Funding Is Hard to Come By!" *Foreclosure Hamlet*, December 19, 2009。

每天越来越多的时间里，我坐在那里放空、发呆：Lisa Epstein, "The Last Day of a Difficult Year," *Foreclosure Hamlet*, December 31, 2009。

"新年快乐，银行歹徒们！"：Michael Redman, "Happy New Year Banksters," 4closurefraud.org, January 1, 2010。

《一人多职：一个人担任多家银行的管理职位》：Lynn Szymoniak, "An Officer of Too Many Banks," January 14, 2010, www.scribd.com/doc/25266216/An-Officer-of-Too-Many-Banks。

1971年3月8日，反战激进主义组织：Betty Medsger，*The Burglary: The Discovery of J. Edgar Hoover's Secret FBI*（New York：Random House，2014）。

2014年1月，夜闯行动的罪犯最终曝光：Mark Mazzetti,"Burglars Who Took on FBI Abandon Shadows," *New York Times*，January 7, 2014。

琳恩聘用了前夫马克·库伦作为代理律师：Deutsche Bank v. Lynn Szymoniak, Case ID 502008CA022258XXXXMB, July 22, 2008, available at http：//courtcon.co.palm-beach.fl.us/pls/jiwp/ck_public_qry_doct.cp_dktrpt_frames? backto=P&case_id=502008CA022258XXXXMB&begin_date=&end_date=。

德意志银行起诉她时，并不拥有这笔贷款：Assignment of Mortgage for Lynn E. Szymoniak, Public Records of Palm Beach County Clerk of Circuit Court, book 22918, pages 1029–1030, CFN #20080386764。

美国住房抵押贷款服务公司于2008年年中收购了第一优选公司："Company Overview of Option One Mortgage Corporation," *Bloomberg News*, www.bloomberg.com/research/stocks/private/snapshot.asp? privcapId=951370。

她发现科雷尔被指控于2009年1月在俄克拉何马州犯身份盗用罪："Federal Grand Jury Criminal Indictments Announced," press release, U.S. Attorney's Office, Eastern District of Oklahoma, January 14, 2009, www.fbi.gov/oklahomacity/press-releases/2009/oc011409a.htm。

科雷尔身处俄克拉何马的州立监狱之中：State of Oklahoma v. Harp, Korell Rashaud, filed September 12, 2008, Pittsburg County, OK, No. CF-2008-00394, http：//www1.odcr.com/detail? court=061-&casekey=061-CF++0800394. The charges were later dropped when the arresting officer was found to have made racist comments about Harp and his companions. Omer Gillham, "Racist Comments Oust Officer," *Tulsa World*,

February 21，2009。

她没有找到附笺：Palm Beach County Public Records，book 19933，page 1827，http：//oris. co. palm-beach. fl. us/or_web1/details. asp? doc_id=15519163&index=0&file_num=20060092890。

她至少是十几家机构的副总：Lynn Szymoniak，"Who Is Linda Green?" Housing Justice Foundation，December 12，2012，http：//thjf. org/2012/12/12/who-is-linda-green；Lynn Szymoniak，"Docx Fabrications and Forgeries—Comparing Signatures and Titles on Mortgage Documents," January 19，2010，available at 4closurefraud. org。

2009年的最后一周，她在《欺诈文摘》中发表了几篇文章：Lynn Szymoniak，"Docx Mortgage Assignments Filed in Palm Beach County，FL (A-H)," Fraud Digest，n. d.，available at http：//thjf. org/2012/12/21/docx-mortgage-assignments-filed-in-palm-beach-county-fl-a-h。

她在《欺诈文摘》上单独发表了一篇文章：Lynn Szymoniak，"Too Many Jobs," Fraud Digest，January 19，2009，available at http：//4closurefraud. org/2010/01/27/too-many-jobs-linda-green-tywanna-thomas-korell-harp-and-shelly-scheffey。

DocX提供的是重罪证据：Szymoniak，"Who Is Linda Green?"（also provides Linda Green signature samples）。

11 恶 行

"利害相关人丽莎·爱泼斯坦将出庭"：Notice of Hearing, U. S. Bank NA as Trustee et al. v. Vincent Savoia et al., Circuit Court of the Fifteenth Judicial Circuit in and for Palm Beach County，Florida，Case No. 50-2007-CA-008051XXXXMB。

尽管这时他在自己的网站上转载了多篇《欺诈文摘》上的文章：

Lynn Szymoniak, "Docx Fabrications and Forgeries—Comparing Signatures and Titles on Mortgage Documents," January 19, 2010, 4closurefraud. org; Lynn Szymoniak, "Too Many Jobs," January 27, 2010, 4closurefraud. org。

而这场集体诉讼成功地为投保人多赢得400万美元：Linda Chiem, "AIG to Pay ＄4M in Workers' Comp Class Action Settlement," Law360. com, September 17, 2012。

每位原告最高可获得1 000美元的赔偿：15 U. S. C. § 1692k (a)(2)(A), available at https：//www. law. cornell. edu/uscode/text/15/1692k。

美国住房抵押贷款承兑公司，地址是：Assignment of Mortgage, Nassau County Clerk of Circuit Court, book 1592, page 444, available at http：//4closurefraud. org/2010/02/10/beyond-bogus-docx-assignment-of-mortgage-bogus-assignee-for-intervening-asmts。

甚至是档案管理员也在系统中将受托人姓名录入为"假受托人"：Michael Redman, "Beyond Bogus—DocX Assignment of Mortgage—Bogus Assignee for Intervening Asmts," 4closurefraud. org, February 10, 2010。

过去的一周他制作了五集关于自己抵押贷款的系列视频：Damian Figueroa (DinSFLA), YouTube channel, "Foreclosure Fraud," https：//www. youtube. com/watch? v = LoSPTjd _ PXM, https：//www. youtube. com/watch? v = SD6XUboT1JM, https：//www. youtube. com/watch? v = uo1-TKj2lMw, https：//www. youtube. com/watch? v = B—b7txbiKY, and https：//www. youtube. com/watch? v = hn-5KN _ vvMw, uploaded February 4, 2010。

"看起来像是DocX的美工部门忘了在诉讼之前更改抵押贷款转让协议模板。"：Redman, "Beyond Bogus"。

"还有更多。难以置信。"：Redman, "Beyond Bogus," comment from user DinSFLA。

"我要展示一些让人非常愤怒的东西。"：Damian Figueroa

（DinSFLA），YouTube channel，"Foreclosure Fraud MERS，LPS … BOGUS ASSIGNMENTS … Are You Kidding Me DocX???" uploaded February 10，2010，q。

迈克尔发布了一篇新文章：Michael Redman，"Enough Is Enough! DocX Assignment of Mortgage—Bogus Assignee for Intervening Asmts All Over the Public Records," 4closurefraud. org，February 10，2010。

卡尔·登宁格转载了这篇文章：Karl Denninger，"How Far Does It Go Before Indictments Issue?" FedUpUSA，February 10，2010，www. fedupusa. org/2010/02/how-far-does-it-go-before-indictments-issue。

"浪费司法资源"：Supreme Court of Florida，"In Re：Amendments to the Florida Rules of Civil Procedure," Case No. SC09-1460，and "In Re：Amendments to the Florida Rules of Civil Procedure—Form 1. 996（Final Judgment of Foreclosure），" Case No. SC09-1579. February 11，2010，available at http：//4closurefraud. org/2010/02/11/supreme-court-of-florida-in-re-amendments-to-the-florida-rules-of-civil-procedure。

"有理有据"：Jennifer D. Bailey，"Response of the Task Force on Residential Mortgage Foreclosure Cases to Comment Accepted as Timely Filed," October 26，2009，www. floridasupremecourt. org/pub _ info/summaries/briefs/09/09-1460/Filed _ 10-26-2009 _ Task _ Force _ Response _ To _ Epstein. pdf。

塔米和文森特·萨瓦如果愿意，可以搬回来住：Circuit Court of the Fifteenth Judicial Circuit in and for Palm Beach County，Florida，U. S. Bank NA v. Vincent Savoia，hearing before the Honorable Judge Meenu Sasser，February 12，2010，11：05 – 11：19 a. m. , Case No. 50-2007-CA-008051，transcript prepared by Kristina McCollum，J. Consor and Associates。

"致美国，情人节快乐!"：Lisa Epstein，"Happy Valentines Day America! This Is for You!" *Foreclosure Hamlet*，February 12，2010。

房奴　379

一开始我以为这是开玩笑：Michael Redman, "The Whole Country Is Bogus—Fabricated Mortgage Assignments All Over the Country," 4closurefraud. org, February 14, 2010。

让这些有罪的人铭记：John Webster, "The White Devil, &c. ," quoted in Lisa Epstein, "Black Deeds," *Foreclosure Hamlet*, February 14, 2010。

一周之后，《萨拉索塔先驱论坛报》的汤姆·里昂：Tom Lyons, "Bogus Foreclosure Claim Not Isolated," *Sarasota Herald-Tribune*, February 23, 2010。

《华尔街日报》根据琳恩的一项建议，写了一篇：Amir Efrati and Carrick Mollenkamp, "U. S. Probes Foreclosure Data Provider," *Wall Street Journal*, April 3, 2010。

12 博客上的革命

匿名房主"马克"的故事：Michael Redman, "Bank of America at It Again—Foreclosed on Over 40 Cents?" 4closurefraud. org, February 13, 2010. Story via WINK News, Fort Myers。

一名面临止赎的男子宁愿推倒自己的房子：Michael Redman, "Frustrated Owner Bulldozes Home Ahead of Foreclosure— 'I Wasn't Going to Stand for That, So I Took It Down,'" 4closurefraud. org, February 21, 2010. Story via WLWT-5, Cincinnati, Ohio。

（第一周最具欺诈性的事件是一张明显 PS 过的背书附笺，签名中有一个带勾的"y"原本在一条线下，但却消失了）：Michael Redman, "Foreclosure Fraud of the Week—Poor Photoshop Skills," 4closurefraud. org, April 8, 2010。

其中一位是疯狂艾迪股份有限公司的前首席财务官萨姆·安塔尔：Sam Antar, "Advice from a Fraudster—White Collar Crime and Criminals,"

4closurefraud. org, November 27, 2009。

《正当收债行为法》不适用于银行：Warren v. Countrywide Home Loans, Eleventh Circuit Court of Appeals, August 14, 2009, 342, Fed. Appx. 458。

"我们最近了解到，佛罗里达中部地区的联邦检察官办公室正在审查该子公司的业务流程。"：Lender Processing Services, Inc., Form 10-K, February 23, 2010, Item 3, Legal Proceedings, www. getfilings. com/sec-filings/100223/Lender-Processing-Services-Inc_10-K。

公私共分罚款诉讼有一个问题：Complaint and Demand for Jury Trial, Figueroa v. Szymoniak, Seventeenth Judicial Circuit, in and for Broward County, March 14, 2013, 7–8, www. scribd. com/doc/168544786/Figueroa-v-Szymoniak. See also Martin Andelman, "Some of Lynn Szymoniak's Millions May Belong to Someone Else," Mandelman Matters (blog), September 16, 2013, http：//mandelman. ml-implode. com/2013/09/some-of-lynn-szymoniaks-millions-may-belong-to-someone-else。

在迈克尔不知情的情况下，卡罗尔将这一网址作为了她律所的注册官网：Profile of Carol Cobourn Asbury, Bar No. 393665, on the Florida Bar website, www. floridabar. org。

最近他又买下了邻居价值800万美元的房产：Andy Kroll, "Fannie and Freddie's Foreclosure Barons," *Mother Jones*, August 4, 2010。

她作为抵押贷款电子注册系统的副总裁或助理部长签署文件：Deposition of Cheryl Samons, testimony in Deutsche Bank National Trust Company v. Belourdes Pierre, Case No. 50-2008-CA-028558XXXXMB, May 20, 2009, available at http：//4closurefraud. org/2010/02/23/full-deposition-of-the-soon-to-be-infamous-cheryl-samons-re-deutsche-bank-national-trust-company-as-trustee-for-morgan-stanley-abs-capital-inc-plaintiff-vs-belourdes-pierre-50-2008-ca-028558-xx. Transcript prepared by Ruthane Machson, J.

Consor and Associates。

迈克尔发布了萨蒙斯的质证，几乎同一时间，马特·韦德纳也发布了：Michael Redman, "Full Deposition of the Soon to be Infamous Cheryl Samons RE: Deutsche Bank National Trust Company, as Trustee for Morgan Stanley ABS Capital Inc., Plaintiff, vs. Belourdes Pierre—50 2008 CA 028558 XXXX MB," 4closurefraud. org, February 23, 2010; Matthew Weidner, "Widespread Assignment/Notary/Foreclosure Fraud—Deposition of David Stern Employee Cheryl Sammons," February 22, 2010, mattweidnerlaw. com。

13　九　楼

我给这些权威人士寄一封信，他们可能会忽略：Lynn Szymoniak, "Mortgage Assignments as Evidence of Fraud," Fraud Digest, February 9, 2010, available at http: //4closurefraud. org/2010/03/07/mortgage-assignments-as-evidence-of-fraud-lynn-szymoniak-esq-editor-fraud-digest。

戴安娜·刘易斯法官批准了贷款方程序服务公司申请的保护令：Docket report, Deutsche Bank v. Lynn Szymoniak, Clerk and Comptroller, Palm Beach County, accessed at http: //courtcon. co. palm-beach. fl. us/pls/jiwp/ck_public_qry_doct. cp_dktrpt_frames? backto = P&case_id = 502008CA022258XXXXMB&begin_date = &end_date = 。

后者获得过《虚假陈述法》诉讼史上最大的几项胜诉：Reuben Guttman biography, Emory University School of Law, http: //law. emory. edu/faculty-and-scholarship/adjunct-faculty-profiles/guttman-profile. html。

因而购买了价值数百亿美元的抵押贷款支持证券：Federal Reserve Bank of New York, "Maiden Lane Transactions," history and overview, www. newyorkfed. org/markets/maidenlane. html。

美联储为降低长期利率，也购买了几兆亿美元的抵押贷款支持证券：Press release, Board of Governors of the Federal Reserve System, November 25, 2008, www.federalreserve.gov/newsevents/press/monetary/20081125b.htm。

也许她可以效仿之前在杰克逊维尔对贷款方程序服务公司和DocX的处理方式：Lynn Szymoniak, "Why Wells Fargo Must Be Ordered to Stop Its Foreclosures," *Fraud Digest*, October 7, 2010, available at http://4closurefraud.org/2010/10/07/false-statements-americas-servicing-company-lender-processing-services-wells-fargo-bank-n-a。

"住房危机：该相信谁并向谁求助"：Flyer for event, available at http://myfloridalegal.com/webfiles.nsf/WF/KGRG-832RQV/Sfile/Miami-Forum-flyer-English.pdf。

汤姆·艾斯得到了伊琳"州政府以外机构的兼职许可申请"：Michael Redman, "Scandalous—Substantiated Allegations of Foreclosure Fraud That Implicates the Florida Attorney General's Office and The Florida Default Law Group," 4closurefraud.org, March 26, 2010。

她还是在三年内公证了十五万份佛罗里达逾期法务集团的文件：Matt Gutman and Bradley Blackburn, "Foreclosure Crisis: 23 States Halt Foreclosure as Officials Review Bank Practices," ABC News, October 4, 2010。

艾斯律所还发现了好几种不同版本的伊琳的手写签名：Michael Redman, "Scandalous—Substantiated Allegations of Foreclosure Fraud That Implicates the Florida Attorney General's Office and The Florida Default Law Group," 4closurefraud.org, March 26, 2010。

佛罗里达逾期法务集团装得好像从来没有库劳洛的十五万份书面证明：Wells Fargo Bank v. Donald Needham & Blair Bergstrom, Memorandum in Opposition to Motion for Reconsideration/Rehearing on Non-Parties'

Motion for Protective Order, Case No. 2009-20298-CINS, available at www. scribd. com/doc/28979629/Motion-Substantiated-Allegations-of-Foreclosure-Fraud-That-Implicates-the-Florida-Attorney-General-s-Office-and-The-Florida-Default-Law-Group。

因此有效期显示是9999年9月9日：Michael Redman, "I wish that this was MY mortgage, don't you? DOCX Assignments Effective 09/09/9999," 4closurefraud. org, March 9, 2010。

他在网上贴出了一份艾斯律所的庭审记录：Matthew Weidner, "Bombshell—Substantiated Allegations of Foreclosure/Affidavit Fraud That Implicates the Florida Attorney General's Office," Matthew Weidner's blog, March 26, 2010, available at https://web. archive. org/web/20100328081340/http://mattweidnerlaw. com/blog/2010/03/bombshell-substantiated-allegations-of-foreclosureaffidavit-fraud-that-implicates-the-florida-attorney-generals-office。

但韦德纳发布后，他也发布了这篇文章：Michael Redman, "Scandalous—Substantiated Allegations of Foreclosure Fraud That Implicates the Florida Attorney General's Office and The Florida Default Law Group," 4closurefraud. org, March 26, 2010。

显然他接替妻子成为了佛罗里达逾期法务集团的专家证人：Michael Redman, "Guess the Money Is Too Good to Pass Up—Introducing the Cullaros New Replacement—Expert Witness for Reasonable Attorneys Fees for FDLG Florida Default Law Group," 4closurefraud. org, April 2, 2010。

总检察长比尔·麦科勒姆宣布，他将调查佛罗里达逾期法务集团：Michael Redman, " Florida Attorney General Bill McCollum Launches Investigations into Florida Default Law Group and Docx, LLC a/k/a Lender Processing Services," 4closurefraud. org, April 29, 2010. Also Amir Efrati, "Florida Probing Law Firm in Foreclosures," *Wall Street Journal*, April

30, 2010。

总检察长也开展了：Shannon Behnken and Michael Sasso, "State AG Investigates Its Own," *Tampa Tribune*, May 1, 2010。

14　塔拉集会

提交了一项立法申请，意在取消佛罗里达州的止赎司法程序：James Thorner, "Florida Bankers Move to Dramatically Speed Up the Foreclosure Process," *Tampa Bay Times*, January 28, 2010。

《佛罗里达消费者保护和房屋所有人信用恢复法案》：SB 2270, Florida Senate, 2010, http://www.scribd.com/doc/27382056. Also see Michael Redman, "Florida Legislature—Banksters Propose Taking Foreclosures Out of Court—The Nonjudicial Foreclosure Act for Nonhomestead Properties," 4closurefraud. org, February 24, 2010。

按照《班尼特法案》的规定，富国银行任意定义"放弃"的行为可能是合法的：Todd Ruger, "An Abrupt Eviction, Narrowly Averted," *Sarasota Herald-Tribune*, February 22, 2010。

迈克尔创建了一个立法相关的迷你网站：PigsAss. org, available through the Internet Wayback Machine, http://web.archive.org/web/20100701215705/http://pigsass.org。

银行家发出了挑战：Michael Redman, "Florida Bankers to States Citizens: 'Bend Over!!! Your Assets Are Mine!!!' Florida Consumer Protection and Homeowner Credit Rehabilitation Act," 4closurefraud. org, February 1, 2010。

布鲁斯·马克斯与"猪"和"银行家"合影留念：Michael Redman, "Updates from 4closureFraud. org Coming Soon LPS, FIS, NACA, PigsAss, Foreclosure Fraud Lender Processing Services, Inc. —Form 10-K—EX-21.

1—February 23, 2010 Legal Proceedings et al.," 4closurefraud. org, March 1, 2010. Photo available at 4closurefraud. files. wordpress. com/2010/02/the-pig-the-banker-and-the-naca-ceo. jpg。

《房屋所有人救济与住房复苏法案》：Matthew Weidner,"Bank's Newest Effort to Take Homes—Turn Florida into a Non-Judicial State," March 29, 2010, http：//mattweidnerlaw. com/banks-newest-effort-to-take-homes-turn-florida-into-a-non-judicial-state。

《止赎权利法案》：HB75, Florida House of Representatives, 2010, www. myfloridahouse. gov/Sections/Documents/loaddoc. aspx? FileName = _h0075__. docx&DocumentType = Bill&BillNumber = 0075&Session = 2010。

他们约定4月21日晚：Matthew Weidner,"Rally in Tally—Why It Is Absolutely Necessary for You to Come with Us—April 18, 9：00 am," April 15, 2010, http：//mattweidnerlaw. com/rally-in-tally-why-it-is-absolutely-necessary-for-you-to-come-with-usapril-21-900-am. Also Lisa Epstein, "Freedom Ride Circa 2010：A Pilgrimage," *Foreclosure Hamlet*, April 15, 2010。

当他们正计划活动时，法案的审查却在委员会阶段搁浅了：Florida Senate website archive for SB 2270 shows that the bill was "not considered" in the Senate Banking and Insurance Committee on April 8, 2010；http：//archive. flsenate. gov/Session/index. cfm? Mode = Bills&SubMenu = 1&Tab = session&BI_Mode = ViewBillInfo&BillNum = 2270&Chamber = Senate&Year = 2010。

"我们必须给予参与战斗的消费者维权人士充分的肯定"："Foreclosure：Rally in Tallahassee Florida 2010," video shot by Cory Luttrell, https：//vimeo. com/11293248。

保护生命和财产：Daniel Webster, *The Speeches and Orations of Daniel Webster：With an Essay on Daniel Webster as a Master of English Style* (Boston：Little, Brown, 1914), 536。

"保护消费者变得太容易了"：Michael Redman,"Senator Michael Bennett, You Are the Pig's Ass," 4closurefraud. org, April 23, 2010。

罗列了所有银行家对班尼特的竞选捐款：Michael Redman,"Bennett 2008 Contributor List," posted April 23, 2010, www. scribd. com/doc/30443023/Bennett-2008-Contributor-List。

法案在集会结束后的第九天，也就是立法会议的最后一天，被银行和保险委员会否决：Florida Senate website archive for SB 2270 shows that SB 2270 died in committee in the Senate Banking and Insurance Committee on April 30, 2010；http：//archive. flsenate. gov/Session/index. cfm? Mode = Bills&SubMenu = 1&Tab = session&BI _ Mode = ViewBillInfo&BillNum = 2270&Chamber = Senate&Year = 2010。

彭萨科拉和坦帕湾电视台：WEAR-TV 3 Pensacola video available at http：//4closurefraud. org/2010/04/24/rally-in-tally-wear-3-news-top-stories-video-home-owners-facing-foreclosure-came-to-the-capitol-wednesday-to-drive-a-stake-in-the-heart-of-the-bill；WTSP-TV Tampa video available at www. stayinmyhome. com/media. htm。

当地广播电台：Michael Redman,"Talk Radio Confirmation for April 23 9am ET Conquering the Stigma of Being in Foreclosure," 4closurefraud. org, April 22, 2010。

《坦帕湾时报》等媒体：Alex Tiegen,"Stop Foreclosure Fraud, Homeowners Warn," *Sunshine State News*, April 20, 2010；Shannon Behnken,"Controversial Foreclosure Bill Protest Set for Tallahassee," *Tampa Tribune*, April 20, 2010；Robert Trigaux,"Foreclosure Candidates Travel to Tallahassee to Ensure Their Day in Court," *Tampa Bay Times*, April 21, 2010。

"为正义而战的几个月征途"：Michael Redman,"Thank You to All for One of the Best Months in the Foreclosure Fraud Fight," 4closurefraud. org,

April 30，2010。

15 不择手段

瑞克和雪莉·劳特：John Agar，"Family Files Lawsuit Against Bank, Say Newaygo Home Was Unfairly Foreclosed," *Grand Rapids Press*, April 27, 2010. Also see Megan Stembol, "Gowen Couple Files Lawsuit Against Deutsche Bank," WOODTV. com，available at 4closurefraud. org/2010/04/26/trashed-out-deutsche-bank-acts-like-paid-off-home-is-a-foreclosure-broke-down-doors-changed-locks-stole-belongings-along-with-the-home-owners-sense-of-security。

美国银行拿走了一位女士的宠物鹦鹉：Sadie Gurman, "Woman Says Bank of America Wrongly Repossessed Home," *Pittsburgh Post-Gazette*, March 9，2010。

有两位贷款方同时想要收回格莱兹和乔斯·鲁斯卡列达在迈阿密的共管公寓：Glazy Ruscalleda and Joe Ruscalleda v. HSBC, Third District Court of Appeals, Case No. 3D09-997, opinion filed June 9, 2010, available at www. scribd. com/doc/32852281/Glazy-Ruscalleda-and-Jose-Ruscalleda-Appellants-Vs-HSBC-Bank-USA-Etc-Appellee。

基思和朱莉·汉诺威：Nathan Halverson, "Bank Didn't Admit Error," *Santa Rosa Press-Democrat*, July 18, 2010。

死因源于住房即将被止赎所带来的压力：Alexander Sup-gul, "Police: Foreclosure Led to Murder-Suicide," MyFoxHouston, May 17, 2010, text available at http://stopforeclosurefraud.com/2010/05/19/police-foreclosure-led-to-murder-suicide, video available at https://www. youtube. com/watch? v = JVXMDKAHMZ0。

我没有任何信心相信它们是有效的：Lynn Szymoniak, "Mass-

Produced Affidavits Filed by Foreclosure Firms," *Fraud Digest*, April 13, 2010, available at http：//thjf. org/2013/01/14/mass-produced-affidavits-filed-by-foreclosure-firms。

维权人士非常愤怒，当真正的罪犯逍遥法外时，政府的行政资源却被用来将老百姓赶出家门："SWAT Team Storms Keith Sadler's Home in Predawn Raid," YouTube，posted by user mmflint, May 7, 2010, https：//www. youtube. com/watch? v = CfFaW2jINLo. Also see "Updated—Sadler Taken from Foreclosed Home to Wood County Jail," WTOL News, Toledo, 2010。

关于约翰·沃森的报告，他是劳德尔堡的一位止赎辩护律师：Michael Redman, "Foreclosure Mill Attorney for Marshall Watson or Foreclosure Defense Attorney for Homeowners?" 4closurefraud. org, April 14, 2010。

《每日商业评论》报道了这个故事：Paola Iuspa-Abbott, "Homeowners Allege Attorney Conflict of Interest," *Daily Business Review*, April 22, 2010。

《棕榈滩邮报》的作者金·米勒：Kimberly Miller, "Activists Heading to Tallahassee to Oppose Non-Judicial Foreclosures," *Palm Beach Post*, April 20, 2010. http：//www. palmbeachpost. com/money/real-estate/activists-heading-to-tallahassee-to-oppose-non-judicial-589917. html。

迈克尔用一个引火烧身的卡通人物动图标注了这条评论：Michael Redman, "Well Well Well . . . Looks like Someone Is Upset—MERS Makes a Comment on 4closurefraud," 4closurefraud. org, April 24, 2010。

迈克尔后来发现了一个前 DocX 员工的私人 Facebook 群组：Michael Redman, "DOCX . . . Just Might Want to Be Your Friend," 4closurefraud. org, April 12, 2010。

传递什么样的信息?：James Hagerty, "Mortgage Bankers Association Sells Headquarters at a Big Loss," *Wall Street Journal*, February 6, 2010。

房奴　389

他在博客中把加菲尔德描绘成一个艾尔默·甘特里式的人物：Steve Dibert, "Debunking the Gospel of Garfield," Mortgage Fraud Investigations—Miami, April 7, 2010, https：//web. archive. org/web/20101204015419/http：//www. mfi-miami. com/2010/04/debunking-the-gospel-of-garfield。

我不会反对《止赎村落》的运营者丽莎·爱泼斯坦：Steve Dibert, "Still No Word from the Garfield Gang About the Garfield Challenge," Mortgage Fraud Investigations—Miami, April 24, 2010, http：//mfi-miami. com/2010/04/still-no-word-from-the-garfield-gang-to-the-garfield-challenge; Steve Dibert, "The Groupies of Brother Neil Garfield's Traveling Salvation Show Respond," Mortgage Fraud Investigations—Miami, April 12, 2010, http：//mfi-miami. com/2010/04/the-groupies-of-brother-neil-garfields-traveling-salvation-show-respond。

律所律师声称法官对他们怀有敌意：Polyana da Costa, "Ice Firm Claims Judge Treats Them with Hostility," *Daily Business Review*, July 7, 2010。

那天，迈克尔公布了萨瑟法官的财务记录：Michael Redman, "Ouch, Thats Gotta Sting—Motion for Disqualification of PBC Judge Meenu Sasser for a $425, 063. 50 Conflict of Interest Involving Billions upon Billions in Assets," 4closurefraud. org, June 13, 2010。

尽管艾斯律所试图以萨瑟法官持有美国银行股票为由令她不能审理一起有关美国银行的案件：Motion for Disqualification of Judge Meenu Sasser, Bank of America v. Paul and Lynn Lawless, Case No. 50-2009-CA-041333XXXX-MB, June 4, 2010, www. scribd. com/doc/32997412/Lawless-Motion-for-Disqualification-of-PBC-Judge-Meenu-Sasser。

在一些人尤其是斯蒂夫·迪伯特看来，这一指控毫无根据：Steve Dibert, "Florida Homeowners Are Losing the Fight but It's Not Because of the

Banks," Mortgage Fraud Investigations—Miami, October 18, 2010, https://web.archive.org/web/20101104134951/http://www.mfi-miami.com/2010/10/florida-homeowners-are-losing-the-fight-but-its-not-because-of-the-banks。

她发起了周一暂缓运动：Lisa Epstein, "Moratorium Mondays: Monday Morning Protests at Courts, Offices of Elected Officials, and Government Buildings Across the State and the Country," *Foreclosure Hamlet*, 2011。

存档于公共记录中的"抵押贷款的假转让协议"：Brief of Amicus Curiae Lisa Epstein, Pro Se, in Support of Neither Party, HSBC Bank v. Anabel Santiago, Circuit Court of the Fifteenth Judicial Circuit in and for Palm Beach County, Florida, Case No. 50-2008-CA-016305。

琳恩收集了几十个案例：Lynn Szymoniak, "Suddenly Appearing Endorsements Used by Bank-Trustees in Foreclosures," Housing Justice Foundation, June 27, 2014。

"本票持有人往往不了解本票的最新状态。"：Michael Redman, "Response to the Florida Supreme Court RE: Amendments to the Florida Rules of Civil Procedure Motion for Rehearing," 4closurefraud.org, May 13, 2010。

她与奈伊·拉瓦利联手，给夏皮罗·菲什曼律所写了一封长达六十六页的回复函：Lisa Epstein and Nye Lavalle, "Comments and Response in Opposition to Shapiro-Fishman, LLP's Motion for Rehearing or Clarification," Supreme Court of Florida, Case No. SC09-1460, available at http://api.ning.com/files/ndc8DqfBQG6hENNk8laYm3Rmu8kuMuiez2S0-Z*tgoWUZYfhOfmLacMhWQcNvz4eGIGTLnRzCoHWUUJWYC4-1KIOEk94TpIK/NyeLisaFLASCEfile.pdf。

将"机器签署人"换成了"机器核查员"：Michael Redman, "Florida

Example—Verification of Mortgage Foreclosure Complaint," 4closurefraud. org, April 18, 2010。

"主要是意识，还要实施处罚。"：Michael Redman, "Palm Beach County Bar Association Professional Committee—Thank You for Listening!" 4closurefraud. org, May 19, 2010。

6月3日，州最高法院否决了：Supreme Court of Florida, "In re Amendments to the Florida Rules of Civil Procedure," Case Nos. SC09-1460 and SC09-1579, June 3, 2010, www. floridasupremecourt. org/decisions/2010/sc09-1460order. pdf。

联邦检察官告诉查尼：Peter Coy, Paul Barrett, and Chad Terhune, "Joseph Lents Dodged Foreclosure for 8 Years, Started a Movement," Bloomberg Business, October 21, 2010。

被告隐瞒了从未将本票和转让协议递交给抵押贷款支持证券信托的事实：United States of America（Lynn Szymoniak, relator）v. American Home Mortgage Servicing et al. , Second Amended Complaint, filed May 13, 2011, available at http：//2zn5qz3e2exll8kh0e3kfc7c. wpengine. netdna-cdn. com/wp-content/uploads/2013/08/complaint-symoniak-false-claimS. C. -Second-Amended-Complaint-ECF-3. pdf。

"基于上述原因，我认为此转让协议存在欺诈。"：Sample affidavit from U. S. Bank National Association v. Shirley McFarland, Circuit Court of Cook County, Illinois（Municipal Department—First District）, Case No. 13 M1 708544, Affidavit of Lynn E. Szymoniak, Esq. as Defendant's Expert Witness in Opposition to Summary Judgment。

我不能让我的团队成员有所行动：Martin Andelman, "Some of Lynn Szymoniak's Millions May Belong to Someone Else," *Mandelman Matters*（blog）, September 16, 2013. See also Figueroa v. Szymoniak, Seventeenth Judicial Circuit in and for Broward County, Florida, March 4, 2013, available at www. scribd. com/doc/168544786/Figueroa-v-Szymoniak。

《棕榈滩邮报》的金•米勒对此进行了详细报道：Kimberly Miller, "Lawsuit Claims That Florida's Largest Foreclosure Firm Faked Documents," *Palm Beach Post*, August 4, 2010。

博主们确信，这一发言今后将会让萨瑟法官惹上麻烦：Michael Redman, "I Haven't Seen Any Widespread Prob, Oh, Wait, What? Foreclosure 'Robo-Signers' Appear to Be Widespread?" 4closurefraud. org, October 12, 2010。

斯坦恩近期遭遇了一系列挫折，这一案件是最近的一起诉讼：Susan Martin, "Foreclosures Bring Wealth, Rebukes for Florida Lawyer," *Tampa Bay Times*, July 17, 2010. Also Michael Redman, "Florida Bar v. David J. Stern—Complaint, Consent Judgment, Report of Referee and Judgment," 4closurefraud. org, July 19, 2010。

戴米安的新律师特伦特发布了一份香农•史密斯的质证记录：Deposition of Shannon Smith, Citimortgage v. Dennis Brown, Circuit Court of the Seventeenth Judicial District in and for Broward County, Florida, Case No. CACE 08-011097, available at www. scribd. com/doc/34340050/Full-Deposition-of-David-J-Stern-s-Notary-Para-Legal-Shannon-Smith。

另外一起集体诉讼指控斯坦恩拒绝停止：Hugo San Martin and Melissa San Martin v. Law Offices of David J. Stern P. A., United States District Court for the Southern District of Florida, entered on docket July 29, 2010, available at www. motherjones. com/files/Port _ Lt _ Lucie _ David _ J _ Stern _ Consumer _ Suit _ July _ 2010. pdf。

他都能找到使公司盈利的方法：Stan Cooper and Neeraj Mehti v. DJSP Enterprises, United States District Court, Southern District of Florida, Fort Lauderdale Division, entered on docket July 20, 2010, available at www. scribd. com/doc/34646050/Stan-Cooper-and-Neeraj-Methi-v-Djsp-Enterprises-

Inc-David-j-Stern-and-Kumar-Gursahaney。

安迪·克罗在《琼斯夫人》上发表了一篇关于戴维·斯坦恩的报道：Andy Kroll, "Fannie and Freddie's Foreclosure Barons," *Mother Jones*, August 4, 2010。

案件最后以庭外和解告终：Bridgette Balboni v. Law Offices of David J. Stern, P. A., United States District Court, Southern District of Florida, Case No. 99-6009-Civ-Ferguson/Snow, filed July 6, 1999, available at www. motherjones. com/files/Sexual_Harassment_Amended_Complaint. pdf。

借机宣布将对斯坦恩律所和另外两家房屋止赎厂（马歇尔·C·沃森律所和夏皮罗·菲什曼律所）展开新的调查：Andy Kroll, "Florida AG Unveils Foreclosure Mills Probe," Mother Jones, August 10, 2010. http：//www. motherjones. com/mojo/2010/08/florida-ag-probing-foreclosure-mills。

几周之后，麦科勒姆竞选失败："Scott Shakes Up Florida Governor Race with GOP Primary Win over McCollum," FoxNews. com, August 25, 2010。

"原告不是提起诉讼的恰当主体。"：M&T Bank v. Lisa D. Smith, Circuit Court of the Seventh Judicial Court in and for St. Johns County, Florida, Case No. CA09-0418, available at http：//api. ning. com/files/mzeTxRs3d7j0HRsuMlUH-Zb9jXNaO6kuX7m3hDkkSM3G3uhTEqH1ZJea1**aFugMSTbMXz*soAWvoyHPBoF0fLBiEwg*Px8O/SmithOrderdismissalwithprej2. pdf。

我希望能见到符合基本标准的负责任的律师来处理此事：HSBC Bank v. Orlando Eslava, Circuit Court of the Eleventh Judicial Circuit in and for Miami-Dade County, Florida, Case No. 1-2008-CA-055313, transcript of hearing available at http：//api. ning. com/files/WrhLWtvQuslFmfpxKAiuxo51H8souSjcsF5L-UwzuJ1tYWkjL-ReheX3nB3HV0iZ*EFVMkA5B1hxxV hcCIIHs5NvdFN9Co2C/JudgeBaileyOrderSanctionFDLG. pdf。

丽莎将这些法官姓名都记了下来：Lisa Epstein,"Half-Dozen Florida Judges' Rulings Reveal the Dawning of Understanding," *Foreclosure Hamlet*, June 20, 2010。

我从未想过身陷止赎会如此值得，如此振奋人心：Michael Redman, "Foreclosure Fraud—The Florida Bar Convention Strategic Defense Session," 4closurefraud. org, June 27, 2010。

16　垮　台

在一年内减少62%：Gretchen Morgenson and Geraldine Fabrikant, "Florida's High-Speed Answer to a Foreclosure Mess," *New York Times*, September 4, 2010。

奥兰治县和奥西奥拉县就审结了1319桩案子：Ibid。

清理止赎案件：Kimberly Miller, "Extra Help Hired to Pare Caseload," *Palm Beach Post*, July 8, 2010。

这个住房可偿付调整计划到底是什么：*Foreclosure Hamlet*, "Extra Extra Read All About It! Calling All Retired Judges for Easy Weekly Extra Money to Sit and Deny Deny Deny!!!" posted by user "Jen" on July 23, 2010。

我了解病痛，我了解离婚：Rhonda Swan, "Legislature Did Not Approve \$9. 6 million for Judges to Listen Only to Lenders," *Palm Beach Post*, September 23, 2010。

律师马克·斯托帕发现在他代理的一起案件中，法官还没庭审就做出了判决：Mark Stopa, "When Do Judges Decide Who Wins a Foreclosure Case?" August 20, 2010, www. stayinmyhome. com/blog/when-do-judges-decide-who-wins-a-foreclosure-case。

还有一些案件，在不通知房屋所有人的情况下就做出了即决判决：Jeff Barnes, "Florida Courts Out of Control: Summary Judgment Entered in Miami-Dade County Without a Hearing; 'Hallway Hearings' in Broward County; and 'Magistrate References' Without Consent in Lee County; Due Process Being Thrown Out the Window," Foreclosure Defense Nationwide, September 15, 2010, http://foreclosuredefensenationwide.com/? p=282。

在布劳沃德县法院，他们在走廊里庭审：Ibid。

她的工作就是"清理案件"：Morgenson and Fabrikant, "Florida's High-Speed Answer"。

一个小时后，埃普丽尔收到苏德法官的电子邮件：Matt Taibbi, "Invasion of the Home Snatchers," *Rolling Stone*, November 10, 2010。

丽莎联系了知名的哈佛法学教授（他教过奥巴马总统）劳伦斯·特拉伯：Charlie Savage, "For an Obama Mentor, A Nebulous Legal Niche," *New York Times*, April 8, 2010。

《止赎欺诈》定期发布全国各地抵押贷款行业员工的质证记录：Michael Redman, "Bryan Bly, Is It a Lie? Robo-Signer for Nationwide Title," 4closurefraud.org, June 20, 2010; Michael Redman, "Cheryl Samons Notary Fraud? Full Deposition of David J. Stern's Notary Shannon Smith," 4closurefraud.org, July 16, 2010。

通用汽车金融服务公司答应了：Order Granting Defendant's Motion for Sanctions, TCIF REO2, LLC v. Martin L. Leibowitz, Circuit Court of the Fourth Judicial Circuit, in and for Duval County, Florida, Case No. 16-2004-CA-4835-XXXX-MA, May 15, 2006, available at https://www.nclc.org/images/pdf/litigation/archibald-exhibits1-4.pdf。

"这些机构太多了，我无法一一举例。"：Deposition of Jeffrey Stephan, GMAC Mortgage v. Ann Michelle Perez et al, Circuit Court of the Fifteenth Judicial Circuit, in and for Palm Beach County, Florida, Case No.

50-2008-CA-040805XXXX-MB，December 10，2009，available at http：//api. ning. com/files/s4SMwlZXvPu4A7kq7XQUsGW9xEcYtqNMPCm0a2hISJu88PoY6ZNqanX7XK41Fyf9gV8JIHDme7KcFO2cvHqSEMcplJ8vwnDT/091210gmacmortgagevsannmneu1. pdf。

"此声明基于证明人的个人知识做出。"：Sample of Affidavit in Support of Mortgage Indebtedness，available at www. mortgage-investments. com/wp/wp-content/uploads/Sample% 20Forms% 20Downloads/2_affidavit-in-proof-of-claim. pdf。

"如果不是因为人们失去家园的事实，这些质证记录相当可笑"：Michael Redman，"Full Deposition of Jeffrey Stephan——GMAC's Assignment/Affidavit Slave——10，000 Documents a Month，"4closurefraud. org，March 22，2010。

她住在正对一座建筑工地的木结构的小房子里：David Streitfeld，"From a Maine House，a National Foreclosure Freeze，"*New York Times*，October 14，2010。

艾斯律所使得斯蒂芬承认，科瓦塔诺夫斯基是他老板：Deposition of Jeffrey Stephan，GMAC Mortgage v. Ann Michelle Perez et al。

我会比较本金余额，复核利息：Oral deposition of Jeffrey Stephan，Federal National Mortgage Association v. Nicolle M. Bradbury，Maine District Court，District Nine，Division of North Cumberland，Docket No. BRI-RE-09-65，June 7，2010，available at http：//graphics8. nytimes. com/packages/pdf/business/15mainestephandeposition. pdf。

6月15日，他把斯蒂芬的质证记录发在自己的网站上：Matthew Weidner，"New Robo Signer Deposition Jeffrey Stephan，"June 15，2010，http：//mattweidnerlaw. com/new-robo-signer-deposition-jeffrey-stephan。

迈克尔·雷德曼也看到了，并在《止赎欺诈》上转载了：Redman，"2nd Deposition of Jeffrey Stephan"。

斯蒂芬在证明书里写他了解证明书所陈述的事实: Martha Neil, "Humble Maine Home, Ex-Lawyer at Epicenter of Storm over Defective Docs in Foreclosure Cases," *American Bar Association Journal*, October 15, 2010。

佛罗里达逾期法务集团最近收到通知: Notice in the case of Bank of New York Mellon Trust Company v. Roberto J. Sanchez et al., Circuit Court of the Fifteenth Judicial Circuit, in and for Palm Beach County, Florida, Case No. 50-2008-CA-027182, September 7, 2010, available at www.scribd.com/doc/37455360/FDLG-Admits-to-Violation-of-Professional-Conduct-Code-Jeffrey-Stephan-Affidavits-GM AC. Also Michael Redman, "What, What!!! Re: Jeffrey Stephan of GMAC—Florida Default Law Group Admits to Violation of Professional Conduct Code," 4closurefraud.org, September 14, 2010。

丽莎在她的网站上贴了一张全境通告: Lisa Epstein, "Anthology of the Works of a Prolific Robosigner: Jeffrey Stephan of GMAC (Compilation in Progress)," *Foreclosure Hamlet*, September 14, 2010。

琳恩在搜索时发现了一份由斯蒂芬签署的她的公寓的抵押贷款转让协议: Assignment of Mortgage, Clerk and Comptroller of Palm Beach County Public Records, book 23845, page 381, Recorded May 13, 2010。

拉姆齐·哈里斯: George Andreassi, "Neighbors Aid Disabled Veteran Ripped Off During Eviction from Rocky Point House," *Treasure Coast Palm*, September 17, 2010。

"机器签署人"琳奎达·阿洛泰证实: Michael Redman, "Now I Am Pissed—Disabled Vet Evicted, Home Trashed Out, Property Stolen by Jack Booted Thugs," 4closurefraud.org, September 19, 2010。

通用汽车金融服务公司宣布在二十三个州暂停所有的止赎活动: David Streitfeld, "GMAC Halts Foreclosures in 23 States for Review," *New York Times*, September 20, 2010。

《华盛顿邮报》的一位记者也采访了迈克尔：Brady Dennis, "'Robo-Signer' Played Quiet Role in Huge Number of Foreclosures," *Washington Post*, September 22, 2010。

《每日商业评论》的阿博特：Paola Iuspa-Abbott, "Grassroots Effort Leads to Attorney General Probe," *Daily Business Review*, September 7, 2010, available at https：//web. archive. org/web/20100911083631/http：//www. dailybusinessreview. com/news. html？news_id=65012。

艾斯律所质证杰夫瑞·斯蒂芬的视频：Michael Redman, "Full Video Deposition of Jeffrey Stephan??? Assignment/Affidavit Slave," 4closurefraud. org, September 28, 2010。

"一个老瘪四与大头蛋"：Taibbi, "Invasion of the Home Snatchers"。

"那不可能是真的。"：Yves Smith, "Meet GMAC's Robo Signer Jeffrey Stephan," Naked Capitalism（blog）, September 30, 2010. http：//www. nakedcapitalism. com/2010/09/meet-gmacs-robo-signer-jeffrey-stephan. html。

"这份质证记录甚至比斯蒂芬的更好。"：Michael Redman, "GMAC, You Ain't the Only One—Full Deposition of Beth Cottrell Chase Home Finance—Robo-Signer Extraordinaire," 4closurefraud. org, September 21, 2010。

"我认为我的工作人员了解这些内容。"：Michael Redman, "Full Deposition of Beth Cottrell Chase Home Finance—Robo-Signer Extraordinaire," 4closurefraud. org, May 27, 2010。

但是大多数房屋所有人从来没有进行过辩护：Jennifer Brunner, *Cupcakes and Courage*（Columbus, OH：Little Blue Valiant, 2012）, 527。

布伦纳得到这一消息后问德特巴奇：Jennifer Brunner referral letter to U. S. Attorney Steven Dettelbach re：Foreclosure Fraud, accessed at www. scribd. com/doc/38478473/Jennifer-Brunner-Ohio-Secretary-of-State-Referral-Letter-to-U-S-District-Attorney-Steven-Dettelbach-RE-Foreclosure-Fraud. Also

Jennifer Brunner, "Notarize This: The Brewing Foreclosure Storm," Huffington Post, October 1, 2010。

大通住房金融公司声明将暂停所有审判州的止赎业务：David Streitfeld, "JP-Morgan Suspending Mortgage Foreclosures," *New York Times*, September 29, 2010。

《难以置信的神秘主义者》：Monty Python's Flying Circus, episode 35, transcript available at www. ibras. dk/montypython/episode35. htm。

查第二天根据迈克尔的研究写了一篇报道：Ariana Eunjung Cha, "Ally's Mortgage Documentation Problems Could Extend Beyond 23 States," *Washington Post*, September 23, 2010。

金・米勒在《棕榈滩邮报》发布了丽莎的一条提示：Kimberly Miller, "More Foreclosure Affidavits Withdrawn as Another Document Signer Identified," *Palm Beach Post*, September 27, 2010。

包括琳达・格林签署的, 她是臭名昭著的 DocX 公司的"机器签署人"：Lisa Epstein, "Shaprio [sic] Fishman, 'Linda Green of DocX Had No Signing Authority on Behalf of MERS,'" *Foreclosure Hamlet*, August 26, 2010。

迈克尔・奥林尼克在除大通以外的其他银行的几十起止赎案件中发现了贝斯・科特雷尔的名字：Michael Redman, "Promiscuous Girl Beth Cottrell—Looks Like She Had Multiple Partners（Banks）," 4closurefraud. org, October 1, 2010。

"通用汽车金融服务公司的公告是蘑菇云"：Streitfeld, "JPMorgan Suspending Mortgage Foreclosures"。

修复有缺陷的抵押贷款将花费 12. 95 美元：Michael Redman, "Psst. Hey You, Yea, You. I Got Just What You Need. Lender Processing Services' DOCX Document Fabrication Price Sheet," 4closurefraud. org, October 2, 2010。

正如金融博客《裸眼看资本主义》的作者伊夫·史密斯所说：Yves Smith,"4closurefraud Posts DocX Mortgage Document Fabrication Price Sheet," *Naked Capitalism* (blog), October 3, 2010。

如果你是对的，我们就玩完了：Yves Smith,"FUBAR Mortgage Behavior: Florida Banks Destroyed Notes; Others Never Transferred Them," *Naked Capitalism* (blog), September 27, 2010。

杰森和房利美都拥有这套房子：Harriet Johnson Brackey,"Lauderdale Man's Home Sold Out from Under Him in Foreclosure Mistake," *Fort Lauderdale Sun-Sentinel*, September 23, 2010。

美国银行正在对另一套没有抵押贷款的房子进行止赎：Lee Weisbecker,"Cooper: BofA Foreclosed on Homeowner Who Paid Cash," *Triangle Business Journal*, October 7, 2010。

马丁和柯尔斯顿·戴维斯：Teresa Dixon Murray,"Mortgage Foreclosure Uproar Sweeps Up Northeast Ohioans," *Cleveland Plain Dealer*, October 17, 2010。

南希·雅可比尼：Joel Siegel, Felicia Biberica, and David Muir,"Mortgage Bullies?: Banks Accused of Illegally Breaking into Homes Facing Foreclosure," ABC News, October 11, 2010; "Housing Crisis Reaches New Low," Dylan Ratigan Show, October 6, 2010; "Why Are Bailed-Out Banks Breaking into Struggling Borrowers' Homes?" Democracy Now, October 12, 2010。

"其中不容许任何错误存在。"：Barry Ritholtz,"Why Foreclosure Fraud Is So Dangerous to Property Rights," *The Big Picture* (blog), October 12, 2010, www. ritholtz. com/blog/2010/10/why-foreclosure-fraud-is-so-dangerous-to-property-rights。

得克萨斯和佛罗里达的一些人被银行夺走了房子：Barry Ritholtz,"What's the Foreclosure," *The Big Picture* (blog), October 12, 2010, www.

ritholtz. com/blog/2010/10/whats-the-foreclosure；CNBC，air date October 11，2010，5：00 p. m. ET。

没有产权保险，也就没人会冒险购买这些房产：David Streitfeld，"Company Stops Insuring Titles in Chase Foreclosures," *New York Times*，October 2，2010。

美国银行暂缓了起诉州的止赎活动：Robbie Whelan，"Bank of America Suspends Foreclosures," *Wall Street Journal*，October 2，2010。

康涅狄格州叫停了所有的止赎活动：Ariana Eunjung Cha，"Connecticut Halts All Foreclosures for All Banks," Washington Post，October 1，2010。

格雷森制作了一个通俗易懂的止赎欺诈视频：Alan Grayson，"Fraud Factories：Rep. Alan Grayson Explains the Foreclosure Fraud Crisis," September 30，2010，https：//www. youtube. com/watch? v = AqnHLDeedVg。

俄亥俄州总检察长理查德·科德雷宣布了对通用汽车金融服务公司诉讼案的判决：David Dayen，"Ohio Attorney General Sues GMAC, Seeks \$25，000 per False Affidavit," FDL News Desk，October 6，2010，http：//shadowproof. com/2010/10/06/ohio-attorney-general-sues-gmac-seeks-25000-per-false-affidavit。

联邦银行监管机构对主要抵押贷款服务商的所有止赎程序开启了正式审查：Ariana Eunjung Cha，"7 Major Lenders Ordered to Review Foreclosure Procedures," *Washington Post*，September 30，2010。

10月8日，美国银行将止赎的暂缓范围扩大到全部五十个州：Ilyce Glink，"Bank of America, Ally Bank Extend Foreclosure Freeze to All 50 States," CBS Mar-ketwatch，October 8，2010。

摩根大通、通用汽车金融服务公司、利顿贷款公司以及花旗银行紧随其后："Texas Mortgage Company Halts Some Foreclosures," Associated

Press, October 8, 2010. Accessed at https://www. victoriaadvocate. com/news/2010/oct/08/bc-us-litton-foreclosures/。

但他们的机器签署人——谢·莫厄最终也遭到质证：Suzanne Kapner, "Wells Adds to Crisis over Home Seizures," *Financial Times*, October 14, 2010; Jia Lynn Yang, "Wells Fargo Acknowledges Problems in Foreclosure Paperwork," *Washington Post*, October 27, 2010。

10月13日，全美五十个州的总检察长宣布对止赎欺诈进行调查：Ray Sanchez, "Foreclosure Mess: 50 States Investigate Mortgage-Services Industry," ABC News, October 13, 2010。

17 重要时刻

《早安美国》《每日秀》的头版：Good Morning America segment on robo-signing available at http://sherriequestioningall. blogspot. com/2010/10/good-morning-america-segment-on. html; Paul Jackson, "Jon Stewart on Robosigners and Foreclosure-gate," Housing Wire, October 8, 2010; Matt Gutman and Bradley Blackburn, "Foreclosure Crisis: 23 States Halt Foreclosure as Officials Review Bank Practices," ABC News, October 4, 2010。

丽莎和迈克尔也成了《华盛顿邮报》《麦克拉奇报》以及《棕榈滩邮报》（标题"老赖对抗华尔街"）新闻的头版人物：Ariana Eunjung Cha, "Florida Activists Read Between the Lines on Foreclosure Paperwork," *Washington Post*, October 21, 2010; Tony Pugh, "How 2 Civilian Sleuths Brought Foreclosure Problems to Light," *McClatchy Newspapers*, October 13, 2010; Kimberly Miller, "'Deadbeat' Fights Back Against Foreclosure Process," *Palm Beach Post*, October 20, 2010。

尽管我们为之呐喊了一年之久：Michael Redman, "Kristine Wilson—

Robo Signer Part Deux—Ally's GMAC Unit Withdraws Foreclosure Affidavits Signed by Second Employee," 4closurefraud. org, September 25, 2010。

《被猪抢占新闻头条，转而执笔泄愤》：Lisa Epstein, "Preempted by a Passel of Pigs Being Put in the Pen (Hopefully Foreshadowing Reality)," *Foreclosure Hamlet*, October 5, 2010。

抵押贷款支持证券？这些证券根本没有抵押贷款支持：Video of MSNBC appearance available at YouTube, posted by user "Big Brother Is Watching," uploaded October 26, 2010, https://www. youtube. com/watch? v = d6PwU4MUz9Y。

"欢乐时光聚会活动"：Michael Redman, "Emergency Happy Hours—Thurs 9/23 Tampa & Fri 9/24 St. Pete, FL: Gatherings for Combatants of Illegal Foreclosures," 4closurefraud. org, September 22, 2010。

他们申请查询公共记录后发现："ACLU Seeks Public Records to Determine Constitutionality of Foreclosure Proceedings in Florida," ACLU press release, October 19, 2010。

丽莎发现佛罗里达各地出现了大批作为"替换品"的抵押贷款转让协议和证明书：Lisa Epstein, "Shapiro Fishman File More Corrective Assignments of Mortgage," *Foreclosure Hamlet*, September 19, 2010。

"抵押贷款紧随本票。"：Yves Smith, "American Securitization Forum Tells Monstrous Whoppers in Senate Testimony on Mortgage Mess," *Naked Capitalism*, December 2, 2010。

一项名为"本票在哪儿"的活动：David Dayen, "Democrats Continue to Pressure Lenders Toward Nationwide Foreclosure Moratorium," FDL News, October 9, 2010, http://shadowproof. com/2010/10/09/democrats-continue-to-pressure-lenders-toward-nationwide-foreclosure-moratorium。

业内律师现在普遍采用一种与公司诉讼更为相似的手法：Robbie Whelan, "Niche Lawyers Spawned Housing Fracas," *Wall Street Journal*,

October 21, 2010。

所以我们可以赶在节假日来临时把数百万家庭赶出家园以便振兴经济?：The Daily Show with Jon Stewart, October 7, 2010。

欺诈并不能消除这一事实：John Carney, "Let's Not Start Lionizing the Anti-Foreclosure Deadbeats," CNBC. com, October 13, 2010。

认可所有得到州法律授权的合法公证：Text of HR 3808, 111th Congress of the United States of America, available at https://www.govtrack.us/congress/bills/111/hr3808/text。

各州虽然可以对法令提出异议，但上诉可能会耗费数年之久：Jennifer Brunner, *Cupcakes and Courage* (Columbus, OH: Little Blue Valiant, 2012), 532–533, 539–545。

政治联络员坎贝尔·斯宾塞：Ibid., 542–543。

"法案会对包括抵押贷款在内的消费者保护措施产生非故意的冲击"：Arthur Delaney, "Obama Will Not Sign Bill Seen as Cover for Bank Foreclosures," *Huffington Post*, October 7, 2010, http://www.huffingtonpost.com/2010/10/07/obama-pocket-veto-foreclosures_n_753987.html。

迈克尔公布了他的发现：Michael Redman, "Action Alert—Is Pres Obama's Pocket Veto on H. R. 3808 Possibly Ineffective?" 4closurefraud.org, October 8, 2010。

毫无疑问，该法案正在被否决：Barack Obama, "Presidential Memorandum—H. R. 3808," White House press release, October 8, 2010。

在奥巴马总统执政的前六年，他一共只否决了两项法案：U. S. Senate, "Vetoes by President Barack H. Obama," www.senate.gov/reference/Legislation/Vetoes/ObamaBH.htm。

"有人真的能改变一些事情。"：Brunner, *Cupcakes and Courage*, 544。

我不了解贷款的来龙去脉：Robo-Signers: Mortgage Experience Not

Necessary," Associated Press, October 12, 2010。

琳恩感到困惑不解: Jeremy Pelofsky, "U. S. Justice Dept. Probing Foreclosure Processes," Reuters, October 6, 2010。

一名布什时期的总检察长助理保罗·麦克诺提: Scot J. Paltrow, "Special Report: Legal Woes Mount for a Foreclosure Kingpin," Reuters, December 6, 2010。

琼和特蕾莎质证了斯坦恩的一位前高级律师助理塔米·娄·卡普斯塔: Deposition of Tammie Lou Kapusta, in re: Investigation of Law Offices of David J. Stern, P. A., State of Florida Office of the Attorney General, AG ♯L10-3-1145, September 22, 2010, available at www. scribd. com/doc/38890568/Full-Deposition-of-Tammie-Lou-Kapusta-Law-Office-of-David-J-Stern。

琼和特蕾莎公开了这些质证记录: Michael Redman, "Exclusive Bombshell of Foreclosure Fraud—Full Deposition of Tammie Lou Kapusta Law Office of David J. Stern," 4closurefraud. org, October 7, 2010。

州检察官送来另一份质证记录: Michael Redman, "Another 4closureFraud Bombshell—Full Deposition of Kelly Scott of the Law Office of David J. Stern," 4closurefraud. org, October 18, 2010。

该公司大部分的主营业务不复存在: Andy Kroll, "Fannie, Freddie Ditch Foreclosure King," *Mother Jones*, October 13, 2010。

琼和特蕾莎的上级支持她们的行动, 甚至公开谴责了伊琳·库劳洛在房屋止赎厂的兼职行为: Shannon Behnken, "AG's Office Reprimands Its Attorney for 'Foreclosure Mill' Work," *Tampa Tribune*, October 19, 2010。

民主党人士自国会领袖哈利·瑞德、南希·佩洛西以下, 猛揪住这个话题不放: Arthur Delaney, "Calls Mount for Foreclosure Moratorium, Investigations," *Huffington Post*, October 7, 2010。

耸人听闻的二十页案件研究: David Dayen, "Pelosi, California House

Dems Call for Criminal Investigations of Mortgage Lenders," FDL News, October 5, 2010, http：//shadowproof. com/2010/10/05/pelosi-california-house-dems-call-for-criminal-investigations-of-mortgage-lenders。

艾伦·格雷森希望金融稳定监管委员会将止赎欺诈作为一种系统性风险加以监控：Yves Smith, "DC Waking Up to Escalating Foreclosure Train Wreck: Grayson Calls for FSOC to Examine Foreclosure Fraud as Systemic Risk," *Naked Capitalism*, October 7, 2010。

戴维·阿克塞尔罗德告诉《国家》杂志的记者：Tom Cohen, "Axelrod Signals White House Opposition to Foreclosure Moratorium," CNN. com, October 10, 2010。

迈克尔把奥巴马贷款文件上的"机器签署人"事件发布在《止赎欺诈》和《零和对冲》上：Michael Redman, "4closureFraud Exclusive—President Obama Falls Victim to Chase Robo-Signer," 4closurefraud. org, October 10, 2010。

一个名为吉恩·司吉尔的荷兰博主：John Galt (pseudonym), "GeenStijl CrisisWatch: Foreclosure Fraud," GeenStijl, October 13, 2010, available at www. geenstijl. nl/mt/archieven/2010/10/crisiswatch_column_foreclosure. html。

欢迎随时打我电话或发邮件来探讨此事：Michael Redman, "4closureFraud Exclusive Part Deux—President Obama Falls Victim to Another Robo-Signer," 4closurefraud. org, October 11, 2010。

不到三个星期，美国银行就宣告他们并无过失：Charles Riley, "Bank of America Resumes Foreclosures in 23 States," CNNMoney. com, October 18, 2010。

审阅第一批"数百份"文件时仅发现"十或二十五个"问题：Dan Fitzpatrick, "BofA Finds Foreclosure Document Errors," *Wall Street Journal*, October 24, 2010。

仅在纽约市五个区就有 4 450 处错误：Robert Gearty,"Dubious Signatures, Missing, Inaccurate Paperwork Halt 4 450 City Foreclosures," *New York Daily News*, October 24, 2010。

在俄亥俄州凯霍加县，一位法官裁定：David Dayen,"Ohio Ruling: No Substitution of Foreclosure Documents in Robo-Signing Cases," FDL News, January 3, 2011, http://shadowproof.com/2011/01/03/ohio-ruling-no-substitution-of-foreclosure-documents-in-robo-signing-cases。

没有人愿意为这些文件冒风险："New York Courts First in Country to Institute Filing Requirement to Preserve Integrity of Foreclosure Process," press release, State of New York Unified Court System, October 20, 2010, available at www.courts.state.ny.us/press/pr2010_12.shtml; Hon. Glenn Grant, Administrative Director of the Courts of the State of New Jersey, Administrative Order Directing Submission of Information from Residential Mortgage Foreclosure Plaintiffs Concerning Their Document Execution Practices to a Special Master, Order No. 01-2010, December 20, 2010, available at https://www.judiciary.state.nj.us/notices/2010/n101220b.pdf。

整个 10 月，银行股价都在下跌：David Hilzenrath,"Worries over Fast-Tracked Foreclosures Send Bank Stocks Plummeting," *Washington Post*, October 14, 2010。

要求美国银行回购约 470 亿美元的债券：Jody Shenn,"Pimco, NY-Fed Said to Seek BofA Mortgage Repurchases," *Bloomberg Business*, October 19, 2010。

分析人士认为，银行最终将耗资 1 200 亿美元：Ruth Simon,"Mortgage Losses Build Team Spirit," *Wall Street Journal*, October 27, 2010。

"在证券化过程中的每一步都未被恰当地转让给信托"：Josh Levin and Arjun Sharma,"Foreclosures Gone Wild: Takeaways from Our

Conference Call," Citigroup Global Markets research document, October 12, 2010。

他最终以十八个点告负：Mike Schneider and Bill Kaczor, "Alan Grayson Loses House Seat to Daniel Webster," Associated Press, November 2, 2010。

总检察长名单发生了大变动：Ballotpedia, "Attorney General Elections, 2010," http：//ballotpedia. org/Attorney _ General _ elections, _ 2010。

吉姆·科瓦尔斯基和汤姆·考克斯："Foreclosed Justice: Causes and Effects of the Foreclosure Crisis," hearing before the House Judiciary Committee, December 2 and 15, 2010, www. gpo. gov/fdsys/pkg/CHRG-111hhrg62935/html/CHRG-111hhrg62935. htm。

止赎欺诈，是驾轻就熟的贷款滥用之路上的最后一站："Problems in Mortgage Servicing from Modification to Foreclosure," hearing before the Senate Banking Committee, November 16, 2010, www. banking. senate. gov/public/index. cfm? FuseAction = Hearings. Hearing&Hearing _ ID = df8cb685-c1bf-4eea-941d-cf9d5173873a; see also Yves Smith, "Servicer-Driven Foreclosures: The Perfect Crime?" *Naked Capitalism*, November 30, 2010。

"这种诉求来个五次，就会超过美国银行的市值"：David Dayen, "Damon Silvers Blasts Treasury, Tries to Get Them to Wake Up on Mortgage Fraud," FDL News, October 28, 2010, http：//shadowproof. com/2010/10/28/damon-silvers-blasts-treasury-tries-to-get-them-to-wake-up-on-mortgage-fraud。

仅仅因为一位房屋所有人没有偿还抵押贷款：Testimony of Katherine Porter, Congressional Oversight Panel, hearing on the TARP Foreclosure Mitigation Program, October 27, 2010, available at http：//cybercemetery.

unt. edu/archive/cop/20110402015351/http：//cop. senate. gov/documents/testimony-102710-porter. pdf. See also Joe Nocera,"Big Problem for Banks：Due Process," New York Times, October 22, 2010。

联邦监管机构并不希望从服务商那里得到任何信息：David Dayen, "Levitin Addresses Elephant in the Room：Regulators Don't Want to Fix the Foreclosure Crisis," FDL News, November 18, 2010, http：//shadowproof. com/2010/11/18/levitin-addresses-elephant-in-the-room-regulators-dont-want-to-fix-the-foreclosure-crisis; video available at http：//www. cps-news. com/2010/11/22/treasury-directive-is-to-protect-the-banks。

我捐了最后的10美元：Michael Redman,"4closureFraud and Foreclosure-Hamlet are Going to Washington DC and Could Use Your Help," 4closurefraud. org, November 11, 2010。

还为创建抵押贷款电子注册系统提供了法律资讯：Scot J. Paltrow, "Insight：Top Justice officials connected to mortgage banks," Reuters, January 20, 2012。

这证明了他们的懦弱：Matt Taibbi, *The Divide：American Injustice in the Age of the Wealth Gap* (New York：Spiegel and Grau, 2014), 31 - 38。

18　绳之以法

肯普诉美国国家金融服务公司：John T. Kemp v. Countrywide Home Loans, United States Bankruptcy Court, District of New Jersey, Case No. 08-18700-JHW, ruling filed November 16, 2010, available at http：//cdn. americanbanker. com/media/pdfs/kemp _ v _ countrywide. pdf。

可笑的是，这一切绝大部分都是由美国国家金融服务公司自己的律师来进行的："Word for Word：That Bank of America Exec's Testimony on Countrywide Mortgage Docs," *American Banker*, November 29, 2010。

汤姆·亚当斯追踪了肯普的抵押贷款：Tom Adams,"Failure to Transfer Notes a Serious Issue for Countrywide and Its Trustee," *Naked Capitalism*, November 22, 2010。

我们确信这笔贷款被卖给了信托公司：Gretchen Morgenson, "Flawed Mortgage Papers May Pose Economic Risk, Panel Says," *New York Times*, November 20, 2010。

对火箭速度办案的关注是揭露和阻止止赎的第一步："Letters Regarding Open Access to Florida State Foreclosure Proceedings," ACLU press release, November 17, 2010。

宾夕法尼亚州最大的房屋止赎厂：Abigail Field, "Thousands of Pennsylvania Foreclosures Could Be on Shaky Ground," *Daily Finance*, December 2, 2010。

布莱恩·布林、克里丝塔·穆尔和杜拉塔·达科：Susan Martin, "On Video, Alleged 'Robo-Signers' Describe Assembly Line Work," *Tampa Bay Times*, November 12, 2010; William Alden and Ryan McCarthy, "The Most Shocking Statements from Alleged Foreclosure 'Robo-Signers,'" *Huffington Post*, November 13, 2010。

迈克尔认为布林很像电影《上班一条虫》中在小隔间里混日子的米尔顿：Michael Redman, "Notorious Robo-signers, Bryan Bly and Crystal Moore, Still 'Working' for Nationwide Title Clearing," 4closurefraud.org, July 19, 2011。

给山达基教教会捣乱，后果是很严重的：Susan Martin, "Nationwide Title Goes on Attack Against Vocal Critics," *Tampa Bay Times*, December 10, 2010; Michael Redman, "And So It Begins ... Nationwide Title Clearing Sues Foreclosure Fraud Defense Attorney Matt Weidner," 4closurefraud.org, December 12, 2010。

马萨诸塞州最高法院做出了一个爆炸性的裁决：Yves Smith, "Mass

Supreme Court Rules Against Wells Fargo, Deutsche Case on Validity of Mortgage Transfers in Securitizations," *Naked Capitalism*, January 7, 2011; Tracy Alloway, "A Court Case to Challenge Securitisation Standards [Updated]," *Financial Times Alphaville*, January 7, 2011。

但银行股还是遭遇了大幅下挫:Thom Weidlich, "Massachusetts Top Court Hands Foreclosure Loss to U. S. Bancorp," Bloomberg Business, January 8, 2011。

在加利福尼亚州的西米谷:Emily Peck, "Evicted Family Breaks into Their Former House," *Wall Street Journal*, October 13, 2010。

如果摩根大通将房屋所有人赶出家门,他们就会搬到银行去住:"Families Arrested at Bank in Foreclosure Protest," People's World, December 17, 2010, http://peoplesworld.org/families-arrested-at-bank-in-foreclosure-protest; David Dayen, "22 Foreclosure Activists Arrested at Chase Bank in Downtown Los Angeles," FDL News, December 17, 2010, http://shadowproof.com/2010/12/17/22-foreclosure-activists-arrested-at-chase-bank-in-downtown-los-angeles。

全国信仰联盟 PICO:David Dayen, "Geithner Meets with Homeowners Burned by HAMP," FDL News, November 4, 2010, http://shadowproof.com/2010/11/04/geithner-meets-with-homeowners-burned-by-hamp。

反止赎联盟:Sean-Thomas Breitfeld and Marnie Brady, "The New Bottom Line," Building Movement Project, www.buildingmovement.org/pdf/The_New_Bottom_Line.pdf; Home Defenders League, www.homedefendersleague.org。

"节日中的无家可归者":Michael Redman, "Homeless for the Holidays Rally Protesting Foreclosure Fraud, West Palm Beach Courthouse | Be There or Be Homeless," 4closurefraud.org, December 8, 2010。

"不要和银行和解,坚决反对欺诈":Michael Redman, "Action

Alert—Foreclosure Fraud—Tell Your Attorney General 'Don't Sit Down with the Banks! Stand up Against Fraud!'" 4closurefraud. org, October 29, 2010。

如果公众认为政府正在向大银行做出让步: Congressional Oversight Panel, "Examining the Consequences of Mortgage Irregularities for Financial Stability and Foreclosure Mitigation," November 16, 2010, http：//cybercemetery. unt. edu/archive/cop/20110401233819/http：//cop. senate. gov/reports/library/report-111610-cop. cfm。

"都感兴趣": Brady Dennis, "Q and A: Head of Probe Says Victims of Wrongful Foreclosure Should Get Compensation," *Washington Post*, November 16, 2010。

米勒因2010年连任竞选得到了银行业261 000美元的捐款: Jon Prior, "Report Spotlights Iowa AG's Campaign Contributions from Banking Industry," *Housing Wire*, April 22, 2011。

米勒承认自己曾向银行律师募捐: Massimo Calabresi, "Foreclosure-Probe Chief Asked Bank Lawyers for Money," Time, May 9, 2011. http：//swampland. time. com/2011/05/09/foreclosure-probe-chief-asked-bank-lawyers-for-money/。

2010年11月米勒向参议院银行委员会表示: "Problems in Mortgage Servicing from Modification to Foreclosure," Senate Banking Committee, November 16, 2010, transcript accessed at www. gpo. gov/fdsys/pkg/CHRG-111shrg65258/pdf/CHRG-111shrg65258. pdf, p. 8。

"我们还会把人送进监狱": Arthur Delaney, "Tom Miller:'We Will Put People in Jail' for Foreclosure Fraud," *Huffington Post*, December 14, 2010。

之后, 米勒一直保持低调: Yves Smith, "Iowa Attorney General Tom Miller, Head of 50 State Investigation, Retreats from 'Tough With Banks'

Stance," Naked Capitalism, January 26, 2011; David Dayen, "The Mystery of Tom Miller's Shifting Comments on Criminal Sanctions for Foreclosure Fraud," FDL News, January 6, 2011, http：//shadowproof. com/2011/01/06/the-mystery-of-tom-millers-shifting-comments-on-criminal-sanctions-for-foreclosure-fraud。

"数百名调查人员驻扎在银行彻底调查"：Felix Salmon, "Treasury's Plan to Fix the Mortgage Mess," Reuters, November 23, 2010。

"全面解决方案"：David Dayen, "Bair's 'Global Solution' Doesn't Address Criminal Prosecution," FDL News Desk, October 25, 2010, http：//shadowproof. com/2010/10/25/bairs-global-solution-doesnt-address-criminal-prosecution。

夏威夷从一个止赎相当容易的州，变成了一个银行必须遵纪守法的州：Martin Andelman, "Governor Abercrombie Signs SB 651—Toughest Foreclosure Bill in Nation Now Law!" Mandelman Matters (blog), May 6, 2011, http：//mandelman. ml-implode. com/2011/05/governor-abercrombie-signs-sb-651-toughest-foreclosure-bill-in-nation-now-law。

银行重新启动了巨型止赎机器：David Dayen, "Banks Resume Foreclosure Sales," FDL News, December 13, 2010, http：//shadowproof. com/2010/12/13/banks-resume-foreclosure-sales。

"我们还没有发现一例止赎拍卖不合法的案件，"：Testimony before the House Financial Services Committee, November 18, 2010, video at C-SPAN, www. c-span. org/video/? 296661-2/mortgage-services-foreclosure-practices-bankers-panel。

"止赎案件中的不公平、欺骗和无良行为"：June Clarkson, Theresa Edwards, and Rene Harrod, "Unfair, Deceptive and Unconscionable Acts in Foreclosure Cases," Office of the Attorney General, Economic Crimes Division, 2010, available at www. scribd. com/doc/46278738/Florida-

Attorney-General-Fraudclosure-Report-Unfair-Deceptive-and-Unconscionable-Acts-in-Foreclosure-Cases。

"我们反对佛罗里达总检察长将抵押贷款行业和证券化过程描述为一出糖果乐园游戏"：Stefan Kamph, "June Clarkson and Theresa Edwards Were Fired After Revealing Widespread Foreclosure Fraud," *Broward/Palm Beach New Times*, June 21, 2012。

帕姆·邦迪，这位即将上任的总检察长，从贷款方程序处理公司及其附属机构，获得了成千上万美元的竞选资金：Michael Redman, "Pam Bondi, Lender Processing Services, Provest and Campaign Contributions from Companies Under Investigation from AG's Office," 4closurefraud, July 28, 2011。

主管鲍勃·朱利安对发生的状况表示非常失望：Kamph, "June Clarkson and Theresa Edwards Were Fired"。

周一暂缓运动，在全州范围内继续扩大：Lisa Epstein, "Announcing Moratorium Mondays: Monday Morning Protests at Courts, Offices of Elected Officials, and Government Buildings Across the State and the Country," *Foreclosure Hamlet*, February 9, 2011。

几十名抗议者在劳德尔堡的法院大楼前面游行：Lisa Epstein, "Jan 13th Protest March Against Criminal Foreclosure Fraud: Goal Met!" *Foreclosure Hamlet*, January 14, 2011。

丽莎和迈克尔举行了"烧掉欺诈"活动：Michael Redman, "Torch the Fraud | 4closureFraud. org and ForeclosureHamlet. org Host a Bonfire on the Beach," 4closurefraud. org, February 28, 2011。

治安官命令副手取走自动取款机中的现金和其他资产以充抵抵押留置权：Michael Redman, "Deadbeat Bank | Raw Video of Sheriff Serving Writ of Possession on Bank to Seize All Property Including All Cash," 4closurefraud, February 9, 2011。

之后"老赖银行"的行为变得越来越普遍：Jeff Gelles, "Phila. Homeowner Wins Judgment Against Wells Fargo over Mortgage Fees," *Philadelphia Inquirer*, February 15, 2011; The Daily Show with Jon Stewart, "The Forecloser," Comedy Central, August 8, 2011。

在塔拉哈西组织了第二次年度集会：Michael Redman, "Continuously Updated | March 9, 2011: Second Annual Freedom Ride and Rally in Tally for Combatants of Illegal Foreclosures," 4closurefraud. org, February 23, 2011; Michael Redman, "Pictures of Our Rally in Tally," 4closurefraud, March 10, 2011。

迈克尔发现，在夏皮罗·菲什曼律所的律师安娜·马龙离职几个月后，她的电子签名仍然出现在文件上：Kimberly Miller, "Lawyers' Name Shows Up on Foreclosure Docs Filed Months After She Resigned," *Palm Beach Post*, February 21, 2011。

一份指导手册，讲述如何通过剪切和粘贴旧签名来伪造证明书以获得不菲的律师费用：Lisa Epstein, "Ben-Ezra Katz Foreclosure Mill—Internal Instructions on How to Copy/Cut/Paste, Perjury and Fraud upon the Court," *Foreclosure Hamlet*, February 19, 2011。

一家公司甚至拿走了一个女人丈夫的骨灰：Andrew Martin, "Banks Accused of Illegally Breaking into Homes," *New York Times*, December 21, 2010。

很多家庭在贷款条款修正后按时支付了月供，但房子仍被收走：Carolyn Said, "Family Faces Foreclosure after Following the Rules," *San Francisco Chronicle*, November 25, 2010。

一个女人还清了全部房贷，却依然收到了违约通知：Jon Yates, "Problem: Paying Off Mortgage Results in Default," *Chicago Tribune*, February 20, 2011。

治安官手下的警员在进行驱逐的过程中，发现了一具死尸：Kelli

Cook,"Deputies Serving Eviction Notice Find Dead Body Inside Home,"News 13 Orlando, February 17, 2011, available at https://web.archive.org/web/20110221193858/http://www.cfnews13.com/article/news/2011/february/209025/Body-found-along-with-suspicious-item-inside-Orlando-home。

一个是关于被止赎家庭的孩子：Scott Pelley,"Homeless Children: The Hard Times Generation," 60 Minutes, CBS News, June 20, 2011. Based on this post at 4closureFraud, the story appears to have run that March: http://4closurefraud.org/2011/03/07/60-minutes-homeless-children-the-hard-times-generation。

她的那一段采访则将在2011年4月3日播出：Scott Pelley,"The Next Housing Shock," 60 Minutes, CBS News, April 3, 2011。

19 挣脱困境

因杰出的商业报道获得著名的杰拉尔德·勒伯奖："UCLA Anderson Announces 2012 Gerald Loeb Award Winners," press release, Anderson School of Management, UCLA, June 26, 2012。

琳恩的案件被法官驳回了：Michael Redman,"Victory ｜ Our 60 Minutes Hero, Lynn Szymoniak, had Her Foreclosure Case Dismissed," 4closurefraud.org, April 5, 2011。

人人都知道琳达·格林这个名字了：Michael Redman,"Another Successful Foreclosure Fraud Happy Hour," 4closurefraud.org, April 22, 2011。

奥布莱恩向州首席检察官玛莎·科克利申请资金以进行一次完整审计：John Carney,"The MERS Wars Heat Up in Massachusetts," CNBC, November 30, 2010; Jenifer B. McKim,"Firm May Skirt Millions in

Property Fees," *Boston Globe*, December 15, 2010; "O'Brien Calls on MERS to Come Clean and Pay Up: Says Essex County Owed $22 Million Dollars," press release, February 22, 2011, available at www. foreclosurehamlet. org/profiles/blogs/deadbeat-mers-to-be-billed-22。

"我相信银行的行动比语言更能展现他们的罪恶感。": David Dayen, "Register of Deeds John O'Brien Releases Forensic Study, Finds Mass Fraud in Foreclosure Docs," FDL News, June 30, 2011, http://shadowproof. com/2011/06/30/register-of-deeds-john-obrien-releases-forensic-study-finds-mass-fraud-in-foreclosure-docs。

西格彭和奥布莱恩起草了一封公开信: "Register of Deeds Jeff Thigpen (NC) and John O'Brien (MA) Ask 50 State Attorney General Foreclosure Work Group to Require All Past and Present MERS Assignments to Be Filed!" press release, April 7, 2011, available at http://myemail. constantcontact. com/MEDIA-RELEASE-Register-of-Deeds-Thigpen—NC—and-O-Brien—MASS—Letter-to-Iowa-AG-Miller-and-50-State-Attorney-Generals-Foreclos. html? soid=1100673877654&aid=3bL0Fyi43yE。

"对公众信任的背叛": WGHP-TV, Greensboro, "Thousands of Guilford Mortgage Documents Could Be Fraudulent, County Officials Say," May 4, 2011, available at https://web. archive. org/web/20110507073044/http://www. myfox8. com/news/wghp-story-guilford-mortgage-fraud-110504, 0, 379574. story; David McLaughlin, "BofA, Wells Fargo Mortgage Papers Challenged in North Carolina," *Bloomberg Business*, May 4, 2011。

这将花费 200 亿到 300 亿美元: Nick Timiraos, Dan Fitzpatrick, and Ruth Simon, "U. S. Pushes Mortgage Deal," *Wall Street Journal*, February 24, 2011。

"大量的欺诈行为": Charles Jaco, "Missouri Foreclosure Fraud: Some

Say the Entire System Is Broken," KTVI-Fox2Now, March 17, 2011, available at https：//web. archive. org/web/20110321075547/http：//www. fox2now. com/ktvi-foreclosure-fraud-missouri-31711，0，7746033. story。

提议的解决方案听起来就像住房可偿付调整计划的2.0版：Marcy Wheeler,"HAMP II：The ＄20 Billion Get Out of Jail Free Card," *Emptywheel*，February 23，2011。

"我觉得我不应该谈论协议中将会出现的内容。"：Matt Stoller,"AG Tom Miller Negotiating in Secret With Banks over Whether to Put Bankers in Jail," Roosevelt Institute，February 26，2011。

"和解条款单"：David McLaughlin,"Foreclosure Settlement Terms Sent to Banks by U. S.，States," *Bloomberg Business*，March 4，2011。

"没有刑事起诉,就无法和解。"：Michael Redman,"50 State Attorney General 27 Page 'Settlement' on Fraudclosures," 4closurefraud. org，March 7，2011。

他们说,到底是做一些能立即帮助房屋所有人的事情,还是做一些与问题规模相称的事情,两种选择之间会有冲突：David Dayen,"Democratic Attorneys General Question Unclear, Rushed Mortgage Servicer Settlement," FDL News，March 24，2011，http：//shadowproof. com/2011/03/24/democratic-attorneys-general-question-unclear-rushed-mortgage-servicer-settlement。

在数百名调查人员对银行进行的全面跨部门审查中：Testimony of John Walsh, acting comptroller of the currency, Senate Banking Committee, February 17，2011，13-17，available at www. propublica. org/documents/item/testimony-of-occs-john-walsh-feb-17-2011。

调查只涉及了2 800份贷款文件：Yves Smith,"Feds Reviewed Only 100 Foreclosure Files in Servicer Whitewash," *Naked Capitalism*，May

房奴　419

14，2011。

"严重缺陷"：Testimony of John Walsh，15。

摩根大通迅速采取行动，解雇了：Dawn Kopecki，"JPMorgan Ousts Home-Lending Chief After Foreclosure Lapses," *Bloomberg Business*，June 14，2011；Associated Press，"JPMorgan to Make Amends with Military Clients," February 15，2011。

而这是"迷彩伪装之下的清洗"：David Dayen，"Camo-Washing: BofA Offers Principal Reduction Program for Service Members," FDL News，March 10，2011，http：//shadowproof. com/2011/03/10/camo-washing-bofa-offers-principal-reduction-program-for-service-members。

货币监理局和美联储：Board of Governors of the Federal Reserve System，press release，April 13，2011，www. federalreserve. gov/newsevents/press/enforcement/20110413a. htm。

犯罪机构自行决定对自己的惩罚措施：David Dayen，"A Slap on the Wrist for Mortgage Fraud," *American Prospect*，April 15，2011。

就在发布执行命令的第三页：Lisa Epstein，"Federal Banking Regulators Expose Massive Mortgage Backed Securities Fraud as Part of Fraudclosure Investigation?" *Foreclosure Hamlet*，April 14，2011。

在威尔诉美国住房抵押贷款服务商的案件中：Opinion，Veal v. American Home Mortgage Servicing et al.，United States Bankruptcy Appellate Panel of the Ninth Circuit，BAP Nos. AZ-10-1055-MkKiJu and AZ-10-1056-MkKiJu，Appeal from the United States Bankruptcy Court for the District of Arizona，opinion filed June 10，2011，http：//cdn. ca9. uscourts. gov/datastore/bap/2012/11/08/Veal-10-1055corr _ 06 _ 10 _ 2011. pdf。

亚拉巴马州（荷蕾丝诉拉萨尔银行一案）和密歇根州（亨德里克斯诉美国银行一案）：Opinion and Order，Phyllis Horace v. Lasalle Bank N.

A., District Court of the United States for the Middle District of Alabama, Eastern Division, Civil Action No. 3: 08cv1019-MHT, opinion filed February 17, 2009, http: //law. justia. com/cases/federal/district-courts/ alabama/almdce/3: 2008cv01019/39791/32; Opinion and Order Denying in Part and Granting in Part Defendant's Motion for Summary Disposition and Granting Plaintiff's Motion for Summary Disposition, James Hendricks v. U. S. Bank, N. A., State of Michigan, Washtenaw County Trial Court, Case No. 10-849-CH, June 6, 2011, available at www. scribd. com/doc/ 57374561/Hendricks-v-U-S-Bank。

纽约银行诉西弗堡一案: Opinion of the Court, Bank of New York v. Silverberg, Supreme Court of the State of New York, Appellate Division, Second Judicial Department, Case No. 2010-00131, decided on June 7, 2011, www. courts. state. ny. us/Reporter/3dseries/2011/2011 _ 05002. htm。

戴维·J·斯坦恩律所放弃了: Letter from David J. Stern to Chief Judge, March 4, 2011, available at www. scribd. com/doc/50227529/ Letter-From-David-J-Stern-to-Chief-Judge。

本·埃兹拉·卡茨律所: Kimberly Miller, "Ben-Ezra and Katz to Close Foreclosure Business, Second South Florida Firm to Shut Its Foreclosure Operations," *Palm Beach Post*, April 28, 2011。

到头来,斯坦恩律所才是真正的"老赖": Michael Redman, "Deadbeat | David J. Stern, Dethroned 'Foreclosure King' Does Not Pay His Bills," 4closurefraud. org, April 10, 2011。

州长瑞克·斯考特批准了司法部门的贷款: Zach Carter, " 'Awful' Florida Foreclosure Courts May Shut Down Due to GOP Budget Cuts," *Huffington Post*, May 19, 2011。

"太拥挤了": Lisa Epstein, "Foreclosure Hearings Closed to Public Despite FL Supreme Court Justice Canady's Order," Foreclosure Hamlet, May

6，2011。

奇普·帕克收到了一则佛罗里达律师协会的投诉，仅仅因为他向CNN做出了关于法院"火箭速度办案"事件的负面评论。马特·韦德纳也因与记者交谈而受到调查：Julie Kay, "Lawyers Investigated for Criticizing System," Daily Business Review, May 18, 2011。

在法官听取律师马克·斯托帕的辩解之前，法警勒令他从法庭上退下：Mark Stopa, "Mark Stopa Thrown Out of Court (Literally)," Stopa Law Blog, April 20, 2011, www.stayinmyhome.com/blog/mark-stopa-thrown-out-of-court-literally。

威克多·托宾：Kimberly Miller, "Broward Chief Judge Resigns to Join So-Called 'Foreclosure Mill,'" Palm Beach Post, May 18, 2011。

火箭速度办案进入快车道后在九个月内清理了14万起止赎案件：Kimberly Miller, "Foreclosure Crisis: Fed-Up Judges Crack Down on Disorder in the Courts," Palm Beach Post, April 4, 2011。

该县法官詹姆斯·汤普森：Abigail Field, "The Foreclosure Mess: Florida Judges Can Do Better," Daily Finance, December 24, 2010; Abigail Field, "Florida Is Still Letting Banks Break the Rules in Foreclosure Cases," Daily Finance, January 5, 2011。

他们提交了一项紧急动议："ACLU Charges High-Speed Florida Foreclosure Courts Deprive Homeowners of Chance to Defend Homes," ACLU press release, April 7, 2011; Petition for Writ of Certiorari or Writ of Prohibition, George E. Merrigan v. Bank of New York Mellon, District Court of Appeal, State of Florida, Second District, Case No. 09-CA-055758, available at www.scribd.com/doc/52504270 (note that petitioner's name is Georgi Merrigan, but the circuit court erroneously referred to her as "George Merrigan")。

否决了美国民权同盟的要求："ACLU Calls for Immediate Reform of

High-Speed Florida Foreclosure Courts," ACLU press release, June 27, 2011。

公民战士电台每周六上午 8 点录制节目：Michael Redman, "Warrior Lawyers ｜ New Radio Show Saturdays from 8–10 am EDT with 4closureFraud. org and ForeclosureHamlet. org," 4closurefraud. org, May 6, 2011。

联邦当局以一项欺诈抵押贷款机构的密谋罪名起诉了卡罗尔：Kimberly Miller, "Two More Indicted in Alleged Versailles Mortgage Fraud," Palm Beach Post, April 29, 2011。

我觉得很不安，政府总是动用一切资源：Ibid。

他只想保住他的工作：Steve Dibert, "Foreclosure Attorney and Owner of 4closurefraud. org Indicted for Mortgage Fraud," Mortgage Fraud Investigations—Miami, April 30, 2011, http：//mfi-miami. com/2011/04/foreclosure-attorney-owner-of-4closurefraud-org-indicted-for-mortgage-fraud。

法官对她处以两年半的监禁：Martha Neil, "Lawyer Who Fought Foreclosure Fraud Takes Federal Plea in Straw-Buyer Money-Laundering Conspiracy," American Bar Association Journal, October 12, 2011; Kimberly Miller, "'God-Fearing' Former Lawyer Will Serve 2½ Years in Prison for Versailles Mortgage Scam," Palm Beach Post, November 19, 2011。

总检察长帕姆·邦迪：Michael Redman, "Marshall C. Watson ｜ Florida Attorney General Pam Bondi Settles Investigation Against One of Florida's Largest Foreclosure Firms," 4closurefraud. org, March 25, 2011。

不对银行处以罚金以达成一项五十州的和解：Kimberly Miller, "Bondi Voices Concern over Home Loan Reductions," Palm Beach Post, March 23, 2011。

"引发全国范围内对止赎行为的审查"：Kimberly Miller, "Florida Fraud Report Key to New York Foreclosure Case," Palm Beach Post, July 16, 2011。

"这是上面的意思。塔拉哈西那边并没有给我一个具体的理由。": Stefan Kamph, "June Clarkson and Theresa Edwards Were Fired After Revealing Widespread Foreclosure Fraud," Broward/Palm Beach New Times, June 21, 2012。

前副总检察长乔·雅克: Ibid。

她跳槽去了房屋止赎厂夏皮罗·菲什曼律所: Michael Redman, "Erin Collins Cullaro│Fired Assistant Attorney General to Pam Bondi Joins 'Foreclosure Mill' Shapiro and Fishman," May 27, 2011, 4closurefraud. org。

随后,她的发言人发表了一份声明: Kathleen Haughney, "Florida Attorney General, Two Fired Lawyers in Public Dispute," Orlando Sun-Sentinel, July 21, 2011。

正如克拉克森和爱德华兹两位女士所发现的那样: Letter from Andrew Spark, Assistant Attorney General, Tampa Economic Crimes, August 8, 2011, available at www. tampabay. com/specials/2011/PDFs/bondi081811/sparkletter. pdf。

丽莎要求州总检察长对两位检察官的解雇事件正式调查: Michael Redman, "Dissecting the Pam Bondi/Jeff Atwater Inspector General Report re June Clarkson, Theresa Edwards and Lisa Epstein," 4closurefraud. org, January 9, 2012, http://4closurefraud. org/2012/01/09/dissecting-the-pam-bondi-jeff-atwater-inspector-general-report-re-june-clarkson-theresa-edwards-and-lisa-epstein/。

公民利益团体佛罗里达进步组织也响应了这一要求: David Dayen, "Update on the Investigators Fired by Florida's AG for Pursuing Foreclosure Fraud," FDL News, July 28, 2011, http://shadowproof. com/2011/07/28/update-on-the-investigators-fired-by-floridas-ag-for-pursuing-foreclosure-fraud。

包括在公民战士电台上：Michael Redman,"Citizen Warriors Exclusive Part Deux ︳ Former Bondi Assistant Attorneys General & Foreclosure Fraud Investigators June Clarkson & Theresa Edwards Live on WDJA 1420AM Saturday from 8－10 am EDT,"4closurefraud.org,August 5,2011。

邦迪同意让州首席财务官作为总监察长：Catherine Whittenburg,"Bondi Wants Probe on Firings,"Tampa Tribune,August 3,2011。

这是一种故意使当事人家庭保持沉默的策略：Zach Carter,"Deutsche Bank Sues Foreclosure Fraud Expert's Son with No Financial Interest in Her Case,"Huffington Post,May 13,2011。

针对REMIC中的抵押贷款支持证券进行"积极审查"的消息：Scot Paltrow,"Exclusive：IRS Weighs Tax Penalties on Mortgage Securities,"Reuters,April 27,2011。

伊夫在与美国财政部高级官员的会议上谈到REMIC时：Yves Smith,"IRS Likely to Expand Mortgage Industry Coverup by Whitewashing REMIC Violations,"Naked Capitalism,April 28,2011。

"金融系统的后门救助"：Paltrow,"Exclusive：IRS Weighs Tax Penalties"。

20　最后的粉饰

"我的天，真希望我也能想到这个办法！"："Ocwen—Delivery of Modification Package and Petition by Bermuda Triangle Recovery Services," posted by Michael Redman,October 19,2011,https：//www.youtube.com/watch?v=8ZviWlPbcOE。

迪克西得以修改了贷款合同条款：Michael Redman,"Victory ︳ National Campaign Pressures Ocwen Financial to Modify Dixie Mitchell's Loan,"4closurefraud.org,October 24,2011。

鉴于加拿大杂志《大屠杀》的一条建议："#OCCUPYWALLSTREET，" Adbusters，July 13，2011。

"我们没有任何谈判筹码。"："AG Eric Schneiderman Opposes Foreclosure Deal," Rochester Democrat and Chronicle, June 28, 2011。

成为这次"证券化失败"的调查核心：Gretchen Morgenson, "Two States Ask if Paperwork in Mortgage Bundling Was Complete," New York Times, June 12, 2011。

"拜托了各位，我们必须支持他"：Michael Redman, "Dismissal of NY Attorney General Schneiderman Shows Obama Administration and Iowa AG Miller Poised to Let Big Banks off the Hook for Mortgage Fraud," 4closurefraud.org, August 25, 2011。

"华尔街是他们的主心骨"：Gretchen Morgenson, "Attorney General of N.Y. Is Said to Face Pressure on Bank Foreclosure Deal," New York Times, August 21, 2011。

在他的会议室举行洽谈：Dina ElBoghdady, "Shaun Donovan on Confronting Hurricanes, Homelessness and Big Banks," Washington Post, June 11, 2014。

与会各方都将从一个快速的和解方案中获利：Morgenson, "Attorney General of N.Y. Is Said to Face Pressure"。

他们所在的州都进行过对止赎的深度调查：David McLaughlin, "Foreclosure-Deal Releases Draw State Resistance Amid Probes," Bloomberg Business, July 26, 2011; David McLaughlin, "Nevada Joins States Balking at Releases in Foreclosure Practices Deal," Bloomberg Business, August 16, 2011。

"加州人民公平和解"联盟：Alejandro Lazo, "Kamala Harris Pressured to Reject Bank Foreclosure Settlement," Los Angeles Times, September 30, 2011。

对于加利福尼亚州的房屋所有人还不够有利：David Dayen，"California AG Kamala Harris Rejects Foreclosure Fraud Settlement，"FDL News，September 30，2011，http：//shadowproof. com/2011/09/30/california-ag-kamala-harris-rejects-foreclosure-fraud-settlement。

摩根大通总部外的确有一条护城河：Betsy Dillner，"Storming the JP-Morgan Chase Castle，"Alliance for a Just Society，May 20，2011，http：//allianceforajustsociety. org/2011/05/storming-the-jp-morgan-chase-castle。

如果银行要将人们赶出家门则需要付出沉痛的代价：Mike Konczal，"The Sword and the Shield：Occupy Foreclosures，"Rortybomb，October 19，2011，https：//rortybomb. wordpress. com/2011/10/19/the-sword-and-the-shield-occupy-foreclosures。

他们称其为"住在那里"策略：Michael Redman，"Take Back the Land | Rochester Liberates Home，Moves Lennon Back into House，"4closurefraud. org，May 10，2011。

占领者们就会去保卫那些房子：Zaid Jilani，"Movers and Sheriff's Deputies Refuse Bank's Order to Evict 103-Year-Old Atlanta Woman，"ThinkProgress，November 30，2011；Zaid Jilani，"Occupy Cleveland Saves Woman's Home from Imminent Foreclosure，"ThinkProgress，November 15，2011；Micah Uetricht，"Occupy Minneapolis Occupies Second Foreclosed Home as Housing Occupations Spread，"ThinkProgress，November 22，2011；Kari Huus，"Homeowner Taps 'Occupy' Protest to Avoid Foreclosure，"MSNBC. com，October 17，2011。

我们从抗议华尔街欺诈转变为：Justin Elliott，"Occupy's Next Frontier：Foreclosed Homes，"Salon，November 30，2011。

丽莎与那些"占领棕榈滩"的新朋友一起组织了两次活动：Lisa Epstein，"December 6th National Day of Action Against Foreclosures—Occupy Our Homes，"Foreclosure Hamlet，December 5，2011。

当天晚上，抗议者在德意志银行的莱克沃斯北街止赎房产前点燃蜡烛：Lisa Epstein, "Video—Occupy Our Homes National Day of Action Dec 6, 2011—Palm Beach County Fraudclosure Candlelight Vigil," Foreclosure Hamlet, December 7, 2011。

另外一些"占领我们的住房"的组织则更为激进：Occupy Our Homes, "National Day of Action to Stop and Reverse Foreclosures," December 6, 2011, www.occupyourhomes.org/blog/2011/dec/6/national-day-action-stop-and-reverse-foreclosures; Alain Sherter, "Occupy Wall Street, Homeowners Ally to Fight Foreclosures," CBS News, October 25, 2011; Zaid Jilani, "Occupy Atlanta Encamps in Neighborhood to Save Police Officer's Home from Foreclosure," ThinkProgress, November 8, 2011。

罗斯·古迭尔：Huus, "Homeowner Taps 'Occupy' Protest"。

贝斯·索默尔：Jilani, "Occupy Cleveland Saves Woman's Home"。

维塔·李：Jilani, "Movers and Sheriff's Deputies Refuse Bank's Order"。

鲍比·赫尔：Steve Frank, "Former Marine's Home Saved from Foreclosure," MSNBC.com, February 27, 2012。

玫瑰花车游行：David Dayen, "Occupy the Rose Parade: Working Through the Next Stage of the Occupy Movement," FDL News, January 1, 2012, http://shadowproof.com/2012/01/01/occupy-the-rose-parade-working-through-the-next-stage-of-the-occupy-movement。

琳恩在内华达发现了另外一个圈内游戏，大概有五分之三的房屋所有人身陷其中：Samuel Weigley and Michael Sauter, "States with the Most Homes Underwater," NBC News, July 26, 2012。

意识到了问题的严重性：J. Patrick Collican, "Housing Scam Artists Staying on the Move," Las Vegas Sun, September 25, 2009。

美国银行在与内华达州消费者的沟通和记录以及提交的文件中均做

出了不准确的描述：Never should have represented they could：State of Nevada's Second Amended Complaint，State of Nevada v. Bank of America Corporation et al.，United States District Court，District of Nevada，Case No. 3：11cv-00135-RCJ（RAM），filed August 30，2011，available at http：//graphics8. nytimes. com/packages/pdf/business/SecondAmendedComplaint. pdf。

特别调查小组找到了包括特蕾西·劳伦斯在内的贷款方程序处理公司的一些员工：Tracy Lawrence's story taken from grand jury testimony，State of Nevada v. Gary Trafford and Gerri Sheppard，Eighth Judicial District Court，Clark County，Nevada，Case No. 11AG3037AB，taken November 8－9，2011，available at www. scribd. com/doc/75153635/Transcript-Day-1，www. scribd. com/doc/75153619/Transcript-Day-2。

我的签名，请另找人代签，不要让公证的那位签我的名字：Ibid.，day 1 transcript，151。

特拉福德给出了肯定的回复：Ibid.，day 1 transcript，153。

我真的没想过：Ibid.，day 1 transcript，166。

两人在没有公证人在场的情况下签署了606份文件：Indictment，State of Nevada v. Gary Trafford and Gerri Sheppard，Eighth Judicial District Court，Clark County，Nevada，November 16，2011，available at www. scribd. com/doc/72962780/Indictment。

"一些文件的签署流程是有缺陷的"："LPS Responds to Nevada Attorney General Announcement，" press release，PRNewswire，November 17，2011。

警察来到特蕾西的公寓，发现她已经死亡："Foreclosure Fraud Whistleblower Found Dead，" MSNBC. com，November 29，2011；Mark Ames，"Tracy Lawrence：The Foreclosure Suicide America Forgot，" The eXiled，August 23，2012，http：//exiledonline. com/tracy-lawrence-the-foreclosure-suicide-america-forgot。

他们还有来自维加斯办公室的其他公证人：Ken Ritterthe,"Three More Nevada Notaries Charged in Foreclosure Fraud Case," Associated Press, December 5, 2011。

以文件欺诈的罪名起诉了贷款方程序处理公司：David Dayen, "Nevada AG Masto Sues LPS for Document Fraud," FDL News, December 16, 2011, http：//shadowproof. com/2011/12/16/nevada-ag-masto-sues-lps-for-document-fraud。

"莎伦·布林顿可能会因提前一周还贷而失去房屋"：Mark Puente, "Pasco Couple Fear Losing Home to Foreclosure for Paying Mortgage Too Early," Tampa Bay Times, August 19, 2011。

《爱与破碎之家》：Tim Miller, "Love, Your Broken Home," live studio recording uploaded by Tim Miller on May 14, 2010, https：//www. youtube. com/watch? v = Hm _ W445bidA。

"在对止赎危机进行全面调查之前，签署一项和解方案为时过早,"：David Dayen, "Lawmakers, 'Fair Settlement' Coalitions Pressuring AGs on Foreclosure Fraud," FDL News, December 15, 2011, http：//shadowproof. com/2011/12/15/lawmakers-fair-settlement-coalitions-pressuring-ags-on-foreclosure-fraud。

"无权止赎而实施了止赎行为"：Complaint, Commonwealth of Massachusetts v. Bank of America et al., Suffolk County Superior Court, Docket No. 11-4363, December 1, 2011, www. mass. gov/ago/docs/press/ag-complaint-national-banks. pdf。

马萨诸塞州此举让我们很失望：Diana Olick, "First Major State Lawsuit Filed over 'Robo-Signing,'" CNBC, December 1, 2011。

发布了关于琼·克拉克森和特蕾莎·爱德华兹被解雇的调查报告：Florida Department of Financial Services Office of Inspector General, "Report of Inquiry Number 12312," January 6，2012，available at https：//www. scribd. com/doc/77393414/IG-Report-1。

对总监察长说她们不专业：Letter from Barry Richard to June Clarkson, March 12, 2010, available at www. scribd. com/fullscreen/66947197。

这份报告显示，丽莎和琳恩利用与琼和特蕾莎的个人关系来影响调查走向：Michael Redman and Lisa Epstein, "Bondi/Atwater Inspector General Report Fail ｜ Pointing Out a Few of the Many IG Report Deficiencies," 4closurefraud. org, January 12，2012。

理查德·罗森告诉《奥兰多哨兵报》的编辑斯科特·麦克斯韦：Scott Maxwell，"On Foreclosure Fraud, Pam Bondi Comes Up Short," Orlando Sentinel, December 20，2011。

丽莎通过查询公共记录获得了贷款方程序处理公司的律师和总检察长办公室之间的机密交流记录：Michael Redman and Lisa Epstein, "Public Records Request from FL AG Employees to LPS," 4closurefraud. org, September 22，2011。

但密歇根早已发出了更具负面影响的刑事传票：Lisa Epstein, "LPS/DocX：MI AG Opens Criminal Investigation. Frmr Dep. FL AG Jacquot Revolving Doors into LPS," Foreclosure Hamlet, June 16，2011。

密歇根州总检察长办公室的苏·桑福德：Abigail Field, "Meet Pam Bondi, Foreclosure Fraudsters BFF," Reality Check, January 10，2012，available at https：//web. archive. org/web/20120113202317/http：//abigailcfield. com/? p=691。

这只是为了掩盖事实：David Dayen, "IG Report Whitewashes Firing of Foreclosure Fraud Investigators in Florida," FDL News, January 9，2012，http：//shadowproof. com/2012/01/09/ig-report-whitewashes-firing-of-foreclosure-fraud-investigators-in-florida。

"今晚，我要求司法部长成立一个联邦公诉人特别小组"：Remarks by the president in State of the Union Address, January 24, 2012, www. whitehouse. gov/the-press-office/2012/01/24/remarks-president-state-union-address。

现在他们这样做的原因又是什么？：David Dayen, "The Schneiderman Gambit: Financial Fraud Unit Appears Designed to Fail, and Grease Skids for Foreclosure Fraud Settlement," FDL News, January 25, 2012, http://shadowproof. com/2012/01/25/the-schneiderman-gambit-financial-fraud-unit-appears-designed-to-fail-and-grease-skids-for-foreclosure-fraud-settlement。

他将会以最严厉、最公开的方式告诉大家：David Dayen, "How the Schneiderman Panel Could Work," FDL News, January 26, 2012, http://shadowproof. com/2012/01/26/how-the-schneiderman-panel-could-work。

"公平和解方案运动"充分肯定了该小组的工作：Dayen, "The Schneiderman Gambit"。

州和联邦监管机构宣布与国内五家最大的抵押贷款服务商达成了全国性抵押贷款和解协议："Federal Government and State Attorneys General Reach $25 Billion Agreement with Five Largest Mortgage Servicers to Address Mortgage Loan Servicing and Foreclosure Abuses," press release, Department of Justice, February 9, 2012。

除俄克拉何马州之外的四十九个州都加入了该和解协议：Richard Mize, "Oklahoma Is Lone Maverick in National Mortgage Settlement Signed by 49 States," Oklahoman, February 10, 2012。

那时埃里克·施耐德曼表示："AG Eric Schneiderman Opposes Foreclosure Deal"。

有一百万借款人将得以减少抵押贷款本金余额：Margaret Chadbourn and Aruna Viswanatha, "One Million Homeowners May Get Mortgage Write-downs: U. S.," Reuters, January 18, 2012。

所有案件都违反了《虚假陈述法》：Rick Rothacker,"Whistleblowers Reap Millions in U. S. Mortgage Suits," Reuters, March 14, 2012。

她个人将得到 1 800 万美元：Alexander Eichler,"Lynn Szymoniak, Mortgage Victim, Receives $ 18 Million for Investigating Mortgage Crisis," Huffington Post, March 15, 2012。

21 丽莎最后的抵抗

"能为政府找回这笔钱真令人满意。"：Zach Carter,"Lynn Szymoniak, Foreclosure Activist, Says $ 18 Million Doesn't Make Up for Homeowners' Harms," Huffington Post, March 20, 2012。

德意志银行将马克·埃利奥特从案件的被告名单中移除：Zach Carter,"Bank Drops Legal Pressure on Foreclosure Fraud Expert's Family," Huffington Post, June 13, 2011。

阿克曼律所的律师说，他们要求泳池维修人员：Kimberly Miller,"Pool Guy, Landscaper of $ 18 Million Foreclosure Winner Subpoenaed," Palm Beach Post, March 27, 2012。

"未能留存准确的账户报表"：Complaint, United States et al. v. Bank of America Corporation et al., United States District Court for the District of Columbia, Case No. 1：12-cv-00361-RMC, filed March 14, 2012, 22, available at https：//d9klfgibkcquc. cloudfront. net/Complaint _ Corrected _ 2012-03-14. pdf。

其中 35 起案件中：Office of Inspector General, U. S. Department of Housing and Urban Development,"JPMorgan Chase Bank N. A. Foreclosure and Claims Process Review, Columbus, OH," Memorandum No. 2012-CH-1801, March 12, 2012, 8, available at https：//www. hudoig. gov/sites/default/files/documents/audit-reports//2012-ch-1801. pdf。

房奴

因"无力支付"而成功地将罚款减半：Aruna Viswanatha,"Government Details Mortgage Pact, Promises Tough Oversight," Reuters, March 12, 2012。

超过10亿美元的近半罚款：Pamela M. Prah, "States Used Mortgage Settlement Money to Balance Budgets," USA Today, October 8, 2013。

和解方案最终将掠夺性服务编入了法典：Consent Judgment, United States of America et al. v. Bank of America et al., United States District Court for the District of Columbia, Case No. 1：12-cv-00361-RMC, filed April 4, 2012, E-4, E-5, E-8-E-12, E1-1-E1-14. Each of the five mortgage servicers in the National Mortgage Settlement agreed to a separate consent judgment, but the language on threshold error rates in all of them is the same。

都被合并到和解方案中："Notice of Anticipated Settlement by Petitioner Attorney General Mike DeWine," Ohio v. GMAC, Supreme Court of Ohio, Case No. 2011-0890, filed February 6, 2012, available at http：//www. sconet. state. oh. us/pdf _ viewer/pdf _ viewer. aspx? pdf = 701829. pdf; "Attorney General Masto Announces Two Historic Mortgage Servicing Foreclosure Settlements," press release, Office of the Attorney General, Nevada, February 9, 2012。

埃里克·施耐德曼在最后一刻对抵押贷款电子注册系统和三家银行提起了诉讼：Ruth Simon and Nick Timiraos, "New York to Settle Some Mortgage Claims with 5 Banks," Wall Street Journal, March 13, 2012。

玛莎·科克利从没有止赎起诉资格却对房屋所有人进行止赎的银行处获赔了270万美元："Four National Banks to Pay ＄2. 7 Million to Massachusetts over Unlawful Foreclosures," press release, Office of Attorney General, Massachusetts, January 16, 2015。

同意与全国所有权清算公司以35万美元达成和解：Final Consent Decree, People of the State of Illinois v. Nationwide Title Clearing, Circuit

Court of Cook County，Illinois，County Department，Chancery Division，Case No. 12-CH-03602，filed December 11，2013，available at http：//stopforeclosurefraud. com/2013/12/13/the-people-of-the-state-of-illinois-v-nationwide-title-clearing-inc-final-consent-decree-alleging-violated-the-consumer-fraud-act-and-the-uniform-deceptive-trade-practices-act。

博·拜登与抵押贷款电子注册系统达成了无责和解："Biden Secures Reforms from National Mortgage Registry," press release, Delaware. gov, July 13，2012. See also David Dayen, "Delaware AG Biden Settlement with MERS Promises Reforms Already Pledged," FDL News, July 13, 2012, http：//shadowproof. com/2012/07/13/delaware-ag-biden-settlement-with-mers-promises-reforms-already-pledged。

发现了2011年9月7日贴在凯莱赫门上的违约通知：Steven Miller, "AG Covered Up Conflict of Interest in Robo-Signing Case, Says Brief," Nevada Journal, November 29，2012。

法官驳回了针对特拉福德和谢泼德的指控：Ken Ritter, "Judge Tosses Mortgage 'Robosigning' Case in Vegas," Associated Press, February 26，2013。

"太不光彩"：Kyle Gillis, "New Robo-Signing Brief: Misconduct by AG Masto's Office Could 'Seriously Damage Public Confidence' in That Office," Nevada Journal, February 25，2013。

我们刚开始参与这一案件时：Brian Mahoney, "How They Won It: Irell Unravels Nevada Robosigning Case," Law360, April 1，2013。

契约登记员柯蒂斯·赫特尔：Hertel v. Bank of America N. A. et al, Thirtieth Circuit Court, Ingham County, Michigan, Case No. 11-687-CZ, filed June 22, 2011. The case was eventually moved to U. S. District Court, Western District of Michigan, on July 22, 2011. Opinion in the U. S. District Court case available at https：//scholar. google. com/scholar _ case?

case=2806553639914624068。

西格彭刚刚起诉了抵押贷款电子注册系统：Complaint and Motion for Appointment of a Special Master and for Injunctive Relief, Guilford County ex rel. Jeff Thigpen v. Lender Processing Services et al., General Court of Justice, Superior Court Division, Guilford County, North Carolina, Case No. 12-CVS-4531, filed March 14, 2012, available at www.scribd.com/doc/85343328/Guilford-Complaint. Case dismissed on May 29, 2013: www.ncbusinesscourt.net/opinions/2013_NCBC_30.pdf。

棕榈滩县有一百三十万居民：United States Census Bureau Quick Facts, http://quickfacts.census.gov/qfd/states/12/12099.html。

于是她宣布，她将参加民主党初选：George Bennett, "Redistricting Could Pit Several Incumbent Palm Beach County State Legislators Against Each Other," Palm Beach Post, March 18, 2012。

棕榈滩县与贷款方程序服务公司的一个部门签订案件管理合同："Florida Court Selects LPS Case Management Software," MortgageOrb, June 26, 2009, www.mortgageorb.com/e107_plugins/content/content.php?content.3769; "LPS' Largest Implementation of ShowCase® Court Case Management System to Date in Palm Beach County, Fla.," LPS press release, PRNewswire, March 14, 2012。

贷款方程序服务公司为莎伦的连任捐出了一笔达到上限数额的政治献金：Florida Department of State, Division of Elections, Campaign Treasurer's Report Summary, Sharon R. Bock for Clerk of the Circuit Court, covering period from 1/1/2012-3/31/2012, 5, 10。

"公共土地登记已经被银行业的大规模欺诈破坏得不再完整和真实"：Lisa Epstein Clerk of Court Channel 12 Interview," WPEC-12 TV, uploaded June 14, 2012, https://www.youtube.com/watch?v=9jr8hvOfgwI。

初选会破坏丽莎·爱泼斯坦作为草根阶层代言人的形象：George Bennett,"PBC Races Are Drawn: Bock, Vana, Negron All Draw Late Challenges," Palm Beach Post, June 8, 2012。

琳恩买了一辆别克：Karen Weise,"Mortgage Fraud Whistle-Blower Lynn Szymoniak Exposed Robosigning's Sins," Bloomberg BusinessWeek, September 12, 2013。

佛罗里达州南部的止赎起诉就上升了85%：Kimberly Miller, "Foreclosures, Repos up from Last Year in South Florida," Palm Beach Post, April 12, 2012。

第二百七十四次也是最后一次开庭审理：Docket report, Deutsche Bank v. Lynn Szymoniak, Clerk and Comptroller, Palm Beach County, available at http：//courtcon. co. palm-beach. fl. us/pls/jiwp/ck_public_qry_doct. cp_dktrpt_frames? backto=P&case_id=502008CA022258XXXXMB&begin_date=&end_date=。

斯蒂夫·迪伯特贬低丽莎：Steve Dibert,"Yves Smith's Plea for Votes for Lisa Epstein Puts a Serious Bite into Her Credibility," Mortgage Fraud Investigations—Miami, August 10, 2012, http：//mfi-miami. com/2012/08/is-yves-smith-at-naked-capitalism-sniffing-glue。

曾支持莎伦·博克的《棕榈滩邮报》：Rhonda Swan,"Editorial: Bock for Clerk of Court," Palm Beach Post, July 25, 2012。

三名书记官因从证据室窃取一千多粒泰勒宁片在黑市上出售而被刑事调查：Daphne Duret,"West Palm Beach Woman's Arrest Reveals Clerk's Office Probe Focused on 1,000-Plus Missing Oxycodone Pills," Palm Beach Post, August 21, 2012。

迈克尔指责《棕榈滩邮报》故意捂住新闻：Michael Redman,"Well, Wouldn't Ya Know … PBC Clerk Sharon Bock's Office Criminal Arrest Reveals Probe Focused on 1,000-Plus Stolen Oxycodone Pills from Evidence

Department," 4closurefraud. org, August 21, 2012。

但丽莎得到了全县二万七千零三个人的选票: Palm Beach County Supervisor of Elections, primary election results, August 14, 2012, available at http：//results. enr. clarityelections. com/FL/Palm _ Beach/41045/96143/en/summary. html。

利蒂西娅·艾利阿斯是一位"机器签署人"：Release of Mortgage Lien, Clerk of Palm Beach County Public Records, book 26197, page 1091, recorded July 22, 2013. Sampling of Leticia Arias documents via Lisa Epstein, "Pigs Ass: A Sampler of Ocwen Documents (Leticia Arias Notary Examples)," Foreclosure Hamlet, November 16, 2010。

尾　声

住房公平基金会: Official website at http：//thjf. org。

太阳信托公司: Michael Corkery and Jessica Silver-Greenberg, "SunTrust Settles with Justice Dept. over Mortgages; Talks Continue for Citigroup and Bank of America," New York Times, June 17, 2014。

布兰特·本特利姆: Brent E. Bentrim v. Wells Fargo Bank, County of Charleston, South Carolina, Court of Common Pleas, Ninth Judicial Circuit, Case No. 2011-CP-10-2946, series of filings in the case available at http：//imgweb. charlestoncounty. org/CMSOBView/Service1. asmx/StreamDocAsPDF?viewertype = cms&ctagency = 10002&casenumber = 2011CP1002946&docseq = P2A14, case docket at http：//jcmsweb. charlestoncounty. org/PublicIndex/CaseDetails. aspx? CourtAgency = 10003&Casenum = 2011CP1002946&CaseType = V&Org = CR&AspxAutoDetectCookieSupport = 1；Yves Smith, "Repeated Foreclosures on an On-Time Borrower Demonstrate Failure to Fix Servicing and Fallacy of 'Save Banks at All Costs' Policy," Naked Capitalism,

June 17, 2014。

艾比·洛佩兹: HSBC Bank v. Abby Lopez, Circuit Court of the Fifteenth Judicial Circuit in and for Palm Beach County, Florida, Civil Division, Case No. 50-2009-CA-0304030XXMBAW. Emails posted at 4closurefraud. org, "Lender Processing Services (LPS) Internal Email Accidentally Leaked in a Fraudclosure Case," April 24, 2012. The Florida First Amendment Foundation filed motions to prevent the purge of the emails from the court record; its filing is available at http://floridafaf. org/files/2012/12/HSBC-v-Lopez—Motion-for-In-Camera-Hearing-attachment-2. pdf。

菲尼克斯照明公司起诉摩根大通的案件: Complaint, Phoenix Light v. JPMorgan Chase, Supreme Court of the State of New York, County of New York, September 4, 2013, available at www. scribd. com/doc/165380406/Phoenix。

2012年一起针对巴克莱银行提起诉讼的案件: Consolidated Complaint, HSH Nord-bank et al. v. Barclays Bank, Supreme Court of the State of New York, County of New York, Index No. 652678/2011, filed April 2, 2012, available at www. iabaton. com/en/cases/upload/HSH-v-Barclays-Consolidated-Complaint. pdf。

"华尔街的一些最不道德的行为并不违法": Interview with President Obama, 60 Minutes, CBS News, December 11, 2011, transcript p. 8, www. cbsnews. com/news/interview-with-president-obama-the-full-transcript/8。

法官约瑟夫·安德逊驳回了大部分案件: Order, United States of America ex rel. Lynn E. Szymoniak v. American Home Mortgage Servicing et al., United States District Court, District of South Carolina, Rock Hill Division, Case No. 10-cv-01465-JFA, filed May 12, 2014, available at https://casetext. com/case/united-states-ex-rel-szymoniak-v-am-home-mortg-servicing。

戴米安说琳恩窃取了：Complaint and Demand for Jury Trial，Figueroa v. Szymoniak, Seventeenth Judicial Circuit, in and for Broward County, filed March 4, 2013, available at www. scribd. com/doc/168544786/Figueroa-v-Szymoniak; Martin Andelman, "Some of Lynn Szymoniak's Millions May Belong to Someone Else," Mandelman Matters（blog），September 16，2013。

戴米安针对银行提起的集体诉讼都被驳回：Per Curiam Opinion, Figueroa v. Merscorp, Inc., United States Court of Appeals for the Eleventh Circuit, Case No. 11-10984, May 11, 2012, available at https：//casetext. com/case/figueroa-v-merscorp-inc。

这条线索是戴米安观点的核心：Complaint and Demand for Jury Trial，Figueroa v. Szymoniak，5。

只有 8 300 名房屋所有人获得了第一留置权本金减免：David Dayen, "Just 83, 000 Homeowners Get First-Lien Principal Reduction from National Mortgage Settlement, 90 Percent Less than Promised," Naked Capitalism, March 19, 2014. Total first-lien mortgage modifications（less "conditional" forgiveness, which can be withheld, and "180DPD forgiveness," which extinguishes a loan that is unrecoverable）: Bank of America 30, 609, JPMorgan Chase 18, 114, Citi 10, 296, Wells Fargo 23, 428, Ally Bank (known post-bankruptcy as ResCap) 1, 149, for a total of 83, 596。

多诺万吹嘘其所谓的 500 亿美元的有形收益：Shaun Donovan, "Mortgage Settlement Begins to Deliver," Politico, June 21, 2013。

如果服务商能够"免除"个人破产时已经执行过的债务：Shahien Nasiripour, "US Mortgage Bond Investors Take Large Hit," Financial Times, November 15, 2012; Gretchen Morgenson, "How to Erase a Debt That Isn't There," New York Times, September 29, 2012。

这种对房屋所有人的"馈赠"没有任何实际价值：David Dayen,

"IRS Confirms That $12 Billion in 'Mortgage Relief' in National Mortgage Settlement Completely Worthless," Naked Capitalism, November 18, 2013。

最终得到了"侮辱性"的1 480美元的现金赔偿：$1, 480 figure via the Joint State-Federal National Mortgage Servicing Settlement FAQ, www. nationalmortgagesettlement. com/faq。

俄克拉何马州为止赎受害者设立了一项抵押贷款基金：Cary Aspinwall and Casey Smith, "Facing Foreclosure: Oklahoma Goes Its Own Way in Facing the Foreclosure Mess," Tulsa World, October 20, 2013. It should be noted that the Oklahoma program has helped significantly fewer borrowers, as the state tried to make subjective determinations of harm, which limited payouts. But each homeowner received an average of $11, 173, according to the Oklahoma attorney general。

另一项重大和解方案：Yves Smith, Whistleblowers Reveal How Bank of America Defrauded Homeowners and Paid for a Cover Up—All With the Help of "Regulators," self-published e-book based on an investigative series published at Naked Capitalism, available at http：//econ4. org/wp-content/uploads/2013/04/Naked-Capitalism-Whistleblower-Report-on-Bank-of-America-Foreclosure-Reviews-12. pdf。

银行则向2009年和2010年陷入止赎的全部420万家庭支付了36亿美元的现金："Amendments to Consent Orders Memorialize $9.3 Billion Foreclosure Agreement," press release, Office of the Comptroller of the Currency, February 28, 2013; Independent Foreclosure Review Payment Agreement Details, Office of the Comptroller of the Currency, www. occ. gov/news-issuances/news-releases/2013/nr-ia-2013-60a. pdf。

但是"机器签署人"和文件欺诈以及掠夺性服务的泛滥有增无减：Roger Lohse, "Couple's Paid-Off Home Foreclosed Mistakenly," WPLG-

TV Miami/Fort Lauderdale, March 17, 2014; Matt Drange, Amy Julia Harris, and Elizabeth Wagner, "Error Claims Cast Doubt on Bank of America Foreclosures in Bay Area," KNTV-TV San Francisco, April 27, 2013。

该调查小组没有公布任何高管、办公室、电话或工作人员的相关调查信息：Mike Gecan and Arnie Graff, "Obama's Mortgage Unit Is AWOL," New York Daily News, April 18, 2012。

大部分调查工作：Robert Khuzami, testimony before House Financial Services Committee, May 17, 2012; David Dayen, "Waters Challenges Khuzami on Securitization Fraud Task Force, Gets Revealing Answers," FDL News, May 18, 2012, http://shadowproof.com/2012/05/18/waters-challenges-khuzami-on-securitization-fraud-task-force-gets-revealing-answers。

达成了几项抢占各大新闻媒体头条的和解方案：Ben Protess and Jessica Silver-Greenberg, "Tentative Deal Hands JPMorgan Chase a Record Penalty," New York Times, October 19, 2013; Aruna Viswanatha, "Citigroup to Pay $7 Billion to Settle U.S. Mortgage Probe," Reuters, July 14, 2014; Evan Perez, "Bank of America to Pay $16.65 Billion over Mortgages," CNNMoney, August 21, 2014。

370亿美元的罚款其实相当于只有110亿美元：David Dayen, "Tony West's Departure Ends Era of Pathetic Bank Settlements," Naked Capitalism, September 5, 2014。

特蕾莎和乔·朱迪斯：Karen Sudol, Todd South, and Chris Harris, "Despite Tearful Pleas, 'Real Housewives' Stars Joe, Teresa Giudice Sentenced to Prison," NorthJersey.com, October 2, 2014. Case was United States of America v. Giuseppe & Teresa Giudice, United States District Court, District of New Jersey, filed July 29, 2013, available at www. justice. gov/sites/default/files/usao-nj/legacy/2013/11/29/Guidice%2C%20Giuseppe%20and%20Teresa%20Indictment. pdf. "Stars of 'Real Housewives of New Jersey' Television Series Indicted on Fraud and Tax Charges," press release, U. S. Department of Justice, July 29, 2013, lists four agencies that worked on the case。

兰尼·布鲁尔和埃里克·霍尔德：Katelyn Polantz, "Holder's Return to Covington Was Six Years in the Making," National Law Journal, July 5, 2015; Catherine Ho, "Lanny Breuer, Chief of DOJ's Criminal Division, Returns to His Old Law Firm Covington and Burling," Washington Post, March 28, 2013。

洛琳·欧莱礼·布朗：United States of America v. Lorraine Brown, United States District Court, Middle District of Florida, Jacksonville Division, Case No. 3：12-cr-198-J-2S, filed November 20, 2012, available at www. scribd. com/doc/113917843/Brown。

以清理他办公室中 10 567 份被 DocX 搞混的土地登记记录：John O'Brien, Affidavit and Request for Restitution, United States of America v. Lorraine Brown, United States District Court, Middle District of Florida, Jacksonville Division, Case No. 3：12-cr-198-J-25, filed January 11, 2013。

"我不知道你能怎么解决。"：Excerpt of Sentencing Hearing, United States of America v. Lorraine Brown, United States District Court, Middle District of Florida, Jacksonville Division, Case No. 3：12-cr-198-J-25, April 23, 2013, 17–18。

布朗获刑五年，这是最高刑期："Former Executive at Florida-Based Lender Processing Services Inc. Sentenced to Five Years in Prison for Role in Mortgage-Related Document Fraud Scheme," press release, U. S. Department of Justice, June 25, 2013。

佛罗里达乃至全国的很多法官: Allison Fitzgerald, "Homeowners Steamrolled as Florida Courts Clear Foreclosure Backlog," Center for Public Integrity, September 10, 2014。

州政府的确通过了一项加快止赎进程的法案: Drew Harwell, "'Faster Foreclosures' Law Unintentionally Slows Florida Filings," Tampa Bay Times, September 10, 2013。

布劳沃德县的一位法官一天内审理了786起案件: Fitzgerald, "Homeowners Steamrolled"。

邦迪彻底放弃了: Kimberly Miller, "Attempt to Subpoena Foreclosure Mills Stalls," Palm Beach Post, February 6, 2012。

佛罗里达律师协会终于在2014年,取消了戴维·斯坦恩的律师资格: Andy Kroll, "Fallen Foreclosure King David J. Stern Disbarred," Mother Jones, January 13, 2014。

马歇尔·C·沃森接受认罪协议: Law Office of Evan M. Rosen, "Marshall Watson Foreclosure Mill Shut Down After Guilty Plea and Consent to Judgment, Changed Name to Choice Legal Group," January 9, 2013, www. evanmrosen. com/2013/01/09/marshall-watson-foreclosure-mill-shut-guilty-plea-consent-judgment-choice-legal。

他们之前的上诉,已经成为一项重要的上诉法院案例法: Adolfo Pesquera, "4th DCA Robo-Witnesses Ruling a Win for Former Condo Owners," Daily Business Review, August 29, 2012。

质证后,罗森打赢了这场官司: Michael Redman, "Full Deposition of Lona Hunt: Robo-Verifier of Foreclosure Complaints for Seterus/Fannie Mae," 4closurefraud. org, November 12, 2014; Michael Redman, "Happy Thanksgiving from Lona Hunt——Foreclosure Case Dismissed After Taking Depo of Fannie Mae/Seterus Robo-Verifier," 4closurefraud. org, November 26, 2014。

但州最高法院裁定，自愿撤诉没有问题：Revised Opinion, Roman Pino v. Bank of New York, Supreme Court of Florida, Case No. SC11-697, issued February 7, 2013, available at www. floridasupremecourt. org/decisions/2013/sc11-697. pdf。

他能够取得成功，是一件非常令人兴奋的事情：Michael Redman, "Judge Has Enough, Tells Bank Lawyer She Is Referring Him to the Bar in Our Latest Trial Win!" 4closurefraud. org, February 23, 2015。

格塞塔路的房子：US Bank N. A. v. Lisa Epstein, Case No. 50-2009-CA-005542XXXXMB, docket report at http：//courtcon. co. palm-beach. fl. us/pls/jiwp/ck_public_qry_doct. cp_dktrpt_frames? backto = P&case_id = 502009CA005542XXXXMB&begin_date = &end_date = 。

消费者金融权益保护局：Consumer Financial Protection Bureau, "2013 Real Estate Settlement Procedures Act (Regulation X) and Truth in Lending Act (Regulation Z) Mortgage Servicing Final Rules," January 17, 2013。

《房屋所有人权利法案》："California Homeowner Bill of Rights Signed into Law," press release, California Office of the Attorney General, July 11, 2012; Jennifer Bjorhus, "Minnesota to Get Stricter Law on Home Foreclosures," Minneapolis Star-Tribune, May 23, 2013。

将该州转变为司法止赎州：Robert Brown, "Hawaii Adopts Nation's 'Strongest' Foreclosure Law," Honolulu Civil Beat, May 4, 2011。

估计最少接近600万："CoreLogic Reports 38,000 Completed Foreclosures in July 2015," press release, September 8, 2015. "Since the financial crisis began in September 2008, there have been approximately 5.8 million completed foreclosures across the country." Since the housing bubble peaked at the end of 2006, the number of post-bubble foreclosures is much higher。

止赎率与自杀人数相关：Jason N. Houle and Michael T. Light, "The Home Foreclosure Crisis and Rising Suicide Rates, 2005 to 2010," American

Journal of Public Health，April 17，2014。

"灭绝事件"：Zoe Carpenter，"Five Years After Dodd-Frank,'It's Still a Financial System That Needs Reform,'" The Nation，July 23，2015。

特克汀以 54% 比 46% 的票选击败了刘易斯：Palm Beach County Supervisor of Elections, primary election results, August 26，2014, available at http://results.enr.clarityelections.com/FL/Palm_Beach/52688/139169/en/summary.html; Jane Musgrave, "Ticktin Ousts Lewis, Goodman Tops Two Rivals in Palm Beach Judge Races," Palm Beach Post, August 27，2014。

图书在版编目(CIP)数据

房奴／(美)戴维·戴恩(David Dayen)著;叶硕译. — 上海:上海译文出版社,2019.5
(译文纪实)
书名原文: CHAIN OF TITLE
ISBN 978-7-5327-8031-0

Ⅰ.①房… Ⅱ.①戴… ②叶… Ⅲ.①纪实文学—美国—现代 Ⅳ.①I712.55

中国版本图书馆 CIP 数据核字(2019)第 064174 号

David Dayen
CHAIN OF TITLE
copyright © 2016 by DAVID DAYEN

图字: 09-2018-689 号

房奴
〔美〕戴维·戴恩／著　叶　硕／译
责任编辑／张吉人　　装帧设计／邵旻工作室　　未氓设计工作室

上海译文出版社有限公司出版、发行
网址:www.yiwen.com.cn
200001　上海福建中路 193 号
启东市人民印刷有限公司印刷

开本 890×1240　1/32　印张 14.25　插页 2　字数 306,000
2019 年 5 月第 1 版　2019 年 5 月第 1 次印刷
印数: 00,001-20,000 册

ISBN 978-7-5327-8031-0/I·4935
定价: 49.00 元

本书中文简体字专有出版权归本社独家所有,非经本社同意不得连载、摘编或复制
如有质量问题,请与承印厂质量科联系。T: 0513-83349365